Die Praxis der Popmus

Anna Daniel · Frank Hillebrandt
(Hrsg.)

Die Praxis der Popmusik

Soziologische Perspektiven

 Springer VS

Hrsg.
Anna Daniel
FernUniversität Hagen
Hagen, Nordrhein-Westfalen
Deutschland

Frank Hillebrandt
FernUniversität Hagen
Hagen, Deutschland

ISBN 978-3-658-22713-5   ISBN 978-3-658-22714-2   (eBook)
https://doi.org/10.1007/978-3-658-22714-2

Die Deutsche Nationalbibliothek verzeichnet diese Publikation in der Deutschen Nationalbibliografie; detaillierte bibliografische Daten sind im Internet über http://dnb.d-nb.de abrufbar.

Springer VS

Springer VS ist ein Imprint der eingetragenen Gesellschaft Springer Fachmedien Wiesbaden GmbH und ist ein Teil von Springer Nature
Die Anschrift der Gesellschaft ist: Abraham-Lincoln-Str. 46, 65189 Wiesbaden, Germany

Vorwort

Praxissoziologische Perspektiven haben in der soziologischen Diskussion der letzten zwei Jahrzehnte einen enormen Aufwind erfahren. Am materiellen Vollzug der Praxis anzusetzen stellt offensichtlich eine vielversprechende Möglichkeit dar, neue, instruktive Erkenntnisgewinne zu liefern. Allerdings ist eine solche Zugangsweise bisher nur sehr selten und sporadisch an spezifischen Untersuchungsgegenständen erprobt worden. Dies hat sicher damit zu tun, dass sich eine neue soziologische Forschungsrichtung zunächst einmal klar darüber werden muss, mit welchen Grundbegriffen sie operieren will (vgl. hierzu exemplarisch Hillebrandt 2014), um auf dieser Grundlage eine Methodendiskussion führen zu können, die für die praxissoziologische Erforschung spezifischer Ausformungen von Praxis unerlässlich ist (vgl. hierzu initiierend die Beiträge in Schäfer et al. 2015).

Ganz in dem Sinne, dass Theorie und Empirie in praxissoziologischen Forschungen zusammen gedacht werden müssen, wendet sich der vorliegende Band gezielt dem Gegenstand der Popmusik zu. Diese seit den 1950er Jahren aufkommende Praxisformation hat sich sehr schnell über die ganze Welt verbreitet und ist aus unserem Alltag heute nicht mehr wegzudenken. Eine Soziologie der Praxis ermöglicht es nicht nur, neue Aufschlüsse über die Phase der Konstitution zu geben, indem eine solche Perspektive in den Blick nimmt, welche Elemente und Praxisformen zusammenkommen mussten, damit Popmusik entstehen und eine so enorme Verbreitung erfahren konnte. Auch in Hinblick auf wichtige Erscheinungsformen des Rock und Pop – wie etwa das Live-Konzert – erscheint eine praxissoziologische Zugangsweise prädestiniert zu sein, da es ihr durch ihre vielschichtige Analyseperspektive gelingt, die besondere Qualität eines solchen Ereignisses zu berücksichtigen. Durch die multiperspektivische relationale Herangehensweise gelingt es, die verschiedenen Bereiche der Produktion und Rezeption von Popmusik, die in der Popmusikforschung nach wie vor häufig getrennt voneinander betrachtet werden, zusammen in den Blick zu nehmen. Das Prinzip der flachen Hierarchien gewährleistet zudem, dass neben den verschiedenen menschlichen Aktanten auch die mannigfaltigen technischen und medialen Aktanten bzw. Hybride, die für die Popmusik eine wesentliche Rolle spielen, in das Blickfeld gerückt werden.

Die Besonderheiten dieser Analyseperspektive werden durch Frank Hillebrandt und Anna Daniel im ersten Beitrag – der als eine Art Klammer des gesamten Bandes zu verstehen ist – aufgezeigt. In Auseinandersetzung mit den Diskursen und Theorietraditionen der Popmusikforschung wird verdeutlicht, dass eine praxissoziologische Zugangsweise gerade für die in diesem Diskurs immer wieder auftauchenden Probleme – etwa das der dichotomen Einordnung als Subversion oder Kommerz oder der genrezentrierten Pop-Geschichtsschreibung – eine ergiebige alternative Epistemologie liefert. Neben der Auseinandersetzung mit der Popmusikforschung wird in diesem einleitenden Beitrag eine theoretische Perspektive der Soziologie der Praxis auf den Gegenstand Popmusik entfaltet. Ein ähnliches Anliegen verfolgt auch Sascha Bark in seinem Beitrag *Die Verbreitung populärer Musik aus Sicht der Akteur-Netzwerk-Theorie*. Anhand ausgewählter Beispiele des Akteur-Netzwerks Popmusik zeigt er die zentralen Prämissen und theoretischen Bausteine der durch Bruno Latour geprägten und den hybriden Verkettungen und Übersetzungsprozessen verpflichteten Forschungsrichtung auf und verdeutlicht somit den analytischen Mehrwert, den die ANT, die regelmäßig als Teil des praxissoziologischen Paradigmas gehandelt wird, für die Erforschung von Popmusik liefert.

Frank Hillebrandt setzt sich in seinem Beitrag *Woodstock – Ein Schlüsselereignis der Erinnerungskultur der Popmusik im praxissoziologischen Blick* in exemplarischer Weise mit diesem besonderen Ereignis der Popmusik-Geschichte auseinander, wobei er nach einer praxistheoretischen Bestimmung des Ereignisbegriffs auf den zentralen Stellenwert des Dokumentarfilms von Michael Wadleigh für die Erinnerungskultur des Ereignisses *Woodstock* aufmerksam macht. Diese durch den Zusammenschnitt symbolträchtiger Bilder, Kommentierungen und filmischer Stilmittel erlangte Repräsentation des *Woodstock*-Festivals kontrastiert er mit einem praxissoziologischen Analyseblickwinkel, um zum einen die Spezifik dieser Repräsentation zu verdeutlichen und zum anderen den vielfältigen materiellen, organisationalen und technischen Dimensionen des Ende der 1960er Jahre in Serie gehenden Ereignisses nachzuspüren.

Nicole Hausmann befasst sich in ihrem Beitrag *Grunge. Nihilismus, Ekstase und Destruktion in Theorie und Praxis* mit dem von Protagonist*innen und

Medien (re)produzierten Image und Narrativ des Grunge und kontrastiert diese mit einer praxissoziologischen Perspektive. Durch diese Herangehensweise generiert sie viele neue Einblicke – etwa hinsichtlich des durch die Protagonist*innen forcierten Loser-Images oder der Bedeutung des Senders MTV für die Popularisierung der Band – in die Praxisformation Grunge.

Andrea Hamp und Sarah Rempe befassen sich in ihrem Beitrag *Die Popmusik und das Ballett. Zum Vorkommen von Elementen und Praktiken des Rock und Pop im klassischen Bühnentanz* anhand des konkreten Beispiels des Balletts mit der Verbreitung, die Popmusik in den letzten Jahrzehnten in unterschiedlichen Gesellschaftsbereichen erfahren hat. Sie nehmen hierbei zunächst eine historische Betrachtung vor und zeichnen nach, wann Popmusik erstmals durch das Ballett aufgegriffen wird und wie diese Praxis Schule macht. In einem zweiten Teil wenden sie sich zudem gezielt der spezifischen Form der Rock-Ballette zu, die sich auch auf inhaltlicher Ebene mit Episoden der Popmusikgeschichte befassen, und analysieren anhand zweier Beispiele welches Bild von Popmusik hierbei gezeichnet wird, bzw. welche Elemente und Dimensionen von Popmusik im Rahmen dieser Performances in den Mittelpunkt gerückt werden.

Die weiteren Beiträge befassen sich – den besonderen Forschungsinteressen des Lehrgebiets Allgemeine Soziologie und soziologische Theorie an der Fern-Universität in Hagen folgend – alle mit einer ähnlichen Zeitspanne, nämlich den späten 1970er und frühen 1980er Jahren, die in Deutschland musikalisch durch Punk, durch die Entstehung einer experimentelle Klänge produzierenden Avantgarde und schließlich durch das Aufkommen und den enormen Erfolg der *Neuen Deutschen Welle* geprägt ist. Genau wie die musikalische Bandbreite dieser Zeit sind auch die den Beiträgen zugrunde liegenden Fragestellungen jeweils ganz unterschiedlich gelagert:

Franka Schäfer befasst sich in ihrem Beitrag *Protest – Pop? Eine praxissoziologische Verhältnisbestimmung am Beispiel der NDW in Hagen* mit der Frage, inwiefern von der in dieser Zeit in Hagen entstehenden Musikszene – aus der NDW-Größen wie *Extrabreit* und *Nena* hervorgehen – als Protestpop gesprochen werden kann. Sie zeichnet hier ein dichtes Bild der vielfältigen und durchaus protesthafte Elemente enthaltenden Praktiken insbesondere in Hagens Stadtteil Wehringhausen, der als Wiege der verschiedenen Bandformationen Hagens gilt.

Auch Peter Klose wendet sich in seinem Beitrag *Mapping the Welle* einer aus Hagen kommenden Band zu: Am Beispiel der Band *Extrabreit* veranschaulicht er, was eine musikwissenschaftliche Betrachtung für eine praxissoziologische

Analyse von Popmusik leisten kann und welcher methodologische Zugriff hierbei gewählt werden sollte. Eine solche, sich als Artefaktanalyse verstehende Analyse von Musik stellt – durch die Aufgabe einer akteurszentrierten Betrachtungsweise – auch für die Musikwissenschaften eine wichtige alternative Analyseperspektive dar, da sie ohne die Unterteilung in Produzenten- und Rezipientenperspektive auskommt.

Anna Daniel nimmt in ihrem Beitrag *Den Unterschied machen – Frauen in den Musikkulturen Westberlins der späten 1970er und frühen 1980er Jahre* in räumlicher Hinsicht eine andere Schwerpunktlegung vor. Mit ihrer Fokussierung auf das *Doing gender* eröffnet sie eine weitere – aus praxissoziologischer Perspektive – äußerst fruchtbare Analyserichtung, die sich der Produktion von Unterschieden in der Alltagspraxis widmet: Der Frage nachgehend, wie ‚das Frausein‘ in Bezug auf das Musikmachen zum Thema gemacht wurde, nimmt sie neben den Selbstdarstellungen der Westberliner Musikerinnen auch die Fremddarstellung seitens anderer Szenemitglieder, des Musikjournalismus etc. in den analytischen Blick und zeichnet somit ein dichtes Bild des *Doing genders* in der Westberliner Musikszene dieser Zeit.

Jasper Böing befasst sich in seinem Beitrag aus wirtschaftssoziologischer Perspektive mit der Frage, inwiefern an Prozessen der Vermarktung von Popmusik auch Kritik geübt wurde. Die NDW mit den darunter subsumierten Bands bietet hierfür ein anschauliches Beispiel, da gerade Bands mit Nähe zum Punk Prozessen der Kommerzialisierung durchaus kritisch gegenüber standen. Anhand der Auseinandersetzung mit der geäußerten Kritik erörtert Böing, inwiefern es sich um eine allgemeine Kapitalismuskritik handelt oder ob mit dieser Kritik nicht vielmehr die Praxis des Marktes in Kritik gerät.

Die Vielfalt der hier versammelten Beiträge stellt nach Überzeugung der Herausgebenden des Bandes das Potenzial, welches eine praxissoziologische Perspektive für den spezifischen Untersuchungsgegenstand der Popmusik bereit hält, sehr eindrücklich unter Beweis.

Das vorliegende Buch ist das Ergebnis einer langjährigen Zusammenarbeit im Team des Lehrgebietes für Allgemeine Soziologie und Soziologische Theorie an der FernUniversität in Hagen. Herzlicher Dank gilt den Autorinnen und Autoren, wobei Peter Klose – der einzige externe Autor – besonderer Dank gebührt. Bei Amela Radetinac bedanken wir uns ganz herzlich für das professionelle Redigieren der Texte. Außerdem möchten wir uns bei Cori Mackrodt vom Springer VS-Verlag für die gute Zusammenarbeit bedanken.

Anna Daniel
Frank Hillebrandt

Literatur

Hillebrandt, Frank. 2014. *Soziologische Praxistheorien. Eine Einführung.* Wiesbaden: Springer VS.

Schäfer, Franka, Anna Daniel und Frank Hillebrandt, Hrsg. 2015. *Methoden einer Soziologie der Praxis.* Bielefeld: Transcript.

Inhaltsverzeichnis

Die multiple Formation der Popmusik

Eine praxissoziologische Perspektive

Anna Daniel und Frank Hillebrandt

Inhaltsverzeichnis

Als Anfang Januar 2016 die Nachricht von *David Bowies* Tod um die Welt ging, waren nicht nur Fans, Musikerinnen und Musiker zutiefst bestürzt. Auch Politikerinnen und Politiker wie James Cameron und viele weitere Personen des öffentlichen Lebens bezeichneten *Bowies* Tod als herben Verlust. Dass viele Menschen, denen *Bowies* Musik nur bedingt am Herzen lag, Anteil an dessen Tod nehmen und selbst der Erzbischof von Canterbury um *Bowie* trauert oder ein hoher Kardinal des Vatikans eine Textpassage aus *Space Oddity* als Abschiedsgruß twittert[1], zeigt

---

[1]vgl. http://www.manchestereveningnews.co.uk/news/greater-manchester-news/david-bowie-dead-tributes-latest-10713143 und https://twitter.com/CardRavasi/status/686466465784934400.

A. Daniel (✉) · F. Hillebrandt (✉)
Institut für Soziologie, FernUniversität in Hagen, Hagen, Deutschland
E-Mail: anna.daniel@fernuni-hagen.de

F. Hillebrandt
E-Mail: frank.hillebrandt@fernuni-hagen.de

nicht nur den hohen Stellenwert, den Popmusik in unserer Gegenwartsgesellschaft einnimmt, es lässt auch vermuten, dass der Popstar *David Bowie* im Leben vieler, höchst unterschiedlicher Menschen eine herausragende Stellung einnimmt, obgleich diese ihn nicht einmal persönlich kannten. Dass er gleich für mehrere Generationen eine so große Rolle spielte und in verschiedenen Teilen der Weltbevölkerung und den unterschiedlichsten Herkunftsmilieus und Lebenslagen so populär war, liegt auch daran, dass *Bowie* wie kein zweiter eine der zentralen Eigenschaften des Pop verkörpert, nämlich sich stets neu zu erfinden. So war zum einen sein musikalisches Schaffen von immer neuen Einflüssen und wechselnden Stilrichtungen geprägt: Während sich die frühe Phase seines Werkes klar am Beat und Rock der ersten Pop-Musik-Generation orientiert, machen sich auf dem 1973 veröffentlichten Album *Alladin Sane* auch Elemente aus dem Jazz bemerkbar. Auf dem Album *Young Americans* (1975) widmet er sich mit der Unterstützung durch Szene-Musiker hauptsächlich der Soul- und Funkmusik, während seine Berliner Alben *Low* und *Heroes* durch die elektronische Musik von Bands wie *Kraftwerk* und *Neu!* beeinflusst sind. Dabei kreiert er gemeinsam mit Musikern und Musikproduzenten, mit denen er meist über Jahre zusammenarbeitet, einen jeweils ganz eigenen Sound, der nicht selten die Stimmung der Gegenwartsgesellschaft einfängt und somit neue Trends setzt.

Zum anderen sind es jedoch nicht nur die anhaltenden musikalischen Erneuerungsbewegungen, die *Bowie* zum Inbegriff der Popmusik werden lassen, er schaffte es immer wieder, sich auch ästhetisch, quasi als Gesamtkunstwerk, neu zu erfinden, wobei insbesondere die in den 1970er Jahren kreierten Kunstfiguren *Ziggy Stardust* oder *Thin White Duke* eine besondere Faszinationskraft ausüben. Mit Mimik und Gestik, Make-up und aufwendigen Kostümierungen, die durch die Künstler um *Andy Warhol* – insbesondere durch *Lou Reed* – aber auch durch die Schauspielkünste seines Mentors *Lindsay Kemp* und durch das japanische *Kabuki-Theater* sowie durch die ekstatischen Auftritte der Rocksänger *Vince Taylor* und *Iggy Pop* inspiriert waren, stellte *Ziggy Stardust* zuerst den von der 68er Generation vertretenen Ethos der Authentizität infrage und läutet dadurch eine neue Ära der Popgeschichte ein. Zudem bricht *Bowie* durch sein androgynes Auftreten mit gesellschaftlichen Tabus. Dadurch werden die Bühnenshows von *Ziggy Stardust* zu einem unvergesslichen Erlebnis, denn sie versprechen dem Publikum in besonderer Weise, etwas Neuem und Überraschendem, Grenzüberschreitendem beizuwohnen. Dass *Bowie* auch nicht davor zurückschreckt, während eines Konzertes den Tod *Ziggy Stardusts* zu verkünden, mag seinen Fans und auch den Musikern in seiner Band, die der Erzählung nach ebenfalls nicht darüber informiert waren, weniger gut gefallen haben, es verdeutlicht jedoch, wie wichtig gerade auch die performative, ereignishafte Dimension der Popmusik ist.

Bowie setzt sowohl musikalisch als auch für Bühnenshows neue Maßstäbe, er wusste sein Image als Allroundkünstler jedoch ebenfalls durch aufwendig gestaltete Plattencover, inszenierte Fotos und neue Medienformate wie etwa das Promo- bzw. Musikvideo zu komplettieren. Dabei machte *Bowie* nie einen Hehl daraus, dass seine musikalischen und ästhetischen Erneuerungsbewegungen stets durch unterschiedliche Inspirationsquellen und jeweils nur im praktischen Verbund mit anderen Künstlerinnen und Künstlern, Musikern und Musikerinnen und ihren Fertigkeiten an den jeweiligen Instrumenten sowie den technischen Möglichkeiten der Musikproduktion entstehen konnten.

Dass Popmusik mehr als nur Musik ist, ist in der wissenschaftlichen Forschung unumstritten. Gleichwohl wird der analytische Fokus meist auf die Musik als solche oder auch auf die industrielle Produktion von Popmusik in Musikstudios gelegt, wobei hier fast immer der kreativen Eigenleistung der Stars besondere Aufmerksamkeit geschenkt wird. Neben der Musikgeschichte im Allgemeinen und der Genregeschichte im Besonderen sind insbesondere das Starsystem oder die Produktions- und Distributionswege von Popmusik in den analytischen Fokus wissenschaftlicher Forschung gerückt worden. Auch wenn durch den Einfluss der Cultural Studies der Analyseblickwinkel zudem auf die Rezeptionspraktiken von Popmusik gelenkt wurde, findet das multidimensionale Zusammenspiel des Machens bzw. Hörens von Musik mit seinen performativen, personellen, technischen, medialen, ästhetischen und kommerziellen Komponenten nicht zuletzt aufgrund disziplinärer Interessensschwerpunkte nur selten Berücksichtigung. Obwohl Popmusik in den letzten Jahren zu einem beliebten Untersuchungsgegenstand in den unterschiedlichsten wissenschaftlichen Disziplinen und Fachbereichen geworden ist – sie wird nicht nur in den Musik- und Kulturwissenschaften, den Medien- und Technikwissenschaften, der Erziehungswissenschaft oder der Soziologie erforscht, sondern, wie wir weiter unten noch genauer zeigen werden, seit Mitte der 1990er Jahre immer häufiger auch durch neu gegründete Professuren und Fachbereiche, die sich ganz der Auseinandersetzung mit Popkultur und Popmusik widmen –, ist die konkrete Praxis der Popmusik, wie sie sich in den unterschiedlichsten Situationen und Ereignissen vollzieht, bisher nur äußerst selten zum dezidierten Gegenstand wissenschaftlicher Betrachtung gemacht worden.

Nicht nur hinsichtlich des multidimensionalen Zusammenwirkens der musikalischen, körperlichen, instrumentellen, soundtechnischen, ästhetischen, medialen und diskursiven Elemente erscheint es äußerst sinnvoll, den konkreten Vollzug der Praktiken der Popmusik, die sich in ganz spezifischer Weise zu Praxisformen und -formationen verketten, in den Mittelpunkt der soziologischen Forschung zu rücken. Dies gilt schon deshalb, weil sich nur so die besondere Faszinationskraft von Live-Ereignissen des Pop erfassen lässt, die neben dem unmittelbaren emotionalen

und körperlichen Involviert-sein gegenüber der auf LP oder CD unabänderlich kon-
servierten Musik immer auch einen gewissen Überraschungsmoment versprechen.
Dass diese Überraschungsmomente nicht zwangsläufig vom Bühnengeschehen
ausgehen müssen, sondern popmusikalische Live-Ereignisse auch im Publikum
eine ganz eigene Dynamik entfalten können, lässt sich ebenfalls an einem *David-
Bowie*-Konzert verdeutlichen. Als *Bowie* gemeinsam mit *Genesis* und den *Euryth-
mics* an Pfingsten im Jahr 1987 anlässlich des 750. Geburtstages der Stadt Berlin
vor dem Reichstag, also in unmittelbarer Mauernähe, auftritt, versammeln sich auch
auf der Ostseite der Mauer mehrere Tausend Menschen, um den Klängen des Konzerts zu lauschen. Angestachelt durch die Repression des DDR-Regimes und eine
zunehmende Polizeigewalt, der sich die vielen Musikbegeisterten ausgesetzt sehen,
ertönen bei diesem Ereignis erstmals die Rufe „Die Mauer muss weg". Auch wenn
es bekanntlich noch knapp zwei Jahre braucht, bis die Mauer tatsächlich fällt,
zeigt sich an diesem Beispiel nicht nur die besondere Dynamik popmusikalischer
Live-Ereignisse, sondern auch die besondere Anziehungskraft von Popmusik, die
nicht nur in diesem Fall Wirkung zeitigt. Die meisten von uns können derartige
Ereignisse, also etwa das erste Rockkonzert, die erste Bühnenerfahrung, der erste
Plattenkauf etc., aus unserem eigenen Leben recht genau erinnern. Auch vor diesem
Hintergrund ist es ratsam, den Analysefokus weg vom popmusikalischen Produkt
hin zur Vielfältigkeit der popmusikalischen Praxis zu lenken, ohne dabei allerdings
die praktische Produktion des Produkts Pop-Musik sowie dessen Wirkung zu ver-
nachlässigen. Es kommt vielmehr darauf an, auch diese Aspekte im Verbund mit der
vielfältigen Formation der Praxis des Pop zu untersuchen.

Um eine solche Verschiebung des Blickwinkels auf die Praxis der Popmusik
vorzunehmen und die wissenschaftliche Auseinandersetzung mit der Popmusik
dadurch voranzutreiben, möchten wir im vorliegenden Buch einen praxissoziologischen Ansatz präsentieren, der es sich gegenüber herkömmlichen Sozialtheorien zur Aufgabe macht, gerade die besondere Qualität der Praxis ernst zu
nehmen. Ausgangspunkt ist hierbei die Annahme, dass die soziale Praxis durch
eine eigene, nicht vorhersehbare Dynamik geprägt ist, die sich mittels eines
methodologischen Individualismus oder methodologischen Strukturalismus nicht
fassen lässt (vgl. hierzu ausführlich Hillebrandt 2014). Anstatt die Erforschung
der Popmusik deduktiv aus festgelegten Regel- und Theoriesystemen etwa des
Individualismus oder des Strukturalismus zu entwickeln, müssen in einer praxistheoretischen Forschungsweise die materialen Praktiken der Popmusik selbst
zum Untersuchungsgegenstand gemacht werden, um der besonderen Qualität und
Dynamik der Praxis der Popmusik beikommen zu können.

Durch die Fokussierung auf die praktische Vollzugswirklichkeit kann eine
solche Perspektive zum einen der Multidimensionalität der Popmusik, also den
vielfältigen menschlichen und nichtmenschlichen, klangtextuellen, technischen,

instrumentalen, medialen, kommerziellen, diskursiven, subversiven und ästhetischen Elementen und Dimensionen gerecht werden, sie kann zum anderen auch die nicht hintergehbare Hybridität und Dynamik der popmusikalischen Praxis berücksichtigen. Außerdem wird eine praxissoziologische Zugangsweise Auskunft darüber geben, wie Popmusik sowohl auf einzelne gesellschaftliche Teilbereiche eine unmittelbare Wirkung ausübt als auch gesamtgesellschaftliche Wandlungsprozesse beeinflusst und symbolisiert. Zudem gelingt es einer solchen Perspektive, die den wissenschaftlichen Diskurs um Popmusik prägende binäre Beschreibungslogik wie Produktion und Rezeption, Subversion und Kommerz, Mainstream und Subkultur zu umgehen. Denn diese dichotomen Begriffspaare verdecken den Blick auf die Vielfältigkeit der Genese und Reproduktion popmusikalischer Praxis. Eine Soziologie der Praxis eröffnet folglich eine neue Perspektive auf den Untersuchungsgegenstand Popmusik, die nicht nur durch Offenheit gegenüber dem Untersuchungsgegenstand, sondern auch durch einen breiten Analyseblickwinkel überzeugen will.

Damit der analytische Mehrwert einer solchen Perspektive gegenüber der bisherigen wissenschaftlichen Auseinandersetzung mit Popmusik keine einfache Behauptung bleibt, werden wir die Vorzüge einer praxissoziologischen Perspektive nun in direkter Auseinandersetzung mit dem Diskurs um Popmusik aufzeigen, wie er insbesondere in der Soziologie aber auch in angrenzenden Fachgebieten in den letzten sechzig Jahren geführt wurde. Bevor wir die praxissoziologische Perspektive auf Popmusik in der konkreten Anwendung präsentieren können, müssen wir mit anderen Worten die impliziten und expliziten Engführungen des wissenschaftlichen Diskurses über Popmusik aufspüren, wie sie sich etwa in der Kritischen Theorie oder den Cultural Studies finden, die den Diskurs über Popmusik entscheidend prägen.

1   Der wissenschaftliche Diskurs über Popmusik

Obschon der wissenschaftliche Diskurs um Popmusik durch verschiedene Streitpunkte geprägt ist, ist man sich hinsichtlich des Zeitpunkts der Entstehung der Popmusik relativ einig: Ihr Aufkommen wird in der Forschung gemeinhin in den 1950er und 1960er Jahren in den USA verortet (vgl. Wicke 1987; Büsser 2004; Hecken 2009; Frith et al. 2013). Auch wenn es vor 1950 schon populäre Musik gibt, wie die US-amerikanische Musikethnologie nachzeichnet (vgl. Burnim und Maultsby 2006), so werden der Blues der US-amerikanischen Südstaaten oder der Jazz im Allgemeinen als Vorläufer der Popmusik betrachtet, ist Popmusik, wie wir sie heute kennen, ein ganz spezifischer Komplex der Gegenwartsgesellschaft, der so bis dahin noch nicht aufgetreten ist. Popmusik ist nach unserer Definition dieses vielfältig gebrauchten Begriffs eine Praxisformation (vgl. Hillebrandt 2014, S. 53 ff., 102 ff.), die sich in musikalischer Hinsicht dadurch auszeichnet, verstärkt am Sound, Beat und Rhythmus und weniger am Textuellen orientiert zu sein und deswegen im besonderen Maße körperlich, d. h. körper-affizierend, wirkt. Popmusik adaptiert in ihrer ursprünglichen Formation das Bluesschema und vereinigt seit dem Rock ,n' Roll verschiedene musikalische Stilrichtungen in sich. Sie ist also als eine offene Musik zu verstehen, die sich immer wieder aufs Neue formiert. Popmusik wird mit elektronischen Mitteln hergestellt und reproduziert. Sie wird massenmedial verbreitet und ist mit einer Fankultur ausgestattet. Sie verbreitet sich gesellschaftsweit und bleibt als Klangbett der Gesellschaft nicht an bestimmten Klassengrenzen der Sozialstruktur hängen. Sie ist folglich klassenübergreifend wirksam und wird sehr breit rezipiert. Sie popularisiert sich in einer bis zu ihrem Aufkommen ungekannten Weise, indem sie sich immer wieder neu formiert und im Zuge dieser Neuformierung immer wieder neue Stilrichtungen erzeugt.

Als popmusikalischer Startschuss wird der Mitte der 1950er Jahre entstehende Rock ,n' Roll gewertet, der insbesondere mit Namen wie *Bill Haley, Elvis Presley* aber auch *Chuck Berry* und *Little Richard* in Verbindung gebracht wird (vgl. Hoffmann 1981, S. 14 ff.). Zum daraus entstehenden Gründungsnarrativ der Popmusik wird regelmäßig die folgende Geschichte – mal mehr (vgl. Gillet 1983, S. 26 f.) mal weniger glanzvoll (vgl. Wicke 2011, S. 12) ausgeschmückt – über die „Entdeckung" von *Elvis Presley* erzählt (vgl. auch Fiske 1999): Aufgewachsen in ärmlichen Verhältnissen in Tupelo, Mississippi, entdeckte *Elvis* trotz der in den Südstaaten in dieser Zeit bestehenden Rassentrennung, die sich auch in der Musik widerspiegelt, durch die unmittelbare Nachbarschaft zur schwarzen Bevölkerung bereits früh seine Leidenschaft für deren Musik, insbesondere für Blues bzw. Rhythm and Blues und Jazz, aber auch für Gospel. Um seiner Mutter eine Freude zu ihrem Geburtstag zu bereiten, nimmt *Elvis* im Jahre 1953 in Memphis, Tennessee, von seinem ersten, nach dem High-School-Abschluss verdienten Gehalt eine Platte auf. Ermöglicht wird ihm das durch Sam Philips, der es in seinem *Memphis Recording Service* nicht nur jedermann gestattet, für ein paar Dollar eine Schallplatte aufzunehmen, sondern der in seinem Studio ebenfalls das Label *Sun Records* betreibt, welches hauptsächlich R&B Musiker vermarktet. Vom Klang und der Intensität der Stimme von *Elvis* begeistert, nimmt Philips diesen unter Vertrag und macht ihn mit dem Gitarristen *Scotty Moore* und dem Bassisten *Bill Black* bekannt, mit denen *Elvis* bald darauf die ersten Aufnahmen produziert. Als *Elvis* die Bluesnummer *Thats allright* mit einem hohen, klaren, sehr viel schnellerem als das Original, ja fast atemlos und deshalb ungeduldig wirkenden Gesang in einer vollkommen neuen Weise interpretiert (vgl. Gillet 1983, S. 26), entsteht durch die Zusammenführung von

Rhythm ‚n' Blues und Country-Elementen nicht nur ein Sound, der als Rockabilly in die Popgeschichte eingeht und die Musikgeschichte in den nächsten Jahren revolutioniert. Auch die Weise, wie Musik inszeniert wird, ändert sich durch *Elvis* grundlegend, zu dessen Markenzeichen neben seinem unverkennbaren Gesang und seiner Frisur (Elvis-Tolle) auch sein Outfit und sein unvergleichlicher Hüftschwung werden (vgl. Daniel et al. 2015, S. 5 f.).

Die Auftritte von *Elvis* werden sehr genau geplant und konzipiert. Und die Popularität, die er bereits in den 1950er Jahren erreicht, ist das Produkt einer geschickten und durchdachten Marketingstrategie. *Elvis* macht dadurch sogenannte schwarze Musik in breiten Bevölkerungsschichten bekannt, sodass sich eine völlig neue Musik popularisiert, die das Lebensgefühl zunächst aller US-Amerikaner und Amerikanerinnen und später vieler Menschen auf der Welt nachhaltig prägt. Und dieses Beispiel zeigt eines sehr deutlich: Der Take-off der Popmusik als wirkmächtige Praxisformation mit überregionalen, ja weltweiten Praxiseffekten beginnt erst in den 1950er Jahren – der Blues ist bis dahin eine Nischenmusik der afroamerikanischen Bevölkerung und wird in der weißen Mittelschicht fast vollständig ignoriert – und setzt sich dann vor allem durch das Aufeinandertreffen von US-amerikanischem Rock ‚n' Roll und britischem Beat Ende der 1960er Jahre massiv durch, sodass Rock- und Popmusik zu einem globalen Phänomen avanciert, das in alle Poren der Gesellschaft eindringt und sich zu so etwas wie ihrem Klangbett entwickelt.

Es handelt sich bei Popmusik also um ein relativ junges gesellschaftliches Phänomen, was seit seiner Entstehung in den 1950er Jahren eine immense, nicht zu unterschätzende Wirkung in weiten Teilen dieser Welt hinterlässt. Dass diese neuen Formen der populären Musik zunächst auch in Wissenschaftskreisen höchst umstritten waren, zeigen die Ansichten, die etwa Ernst Bloch oder Theodor W. Adorno bereits über die Vorläufer der Popmusik hegten. Insbesondere Jazz erscheint hier als Ausdruck einer Verrohung der Kultur. Blochs viel zitierte und wohlbekannte Aussage über Jazzmusik und den entsprechenden Tanzstil ist eine bemerkenswerte Schmähung, wenn er sagt:

> Roheres, Gemeineres, Dümmeres als die Jazztänze seit 1930 ward noch nicht gesehen. Jitterbug, Boogie-Woogie, das ist außer Rand und Band geratener Stumpfsinn, mit einem ihm entsprechenden Gejaule, das die sozusagen tönende Begleitung macht. Solch amerikanische Bewegung der westlichen Länder, nicht als Tanz, sondern als Erbrechen. Der Mensch soll besudelt werden und das Gehirn entleert; desto weniger weiß er unter seinen Ausbeutern, woran er ist, für wen er schuftet, für was er zum Sterben verschickt wird (Bloch 1959, S. 457).

In den Augen des Neomarxisten Bloch stellt diese Form der Musik offenbar ein neues ‚Opium fürs Volk' dar. Eine gesellschaftskritische Haltung bricht sich ähnlich wie bei Bloch auch in Adornos Ansicht zu Jazzmusik Bahn:

Die Society hat ihre Vitalmusik [...] nicht von Wilden, sondern von domestizierten Leibeigenen bezogen. Damit können dann freilich die sadistisch-masochistischen Züge des Jazz recht wohl zusammenhängen. So modern wie die ‚Primitiven‘, die ihn anfertigen, ist die Archaik des Jazz insgesamt. [...] Nicht alte und verdrängte Triebe werden in den genormten Rhythmen und genormten Ausbrüchen [des Jazz; A. d. V.] frei: neue, verdrängte, verstümmelte erstarren zu Masken der längst gewesenen. [...] Die moderne Archaik des Jazz ist nichts anderes als sein Warencharakter (Adorno 1997, S. 83 f.).

Und an anderer Stelle seines Werkes schreibt er, den Jazz in den 1960er Jahren bereits etwas milder betrachtend, über Rockabilly ganz unmissverständlich folgendes:

Die Jazz-Hörer sind sich untereinander uneinig, und die Gruppen pflegen ihre besonderen Varietäten. Die technisch voll Sachverständigen schmähen die grölende Gefolgschaft des Elvis Presley als Halbstarken (Adorno 1989, S. 28).

Heutzutage mutet es fast grotesk an, wenn man sich vor Augen führt, zu welchen Aussagen sich gesellschaftskritische Denker wie Bloch und Adorno in Bezug auf die Vorläufer der Popmusik hinreißen lassen. Das Aufsehen, welches diese neuen Formen der Musik in dieser Weise erregt haben, führt nicht zuletzt auch dazu, dass Popmusik seit ihrer Entstehung zum Gegenstand wissenschaftlicher Betrachtung gemacht wird. Insbesondere Adornos musiksoziologischen Betrachtungen und die gemeinsam mit Max Horkheimer in der *Dialektik der Aufklärung* aufgestellte Kulturindustriethese haben den Diskurs um Popmusik dabei nachhaltig geprägt und prägen ihn sogar bis heute. Eine Auseinandersetzung mit Adornos Schriften aus praxissoziologischer Perspektive ist aus diesem Grund zwingend erforderlich, um sowohl die Unterschiede als auch etwaige Gemeinsamkeiten prägnant herausarbeiten zu können.

2   Popmusik als Epiphänomen der Massenkultur oder als multidimensionale Praxis?

Es hängt insbesondere mit Adornos Kultur- und Gesellschaftsverständnis zusammen, dass er dem Jazz und später dem Rock ‚n‘ Roll so wenig Gutes abgewinnen kann. Für Adorno ist gerade der Jazz der Inbegriff der Kulturindustrie, der zur Ware verkommenen Kultur. Es geht ihm mit der Kulturindustriethese jedoch nicht darum, allein die Jazzmusik als solches zu kritisieren, vielmehr übt er Kritik an den strukturellen Veränderungen der Gesellschaft zu Beginn des 20. Jahrhunderts, für die nach Adorno die Jazzmusik nur ein Ausdruck ist. Durch die Technologie der mechanischen Reproduktion, die bereits

Walter Benjamin (vgl. 1977) in seinem berühmten Aufsatz von 1935 über das *Kunstwerk im Zeitalter seiner technischen Reproduzierbarkeit* zum Thema gemacht hat, sowie der Weiterentwicklung der Aufnahme- und Sendetechnik wird der Konsum der Kultur zu einem individualisierten und von den Produzenten und Rezipienten entfremdeten Vorgang. Dies ermöglicht es – so die zentrale These von Adorno und Horkheimer –, die Kulturproduktion der kapitalistischen Verwertungslogik zu unterwerfen und auf diese Weise Kultur für die Massen zu produzieren. Durch die Standardisierung der Musik verliert diese nicht nur ihren eigenen Wahrheitsgehalt, sondern sie führt auch zur Einschläferung des gesellschaftlichen Bewusstseins und hat somit auch eine ideologische Wirkung.[2] Die Kulturindustriethese lässt sich mit Adorno somit folgendermaßen auf den Punkt bringen:

> Kulturindustrie ist die synthetische Kultur der verwalteten Welt. Ihre Waren werden [...] nach dem Prinzip ihrer Verwertung angefertigt, nicht nach ihrem Wahrheitsgehalt. Die einmal und prekär errungene Autonomie der Kunstwerke wird zurückgenommen, mit oder ohne die bewusste Absicht der Verfügung. [...] Schließlich hat die Ideologie der Kulturindustrie sich verselbstständigt, bedarf kaum mehr besonderer Botschaften, nähert sich den public relations. [...] An den Mann gebracht wird allgemeines unkritisches Mit-dabei-Sein, Reklame gemacht für die Welt, so wie ein jedes kulturindustrielles Produkt seine eigene Reklame ist (Adorno 2003, S. 288 ff.).

Der Produktion von ständig Neuem kommt hierbei eine besondere ideologische Bedeutung zu, denn in Form der Unterhaltungsmusik, wir würden heute Popmusik sagen, beschränke sich die Funktion der Musik lediglich darauf vorzutäuschen, dass überhaupt etwas im Wandel begriffen ist: „Ihre Ideologie ist im wörtlichsten [Sic!] Sinn das ut aliquid fieri videatur. Durch ihre bloße abstrakte Form, die der Zeitkunst, also den qualitativen Wechsel ihrer Sukzessivmomente, bewirkt sie etwas wie die imago von Werden" (Adorno 1989, S. 66). Adornos musiksoziologische Schriften basieren ganz offensichtlich auf der in dieser Zeit

---

[2]Guy Debord kommt in seinem 1967 erstmals veröffentlichten Buch *Gesellschaft des Spektakels* zu einem ähnlichen Schluss. Er stellt fest, dass sich die Warengesellschaft nach dem Zweiten Weltkrieg als allgegenwärtige Popkultur etablieren konnte, wobei er „das Spektakel" als den Moment fasst, „worin die Ware zur *völligen Beschlagnahme* des gesellschaftlichen Lebens gelangt ist. Das Verhältnis zur Ware ist nicht nur sichtbar, sondern man sieht nichts anderes mehr: die Welt, die man sieht, ist seine Welt" (Debord 1978, S. 20).

gängigen Unterscheidung zwischen Unterhaltungs-Musik und ernster Musik bzw. zwischen leichter und höherer Musik: Musik, die der Unterhaltung und Zerstreuung dient, ist mit Adornos ästhetisch-ideellem Kulturverständnis nicht vereinbar. Vielmehr muss für ihn das sinnliche Erleben der Musik aber auch die Reflexion des musikalischen Werks im Vordergrund stehen.[3] Die Unterhaltungsmusik stellt diese Anforderungen jedoch nicht an den Rezipienten: „Musik ist ihm [dem Kulturkonsumenten; A. d. V.] nicht Sinnzusammenhang, sondern Reizquelle. Elemente des emotionalen wie des sportlichen Hörens spielen herein. Doch ist all das plattgewalzt vom Bedürfnis nach Musik als zerstreuendem Komfort" (Adorno 1989, S. 29). Dabei hebt Adorno die physische Dimension des Musikhörens auch in Hinblick auf die Unterhaltungsmusik hervor:

> Als Substitut eines Geschehenden, an dem der mit Musik Identifizierte in welcher Weise auch immer aktiv teilzuhaben glaubt, scheint sie in jenen Momenten, die dem populären Bewußtsein für Rhythmus gelten, imaginativ dem Körper etwas von den Funktionen zurückzuerstatten, welche ihm real durch die Maschinen entzogen wurden; eine Art Ersatzsphäre der physischen Motorik, welche die sonst qualvoll ungebundene Bewegungsenergie zumal der Jungen absorbiert. Insofern ist die Funktion der Musik heute von der in ihrer Selbstverständlichkeit nicht minder rätselhaften des Sports gar nicht so verschieden. [...] Eine Hypothese über diesen Aspekt der konsumierten Musik wäre, daß sie die Hörer daran erinnert – wenn nicht gar: ihnen vorspiegelt -, daß sie noch einen Körper haben; daß sie, als bewußte und im rationalen Produktionsprozeß Tätige, vom eigenen Körper doch noch nicht gänzlich abgetrennt sind. Diesen Trost verdanken sie demselben mechanischen Prinzip, das ihren Körper ihnen entfremdet (Adorno 1989, S. 67).

---

[3] In seiner *Einleitung in die Musiksoziologie* (1975) identifiziert er vor dem Hintergrund der gesellschaftlichen Bedingungen der 1950er Jahre sieben Typen des Musikhörens: Den Experten, für den Musikhören ein voll bewusstes Erleben ist und der jederzeit Rechenschaft über das Gehörte ablegen könnte, den Typ des guten Zuhörers, der zwar über ein tieferes Verstehen der Musik verfügt, der sich jedoch der technischen und strukturellen Implikationen der Musik nicht gänzlich bewusst ist, den Typ des Bildungskonsumenten, der viel Musik hört und viel über sie und ihre Protagonisten weiß, dessen spontanes und unmittelbares Verhältnis zu Musik jedoch durch den Fokus auf das Wissen verloren geht, den emotionalen Hörer, für den Musik eine Möglichkeit darstellt, den z. B. durch zivilisatorische Normen verdrängten Emotionen freien Lauf zu lassen. Des Weiteren identifiziert Adorno den sogenannten Ressentiment-Hörer, den Jazz-Experten und den quantitativ am häufigsten auftretenden Typ, der Musik lediglich als Unterhaltung und sonst nichts wahrnimmt und der die primäre Zielgruppe der Kulturindustrie bildet (vgl. Adorno 1989, S. 17–32).

Adorno sieht zwar ganz im Sinne einer praxissoziologischen Perspektive die physische Dimension des Musikhörens, da er die körperliche Erfahrung der Musik für einen entscheidenden Aspekt ihres Verständnisses hält. Allerdings ist für Adorno die körperliche Verschmelzung mit der Musik immer mit der Gefahr verbunden, dass die Musik manipulativ wirkt, weil sie im Sinne der in seinem Werk sehr dominanten Kulturindustriethese zum Nutzen von Ausbeutung und Entfremdung eingesetzt ist. Dies gilt für ihn selbstredend vor allem für populäre Musik.[4] Solche und ähnliche, der Kulturindustriethese entstammende Sichtweisen auf populäre Musik sind vor allem in Deutschland sehr einflussreich und führen hier in den 1970er und 1980er Jahren dazu, dass Popmusik in die strikte Unterscheidung zwischen U- und E-Musik gezwängt wird und dass sie – was noch wichtiger ist – als Epiphänomen der Massenkultur betrachtet wird, das ein Produkt der kapitalistischen Kulturindustrie ist, die aus ganz bestimmten Interessen heraus Popmusik als spezifische Form der U-Musik produziert. Dadurch geraten vor allem und fast ausschließlich die Produktion und die Produktionsbedingungen der Popmusik in den analytischen Blick. Und dies geschieht dann aber immer in einer prädisponierten Weise, weil dem kulturkritischen Blick ja bereits vorher klar zu sein scheint, was im Bereich der Popmusik der Gesellschaft geschieht.[5]

Der Begriff der Kulturindustrie, den vor allem Adorno und Horkheimer prägen, wird trotz seiner immensen Wirkung auf die Analyse der Kultur bereits früh kritisiert. So wird von Chapple und Garfalo (vgl. 1980, zuerst 1977) und auch von Zimmer (vgl. 1981, zuerst 1973) zunächst noch zaghaft konstatiert, dass er

---

[4] Aber auch für bestimmte Formen der klassischen Musik wie etwa der von Sibelius.

[5] Zwar gibt es in der Musiksoziologie auch Ansätze, die an die forschungsorientierte Perspektive Alphons Silbermanns (vgl. 1957, 1962, 1963) anknüpfen und ganz konkret das „Musikerlebnis" zum empirischen Untersuchungsgegenstand machen. Hettlage (vgl. 1992) und Klausmeier (vgl. 1978) betonen sowohl den Multimediacharakter rezipierter Musikereignisse (auditiv, visuell und sensuell: Licht- und Bühnenshows, Tanz etc.) als auch die emotionale Ebene („Totalerfahrung", Gefühlsäußerungen). Honigsheim (vgl. 1964, 1975) und Günther (vgl. 1967) untersuchen die Beziehungen von Gesellschaftsformen (z. B. liberale oder totalitäre) und der musikalisch-technischen Ausdrucksmittel bzw. der performativen Stile, während DeNora (vgl. 2000, 2003) das Beeinflussungspotenzial von Musik auf gesellschaftliche Strukturen – vermittelt über den „Musik-Struktur-Nexus" in (alltäglichen) Situationen musikalischer Praxis – in den Blick nimmt. Dass in der empirisch ansetzenden Musiksoziologie die Dimensionen von Produktion und Rezeption von Popmusik fließender sind, zeigen etwa u. a. auch die Studien von Niketta und Volke (vgl. 1992, 1994) sowie Dollase, Rüsenberg und Stollenwerk (vgl. 1978, 1979), die Gruppenkohäsion und Gruppenstrukturen von Musikbands sowie (Rock-)Musik als Produkte kollektiver Prozesse untersuchen.

sehr abstrakt bleibt, was etwa Chapple und Garfalo (vgl. 1980) zum Anlass nehmen, das Plattengeschäft der Popmusik und die Vertriebswege der Schallplatten
einer genauen Untersuchung zu unterziehen. Diese Arbeiten bleiben aber wie
auch die frühe Soziologie des Rock von Peter Wicke (vgl. 1987) der Kulturindustriethese Adornos verhaftet, weil sie sich als marxistisch geprägt verstehen,
wobei insbesondere Zimmer (vgl. 1981) der These der physischen und emotionalen Emanzipationskraft der Popmusik äußerst kritisch gegenübersteht. Wicke hingegen begreift Rockmusik durchaus auch als Ausdruck des Widerstandes gegen
die Unrechtsstrukturen des Kapitalismus. Ähnliches gilt auch für das einflussreiche soziologische Buch *The Sociology of Rock* von Simon Frith (vgl. 1978):
Er arbeitet heraus, dass neue Einflüsse in der Musik meist jenseits der großen
Plattenfirmen entstehen. Erst wenn sie sich als erfolgreich herausstellen, werden
sie von der Musikindustrie aufgegriffen (vgl. Frith 1981, S. 67). Auch Frith kritisiert in diesem Zusammenhang den Abstraktionsgrad der Frankfurter Schule,
durch welchen der Umgang der Rezipienten mit Popmusik nicht in den Blick
gerate, weil er ganz pauschal als passiver Konsum eingestuft wird (vgl. Frith
1981, S. 54).[6] Obgleich Frith das subversive Potenzial der Rockmusik anerkennt,
was ihm insofern gelingt, als dass er zwischen Pop und Rock unterscheidet und
Rock bescheinigt, dass er auch „Begriffe wie Ehrlichkeit, Authentizität, Kunst
und nicht-kommerzielle Interessen" (Frith 1981, S. 15) beinhalte, hält er an einer
ideologiekritischen Perspektive fest, wenn er schreibt: „[D]dieses Buch geht
davon aus, dass Rockmusik eine Form der kapitalistischen Kultur ist, und dass
wir versuchen müssen, diese kapitalistische Kultur zu verstehen und zu benutzen,
zu unterwandern und zu genießen" (Frith 1981, S. 82).

---

[6]Adorno hatte insbesondere die Jugend als neue Kaufkraft für die massengefertigte Musik
ausgemacht und sie in Rückgriff auf Freud als äußerst willige und unkritische Konsumenten beschrieben: „Meist berauschen sie sich an dem Ruhm der Massenkultur, den diese
manipuliert: Sie können ebenso gut sich in Klubs zur Verehrung von Filmstars zusammen-
finden, Autogramme anderer Prominenzen sammeln. Ihnen kommt es auf die Hörigkeit
als solche, auf Identifikation an, ohne dass sie viel Aufhebens von dem jeweiligen Inhalt
machten. Sind es Mädchen, so haben sie sich geschult, bei der Stimme eines ‚crooner',
eines Jazzsängers, in Ohnmacht zu fallen. Ihr auf ein Lichtsignal einschnappender Beifall
wird bei populären Radioprogrammen, deren Sendung sie beiwohnen dürfen, gleich mit-
übertragen; sie nennen sich selbst ‚jitterbugs', Käfer, die Reflexbewegungen ausführen,
Schauspieler der eigenen Ekstase. Überhaupt von etwas hingerissen sein, eine vermeintlich
eigene Sache haben, entschädigt sie für ihr armes und bilderloses Dasein. Der Gestus der
Adoleszenz, entschlossen für diesen oder jenen von einem zum anderen Tag zu ‚schwär-
men', mit der immer gegenwärtigen Möglichkeit, morgen schon als Narrheit zu ver-
dammen, was man heute eifernd anbetet, ist sozialisiert." (Adorno [1955] 1977, S. 132 f.).

Auch wenn diese Sichtweise teilweise nicht einer gewissen Plausibilität ent-
behrt, erlaubt sie doch, wie leicht zu sehen ist, nur eine sehr einseitige Analyse
von Popmusik, da sie lediglich dahin gehend überprüft werden kann, ob sie nun
subversiv und kapitalismuskritisch ist, oder ob sie der monströsen Maschinerie
des Kapitalismus durch Verblendung und Ablenkung des Publikums Vasallen-
dienste leistet. Hier stellt sich selbstredend gleich die Frage, was denn nun
subversiv ist, wer denn definieren kann, ob Pop- und Rockmusik Teil der ver-
blendenden Kulturindustrie ist oder eben nicht. Dadurch dass diese Arbeiten, für
welche die von Frith sehr typisch ist, zwischen Verblendung und Rebellion durch
Pop- bzw. Rockmusik unterscheiden, bleiben sie der Kulturindustriethese und der
Ideologiekritik der frühen Frankfurter Schule verhaftet. Das heißt: Auch wenn die
Forschungsansätze der 1970er und 1980er Jahre sich dahin gehend unterscheiden,
ob sie Rock- und Popmusik oder nur Rockmusik ein subversives Potenzial
zusprechen, so eint sie doch die gemeinsame Einordnung der Popmusik in eine
Universalgeschichte der Kultur bzw. der kapitalistischen Kulturindustrie.[7]

Adornos These von der Kulturindustrie ist bekanntlich mit einer ausformulierten ästhetischen Theorie verbunden (vgl. Adorno 1973), die sich nicht
nur um die Frage dreht, ob etwas Kulturelles der Verblendung dient oder nicht.
Es geht hier auch und vor allem darum, Maßstäbe für ästhetische Ausdrucksformen zu finden, die sich eben jenseits von Funktionalität und Effizienz finden
lassen müssen, um nicht der kapitalistischen Verwertungslogik anheim zu fallen
(vgl. hierzu Früchtl 2004, S. 148–158). An diese Theorie ist vielfältig, etwa auch

---

[7]Dies wird von Frith inzwischen teilweise revidiert, indem er mit seinen Mitarbeitenden
jetzt im ersten von einem auf mehrere Bände angelegten Werk zur Geschichte des Rock
und Pop die zentralen historischen Ereignisse dieser Praxisformation stärker in den Fokus
rückt (vgl. Frith et al. 2013).

Bis heute übt die Kulturindustriethese für einige Wissenschaftlerinnen und Wissen-
schaftler – zu nennen sind hier insbesondere die Arbeiten von Roger Behrens – eine
implizite Wirkung aus (vgl. auch Steinert 1998). Auch wenn es heute natürlich zum
guten Ton gehört, sich von der Jazzkritik Adornos zu distanzieren (vgl. Steinert 2003),
so hält Behrens (vgl. 2003) am Erklärungsgehalt der Kulturindustriethese insbesondere
für den Bereich der Popmusik fest. Als Zustandsbeschreibung der gegenwärtigen Popmusik zeichnet er das düstere Bild einer Diktatur der Angepassten, einer durch Stillstand
und Langeweile geprägten Kultur des Konformismus, der jegliches subversive Potenzial
abhandengekommen ist.

Auch an die musiksoziologischen Studien Adornos wird noch in den 2000er Jahren
angeschlossen, wie Tia DeNora mit ihrem Buch *After Adorno. Rethinking Music Sociology*
(2003) zeigt.

um den Begriff der Ästhetik Adornos zu rehabilitieren (vgl. etwa Früchtl 1996),
angeschlossen worden, weil sie, in der aufklärerischen Tradition von Kant und
Hegel stehend, ein Rüstzeug liefern kann, Kunst von Kitsch oder Herrschafts-
form zu unterscheiden, um auf diese Weise eine inflationäre Erfahrung des
Ästhetischen im Populären auszuschließen, das zur Aufrechterhaltung der kapitalistischen Ausbeutungs- und Herrschaftsmechanismen industriell erzeugt wird.[8]
Denn die ästhetische Erfahrung ist nach der klassischen ästhetischen Theorie
immer selten, sie ist nicht so einfach zu erreichen, weil sie sich dem herrschenden
Funktionalismus und dem immanenten Zusammenhang der Herrschaft entziehen
muss. Kunstwerke können nun genau danach unterschieden werden, ob sie dies
leisten oder eben nicht. Denn wenn es um die „Kraft der Kunst" (Menke 2014)
geht, kann danach gefragt werden, welche Ästhetik etwas zu einem Kunstwerk
macht, was also das Kunstwerk von anderen Gegenständen unterscheidet und wie
es durch dieses Distinktionsmerkmal den Erfahrungsraum des Rezipienten gegen
den kapitalistischen Ausbeutungs- und Herrschaftszusammenhang bereichert. In
einer solchen Ästhetik steckt immer so etwas wie „[d]er Ekel vor dem ‚Leichten'", wie es Bourdieu (1982, S. 757) einmal gesagt hat, weil die ästhetische
Erfahrung sich in einer solchen Theorie eben nicht so einfach einstellt, sie ist
mit Anstrengung und distinktivem Wissen verbunden, das über eine lange Zeit
inkorporiert werden muss. Soziologisch gesehen handelt es sich bei dieser Art
von Ästhetik ganz im Sinne Bourdieus um eine Reflexionstheorie der Distinktion,
sodass ihr letztlich keine besondere Bedeutung zur Ausformulierung einer soziologischen Theorie zugesprochen werden sollte, was inzwischen als herrschende
Lehrmeinung in der Soziologie gelten kann.

Sieht man aber zunächst einmal davon ab, dass die Ästhetik eine Ausdrucksform sozialer Ungleichheit in einer kapitalistischen Gesellschaft ist, und betrachtet
die Frage danach, wodurch etwas – rein kunsttheoretisch – zu einem Kunstwerk wird, kann ein Aspekt der klassischen ästhetischen Theorie gerettet werden – auch für den hier verfolgten Zusammenhang der Popmusik –, indem die

---

[8]Beispielhaft schreibt Adorno (1973, S. 394) in seiner ästhetischen Theorie: „Vom Klassischen überlebt die Idee der Kunstwerke als eines Objektiven, vermittelt durch Subjektivität. Sonst wäre Kunst tatsächlich ein an sich beliebiger, für die anderen gleichgültiger und
womöglich rückständiger Zeitvertreib. Sie nivellierte sich zu einem Ersatzprodukt einer
Gesellschaft, deren Kraft nicht länger zum Erwerb des Lebensunterhaltes verbraucht wird
und in der gleichwohl unmittelbare Triebbefriedigung limitiert ist. Dem widerspricht Kunst
als hartnäckiger Einspruch gegen jenen Positivismus, der sie dem universalen Für anderes
beugen möchte".

ästhetische Theorie nicht so sehr bei der spezifischen Ausformung der Kunst-werke, sondern vielmehr bei der Ausformung der ästhetischen Erfahrung ansetzt (vgl. hierzu auch Früchtl 1996, S. 32 ff.). Diese stellt sich bei der Rezeption von Kulturprodukten als körperliche Erfahrung ein, die sich nicht allein kogni-tiv verstehen lässt. So ist das Hören von Popmusik, wie etwa des Songs *Purple Haze* von *Jimi Hendrix,* für viele Menschen mit einer körperlichen, ästhetischen Erfahrung verbunden, die diesen Song zu einem bedeutenden Bestandteil der Praxisformation des Rock und Pop werden lässt, an den bei der Produktion von Popmusik in vielfältiger Form angeschlossen wird. Ästhetik ist also ein Erfahrungsraum, der sich eben nicht an der „Objektivität" von Kunstwerken, son-dern an der Erfahrungswelt von Rezipienten misst, die sich eben nicht nur in der Struktur des Kunstwerkes entfaltet, sondern etwa auch in seiner Inszenierung, in seiner kulturellen und diskursiven Rahmung und anderem.

Wird dies sehr ernst genommen, kann Popmusik nicht als Epiphänomen der den Kapitalismus stabilisierenden Kulturindustrie begriffen werden, wird sie doch in einer solchen Perspektive nicht als eigenständiges Phänomen sichtbar, sondern stattdessen zu einer Ausdrucksform der kapitalistischen Gesellschaftsstruktur verkürzt. Die Ästhetik der Popmusik lässt sich mit anderen Worten nicht objektiv verneinen, wie dies Adorno noch suggeriert, sie ist vielmehr ein vielgestaltiger Erfahrungsraum, der sich sehr unterschiedlich einstellt und deshalb in vielfältiger Form erforscht werden muss. Ganz in diesem Sinne geht eine praxissoziologische Perspektive auf Popmusik davon aus, dass diese, zunächst in den USA der 1950er Jahre durch unterschiedliche Einflussfaktoren entstehende Musik, die in den 1960er Jahren globale Verbreitung findet, nicht nur die Freizeitgestaltung und die sogenannte Ablenkung von der Herrschaft des Kapitalismus maßgeblich ver-ändert, sondern bis heute auf deutlich mannigfaltigere Weise Einfluss auf unser Alltagsleben und die Gegenwartsgesellschaft nimmt. Nicht zuletzt auch dadurch, dass sie vielfältige ästhetische Erfahrungen ermöglicht, die nicht nur als Illusion eines immanenten Herrschaftszusammenhangs missverstanden werden sollten. Aus diesem Grund möchten wir die eigene Qualität und Dynamik der Popmusik herausarbeiten, die sich aus den verschiedenen Elementen und Einflussfaktoren ergeben, welche die Praxis der Popmusik überhaupt erst hervorbringen und die mit einer wie immer gearteten Kulturindustriethese nicht hinreichend in den Blick geraten. Aus diesem Grund wollen wir unseren Blickwinkel gerade auf die Multi-dimensionalität der Praxis des Pop lenken.

Ganz in diesem Sinne hat bereits Richard Peterson in seinem vielbeachteten Aufsatz *Why 1955? Explaining the Advent of Rock Music* (1990) darauf aufmerk-sam gemacht, dass die Kulturindustrie die Bedürfnisse der Heranwachsenden nicht für sich zu deuten wusste, und hält entsprechend fest:

It is, indeed, ironic that the commercial culture industry, which is consecrated to making money by providing the mass of people with the kinds of entertainment that they want, was systematically blind to the unsatiated demand for cultural products that spoke more directly to the condition of young people. In unravelling this irony, we will argue that it was the structure of arrangements, habits, and assumptions of commercial culture industry itself that caused that blindness (Peterson 1990, S. 98).

Er zeichnet nach, dass hauptsächlich die Änderung im Urheberrecht, aber auch der Wetteifer und die Patentierungen bei der Herstellung von Vinyl-Schallplatten (vgl. Peterson 1990, S. 100), die Einführung des Transistorradios (vgl. Peterson 1990, S. 102), vor allem aber die durch die Verbreitung des Fernsehens herbeigeführten Veränderungen in der Radiolandschaft zum Aufkommen der Popmusik in den 1950er Jahren führt (vgl. Peterson 1990, S. 101), weil diese Entwicklungen einen sehr großen ästhetischen Erfahrungsraum hervorbringen, der vielfältig von der jugendlichen Bevölkerung in der westlichen Welt genutzt und dadurch mit hervorgebracht wird. Gerade das wachsende symbiotische Verhältnis der Plattenhersteller und der Radiostationen erweist sich hierbei als wichtiger Faktor: Sind es Ende der 1940er Jahre lediglich vier Netzwerke mit ihren jeweiligen Radiostationen, welche die Radiolandschaft weitestgehend dominieren und mit einem großen Budget ein relativ kostspieliges Programm zusammenstellen können – so werden die damaligen Hits beispielsweise immer von den Studio-Bands und -Orchestern live eingespielt –, sieht die Situation Ende der 1950er Jahre bereits ganz anders aus: Eine Vielzahl an lokaler Radiostationen ist entstanden, die, da ihnen nicht die entsprechenden Mittel zur Verfügung stehen, für ihre Sendungen nun überwiegend auf Schallplatten zurückgreifen. Das Verhältnis von Radio und Plattenindustrie wandelte sich in dieser Zeit von einem Verhältnis der Konkurrenz zu einem der symbiotischen Verbundenheit, wovon zunächst hauptsächlich die vielen neu entstandenen kleineren Musiklabel profitierten, da sie sich wesentlich flexibler hinsichtlich dem Aufgreifen neuer Trends zeigen (vgl. Peterson 1990, S. 105). Dies hat dann entscheidende Wirkung darauf, dass sich die Popmusik in viele Bevölkerungsschichten verbreitet und Räume ästhetischer Erfahrungen erzeugt, die bis heute virulent sind. Während Peterson nun den analytischen Blick zur Untersuchung dieses Phänomens auf die Zusammenhänge, Organisationsformen und Strukturen der medialen Distribution von Popmusik richtet, wollen wir unseren Blick zusätzlich auf die Ebene der popmusikalischen Praxis ausrichten, um die vielfältigen Elemente und Dimensionen sichtbar zu machen, welche die Popmusik nicht nur hervorbringen, sondern diese bis heute als wirkmächtige Praxis immer wieder neu erzeugen. Dem ideologiekritischen Kulturbegriff der kritischen und ästhetischen Theorie nach Adorno möchten wir somit eine Kultursoziologie entgegenstellen, die gemäß der Einsichten des Post-strukturalismus jenseits des Essenzialismus ansetzt und aus diesem Grund den Begriff der Praxis in ihren analytischen Fokus rückt. Eine am Praxisbegriff orientierte Kultursoziologie interessiert sich nicht für zeitlose Regelsysteme, Strukturen oder Kontexte, welche die Praktiken ermöglichen, sondern für den Prozess der Formation von Praktiken, also für den Prozess der sich immer wieder aufs Neue ereignenden Assoziation von unterschiedlichen Aktanten, um es mit Bruno Latour zu sagen (vgl. Latour 2007, 2008). Auf diese Weise gelingt es, Popmusik nicht als Ausdruck der Gesellschaftsordnung zu begreifen, sondern es können vielmehr die unterschiedlichen Elemente und Dimensionen der Popmusik – also auch ihre ästhetischen Erfahrungsräume – in ihrem praktischen Zusammenspiel untersucht werden, die unseres Erachtens für die besondere Qualität und Wirkkraft der Popmusik stehen. Dadurch finden nicht nur die Ebenen der Produktion von Popmusik und ihre massenmediale Verwertung Beachtung. Vielmehr wollen wir den unterschiedlichen Intensitätszonen der popmusikalischen Praxis jenseits der gängigen Unterscheidung zwischen Produktion und Rezeption nachspüren, um ihre spezifische Vollzugswirklichkeit in den vielfältigen Zusammenhängen untersuchen zu können, in denen sie von Bedeutung ist.

Ein praxissoziologischer Zugang fragt somit danach, wie sich die soziale Praxis der Popmusik angemessen erfassen lässt, und setzt hierbei bei den Ereignissen selbst und damit bei der materiellen Verfasstheit der sozialen Praxis an, die – im Anschluss an Schatzki (vgl. 1996, S. 89) – als eine Kombination aus Sprechakten (sayings), körperlichen Bewegungen (doings) und einer durch Assoziation zwischen sozialisierten Körpern und materiellen Artefakten ermöglichten Handhabe der Dinge gefasst wird (vgl. Hillebrandt 2014, S. 58 ff.). Gegenüber der lang anhaltenden anthropozentrischen Ausrichtung der Sozialwissenschaft wird in einer praxissoziologischen Perspektive der Bedeutung der nichtmenschlichen Aktanten und Dinge besondere Aufmerksamkeit geschenkt. Wie unter anderen Peterson zeigt, nehmen Vinyl-Platte oder Transistorradio aber auch die Entwicklung des Marshall-Verstärkers oder, eng damit verbunden, der E-Gitarre (vgl. hierzu Hillebrandt 2016) für die Entstehung der Popmusik eine zentrale Rolle ein, und gerade die innovativen Weiterentwicklungen der technischen und medialen Möglichkeiten prägen den Wandel der Popmusik seit den 1950er Jahren maßgeblich.

Darüber hinaus wird auch die physische Dimension der menschlichen Aktanten Beachtung finden. Die physische und die emotionale Komponente des Musikhörens hebt, wie bereits gesagt, auch Adorno hervor, jedoch bleiben diese bei ihm noch in sein ideologiekritisches Kulturverständnis eingebettet. Durch die Fokussierung auf die soziale Praxis setzen wir auch in diesem Punkt wiederum grundlegender an und wollen zunächst die Aufmerksamkeit darauf richten, dass es nicht einzig eine kognitive Leistung ist, ein Instrument zu beherrschen, sondern dieses Können vielmehr einer Inkorporierung von sozialisiertem praktischem Wissen gleichkommt, weswegen es wichtig ist, die Körper-Ding-Assoziationen, wie sie sich beispielsweise beim Spielen der E-Gitarre materiell ereignen, zu einem eigenständigen Untersuchungsgegenstand zu machen. Wie das Musik-Machen so hat auch das Musik-Hören eine physische Komponente, indem Musik nicht nur sinnlich wahrgenommen wird, sondern vielfach auch als Verstärker und Ventil für Emotionen gilt. Gegenüber Adorno verstehen wir diese physisch-emotionale Dimension jedoch nicht lediglich als ein durch Standardisierung kapitalistischer Produktionsprozesse verdrängtes Körpergefühl, welches sich im Rhythmus der Popmusik zuckender Weise Bahn bricht, sondern wir wollen vielmehr die physisch-emotionale Dimension der Popmusik, die sich zu einem ästhetischen Erfahrungsraum verdichten kann, zu einem grundlegenden Untersuchungsgegenstand in unserer Erforschung von Popmusik machen. Ausgangspunkt sind hierbei in erster Linie Live-Ereignisse, da sich hier das Zusammenspiel zwischen Musikerinnen und Publikum, zwischen Technik und Klang, Medien und Ästhetik etc. besonders gut *in actu* beobachten lässt. In Auseinandersetzung mit dem Untersuchungsgegenstand lassen sich hierbei zunächst recht allgemein einige Dimensionen der Praxis des Rock und Pop ausmachen.

Zunächst ist hier natürlich die musikalische Dimension zu nennen. In den 1950er Jahren entsteht mit dem Rock ,n' Roll eine ganz neue Art, das in den Südstaaten der USA tradierte und intensiv gepflegte Bluesschema zu interpretieren – hier ist vor allem die Adaption des Südstaatenblues durch *Chuck Berry* als wichtigstes Beispiel zu nennen. An diese Innovation in der Produktion von Blues-Musik, die dadurch nicht mehr allein als solche bezeichnet werden kann, schließen dann auch weiße Musiker wie *Elvis Presley* an, der bekanntlich zu einer bis dahin im Musikbereich völlig unbekannten Popularität aufsteigt. Mit enormer Geschwindigkeit und ausgeprägten Beats entsteht eine Musikform, an die sich in vielfältiger, immer mehr populär werdender Form anschließen lässt, sodass sich diverse Musikstile in der Popmusik bilden, die jeweils für sich eine besondere Wirkung entfalten.

Im Anschluss daran wird dann auch die räumliche und zeitliche Dimension dieser neuen Musik wichtig, weil sie sich über regionale und zeithistorische Gegebenheiten ausbreitet und sich physische Räume erobert, in denen sie sich ganz unhinterfragt ereignen kann, was sich heute in den diversen Pop- und Rockkonzerten, aber auch in den Musikstudios zur Produktion von Popmusik und an anderen Orten wie Jugendzimmern, Fernsehsendungen etc. zeigt. Neben der musikalischen und der raumzeitlichen Ausdehnung hat die Popmusik ohne

Zweifel eine körperliche Dimension: Die sozialisierten Körper der Musikerinnen, der Zuhörerinnen, der Tontechniker, der Ordner, der Mitarbeiterinnen des Managements und der Plattenfirmen etc. müssen sich in einer ganz bestimmten Weise vernetzen, damit sich Popmusik immer wieder ereignen kann. Dieses körperliche Prinzip einer Soziologie der Praxis des Rock und Pop ist eng verbunden mit der gegenständlichen Dimension dieser Praxis: Die technischen und gegenständlichen Aspekte des Pop, wie etwa die Musikinstrumente, aber auch Ton-, Licht-, Verstärker- und Bühnentechnik, sowie spezifische technische Formen der Produktion und Distribution der Pop-Musik – also so etwas wie deren Produktionsmittel – wirken mit an der Vernetzung der sozialisierten Körper, sodass komplexe Körper-Ding-Assoziationen entstehen, die eine ständige und massenhafte Neuaufführung der Popmusik ermöglichen. Gleichsam wird mit diesem Aspekt auch die mediale Dimension der Popmusik deutlich: Die massenmedialen Elemente wie Verbreitungs- und Rezeptionstechniken der Popmusik, Massenmedien, Techniken der Distribution von Popmusik etc. sind für das Zustandekommen und die ständige Neuformierung der Praxisformation des Rock und Pop konstitutiv. Ohne diese massenmediale Verbreitung der entsprechenden Musik und des damit verbundenen Geflechtes von Körpern und Dingen wäre eine Popularisierung der Rockmusik zu Popmusik nicht möglich. Ganz eng damit verbunden ist die Dimension der Klangtextur des Rock und Pop. Mit der massenhaften Verbreitung dieser Musik entstehen diverse Stilrichtungen, die sich stark am Klang (Sound) orientieren und sich genau darüber voneinander unterscheiden. Mit der Klangtextur sind Instrumentierung, Vokalisierung und Songstruktur sehr eng verbunden. Auch die Frage, wie bestimmte Songtexte intoniert werden, ist im Kontext der Klangtextur der Popmusik von großer Bedeutung. Hier kann als ein sehr prägnantes Beispiel angeführt werden, dass *Bob Dylan* seine zunächst sehr stark an Texten orientierte Musik in den 1960er Jahren mit einem eigenen Sound auszustatten beginnt, indem er elektrisch verstärke Gitarren einsetzt. Eng mit dieser Aufwertung des Sounds in der Popmusik ist ihre Ästhetik verbunden, die sich immer mehr zu einer wichtigen Dimension dieser Praxisformation entwickelt. Neben dem eigenen Sound geht es hier unter anderem um Outfits, Accessoires, das Design der LP- und CD-Cover, Videoclips, das Arrangement von Bühnenshows, die Stilisierung des eigenen Lebens mit und durch Popmusik etc. All diese Dimensionen bewirken letztlich, dass sich um die Popmusik ein riesiges Narrativ entwickelt, das z. T. als wissenschaftlicher Diskurs wahrgenommen werden kann – Popmusikwissenschaft –, das sich aber auch in anderen Diskursen manifestiert, etwa in Fachmagazinen des Pop, in Interviews mit Popstars und Pop-Fans, Autobiografien von Popstars, literarischen Auseinandersetzungen mit Popmusik in entsprechenden Romanen und Gedichten, Erzählungen über Ereignisse des Rock und Pop, Produktion von Bildern des Rock und Pop – womit hier dann auch die enge Verzahnung der diskursiven Dimension mit der ästhetischen Dimension des Pop sichtbar wird.

Diese verschiedenen Dimensionen der Praxisformation des Rock und Pop wirken sehr intensiv und vielfältig zusammen und erzeugen nicht zuletzt dadurch eine Intensitätszone der Gegenwartsgesellschaft, die sich eben nicht allein mit einer ästhetischen Theorie erfassen lässt, die sich um die Frage dreht, welche kulturellen Erscheinungsformen dem immanenten Zusammenhang der Herrschaft dienen und welche nicht. Denn mit der Identifikation und Erforschung des praktischen Zusammenspiels dieser Dimensionen der popmusikalischen Praxis ist es nicht nur möglich, der besonderen Qualität und Dynamik der unterschiedlichen popmusikalischen Ausdrucksformen nachzuspüren, mittels einer komparativen Perspektive lässt sich zudem das Spannungsverhältnis zwischen strukturbildenden Wirkungen und stetiger Neuformierung von Popmusik erforschen.

Gegenüber Adornos Ideologieverdacht hinsichtlich der spezifischen Dynamik der Popmusik, immer wieder neue Spielarten von Popmusik hervorzubringen, gehen wir davon aus, dass Veränderung eine grundlegende Eigenschaft aller sozialen Praxis ist, die Praktiken der Popmusik jedoch in besonderer Weise von dieser Dynamik geprägt sind (vgl. Daniel et al. 2015): Die soziale Praxis ist also generell niemals reine Wiederholung, sondern bringt selbst in der Nachahmung immer etwas Neues hervor. Auch wenn jemand versucht, den Musikstil seines Vorbildes nachzuahmen, entsteht dabei unweigerlich Neues, da eine exakte Kopie niemals möglich ist. Aus diesem Grund erfreuen sich auch Live-Konzerte einer anhaltenden Beliebtheit, denn auch wenn die Set-Liste immer dieselbe ist, gleicht kein Konzert dem anderen. Zudem nehmen bei der Entstehung von Popmusik die Distinktionspraktiken gegenüber bereits Bestehendem eine besondere Rolle ein. Da es in der Popmusik sehr oft darum geht, einen eigenen Sound oder sogar Stil zu kreieren, wird auch niemand versuchen, die Musik seines Vorbildes exakt nachzuahmen. Vielmehr wird versucht, mittels einer Kombination unterschiedlicher klangtexteuller, stimmlicher, instrumentaler, technischer und medialer Elemente ein ganz eigenes ästhetisches Profil zu schärfen, um sich in der Masse hervorzuheben. Da diese Distinktionsbewegungen jedoch aufgrund der vielfältigen Einflussfaktoren niemals vollkommen intendiert sein können, sondern stets Zufallsmomenten unterliegen, halten wir es für wenig gewinnbringend, bei der kreativen Schaffenskraft und Einzelleistung unterschiedlicher Musikerinnen und Musiker oder Musikproduzenten anzusetzen, sondern wir werden demgegenüber die vielfältigen Praktiken der konkreten Hervorbringung von Popmusik – sei es im Proberaum, im Tonstudio, am Laptop oder auf der Bühne – ins Zentrum des Interesses rücken. In diesem Sinne ist auch die in Anschluss an die Kultur-industriethese den soziologischen Diskurs um Popmusik dominierende Frage, ob es sich bei Popmusik um ein rein kommerzielles Element oder eine subversive ästhetische Unternehmung handelt, für uns zweitrangig. Es geht vielmehr darum, die vielfältigen, an den unterschiedlichen popmusikalischen Praktiken beteiligten Elemente zu identifizieren und in ihrem praktischen Zusammenspiel zu untersuchen.

Hierfür ist es jedoch von Bedeutung, den Untersuchungsgegenstand noch etwas näher zu spezifizieren. Dies soll jetzt in einer Auseinandersetzung mit den Cultural Studies geschehen, die neben der durch die Frankfurter Schule geprägten Kulturforschung zu den wichtigsten Bezugspunkten der Popkulturforschung gehören. Wie bereits erkennbar wurde, ist das hier vertretene Kulturverständnis dem der Cultural Studies sehr ähnlich, welche Unterschiede sich dennoch aus der Perspektivenwahl ergeben, soll im Folgenden nachgezeichnet werden.

3　Von der Subkultur zur Praxisformation

Die in den 1960er Jahren im Umfeld des *Centre for Contemporary Cultural Studies* an der Universität in Birmingham entstandene Forschungsrichtung der Cultural Studies vertritt ein alltagspraktisches Kulturverständnis, welches „Kultur eher im Hinblick auf ihre Beziehung zwischen einer sozialen Gruppe und den Dingen, die deren Lebensweise ausdrücken, betrachtet" (Hall 1977, S. 55). Im Vordergrund stehen also nicht so sehr die „Dinge selbst – also nicht das Bild, der Roman, das Gedicht, die Oper, sondern die Beziehung zu der sozialen Gruppe, deren Leben sich in diesen Objekten widerspiegelt" (Hall 1977, S. 55). Entsprechend unterscheiden die Cultural Studies auch nicht zwischen Hochkultur und Populärkultur, wie es noch die Kulturtheorie Adornos suggeriert, sondern begreifen Kultur vielmehr als „Praxis, welche das Gruppenleben in sinnvoller Form realisiert oder objektiviert" (Clarke et al. 1979, S. 41).

In ihren Arbeiten befassen sich die Vertreterinnen und Vertreter der Cultural Studies bekanntlich mit unterschiedlichen Praktiken kultureller Interpretation und Artikulationen, wobei sie unter anderem die Gruppe der Jugendlichen in ein neues Licht rücken. Wurde diese Generation in dieser Zeit hauptsächlich mit abweichendem Verhalten in Zusammenhang gebracht, verfolgen die Cultural Studies nun das Anliegen, die kulturelle Eigenleistung der Jugend in den Blick zu nehmen. Insbesondere John Clarke, Tony Jefferson, Paul Willis und Dick Hebdige haben sich hierbei mit verschiedenen jugendlichen Subkulturen wie z. B. den Mods, den Rockern, den Hippies oder den Punks befasst (vgl. Clarke et al. 1979). Den Begriff der Subkultur ziehen sie dem der Jugendkultur nicht nur vor, weil Jugendkultur damals hauptsächlich mit Manipulation und Ausbeutung der Jugend in Verbindung gebracht wurde, sondern weil im Begriff der Subkultur auch das kulturelle System der Gesellschaft bzw. der Klassenkultur mitgedacht werde (Clarke et al. 1979, S. 45 f.).[9] Allerdings müssten „Subkulturen […] eine so eigenständige Gestalt und Struktur aufweisen, dass sie als von ihrer Stammkultur verschieden identifizierbar sind" (Clarke et al. 1979, S. 45 f.). Für eine Verhältnisbestimmung zwischen hegemonialer Kultur und Subkultur hält es Hebdige für sinnvoll, zwischen Kultur als Produkt und Prozess zu unterscheiden. Auf diese Weise wird es möglich, Kultur nicht nur als etwas Gegebenes aufzufassen, sondern Kultur auch als aktive Aneignung und Umdeutung symbolischer Objekte zu begreifen. Gegenüber der Kulturindustriethese von Adorno und Horkheimer legen die Cultural Studies den Fokus auf die eigenständigen und durchaus kreativen Rezeptions- und Interpretationspraktiken der Popmusik durch jugendliche Subkulturen.[10]

Dick Hebdige (vgl. 1979) hat in seiner wegweisenden Studie *Subculture. The Meaning of Style* veranschaulicht, dass subkulturelle Symbole und Formen ihren Niederschlag nicht nur in der Freizeitgestaltung, sondern auch in der Körpersprache und dem „Style", also dem Lebensstil der beteiligten Jugendlichen finden. In diesem Sinne widmet sich die Studie von Hebdige ganz dem Zusammenhang von Jugend, Popmusik, Medien, Mode, Design und Freizeitgestaltung, wobei sie neben den Medien gerade dem Gebrauch der Dinge besondere Aufmerksamkeit schenkt. In seiner vergleichenden Untersuchung zu Rockern und Hippies analysiert Willis (vgl. 1981) ganz in diesem Sinne, welche besondere Rolle das Motorrad in der Subkultur der Rocker einnimmt und

---

[9]Hierbei wird zunächst häufig von einer fast deckungsgleichen Überschneidung von Subkulturen und Klassenkulturen ausgegangen (vgl. etwa Clarke et al. 1979). Obwohl klar ist, dass die Mehrheit der Arbeiterjugend sich niemals einer Subkultur anschließt, konzentrieren sich die Untersuchungen auf diese relativ beständige und kohärente Gruppe der Subkulturen (vgl. Lindner 1979, S. 12).

[10]Willis und Hebdige erweisen sich hierbei als Grenzgänger zwischen Strukturalismus und Kulturalismus – den von Stuart Hall (vgl. 1999) beschriebenen zwei Paradigmen der Cultural Studies, deren wesentliche Unterschiede sich im Begriff der Erfahrung zeigten: „Während im ‚Kulturalismus' Erfahrung das Fundament – der Bereich des ‚Gelebten' war, auf dem sich das Bewusstsein und die Bedingungen überschneiden, betont der Strukturalismus, dass ‚Erfahrung' per definitionem nicht das Fundament von irgend etwas sein könne, weil man seine Existenzbedingungen nur *in* und *durch* die Kategorie, Klassifikationen und Rahmen der Kultur ‚leben' und erfahren könne. Diese Kategorien jedoch entstehen nicht aus und basieren nicht auf der Erfahrung: eher ist die Erfahrung ihr ‚Effekt'" (Hall 1999, S. 30).

wie sich dieses Verhältnis in den konkreten Praktiken widerspiegelt. Im Rahmen profaner Alltagspraktiken findet hier eine kreative Umdeutung gegenüber den sakralisierenden Praktiken des Kleinbürgertums – welches die hegemoniale Ordnung verkörpert – statt. Für Willis sind solcherlei Kämpfe etwas Revolutionäres im Kleinen, Alltäglichen: „Die trivialen Dinge, die uns gefangen halten, können gegen das gewendet werden, was sich hinter ihnen versteckt" (Willis 1981, S. 208, vgl. auch S. 228). Der begrenzten Reichweite dieser Kämpfe, welche die bestehende Ordnung nicht in umfassender Weise, sondern immer nur im Rahmen subkultureller Bedeutungsverschiebungen infrage stellen, ist sich sowohl Willis aber auch Hebdige durchaus bewusst (vgl. Winter 2001, S. 100). Im Gegensatz zu den Gründungsfiguren der Cultural Studies vertreten Willis und Hebdige die bedeutsame These, dass sich Subkulturen, wie z. B. der Punk, über Klassengrenzen hinweg konstituieren. Hebdige lenkt seinen Blick dabei auf subkulturelle Praktiken, welche die hegemoniale Kultur jenseits der Klassenfrage herausfordern und beispielsweise stereotype Geschlechteridentitäten infrage stellen, wie dies etwa durch den Glam-Rock vollzogen wird (vgl. Hebdige 1979, S. 62).[11] Er macht außerdem darauf aufmerksam, dass Mainstream und Subkultur keinesfalls konträr zueinander stehen, sondern sich vielmehr komplementär bzw. konstituierend zueinander verhalten: So entstehen Subkulturen nicht nur in der Abgrenzung zur hegemonialen Kultur, durch Prozesse der Kommerzialisierung werden ihre spezifischen Zeichen und Stile auch immer wieder vom Massenkonsum vereinnahmt. Hebdige plädiert dafür, die im Anschluss an die Kulturindustriethese aufgekommene Unterscheidung zwischen Subversion und Kommerz aufzugeben:

Ich möchte die strikte Trennung von ‚politischen' und kommerziellen Erscheinungsformen der Jugendkultur, die Unterscheidung zwischen Jugendmarkt und Jugendproblem, zwischen Lust und Frust des Jugendalters hinterfragen. […] Ich möchte die Trennung von Politik und Spaßhaben, von Werbung und Dokumentarismus angreifen und für eine neue Auffasung plädieren: die Politik des Vergnügens (Hebdige 1985, S. 189 f.).

Obgleich sich Hebdige selbst kritisch bezüglich der Unterscheidung zwischen politischer und kommerzieller Jugendkultur äußert, hält er an dem Konzept der Subkultur als am besten geeignetem Forschungszugang zur Untersuchung des

---

[11]Hebdige hat sich jedoch hauptsächlich mit dem Stil der Punks und der Rastafari befasst, er hat darüber hinaus auch die subkulturellen Bewegungen der Mods, Skinheads oder der Teddyboys in den Blick genommen. Im Vergleich zu Willis legt er in Anschluss an Barthes und Levi-Strauss seinen Fokus noch stärker auf die Ebene der Zeichenverwendung.

Zusammenhangs von Jugend, Popmusik, Mediengebrauch und Stil fest. Auch im deutschsprachigen Raum entfaltet das Konzept der Subkultur etwa durch Baacke (vgl. 1972) und Brake (vgl. 1981) bereits in den 1970er und 1980er Jahren Wirkung, es erfreut sich aber auch gegenwärtig noch anhaltender Beliebtheit im Bereich der soziologischen Populärkulturforschung.[12]

Auch wenn die analytische Zugangsweise der Cultural Studies mit ihrer Fokussierung auf die unterschiedlichen Dimensionen popmusikalischer Rezeptions- und Interpretationspraktiken einem praxissoziologischen Vorgehen nicht unähnlich ist, ziehen wir es vor, popmusikalische (Aneignungs-)Praktiken jenseits der subkulturellen Klammer zu perspektivieren. Während die Subkulturforschung sich ganz den Rezeptionspraktiken von Popmusik widmet und sich dabei auch nur auf die spezifischen Rezipienten-Gruppen konzentriert, bei welchen sich die musikalischen Präferenzen etwa auch im Outfit und der Freizeitgestaltung niederschlagen, wollen wir in Anbetracht der Vielfalt von praktischen Ausformungen innerhalb der popmusikalischen Intensitätszone einen deutlich breiteren Blickwinkel auf die popmusikalische Praxis einnehmen. Um dies zu gewährleisten, ohne gänzlich auf eine Systematisierung der popmusikalischen Praxis verzichten zu müssen, unterscheiden wir zwischen popmusikalischen Einzelpraktiken, wie etwa dem Anschlag der Gitarre oder der Betätigung des Schallplattenspielers, die sich in ihrer Verkettung zu Praxisformen – dem Spielen des Instruments oder dem Musikhören – verdichten und in der Gestalt serieller Ereignisse wie etwa dem Konzert, der Aufnahme im Tonstudio, dem Verkauf von Tonträgern oder der 80er-Jahre-Party die Praxisformation der Popmusik bilden. Praxisformationen sind in Anlehnung an einen Begriff von Marcel Mauss (vgl. 1990, S. 17) als „totale soziale Tatsachen" zu verstehen, die nach Mauss eben deshalb Wirkung entfalten, weil sie sich aus unterschiedlichen, nämlich physischen, symbolischen und habituellen Bestandteilen zusammensetzen (vgl. hierzu Hillebrandt 2012). Praxisformationen sind zudem als totale soziale Tatsachen das, was Gilles Deleuze und Félix Guattari als Plateau bezeichnen, also als eine „in sich selbst vibrierende Intensitätszone, die sich ohne jede Ausrichtung auf einen Höhepunkt oder ein äußeres Ziel ausbreitet" (1992, S. 37; vgl. auch Hillebrandt 2014, S. 104).

Eine Soziologie der Praxis geht mit diesen Begriffen davon aus, dass die Praxisformation der Popmusik niemals zeitlos gegeben ist, sondern dass sie

---

[12]Auch wenn Baacke im Laufe seines Schaffens den Begriff der Subkultur durch den der Jugendkultur ersetzt (vgl. 1987), wird auch heute noch im Konzept der Subkultur ein analytischer Mehrwert gesehen.

immer wieder aufs Neue durch ereignishafte Praktiken materiell erzeugt werden muss. Praktiken sind in der Konsequenz immer nur als Folgepraktiken vorstellbar, denn die Praxisformation des Rock und Pop muss sich stets neu ereignen, um praxisrelevant und wirksam zu bleiben. Die Praxisformation der Popmusik ist somit eine durch physische Praktiken erzeugte Versammlung von unterschiedlichen diskursiven, symbolischen, dinglichen und habituellen Elementen, die in ihrer spezifischen Assoziation eine übersituative Wirkung entfalten, indem sie Praktiken affizieren, die sich wiederum zu Praxisformen wie dem Pop-Festival oder -Konzert verdichten können, die für einen gewissen Zeitraum auf Dauer gestellt sind, sich also seriell ereignen (vgl. hierzu ausführlicher Hillebrandt 2014, S. 103). Diese Praktiken und Praxisformen gilt es nicht nur im Bereich der Produktion und Distribution zu analysieren, sondern überall dort, wo sich Popmusik ereignet: beim Musikhören in den eigenen vier Wänden, im Fitnessstudio, auf einem Konzert, im Jugendclub, im Internet und im Plattenladen. Praxisformationen lassen sich folglich nur *in actu* als Materialisierungen von Praktiken verstehen, die qua definitionem Ereignisse sind. Anstatt also, wie die Cultural Studies, den analytischen Fokus lediglich auf bestimmte Subkulturen zu richten, setzen wir auf eine Zugangsweise, die es weitestgehend vermeidet, den Untersuchungsgegenstand bereits vorab theoretisch auf eine bestimmte Gruppe von Bestandteilen festzulegen – wie etwa denen, die in einer subkulturellen Fangemeinschaft identifiziert werden können. Stattdessen können durch den breiten Blickwinkel auf möglichst viele Bestandteile der Praxisformation des Pop ganz unterschiedliche popmusikalische Ereignisse und Zusammenhänge untersucht werden, wobei das methodische Vorgehen jeweils dem zu untersuchenden Gegenstand angepasst wird.

Obwohl das Konzept der Subkultur aufgrund seiner relativ stabilen Grenzziehungen und Struktursetzungen bereits sehr früh von Paul Willis durch das Konzept der Protogemeinschaft ersetzt (vgl. Willis 1981) und in der Popmusikforschung der letzten Jahre aus ähnlichen Gründen zunehmenden kritisch rezipiert wird, erlebt es in den 1990er Jahren im Zuge der Hochzeit der Technobewegung eine gewisse Renaissance. Diese ist allerdings mit einer Fokusverschiebung von der *Subculture* zur *Clubculture* verbunden (vgl. Thornton 1996; Redhead 1997, 1998), was allerdings nichts daran ändert, dass die Technomusik wieder nur als subkulturelles Phänomen beschrieben wird, ohne es mit der allgemeinen Formation der Popmusik in Verbindung zu bringen. In der Folge mehren sich Ansätze und Sammelbände, die das Zeitalter der *Post-*, *After-* oder *Beyond Subculture Studies* einläuten (vgl. Muggelton und Weinzierl 2003; Bennett und Kahn-Harris 2004; Huq 2007), während im deutschsprachigen Raum der Begriff der Szene zu dem analytischen Konzept avanciert, welches den zunehmend fluider werdenden jugendlichen Gemeinschaftsformen gerecht zu werden scheint (vgl. Hitzler und Niederbacher 2010). Insbesondere auf Sarah Thorntons Werk *Club Cultures. Music, Media und Subcultural Capital* (1996) wird aufgrund der hier vorgenommenen instruktiven Zusammenführung von Cultural Studies und Bourdieus Kultursoziologie vielfach zurückgegriffen (vgl. Reitsamer 2013). Aber auch techniksoziologische Aspekte finden in den postsubkulturellen Arbeiten bereits eine starke Berücksichtigung. Susanne Binas-Preisendörfer befasst sich etwa mit der medialen Verfügbarkeit populärer Musik und den hieraus entstehenden Folgen für das Rezeptionsverhalten vor allem von Jugendlichen (vgl. auch Binas-Preisendörfer 2010), wobei sie im Anschluss an Walter Benjamins (1977) wegweisenden Aufsatz eine deutliche Perspektivenerweiterung gegenüber den klassischen Studien der Cultural Studies vornimmt.[13]

Auch wenn die Grenzen zwischen der Dimension der Produktion und der Rezeption in diesen neueren Zugangsweisen immer mehr verschwimmen, bleibt der Fokus allerdings auf mehr oder weniger lose Gemeinschaftsformen gerichtet, in denen Popmusik eine wichtige Rolle einnimmt. Alle Arbeiten, die sich im Fahrwasser oder im Anschluss an die Subkulturforschung bilden, um Popmusik zu untersuchen, begrenzen ihre Perspektive letztlich darauf, wie Popmusik in bestimmten Segmenten der (jugendlichen) Bevölkerung rezipiert und dadurch zur Stilisierung des eigenen Lebens eingesetzt wird, ohne dabei die vielfältigen Produktions- und Reproduktionsbedingungen der Popmusik, ihre wichtigsten präzedenzlosen Ereignisse mit Folgecharakter oder auch nur die alltäglichen Praktiken der Erzeugung von Popmusik in ihren jeweiligen Verflechtungen hinreichend genau in den Blick zu nehmen. Darüber hinaus verengen diese Studien die Analyse der Popmusik regelmäßig auf die Generation der Jugend.[14] Natürlich hat es gerade in Hinblick auf die Anfänge der Popmusik und die subkulturellen Bewegungen seine Berechtigung, sich auf das Verhältnis von Popmusik und

---

[13]Für die techniksoziologische Ausrichtung der Popmusikforschung erweisen sich zudem die inzwischen als klassisch zu bezeichnenden Überlegungen von Friedrich Kittler als wichtige Bezugspunkte (vgl. Kittler 2013).

[14]Im Zuge dessen ist in den letzten Jahren auch eine Auseinandersetzung mit Fragen der Musiksozialisation erfolgt (vgl. Zimmermann 1984; Mattig 2009; Heyer et al. 2013). Auch hier wird jedoch insbesondere auf die Jugendphase eingegangen. Eine Auseinandersetzung/ Analyse musikalischer Sozialisation „Erwachsener" bleibt fasst gänzlich aus. Theo Hartogh (vgl. 2005) befasst sich zwar dezidiert mit dem Musizieren im Alter. Hier liegt der Schwerpunkt jedoch stärker beim Postulat der Notwenigkeit eines Wandels musikalischer Angebote für ältere Menschen unter dem Druck des demografischen Wandels.

Jugend zu konzentrieren. Der materielle Wohlstand der Nachkriegsjahre eröffnet ein großes, immer mehr wachsendes Angebot an Freizeitaktivitäten, das – aufgrund verlängerter Ausbildungszeiten – insbesondere der Jugend zugutekommt (vgl. Siegfried 2008, S. 17) und das sie zur Rezeption und Produktion von Popmusik nutzt. Allerdings ist davon auszugehen, dass die Fans von Beat und Rock ‚n' Roll nicht nur der Generation der Jugend angehören, sondern auch viele Erwachsene dieser in den 1950er Jahren neuen Musikform durchaus offen und interessiert gegenüberstehen (vgl. Siegfried 2008, S. 15). Und dies gilt natürlich vor allem für die Gegenwart: Die Jugend von damals und auch die Jugend der 1970er, der 1980er und der 1990er Jahre ist längst erwachsen geworden, wobei sich ihre Vorlieben für Popmusik aller Wahrscheinlichkeit nach nicht grundlegend gewandelt haben werden, zumindest wirkt die intensive Rezeption von Popmusik auch auf das erwachsene Leben der heute 30-, 40-, 50-, 60- und 70-Jährigen. Gleichwohl wird auch in der gegenwärtigen Popmusikforschung Popmusik häufig verkürzend, wenn nicht mit dem Jugendalter, so doch zumindest mit dem Ideal der Jugend in Zusammenhang gebracht (vgl. Hitzler und Niederbacher 2010; Hitzler 2011, S. 69 ff.). Will man allerdings den enormen Stellenwert, den Popmusik in den Alltagskulturen unserer Gegenwartsgesellschaft einnimmt, untersuchen, reicht es nicht aus, lediglich die Generation der Jugend oder ein wie immer geartetes Ideal der Jugend in den Blick zu nehmen. Auch hier gilt es wiederum, ganz unterschiedliche Altersgruppen und Zusammenhänge zu untersuchen, möchte man der Heterogenität der popmusikalischen Praktiken und Hörgewohnheiten gerecht werden. Es kommt also darauf an, die Soziologie der Praxisformation des Pop von den sub- und jugendkulturellen Engführungen zu befreien, mit denen diese Forschungsrichtung bis heute stark durchdrungen ist. Dabei kommt es immer darauf an, die unterschiedlichen Praxisformen der Rezeption von Popmusik (fankulturell, alltäglich, live, medial vermittelt etc.), von welcher Generation sie auch immer vorgenommen wird, in Relation zu anderen Ereignissen und Elementen der Praxisformation des Pop zu stellen, um auf diese Weise die Assoziationen bestimmen zu können, die Popmusik gegenwärtig ausmachen.

Zu dieser multiperspektivischen Analyse der Praxisformation der Popmusik innerhalb der Gesellschaft ist es zusätzlich zu dem bisher bereits Ausgeführten von Bedeutung, sich mit dem Diskurs um die Geschichte der Popmusik zu befassen. Denn nur so lassen sich zum einen die Tragweite gesellschaftlicher Einflussfaktoren und Kontextualisierung der Popmusik ergründen. Zum anderen wird es vor diesem Hintergrund möglich, die eigene analytische Zugangsweise als Genealogie der Gegenwart der Popmusik zu präzisieren.

4   Von der Chronik zur genealogischen Betrachtung der Popmusik

Es gibt viele wissenschaftliche Studien aber auch Abhandlungen des Qualitätsjournalismus, die sich in Form mehr oder weniger linearer Erzählungen
mit der Geschichte des Pop befassen. Beliebte Ordnungskategorien sind hierbei die Genre-Geschichte (vgl. Zimmer1981; Büsser 2004; Szatmary 2004),
populäre Bands oder die Medienkulturgeschichte (vgl. Faulstich 2005, 2010).[15]
Auch im musikwissenschaftlichen Diskurs wird derzeit immer häufiger reflektiert, dass sich eine Popmusik-Geschichtsschreibung nicht allein auf die Musik
als medial gespeichertes Produkt konzentrieren darf, sondern vielmehr einen
multidimensionalen Analyseansatz verfolgen muss, in dem neben dem Medium
und der musikalischen Produktionsleistung auch die vielen Arbeitsschritte hin
zur klanglichen Realisation, sowie die Rezeption und Vermarktung von Musik
Berücksichtigung finden sollten (vgl. Rösing 2014, S. 18). Anstatt eine qua-
litative Analyse eines Songs vorzunehmen, muss laut Wald der Blick vielmehr darauf gerichtet werden, in welchen gesellschaftlichen und historischen
Zusammenhängen eine bestimmte Form von Musik populär werden konnte
(vgl. Wald 2014, S. 30). Obgleich die Popmusikgeschichte in den meisten Narrativen bereits in einen breiten sozial- oder kulturgeschichtlichen Rahmen
gebettet wird (vgl. Szatmary 2004; vgl. auch Pfleiderer 2014, S. 69), besteht
hinsichtlich der Ordnungskategorien und Analysedimensionen kein allgemeiner
Konsens, was u. a. damit zusammenhängt, dass die Reflexion über Popmusik-
Geschichtsschreibung derzeit noch in den Kinderschuhen steckt (vgl. Helms und
Phleps 2014; vgl. auch Pfleiderer 2014, S. 55). Wenn die Narrative des Pop –
wie es in der Vergangenheit häufig der Fall war – nicht zwischen den gängigen
Polen Produktion und Rezeption, massenmedialer und kulturindustrieller Unter-
drückung oder Befreiung durch Popmusik, Mainstream und Subkultur gespannt
werden (vgl. Frith 1981; Chapple und Garofalo 1980), erweisen sich heroische
Bilder als besonders beliebtes Stilmittel der Popgeschichtsschreibung. So bemüht
Wicke etwa das Bild der Revolution für die unterschiedlichen Stationen der Popgeschichte (vgl. 2011), wobei er den Rock ‚n' Roll als Revolution, die keine
war, bezeichnet, während er dem Beat den Status einer Revolution, die keine
sein wollte, zuspricht. Obgleich die Metapher der Revolution Umbruch verheißt,
ordnet Wicke die Geschichte des Pop in eine allgemeine Kulturgeschichte ein.

---

[15]Dass diese Ordnungskategorien aufgrund ihres doch letztendlich recht willkürlichen
Charakters immer auch eine gewisse Problematik beinhalten, wird im wissenschaftlichen
Diskurs über Popmusikgeschichte durchaus reflektiert (vgl. Scott 2014, S. 41 f.).

Entgegen seinem Frühwerk zur Soziologie des Rock aus dem Jahr 1987 fasst er die Geschichte der Popmusik nun in kulturtheoretischer, also von soziologischen Topoi weitgehend befreiter Perspektive und setzt hierbei im 18. Jahrhundert an, um Rock und Pop verstehbar zu machen (vgl. Wicke 2001). Gegenüber einer solchen kulturgeschichtlichen Einordnung von Popmusik wollen wir – im Sinne der vom Poststrukturalismus ausgehenden Diskontinuitätsthese gesellschaftlicher Wandlungsprozesse (vgl. auch Gumbrecht 2012) – hervorheben, dass die Praxisformation des Rock und Pop erst in den letzten 60 Jahren als neuer und einflussreicher Bereich der Gegenwartsgesellschaft entsteht und dass diese Praxisformation deshalb nicht in eine Universalgeschichte eingeordnet werden kann. Angelehnt an Foucaults Genealogie der Gegenwart wollen wir uns also eher mit den Diskontinuitäten und Brüchen befassen, die die Popmusik zu einer Praxisformation mit globaler Wirkkraft haben werden lassen und die für die stetige Erneuerungsbewegungen und den beständigen Fortgang von Popmusik von entscheidender Bedeutung sind. In diesem Sinne wird im vorliegenden Buch somit keine lineare Erzählung der Geschichte des Pop vorgelegt, sondern es werden einzelne Ereignisse und Zusammenhänge untersucht, in denen sich diese Brüche und Diskontinuitäten auf besondere Weise materialisieren.

Hierbei können wir auf eine reichliche Zahl an Studien zurückgreifen, wobei insbesondere der Zeitraum zwischen den 1950er und 1970er Jahren bereits vielfach zum Untersuchungsgegenstand wissenschaftlicher Forschung gemacht worden ist. Zu denken ist hier etwa an die Studie von Gillet zur Entstehung des Rock ‚n' Roll oder auch an die vielschichtigen Arbeiten zu den Entstehungs- bedingungen des Pop von Peterson (vgl. 1990). Detlef Siegfried wiederum hat sich auf sehr umfassende Weise mit der Popgeschichte in Deutschland befasst, wobei er sich hauptsächlich auf die späten 1960er Jahre konzentriert (vgl. 2006, 2008).[16] Für eine multidimensionale Perspektive erweist sich die bereits 1992 von Lawrence Grossberg (vgl. 2010) vorgelegte Arbeit zum Rock als sehr anschlussfähig an unsere Forschungsperspektive: Dieser nicht ganz unähnlich spricht Grossberg von einer „Rockformation" (Grossberg 2010, S. 129 ff.), die er in Anschluss an Foucaults Begriff des Dispositivs als eine Artikulation einer diskreten Reihe von Ereignissen und Praktiken begreift, die durch die spezifische Verkettung von Ereignissen und Praktiken eine neue Identität gewinnt, die zunächst einmal unabhängig von den sozialen (Ungleichheits-)Strukturen wirkt

---

[16]Aus geschichtswissenschaftlicher Perspektive erweisen sich zudem die Arbeiten von Ingrid Gilcher-Holtey als interessant, die sich insbesondere mit der Mythenbildung um das Jahr 1968 befasst hat (vgl. 2008).

(vgl. hierzu auch Winter 2001, S. 301–325). Grossberg skizziert sein Vorhaben
dabei wie folgt:

> Eine Rockformation in solchen Begriffen zu beschreiben heißt, ihre spezifischen
> Möglichkeitsbedingungen aufzuzeigen: ökonomisch, technologisch, soziologisch,
> kulturell, politisch, ideologisch und empirisch. Genauer gesagt, diese Rock-
> formation muss als historisches Ereignis gedacht werden, das unter spezifischen
> Bedingungen und in Reaktion auf diese eintrat. Ihre Identität – die ebenso sehr
> durch die Art, wie sie funktioniert, wie durch irgendeinen Satz musikalischer Para-
> meter konstituiert wird – wurde durch ein Bündel von Bedingungen ermöglicht,
> die abgebaut und ungeformt wurden und werden, zum Teil gerade als Ergebnis
> ihres Erfolgs. Diese Bedingungen, und die spezifischen Formen, die der Rock in
> Reaktion auf sie annahm, haben sich stets verändert. Um zu verstehen, wie Rock
> funktioniert, ist es nötig, ihn ständig in seinen Kontext zurückzustellen, um zu fra-
> gen, was seine Möglichkeitsbedingungen waren und was die Bedingungen, die seine
> Möglichkeiten immerfort beschränkten. Da sein Kontext in den vergangenen vierzig
> Jahren signifikant verändert wurde, sind die Bedingungen, die seine Spezifität und
> seine Effektivität definierten, selbst reartikuliert worden. Wie die Strukturen ihrer
> Determination sich änderten, änderte sich auch die determinierte Struktur der For-
> mation (Grossberg 2010, S. 133f.).

Gegenüber Grossberg, der mit dem Begriff Kontext einer routinemäßigen Wiederholung und Wiederholbarkeit der Zeichen des Rock und Pop eine besondere
Bedeutung hinsichtlich der Entstehung von Popmusik zuspricht, heben wir gerade
hervor, dass ein Ereignis niemals eine Wiederholung eines vorher entstandenen
Ereignisses sein kann. Eine Praktik ist folglich, wie Ernesto Laclau und Chantal Mouffe (2000, S. 151) präzise sagen, „nicht das innere Moment einer selbst-
definierten Totalität". Aus diesem Grund muss man von den Praktiken und
nicht vom Kontext des Rock und Pop als Totalität ausgehen, um den gesamtgesellschaftlichen Einfluss und Stellenwert der Popmusik untersuchen zu können.
Denn nur so, mit einer Orientierung an den Ereignissen des Pop, die sich möglicherweise seriell vollziehen, kann die besondere Qualität der popmusikalischen
Praxis aus verschiedenen gesellschaftlichen Einflussfaktoren abgeleitet werden.
Pop ist eine Vollzugswirklichkeit, die sich ereignet, sie kann nicht als Kontext
verstanden werden, weil sie dann auf wenige Eigenschaften reduziert wird, die
ihrer performativen Entstehung womöglich nicht gerecht werden.

Die mit einem solchen Ansatz einer Genealogie der Gegenwart (vgl. Foucault
1987; Honneth und Saar 2008; vgl. auch Reichert 2014) der Popmusik ermög-
lichte Identifizierung und Analyse der sich praktisch ereignenden Brüche und
Diskontinuitäten, die nicht selten neue Strukturierungen der popmusikalischen
Praxis hervorbringen, erlaubt es, sowohl eine Standortsbestimmung der
Popmusik in der Gegenwartsgesellschaft vorzunehmen als auch einen Beitrag zur

historischen Fundierung gegenwärtiger Zeitdiagnosen zu formulieren. Aktuelle Zeitdiagnosen, wie sie beispielsweise bei Hitzler oder Reckwitz zu finden sind, erweisen sich in dieser Hinsicht nämlich als unbefriedigend. Die Zeitdiagnose einer zunehmenden Eventisierung unterschiedlicher gesellschaftlicher Teilbereiche, wie sie beispielsweise und exemplarisch für unser hier verfolgtes Argument von Hitzler und anderen vertreten wird[17], befasst sich nur am Rande mit dem Einfluss der Popkultur auf einen hier postulierten gesellschaftlichen Trend der Eventisierung. Diese Zeitdiagnose verzichtet eigentlich völlig auf eine Fundierung der zeitdiagnostischen Aussagen und Festlegungen, weil eben nicht nach den praktischen Vollzügen einer „Eventisierung" gesucht wird, um diese dann entsprechend zu untersuchen. Auch wenn einzelnen explizit popkulturellen Phänomenen wie etwa der Feierkultur in der Techno-Szene gesondert Aufmerksamkeit geschenkt wird (vgl. Hitzler und Pfadenhauer 2001; Hitzler 2011, S. 69), so wird am Ende Popmusik doch nur postulierend als ein Bereich der Eventisierung unter vielen thematisiert. Es wird nicht, was eigentlich sehr wichtig wäre, in den Blick genommen, inwiefern die Praxis der Popkultur und das Aufkommen einer neuen Erlebniskultur im Zusammenhang stehen.[18] Unseres Erachtens tragen

---

[17]Dieser Trend zur Eventisierung wird in den unterschiedlichsten gesellschaftlichen Bereichen ausgemacht, so wird nicht nur eine „Eventisierung und Festivalisierung der Bewegungs- und Sportkulturen" (Klein 2004) diagnostiziert, sondern es wird ebenso von einer neuen Erlebnisorientierung in Museen (vgl. Burzan et al. 2014), einer Eventisierung der Religion (vgl. Hepp und Krönert 2009) oder des urbanen Raumes (vgl. Betz et al. 2011) gesprochen. Hitzler stellt sogar einen Trend „zur Eventisierung des Lebens in der Gegenwartsgesellschaft schlechthin" fest (Hitzler 2011, S. 19). Der gemeinsame Tenor all dieser Zeitdiagnosen ist, dass gegenwärtig in zahlreichen Bereichen des gesellschaftlichen Lebens das besondere Erlebnis zu einem äußerst erstrebenswerten Gut geworden ist. Sei es die Teilnahme am Marathonlauf in der Heimatstadt, die Teilnahme an einem Festival oder der Kindergeburtstag, der Museumsbesuch oder die Teilnahme am Kirchentag, – all diese Ereignisse sollten sich durch eine einmalige Erlebnisqualität auszeichnen, um das Bedürfnis der Individuen nach einem besonderen und interessantem Leben zu erfüllen.

[18]Zwar wird dieser Einfluss auch von einzelnen Zeitdiagnostikern thematisiert, so stellt etwa Andreas Reckwitz das Aufkommen von Popstars in den 1950er Jahren mit dem gegenwärtigen von ihm diagnostizierten Trend zur Ästhetisierung der Gesellschaft in Zusammenhang (vgl. Reckwitz 2012b, S. 239), allerdings bleibt seine Untersuchung hierbei sehr oberflächlich. Auch in Gerhard Schulzes Erlebnisgesellschaft (vgl. 1992), die vieles von der gesellschaftlichen Eventisierung der Gesellschaft vorwegnimmt, wird das Aufkommen der Popmusik mit dem Aufkommen der Erlebnisgesellschaft in Verbindung gebracht, jedoch setzt auch Schulze sich nicht in systematischer Weise mit diesem Einfluss auseinander.

gerade die Praxisformation der Popmusik und insbesondere die Intensität der
hier entstehenden Live-Ereignisse ganz wesentlich zur gegenwärtigen Erlebnisorientierung bei, was sich aber nur durch eine praxistheoretische Analyse derartiger Ereignisse genauer nachweisen lässt.

5   Poptheorie und Populärkulturforschung – für ein reziprokes Verhältnis von Theorie und Empirie

Wie eingangs bereits erwähnt, werden in den letzten Jahrzehnten immer mehr
Professuren und Institute gegründet, die sich ganz der Populärkulturforschung
widmen. Die Etablierung dieses Forschungszweiges an deutschen Universitäten
ist gleichsam ein Zeugnis der anhaltenden Bedeutung und gesellschaftlichen
Wirkkraft der Praxisformation des Pop. Diese Institutionalisierung im akademischen Feld bündelt sich insbesondere um den Untersuchungsgegenstand Popmusik und kann als Konglomerat aus Kulturwissenschaft, Musikwissenschaft,
Medienwissenschaft, Kommunikationswissenschaft, Soziologie und Literatur-
wissenschaft verstanden werden. Zudem ist die Popkulturforschung in besonderer
Weise von den Arbeiten der Cultural Studies und einem Popjournalismus, wie er
etwas hierzulande in den Magazinen *Sounds, SPEX* und *testcard* praktiziert wird,
geprägt (vgl. Kleiner und Rappe 2012, S. 48 f.).

Während die Forschung zu Popmusik aufgrund disziplinärer Interessen-
schwerpunkte lange Zeit auf einzelne Teilaspekte, etwa auf die Medienkulturgeschichte (vgl. Faulstich 2010) oder aus musikwissenschaftlicher Perspektive
auf die Klangtextur von Rock- und Popmusik (vgl. Phleps und von Appen 2003)
oder in den Literaturwissenschaften auf die Geschichte des Konzepts Pop (vgl.
Hecken 2009) gerichtet war, mehren sich im Bereich der Populärkulturforschung
gegenwärtig Arbeiten, die gerade dem Facettenreichtum des Gegenstandes
gerecht werden wollen. Besonders erwähnenswert ist hier die Untersuchung von
Ole Petras (vgl. 2011), die den Anspruch verfolgt, die Ursachen der besonderen
Wirkkraft von Popmusik aus einer vielschichtigen, die unterschiedlichen Aspekte
von Rock- und Popmusik thematisierenden Perspektive zu ergründen. In seiner
Studie *Wie Popmusik bedeutet* befasst er sich auf zeichentheoretischer Ebene
mit der Komposition, der Produktion, der Illustration, der Distribution, der
Akquisition und der Rezeption von Popmusik. Dabei lotet er in Anschluss an
Deleuze und Guattari (vgl. 1992) auf sehr dezidierte Weise die facettenreichen
Möglichkeitsbedingungen von Popmusik aus. Seine Studie bleibt dabei jedoch
der zeichentheoretischen Diskursanalyse verhaftet. Eine am Praxisbegriff aus-
gerichtete Kultursoziologie, wie sie im vorliegenden Buch verfolgt wird, geht

über diese Perspektive hinaus, indem sie neben Studioaufnahmen, Vermarktungs-
wegen und Covergestaltungen vor allem Live-Ereignisse wie etwa Konzerte,
Festivals und Fernsehübertragungen in den Mittelpunkt der Erforschung von
Rock und Pop stellt. Soziologien der Praxis rücken gegenüber einer zeichentheoretischen Diskursforschung gerade die Frage in den Mittelpunkt, wie der
physische Praxisvollzug erfasst werden kann, um auf diese Weise die zentrale,
inzwischen nicht mehr hintergehbare Einsicht von Praxistheorien zu verdeutlichen, dass der Vollzug der Praxis eine eigene Qualität hat, die sich mit den Mitteln bisheriger Sozialtheorien nicht angemessen erfassen lässt.

Ein ähnliches Ziel setzt sich Christofer Jost (vgl. 2012), indem er eine „transdisziplinäre" und multidimensionale Untersuchung des Rock und Pop anstrebt.
Er weist in seiner mit der Musikanalyse (vgl. Jost 2012, S. 25 ff.) verschränkten
Kulturanalyse (vgl. Jost 2012, S. 64) ganz im Sinne der Praxisforschung Aspekte
wie „Liveness" (Performativität[19] und mediale Verbreitung), Tanz, Körper, Szene
und Materialität überzeugend als wichtige Zugangspunkte zum Verständnis populärer Musik aus. Somit hat die Arbeit von Jost einen gewissen Vorbildcharakter
für das vorliegende Buch: Jost führt exemplarisch vor, wie sich eine an Ereignissen ausgerichtete Erforschung des Rock und Pop ihrem Gegenstand nähern
kann. Zwar bleibt Jost der kulturwissenschaftlichen Perspektive treu, indem er
eine engere Beziehung seiner Forschung zu soziologisch motivierten Fragestellungen vermeidet. Eine praxissoziologische Erweiterung dieses Forschungs-
designs um die soziologische Frage nach den für die Entstehung, die Genese und
die regionale Ausformung des Rock und Pop wegweisenden Praktiken, Praxisformen und Praxisformationen lässt jedoch eine vielversprechende Forschungsperspektive entstehen. Diese findet sich als Ansatz auch in der Programmatik von
Christoph Jacke, nach der die Popmusik anhand konkreter Ereignisse und Phänomene aus „alltagspraktischen Lebenswelten" (Jacke 2006, S. 117) hinsichtlich
der Ebenen der Kommunikationsinstrumente, Technologien, Organisationen, Institutionen und Pop-Angebote untersucht werden soll, ohne dass dieses Vorhaben
bisher allerdings umgesetzt wurde.

Eine praxistheoretische Soziologie des Pop kann folglich ein Desiderat der
Populärkulturforschung schließen, bereitet doch eine Verhältnisbestimmung
von Theorie und Praxis dieser jungen Forschungsrichtung offensichtlich
Schwierigkeiten (vgl. hierzu die Beiträge in Jacke et al. 2011), was auch daran
liegen könnte, dass an soziologischen Perspektiven innerhalb der Populärkulturforschung hauptsächlich die Systemtheorie vertreten ist (vgl. Helms und Phleps

---

[19]Zum Aspekt der Performativität siehe auch Binas-Preisendörfer (2013).

2008; Stäheli 2004), welcher bekanntlich eine große Ferne zur Empirie attestiert werden muss.

Neben grundlegenden Arbeiten, die etwa um die Frage der Notwendigkeit einer speziellen Pop(kultur)theorie kreisen (vgl. Bonz 2002; Jacke 2004; Hecken 2007; Jacke et al. 2011; Gürpinar 2012) oder sich mit einer Systematisierung und dem methodischen Instrumentarium einer Populärkulturforschung auseinandersetzen (vgl. Kleiner und Rappe 2012), erfreuen sich vielfach Arbeiten aus dem Bereich des Qualitätsjournalismus besonderer Beliebtheit im neu entstanden Bereich der Popkulturforschung. Diesen poptheoretischen Arbeiten fehlt es häufig an einem systematischen Zugang zum Untersuchungsgegenstand. Zwar schreibt auch der Musikjournalist Diedrich Diederichsen in der Einleitung seines 2014 veröffentlichten Buches *Über Popmusik,* dass es für ein tieferes Verständnis des Rock und Pop gerade um den Zusammenhang zwischen Live-Konzerten und Tonträgern, Radio- und Fernsehshows, Style und Körperhaltung, Hören und Fan-Sein in öffentlichen und privaten Räumen gehe (vgl. Diederichsen 2014, S. XI). Die Studie von Diederichsen krankt jedoch wie auch andere Arbeiten aus dem Qualitätsjournalismus von Autoren wie Greil Marcus (vgl. 1996), Joel Selvin (vgl. 1999) und Simon Reynolds (vgl. 2009), um aus der Fülle dieser Literaturgattung nur einige Schlaglichter zu nennen, daran, dass ihr regelmäßig eine wissenschaftlichen Ansprüchen genügende Systematik fehlt. So hält beispielsweise Diederichsen, der als einer der wenigen über Popmusik publizierenden Musikjournalisten auf soziologische Theorie Bezug nimmt, trotz seiner zum Teil nicht unbrauchbaren Einsichten in die multidimensionale Verfasstheit des Rock und Pop in erster Linie an seinem poptheoretischen Duktus der großen Erzählung der Geschichte des Rock und Pop fest, der auch sein journalistisches Schaffen prägt, ohne die soziologischen Konsequenzen einer multidimensionalen Untersuchung des Rock und Pop hinreichend genau zu reflektieren.

Demgegenüber verfolgt eine Soziologie der Praxis hinsichtlich der Verhältnisbestimmung von Theorie und Empirie ein konsequent reziprokes Vorgehen. Denn eine Trennung zwischen Theorie und empirischer Methode wird in einer Soziologie der Praxis strikt abgelehnt. Eine soziologische Theorie ist in der Praxisforschung nie ohne empirische Arbeit möglich und umgekehrt ist die empirische Arbeit nur mithilfe eines theoretischen Instrumentariums zur Bestimmung dessen, was untersucht werden soll, möglich (vgl. Hillebrandt 2014, S. 118). Zwar handelt es sich auch bei der analytischen Einheit der Praktik um ein theoretisches Moment, die hierbei vorgenommene Systematisierung etwa hinsichtlich der an den Praktiken beteiligten Elemente und Dimensionen sollte jedoch immer nur als vorläufiges Theoriewerkzeug gefasst werden, das stets anhand der empirischen Praxis überprüft wird.

Macht man das praktische Zusammenspiel diverser zu identifizierender Elemente des Pop zum Ausgangspunkt der Analyse, bedarf es zudem eines spezifischen methodischen Settings: Nicht nur die Multidimensionalität der Praxisformation des Rock und Pop und deren große Dynamik erfordern eine besondere Berücksichtigung bei der Methodenauswahl. Werden zudem vergangene Praktiken analysiert, wird die Wahl ganz spezifischer Methoden notwendig. Hinsichtlich der Methodendiskussion gibt es in einer am Begriff der Praxis ausgerichteten Soziologie durchaus noch Nachholbedarf (vgl. hierzu allerdings die Beiträge in Schäfer et al. 2015). Generell wird meist die Ethnografie als die Hausmethode der Praxissoziologie gehandelt (vgl. etwa Schmidt 2012), was sicher aufgrund der Nähe zur empirischen Praxis in vielen Fällen seine Berechtigung hat. Für die Rekonstruktion vergangener Praktiken ist eine klassische Ethnografie, die auf die teilnehmende Beobachtung als zentrale Erhebungsmethode zurückgreift, allein jedoch nicht geeignet, weil sie viel zu wenig auf die Materialität der Praxis bezogen ist, die für die Praxisforschung aber zentral ist. Anders verhält es sich da mit einer Multi-Sited-Ethnography (vgl. Marcus 1998), welche den Untersuchungsgegenständen mittels unterschiedlicher Erhebungsmethoden durch Raum und Zeit folgt (vgl. Falzon 2009, S. 4). Bei der Erforschung vergangener Praktiken ist man zwangsläufig auf archivarische Dokumentation und narrative Berichte von Zeitzeuginnen angewiesen. Gegenüber den praxissoziologischen Arbeiten eines Andreas Reckwitz, der sich in seiner Analyse meist auf textliche Dokumente stützt (vgl. Reckwitz 2012a), müssen die Konsequenzen, die sich aus einem praxisanalytischen Forschungsansatz ergeben, also vor allem die Materialität jeder Praxis, ernst genommen werden. Zur Untersuchung der Praxis muss auf diverse empirische Quellen zugegriffen werden. Neben Artefakten sind es vor allem filmische Dokumentationen von Ereignissen, auf die eine soziologische Erforschung der Praxis zurückgreifen kann, um die hier dokumentierten Ereignisse in ihrer praktischen Vollzugswirklichkeit zu rekonstruieren. Zentral für solche Analysen sind also insbesondere die audiovisuellen Dokumentationen von Ereignissen, welche mittels einer praxissoziologisch ausformulierten Filmanalyse untersucht werden (vgl. Korte 2004). Hierbei liegt der Fokus zum einen auf den Praktiken und den das Ereignis konstituierenden Dimensionen der Praxis. Natürlich muss aber auch das Zustandekommen des Films selbst zum Analysegegenstand gemacht werden, handelt es sich hierbei doch um eine ganz bestimmte Repräsentation dieses Ereignisses. Da Film- und Ereignisanalyse nicht ineinander aufgehen, bedarf es eines weiteren Erhebungsinstrumentes, um das praktische Zusammenspiel der Dimensionen in Hinblick auf deren Relevanz für die Praxisformation zu erschließen. Hier erweist sich Adele Clarkes Methode der Situationsanalyse (vgl. Clarke 2005)

als besonders fruchtbar: Um den gesamten Forschungsprozess dokumentarisch
zu begleiten, werden im Forschungsdesign Clarkes drei unterschiedliche Formen von Karten („maps") angefertigt, die aufeinander aufbauend erstens die
relevanten Elemente einer Situation identifizieren, zweitens die Beziehungen
zwischen den Positionen der Elemente bestimmen, um schließlich drittens die
Elemente über die Ereignisebene hinaus in Bezug zur Praxisformation zu stellen
(vgl. Clarke 2005, S. 83 f.). Die Methode des prozessualen Mappings versteht
sich dabei als ein methodologisch der Praxisforschung zuträgliches Instrument,
muss jedoch noch mit weiteren Methoden kombiniert werden. Den durch Film-
und Situationsanalyse identifizierten zentralen Elementen der Praxisformation,
wie zum Beispiel wegweisenden Verstärkungstechniken oder Instrumenten,
wird darüber hinaus mittels einer praxissoziologisch gewendeten Artefaktanalyse (vgl. Lueger 2000, S. 140, 157) gefolgt. Diese kann durch Zeitzeugeninter-
views gestützt werden, wobei es sich bewährt hat, den Befragten zur Anregung
ihres emotionalen Erinnerungsvermögens Fotografien oder mediale Artefakte
als Impulse vorzulegen. Mit einem solch vielschichtigen Verfahren hoffen wir
nicht nur der Multidimensionalität und Dynamik der Praxis des Rock und Pop
gerecht zu werden, sondern gewährleisten auch die dem Forschungsgegenstand
geschuldete Flexibilität gegenüber audiovisuellen, textförmigen, fotografischen,
dinglichen und körperlichen empirischen Materialien. Sowohl hinsichtlich
der Verhältnisbestimmung von Theorie und Empirie als auch in Bezug auf die
Methodendiskussion zur Analyse des spezifischen Untersuchungsgegenstands
Popmusik können die Beiträge des vorliegenden Bandes also vielfältige und
hilfreiche Anregungen geben.

Literatur

Adorno, Theodor W. 1973. *Ästhetische Theorie*. Frankfurt a. M.: Suhrkamp.
Adorno, Theodor W. 1977. Zeitlose Mode. Zum Jazz. In *Gesammelte Schriften*, Hrsg.
    Theodor W. Adorno, Bd. 10.1, 123–137. Frankfurt a. M.: Suhrkamp (Original von 1955,
    erschienen in *Prismen*).
Adorno, Theodor W. 1989. *Einleitung in die Musiksoziologie*. Frankfurt a. M.: Suhrkamp.
Adorno, Theodor W. 1997. Über Jazz. In *Gesammelte Schriften*, Bd. 17, 83–84. Frankfurt
    a. M.: Suhrkamp (Original von 1936, erschienen in *Zeitschrift für Sozialforschung* unter
    dem Pseudonym Hektor Rottweiler).
Adorno, Theodor W. 2003. Für Wiener Radio, 21.2.1969. (nach einem Typoskript). In
    Adorno. Eine Bildmonographie, Hrsg. Theodor W. Adorno Archiv, 288–290. Frankfurt
    a. M.: Suhrkamp.
Baacke, Dieter. 1972. *Jugend und Subkultur*. München: Juventa.
Baacke, Dieter. 1987. *Jugend und Jugendkulturen. Darstellung und Deutung*. Weinheim:
    Juventa.

Behrens, Roger. 2003. *Diktatur der Angepassten. Texte zur kritischen Theorie der Popkultur.* Bielefeld: transcript.

Benjamin, Walter. 1977. Das Kunstwerk im Zeitalter seiner technischen Reproduzierbarkeit. In *Illuminationen. Ausgewählte Schriften*, Hrsg. Walter Benjamin, 136–169. Frankfurt a. M.: Suhrkamp.

Bennett, Andy, und Keith Kahn-Harris, Hrsg. 2004. *After subculture. Critical studies in contemporary youth culture.* Hampshire: Palgarve.

Betz, Gregor, Ronald Hitzler, und Michaela Pfadenhauer. 2011. *Urbane Events.* Wiesbaden: Springer VS.

Binas-Preisendörfer, Susanne. 2010. *Klänge im Zeitalter ihrer medialen Verfügbarkeit. Popmusik auf globalen Märkten und in lokalen Kontexten.* Bielefeld: transcript.

Binas-Preisendörfer, Susanne. 2013. Zur Bedeutung von Performativität und Medialität in der Produktion und Aneignung populärer Musikformen: Allgemeine und historische Einlassung. In *Performativität und Medialität Populärer Kulturen – Theorien, Ästhetiken, Praktiken*, Hrsg. Marcus S. Kleiner und Thomas Wilke, 93–106. Wiesbaden: Springer VS.

Bloch, Ernst. 1959. *Das Prinzip Hoffnung. Erster Band.* Frankfurt a. M.: Suhrkamp.

Bonz, Jochen. 2002. *Popkulturtheorie.* Mainz: Ventil.

Bourdieu, Pierre. 1982. *Die feinen Unterschiede. Kritik der gesellschaftlichen Urteilskraft.* Frankfurt a. M.: Suhrkamp.

Brake, Mike. 1981. *Soziologie der jugendlichen Subkulturen – eine Einführung.* Frankfurt a. M.: Campus.

Burnim, Mellonee V., und Portia K. Maultsby, Hrsg. 2006. *African American music. An introduction.* London: Routledge.

Burzan, Nicole, Jennifer Eickelmann, und Diana Lengersdorf. 2014. Dramaturgie des Museums – Wechselseitigkeit von Kulturangebot und -aneignungen im Zeitalter von Erlebnisorientierung. (CD-Rom-Beitrag). In *Vielfalt und Zusammenhalt. Verhandlungen des 36. Kongresses der Deutschen Gesellschaft für Soziologie in Bochum und Dortmund 2012*, Hrsg. Martina Löw. Frankfurt a. M.: Campus.

Büsser, Martin. 2004. *On the Wild Side. Die wahre Geschichte der Popmusik.* Hamburg: Europäische Verlagsanstalt.

Chapple, Steve, und Reebee Garofalo. 1980. *Wem gehört die Rock-Musik? Geschichte und Politik der Musikindustrie.* Reinbek: Rowohlt.

Clarke, Adele E. 2005. *Situational analysis. Grounded theory after the postmodern turn.* Thousand Oaks: Sage.

Clarke, John, Stuart Hall, Tony Jefferson, und Brian Robert. 1979. Subkultur, Kulturen und Klasse. In *Jugendkultur als Widerstand. Milieus, Rituale, Provokation*, Hrsg. Axel Honneth, Rolf Lindner, und Rainer Paris, 39–131. Frankfurt a. M.: Syndikat.

Daniel, Anna, Frank Hillebrandt, und Franka Schäfer. 2015. Forever Young? Die besondere Dynamik der Praxisformation des Rock und Pop. In *Routinen der Krise – Krise der Routine. Verhandlungen des 37. Kongresses der Deutschen Gesellschaft für Soziologie in Trier 2016.* Hrsg. Stephan Lessenich. o.O.

Debord, Guy. 1978. *Die Gesellschaft des Spektakels.* Hamburg: Edition Nautilus.

Deleuze, Gilles, und Félix Guattari. 1992. *Tausend Plateaus.* Berlin: Merve.

DeNora, Tia. 2000. *Music in everyday life*. Cambridge: Cambridge University Press.

DeNora, Tia. 2003. *After Adorno. Rethinking music sociology*. Cambridge: Cambridge University Press.

Diederichsen, Diedrich. 2014. *Über Popmusik*. Köln: Kiepenheuer & Witsch.

Dollase, Reiner, Michael Rüsenberg, und Hans J. Stollenwerk. 1978. Kommunikation zwischen Rockmusikern und Publikum. *jazzforschung* 1977:89–108.

Dollase, Reiner, Michael Rüsenberg, und Hans J. Stollenwerk. 1979. Rockmusik und Massenkultur. *jazzforschung* 1978:197–208.

Falzon, Mark-Anthony, Hrsg. 2009. *Multi-sited ethnography. Theory, praxis and locality in contemporary research*. Aldershot: Ashgate.

Faulstich, Werner, Hrsg. 2005. *Die Kultur der 80er Jahre*. Paderborn: Fink.

Faulstich, Werner, Hrsg. 2010. *Die Kultur der 90er Jahre*. Paderborn: Fink.

Fiske, John. 1999. Elvis. Body of Knowledge. Offizielle und populäre Form des Wissens um Elvis Presley. In *Widerspenstige Kulturen. Cultural Studies als Herausforderung*, Hrsg. Karl H. Hörning und Rainer Winter, 339–778. Frankfurt a. M.: Suhrkamp.

Foucault, Michel. 1987. Nietzsche, die Genealogie, die Historie. In *Von der Subversion des Wissens*, Hrsg. Michel Foucault, 69–90. Frankfurt a. M.: Fischer.

Frith, Simon. 1978. *The sociology of rock*. London: Constable and Company.

Frith, Simon. 1981. *Jugendkultur und Rockmusik. Soziologie der englischen Musikszene*. Reinbek: Rowohlt.

Frith, Simon, Matt Brennan, Martin Cloonan, und Emma Webster. 2013. *The history of live music in Britain, Volume I: 1950–1967: From dance hall to the 100 club*. Farnham: Ashgate.

Früchtl, Josef. 1996. *Ästhetische Erfahrung und moralisches Urteil. Eine Rehabilitierung*. Frankfurt a. M.: Suhrkamp.

Früchtl, Josef. 2004. *Das unverschämte Ich. Eine Heldengeschichte der Moderne*. Frankfurt a. M.: Suhrkamp.

Gilcher-Holtey, Ingrid, Hrsg. 1968. *Vom Ereignis zum Mythos*, 1. Aufl. Frankfurt a. M.: Suhrkamp.

Gillet, Charlie. 1983. *The sound of the city: The rise of rock and roll*. London: Souvenir.

Grossberg, Lawrence. 2010. *We gotta get out of this place. Rock, die Konservativen und die Postmoderne*. Wien: Turia und Kant. (amerikanisches Original 1992).

Gumbrecht, Hans Ulrich. 2012. *Nach 1945. Latenz als Ursprung der Gegenwart*. Berlin: Suhrkamp.

Günther, Siegfried. 1967. Die Musik in der pluralistischen Massengesellschaft. Über die soziale Mobilität im deutschen Musikleben des 20. Jahrhunderts. *Kölner Zeitschrift für Soziologie und Sozialpsychologie* 19: 64–86, 283–305.

Gürpinar, Ates. 2012. *Von Kittler zu Latour, Beziehung von Mensch und Technik in Theorien der Medienwissenschaft*. Siegen: universi.

Hall, Stuart. 1977. Über die Arbeit des Centre for Contemporary Cultural Studies (Birmingham). Ein Gespräch mit H. Gustav Klaus. In *gulliver. Deutsch-englische Jahrbücher/German-English Yearbooks*, Bd. 2, 55.

Hall, Stuart. 1999. Die zwei Paradigmen der Cultural Studies. In *Widerspenstige Kulturen. Cultural Studies als Herausforderung*, Hrsg. Karl H. Hörning und Rainer Winter, 13–42. Frankfurt a. M.: Suhrkamp.

Hartogh, Theo. 2005. *Musikgeragogik – ein bildungstheoretischer Entwurf, musikalische Altenbildung im Schnittfeld von Musikpädagogik und Geragogik.* Augsburg: Wißner.

Hebdige, Dick. 1985. Versteckspiel im Rampenlicht. In *Verborgen im Licht. Neues zur Jugendfrage*, Hrsg. Rolf Lindner und Hans-Hermann Wiebe, 186–205. Frankfurt a. M.: Syndikat.

Hebdige, Dick. 1979. *Subculture. The meaning of style.* London: Routledge.

Hecken, Thomas. 2007. *Theorien der Populärkultur, dreißig Positionen von Schiller bis zu den Cultural Studies.* Bielefeld: transcript.

Hecken, Thomas. 2009. *Pop. Geschichte eines Konzepts 1955–2009.* Bielefeld: transcript.

Helms, Dietrich, und Thomas Phleps. 2008. *No time for losers. Charts, Listen und andere Kanonisierungen in der populären Musik.* Bielefeld: transcript.

Helms, Dietrich, und Thomas Phleps, Hrsg. 2014. *Geschichte wird gemacht. Zur Historiographie populärer Musik.* Bielefeld: transcript.

Hepp, Andreas, und Veronika Krönert. 2009. *Medien – Event – Religion. Die Mediatisierung des Religiösen.* Wiesbaden: Springer VS.

Hettlage, Robert. 1992. Musik-„Szene". Über den Zusammenhang von jugendlicher Musikkultur, Modernität und sozialer Inflation. In *Gesellschaft und Musik. Wege zur Musiksoziologie*, Hrsg. Wolfgang LiS. 333–367. Berlin: Duncker & Humblot.

Heyer, Robert, Sebastian Wachs, und Christian Palentin. 2013. *Handbuch Jugend – Musik – Sozialisation.* Wiesbaden: Springer VS.

Hillebrandt, Frank. 2012. Totale soziale Tatsachen als Formen der Praxis. Wie uns Marcel Mauss hilft, Sozialität neu zu verstehen. Symposiumsbeitrag zu Marcel Mauss: Soziologie und Anthropologie. *Soziologische Revue* 35:253–260.

Hillebrandt, Frank. 2014. *Soziologische Praxistheorien. Eine Einführung.* Wiesbaden: Springer VS.

Hillebrandt, Frank. 2016. Electric Soundland. Die E-Gitarre in der Revolte. In *Dinge befremden. Essays zu materieller Kultur*, Hrsg. Julia Reuter und Oliver Berli, 95–105. Wiesbaden: Springer VS.

Hitzler, Ronald, und Michaela Pfadenhauer. 2001. *Techno-Soziologie. Erkundungen einer Jugendkultur.* Opladen: Leske+Budrich.

Hitzler, Ronald, und Arne Niederbacher. 2010. *Leben in Szenen.* Wiesbaden: Springer VS.

Hitzler, Ronald. 2011. *Eventisierung. Drei Fallstudien zum marketingstrategischen Massenspaß.* Wiesbaden: Springer VS.

Hoffmann, Raoul. 1981. *Rock-Story – drei Jahrzehnte Rock & Pop Music von Presley bis Punk.* Frankfurt a. M.: Ullstein.

Honigsheim, Paul. 1964. Die Ähnlichkeit von Musik und Drama in primitiven und totalitären Gesellschaften. *Kölner Zeitschrift für Soziologie und Sozialpsychologie* 19:481–490.

Honigsheim, Paul. 1975. Musikformen und Gesellschaftsformen (1955). In *Texte zur Musiksoziologie*, Hrsg. Tibor Kneif, 26–36. Köln: Arno Volk.

Honneth, Axel, und Martin Saar. 2008. Geschichte der Gegenwart. Michel Foucaults Philosophie der Kritik. In *Michel Foucault – Die Hauptwerke*, Hrsg. Axel Honneth und Martin Saar, 1651–1682. Frankfurt a. M.: Suhrkamp.

Huq, Rupa. 2007. *Beyond subculture. Pop, youth and identity in a postcolonial world.* London: Routlegde.

Jacke, Christoph. 2004. *Medien(sub)kultur. Geschichten – Diskurse – Entwürfe.* Bielefeld: transcript.

Jacke, Christoph. 2006. Popmusik als Seismograph – Über den Nutzen wissenschaftlicher Beobachtung von Pop. In *Kulturschutt. Über das Recycling von Theorien und Kulturen*, Hrsg. C. Jacke, E. Kimminich, und S.J. Schmidt, 114–123. Bielefeld: transcript.

Jacke, Christoph, Jens Ruchatz, und Martin Zierold, Hrsg. 2011. *Pop, Populäres und Theorien. Forschungsansätze und Perspektiven zu einem prekären Verhältnis in der Medienkulturgesellschaft.* Münster: LIT.

Jost, Christopher. 2012. *Musik, Medien und Verkörperung. Transdisziplinäre Analyse populärer Musik.* Baden-Baden: Nomos.

Kittler, Friedrich A. 2013. Rock Musik – ein Missbrauch von Heeresgerät. In *Die Wahrheit der technischen Welt. Essays zur Genealogie der Gegenwart*, Hrsg. Friedrich A. Kittler, 198–213. Berlin: Suhrkamp.

Klausmeier, Friedrich. 1978. *Die Lust, sich musikalisch auszudrücken. Eine Einführung in soziomusikalisches Verhalten.* Reinbek: Rowohlt.

Klein, Gabriele. 2004. Marathon, Parade und Olympiade: Zur Festivalisierung und Eventisierung der postindustriellen Stadt. *Sport und Gesellschaft* 3:269–280.

Kleiner, Marcus S., und Michael Rappe, Hrsg. 2012. *Methoden der Populärkulturforschung, interdisziplinäre Perspektiven auf Film, Fernsehen, Musik, Internet und Computerspiele.* Münster: LIT.

Korte, Helmut. 2004. *Eine Einführung in die systematische Filmanalyse.* Berlin: Erich Schmidt.

Laclau, Ernesto, und Chantal Mouffe. 2000. *Hegemonie und radikale Demokratie, zur Dekonstruktion des Marxismus.* Wien: Passagen-Verlag.

Latour, Bruno. 2007. *Eine neue Soziologie für eine neue Gesellschaft. Einführung in die Akteur-Netzwerk-Theorie.* Frankfurt a. M.: Suhrkamp.

Latour, Bruno. 2008. *Wir sind nie modern gewesen. Versuch einer symmetrischen Anthropologie.* Frankfurt a. M.: Suhrkamp.

Lindner, Rolf. 1979. Editorial. In *Jugendkultur als Widerstand. Milieus, Rituale, Provokation*, Hrsg. Axel Honneth, Rolf Lindner, und Rainer Paris, 7–12. Frankfurt a. M.: Syndikat.

Lueger, Manfred. 2000. *Grundlagen qualitativer Forschung.* Wien: WUV Universitätsverlag.

Marcus, Greil. 1996. *Lipstick Traces – von dada bis punk – eine geheime Kulturgeschichte des 20. Jahrhunderts.* Reinbek: Rowohlt.

Marcus, George E. 1998. *Ethnography through thick and thin.* Princeton: Princeton University Press.

Mattig, Ruprecht. 2009. *Rock und Pop als Ritual – über das Erwachsenwerden in der Mediengesellschaft.* Bielefeld: transcript.

Mauss, Marcel. 1990. *Die Gabe. Form und Funktion des Austauschs in archaischen Gesellschaften.* Frankfurt a. M.: Suhrkamp.

Menke, Christoph. 2014. *Die Kraft der Kunst.* Berlin: Suhrkamp.

Muggelton, David, und Rupert Weinzierl, Hrsg. 2003. *The post-subcultures reader.* Oxford: Berg.

Niketta, Reiner, und Eva Volke. 1992. *„Das Spielen von Heavy Metal ist Präzisionsarbeit": Einstellungen von Rockmusikern und Rockmusikerinnen zum Musizieren.* (Arbeitsberichte aus dem Forschungsprojekt „Popularmusik in Deutschland", Report Nr. 8) Wuppertal: Sekretariat für gemeinsame Kulturarbeit NRW & Zentrum für Musik und Kommunikationstechnologie.

Niketta, Reiner, und Eva Volke. 1994. *Rock und Pop in Deutschland. Ein Handbuch für öffentliche Einrichtungen und andere Interessierte*. Essen: Klartext.

Peterson, Richard A. 1990. Why 1955? Explaining the advent of rock music. *Popular Music* 9:97–116.

Petras, Ole. 2011. *Wie Popmusik bedeutet. Eine synchrone Beschreibung popmusikalischer Zeichenverwendung*. Bielefeld: transcript.

Pfleiderer, Martin. 2014. Geschichtsschreibung populärer Musik im Vergleich. In *Geschichte wird gemacht. Zur Historiographie populärer Musik*, Hrsg. Dietrich Helms und Thomas Phleps, 55–75. Bielefeld: transcript.

Phleps, Thomas, und Ralf v Appen. 2003. *Pop Sounds. Klangtexturen in der Pop und Rockmusik*. Bielefeld: transcript.

Reckwitz, Andreas. 2012a. *Die Erfindung der Kreativität. Zum Prozess gesellschaftlicher Ästhetisierung*. Berlin: Suhrkamp.

Reckwitz, Andreas. 2012b. Die Genese des Starsystems: Die massenmediale Konstruktion expressiver Individualität. In *Die Erfindung der Kreativität. Zum Prozess gesellschaftlicher Ästhetisierung*, Andreas Reckwitz, 239–268. Berlin: Suhrkamp.

Redhead, Steve, Hrsg. 1997. *Subcultures to clubcultures. An introduction to popular culture studies*. Oxford: Blackwell.

Redhead, Steve, Hrsg. 1998. *The clubculture reader. Readings in popular cultural studies*. Oxford: Blackwell.

Reichardt, Sven. 2014. *Authentizität und Gemeinschaft. Linksalternatives Leben in den siebziger und achtziger Jahren*. Berlin: Suhrkamp.

Reitsamer, Rosa. 2013. *Die Do-it-Yourself-Karrieren der DJs*. Bielefeld: transcript.

Reynolds, Simon. 2009. *Totally wired. Post-punk interviews and overviews*. London: Faber & Faber.

Rösing, Helmut. 2014. Geschichtsschreibung als Konstruktionshandlung. Anmerkungen zu Geschichte und Gegenwart der Musikgeschichtsschreibung. In *Geschichte wird gemacht. Zur Historiographie populärer Musik*, Hrsg. Dietrich Helms und Thomas Phleps, 9–24. Bielefeld: transcript.

Schäfer, Franka, Anna Daniel, und Frank Hillebrandt, Hrsg. 2015. *Methoden einer Soziologie der Praxis*. Bielefeld: transcript.

Schatzki, Theodor R. 1996. *Social practices. A wittgensteinian approach to human activity and the social*. Cambridge: Cambridge University Press.

Schmidt, Robert. 2012. *Soziologie der Praktiken. Konzeptionelle Studien und empirische Analysen*. Berlin: Suhrkamp.

Schulze, Gerhard. 1992. *Die Erlebnis-Gesellschaft. Kultursoziologie der Gegenwart*. Frankfurt a. M.: Campus.

Scott, Derek B. 2014. Invention and Interpretation in Popular Music Historiography. In *Geschichte wird gemacht. Zur Historiographie populärer Musik*, Hrsg. Dietrich Helms und Thomas Phleps, 41–54. Bielefeld: transcript.

Selvin, Joel. 1999. *Summer of love: The inside story of lsd, rock & roll, free love and high time in the wild west*. New York: Cooper Square Press.

Siegfried, Detlef. 2006. *Time is on my side. Konsum und Politik in der westdeutschen Jugendkultur der 60er Jahre*. Göttingen: Wallstein.

Siegfried, Detlef. 2008. *Sound und Revolte. Studien zur Kulturrevolution um 1968*. München: Juventa.

Silbermann, Alphons. 1957. *Wovon lebt die Musik. Die Prinzipien der Musiksoziologie.* Regensburg: G. Bosse.

Silbermann, Alphons. 1962. Die Ziele der Musiksoziologie. *Kölner Zeitschrift für Soziologie und Sozialpsychologie* 14:322–335.

Silbermann, Alphons. 1963. Die Pole der Musiksoziologie. *Kölner Zeitschrift für Soziologie und Sozialpsychologie* 15:425–448.

Stäheli, Urs. 2004. Pop als Provokation? *Soziale Systeme* 10:333–339.

Steinert, Heinz. 1998. *Kulturindustrie.* Münster: Westfälisches Dampfboot.

Steinert, Heinz. 2003. *Die Entdeckung der Kulturindustrie oder warum Professor Adorno Jazzmusik nicht ausstehen konnte.* Münster: Westfälisches Dampfboot.

Szatmary, David P. 2004. *Rockin in time. A social history of rock-and-roll.* Upper Saddle River: Pearson.

Thornton, Sarah. 1996. *Club cultures. Music, media and subculture capital.* Hannover: Wesleyan UP.

Wald, Elijah. 2014. Forbidden sounds: Exploring the silence of music history. In *Geschichte wird gemacht. Zur Historiographie populärer Musik*, Hrsg. Dietrich Helms und Thomas Phleps, 25–40. Bielefeld: transcript.

Wicke, Peter. 1987. *Rockmusik. Zur Ästhetik und Soziologie eines Massenmediums.* Leipzig: Reclam.

Wicke, Peter. 2001. *Von Mozart zu Madonna: Eine Kulturgeschichte der Popmusik.* Frankfurt a. M.: Suhrkamp.

Wicke, Peter. 2011. *Rock und pop. Von Elvis Presley bis Lady Gaga.* München: C. H. Beck.

Willis, Paul E. 1981. *"Profane culture": Rocker, Hippies: subversive Stile der Jugendkultur.* Frankfurt a. M.: Syndikat.

Winter, Rainer. 2001. *Die Kunst des Eigensinns. Cultural Studies als Kritik der Macht.* Weilerswist: Velbrück.

Zimmer, Jochen. 1981. *Rock-Soziologie. Theorie und Sozialgeschichte der Rock-Musik.* Hamburg: VSA. (Erstausgabe unter dem Titel *Popmusik – zur Theorie und Sozialgeschichte*, 1973).

Zimmermann, Peter. 1984. *Rock'n roller, beats und punks. Rockgeschichte und Sozialisation.* Essen: Rigodon.

Die Verbreitung populärer Musik aus Sicht der Akteur-Netzwerk-Theorie

Von dem „Austausch von Eigenschaften"
über die „performative Existenzsicherung
begrenzter Akteure" zu Raum und Zeit
überwindenden musikalischen Interaktionen

Sascha Bark

Inhaltsverzeichnis

S. Bark (✉)
Institut für Soziologie, FernUniversität in Hagen, Hagen, Deutschland
E-Mail: sascha.bark@fernuni-hagen.de

© Springer Fachmedien Wiesbaden GmbH, ein Teil von Springer Nature 2019   43
A. Daniel und F. Hillebrandt (Hrsg.), *Die Praxis der Popmusik,*
https://doi.org/10.1007/978-3-658-22714-2_2

1 Einleitung

Im Rahmen dieses Sammelbands möchte ich die Gelegenheit nutzen, einen Blick auf musikalische Interaktionen durch die Brille der Akteur-Netzwerk-Theorie (ANT) zu werfen. Verspricht der Akteur-Netzwerk-Ansatz doch, wie anhand unzähliger Studien verdeutlicht wurde, einen Erkenntnisgewinn, der vor allem dadurch entsteht, Details und Bewegungen sichtbar zu machen, die trotz ihrer konstitutiven Rolle ansonsten eher unbeachtet geblieben wären. Inzwischen findet das Akteur-Netzwerk-Konzept in diversen, auch nicht-soziologischen Bereichen Anwendung, wie etwa in der Schulentwicklungsforschung (Dimai 2012), der Erwachsenenbildung (Pätzold 2013), der Umweltsoziologie bzw. politischen Ökologie (Peuker 2010, 2011) sowie der Medienforschung und -soziologie (Thielmann und Schüttpelz 2013; Wieser 2012, 2013), der Geschichtswissenschaft (Gerstenberger und Glasman 2016), der Betriebswirtschaftsforschung (Maier 2010) und der Archäologie (Martin 2005), um nur einige zu nennen. Mit *Soziologie im Zeitalter der Komposition* liegt zudem ein erster, zu großen Teilen auf der ANT basierender, gesellschaftstheoretischer Entwurf vor (Laux 2014).

Der vorliegende Text reiht sich in die produktive Nutzung der ANT ein und möchte am Beispiel der Popmusik einerseits aufzeigen, wie sich dieses Phänomen ganz grundlegend aus der netzwerktheoretischen und prozesssoziologischen Perspektive darstellt, und anderseits herausarbeiten, welche ansatzspezifischen Zugangsmöglichkeiten zum Gegenstand möglich und sinnvoll wären. Im Rahmen dieses Beitrags beschränke ich mich hierfür auf den basalen theoretischen Kern der ANT, der neben dem Übersetzungsmodell insbesondere zwei Konzepte beinhaltet und hervorhebt, mit deren Hilfe soziale Phänomene und Ereignisse fassbar gemacht und untersucht werden können: der Austausch von Eigenschaften und die performative Existenzsicherung begrenzter Akteure.

Da eine vollständige und systematische Rekonstruktion des (oftmals unterschätzten) sozialtheoretischen Grundgerüsts und der (überwiegend implizit behandelten) soziologischen Vorannahmen der ANT meines Wissens noch nicht stattgefunden hat,[1] soll hier zumindest in Bezug auf die angesprochenen Konzepte diese Lücke ein wenig geschlossen werden. Das Theoriegerüst der ANT ist – im Vergleich zu anderen Sozialtheorien – zwar relativ begrenzt, aber dann doch nicht so rudimentär, dass erstens die Vertreter(innen) des Akteur-Netzwerk-Konzepts

---

[1]Die Arbeiten, die diesem Anspruch noch am ehesten gerecht werden (obwohl auch hier die soziologischen Vorannahmen der ANT ein wenig vernachlässigt werden), sind Gertenbach (2015), Kneer (2009) und Laux (2011) sowie das jüngst erschienene Buch zur Aktualität Latours von Gertenbach und Laux (2018).

sich auf den Standpunkt zurückziehen könnten, lediglich einen methodologischen oder heuristischen Ansatz zu verfolgen. Zweitens sind die bisherigen Auseinandersetzungen mit dem sozialtheoretischen Konzept zwar teilweise vorhanden, aber als unzureichend zu charakterisieren.

Obwohl der bevorzugte Gegenstand des vorliegenden Sammelbands „Popmusik" ist, werde ich diese genrespezifische Fokussierung nicht konsequent beibehalten. Die folgenden Ausführungen betreffen also nicht nur Popmusik im engeren Sinne, sondern eher musikalische Interaktionen im Allgemeinen (bis auf spezifische, für popmusikalische Produktion und Verbreitung typische Phänomene).

Um Missverständnissen vorzubeugen und um den Beitrag richtig einordnen zu können, möchte ich betonen, dass die vorliegende Arbeit weder musiksoziologischen noch musikwissenschaftlichen Ansprüchen gerecht werden will.[2] Das Hauptanliegen der Ausführungen besteht in der Explikation der erwähnten und im Zentrum der ANT stehenden Modelle und in einem entsprechenden anwendungsorientierten Vorschlag. Warum und in welchem Maße diese beiden Konzepte relevant für den soziologischen Forschungsprozess sind, soll abschließend diskutiert werden. Auch die Grenzen dieses Beitrags sollen kurz erwähnt werden: Aufgrund des komplexen und vielschichtigen Phänomens Popmusik, kann hier nur ein kleiner Ausschnitt dessen, was (pop)musikalische Interaktionen ausmacht, betrachtet werden. Und es kann auch nur ein kleiner Teil der Möglichkeiten, die das theoretisch-methodologische Instrumentarium der ANT bereitstellt, behandelt werden. Vor dem Hintergrund der spezifischen (und bescheidenen) Erkenntnisgewinne einer an der ANT orientierten Untersuchung ist hier zwar nur eine grobe und relativ oberflächliche Studie möglich, die aber hoffentlich einen praktikablen Zugriffsweg für ein so komplexes Phänomen wie (Pop-)Musik aufzeigen kann.

2   Vom lokalen musikalischen (Live-)Ereignis ...

Bevor das Konzept „Austausch von Eigenschaften" ausführlich behandelt und im Hinblick auf die Genese und Entwicklung (pop)musikalischer Potenziale und Fähigkeiten expliziert wird, soll vorab und in der gebotenen Kürze

---

[2]Siehe hierzu die (zu großen Teilen an der ANT orientierten) musik- und kunstsoziologischen Arbeiten von Antoine Hennion (2015, 2013, 2002). Aufgrund der spezifischen Perspektive, die Hennion bezüglich musikalischer Phänomene einnimmt (z. B. ästhetische Aspekte, kreative Leistungen, Geschmacksfragen), finden sich keine verwertbaren Anknüpfungspunkte (auf einer basalen Ebene der ANT) für die hier formulierte und zu bearbeitende Problemstellung.

das sozialtheoretische Grundgerüst der ANT rekonstruiert werden, um die den assoziierten Fähigkeiten zugrunde liegende prozesssoziologische Basis hervorzuheben. Zudem werde ich argumentieren, dass das Ziel einer an der ANT orientierten Sozialforschung nicht primär darin liegt, Beweise vorzulegen, dass überhaupt „nicht-menschliche" Akteure in konkreten Situationen und Ereignissen entscheidende Rollen spielen. Dies ist zwar teilweise notwendig, aber „lediglich" ein *vorgelagerter* Schritt für die eigentliche Auseinandersetzung mit dem Gegenstand, nämlich die Herausarbeitung der hybriden Zusammensetzungen und der damit verbundenen spezifischen Verteilung und Entwicklung von Eigenschaften und Handlungen.

2.1 Übersetzung und (hybride) Akteure: der theoretische Kern der ANT

Trotz der Termini „Akteur" und „Netzwerk", die der Theorie ihren Namen geben, steht im Zentrum des Akteur-Netzwerk-Ansatzes der Begriff der Übersetzung (vgl. Callon 2006a; Latour 2016a, S. 27 f.; 2010, S. 183, 188; 2006f, S. 504). Der Übersetzungsbegriff wird sowohl sozialen Akteuren und deren relativ stabilen und netzwerkartigen Verflechtungen als auch der (sozial)wissenschaftlichen Theoriebildung *vorgeordnet* (vgl. Latour 2010, S. 375). Anders formuliert: Alle erfassbaren, messbaren, sichtbaren und Wirkung entfaltende „Entitäten" – wie Akteure, Netzwerke, Gebilde, Orte, Ordnungen, theoretische Systeme etc. – sind Resultate, Ergebnisse und Effekte spezifischer, idiosynkratischer Übersetzungsströme. Weder Akteure noch Netzwerke, sondern Übersetzungen sind als Letztelemente des Sozialen anzusehen. Sie sind der eigentliche, der prioritäre Gegenstand der (neuen) Soziologie und beinhalten das, was Latour als „sozial" (als Verb) definiert: die verbindende Bewegung (vgl. Latour 2016b, S. 93 f.; 2010, S. 21, 66, 111 ff.).

Durch die Fokussierung auf Übersetzungsströme nimmt die ANT eine prozesssoziologische Perspektive ein (vgl. Laux 2011, S. 283 f.; Gertenbach 2015, S. 294). Alles ist Prozess, alles ist permanent in Bewegung, Übersetzungen strömen unablässig – auch dort, wo nur starre und unflexible Gebilde vermutet werden (vgl. Latour 2010, S. 46 f., 338, 353). Erst bestimmte Muster von Übersetzungsströmen erzeugen Formen, Umrisse, Identitäten und Handlungspotenziale. Entitäten sind also abhängig von den sie bildenden Übersetzungsprozessen. Daher sind Akteure, Gebilde, Ordnungen etc. grundsätzlich reversibel, wandelbar und „instabil".

Wenn spezifische Übersetzungsaktivitäten zu dauerhafteren Verbindungen, zu stabilen und damit adressierbaren Assoziationen führen (ob durch zufällige

Kollisionen, durch intentionales Vorgehen oder als Nebenfolge verteilten Handelns), können diese Verflechtungen als Akteur-Netzwerke, oder kurz: Akteure, bezeichnet werden.[3] Akteure sind als Effekte von Übersetzungsströmen mehr oder weniger dauerhafte Ordnungen (vgl. Latour 2010, S. 375; Law 2006b, S. 430 ff.), wobei diese allerdings nicht starr oder inflexibel, sondern „nur" eine besondere Art der Bewegung, ein bestimmtes Muster von Übersetzungen sind. Der Begriff des Akteurs wird innerhalb der ANT nun nicht – aufgrund seiner Vorgeschichte und seinen vielen diversen soziologischen Definitionen (Substanz, Mensch, Intentionalität, Rationalität) – verworfen, bekommt allerdings eine radikal andere Bedeutung: Akteure sind nicht mehr nur auf „Menschen" beschränkt, sondern können potenziell „alles" sein, sofern sie einen Einfluss auf andere ausüben und einen Unterschied in einer gegebenen Situation machen (vgl. Latour 2010, S. 81 ff., 123 ff.).[4] So kann beispielsweise ein Wecker durch sein Klingeln zum Aufstehen „zwingen", ein Lied zum Singen und Tanzen „animieren" oder ein Handy mit seinen diversen Kommunikationsprogrammen zur Interaktion „einladen". Kurz – und nicht ganz korrekt (s. u.) – ausgedrückt: Auch alle „nicht-menschlichen" Entitäten können zu Akteuren werden.

Entscheidend für das Verständnis der ANT ist, dass diese „nicht-menschlichen" Akteure nicht einfach den „menschlichen" hinzugefügt werden. Viele Missverständnisse und Rezeptionsblockaden scheinen hierauf zu beruhen. Es geht hier also weder um eine simple Addition zweier ontologischer Bereiche noch um eine lediglich quantitative Erweiterung des soziologischen Gegenstandsbereichs. Vielmehr beinhaltet die Neudefinition des Akteurbegriffs eine Verschmelzung und Verflechtung von heterogenen Elementen. Bei den Termini „menschlich" und „nicht-menschlich" (oder auch „technisch" oder „sozial" in der „alten" Bedeutung) handelt es sich um Zuschreibungen, die *a posteriori* eine eigentlich gemeinsam bewohnte Sphäre in zwei scharf getrennte ontologische Bereiche aufteilen (vgl. Latour 2016b, 2015). Das oberste Gebot der (neuen) Soziologie ist daher, eine dichotomisierende Perspektive aufzugeben und von hybriden und sich permanent bewegenden Verhältnissen auszugehen. In den Worten Latours:

> Das Ziel des Spiels besteht nicht darin, Subjektivität auf Dinge zu übertragen oder Menschen als Objekte zu behandeln oder Maschinen als soziale Akteure zu betrachten, sondern die Subjekt-Objekt-Dichotomie *ganz zu umgehen* und stattdessen von der

---

[3]Der Begriff des Netzwerks, den ich hier zunächst nicht weiterverfolge, ist Latour (2010, S. 223 ff.) zufolge „lediglich" die Rekonstruktion, die Aufzeichnung dieser Übersetzungsströme.
[4]Zu dem ungewöhnlichen „Menschenbild" der ANT vgl. Latour (2010, S. 358 ff.).

Verflechtung von Menschen und nicht-menschlichen Wesen auszugehen. Mit dem
neuen Bild wollen wir die Bewegungen einfangen, durch die ein bestimmtes Kollektiv
sein soziales Gewebe auf *andere* Entitäten ausdehnt (Latour 2002, S. 236 f.).

In Ermangelung eines differenzierteren und den hybriden Verflechtungen adäqua-
teren Vokabulars (vgl. Latour 2010, S. 124; 2012, S. 104 ff.; 2006f, S. 498)
kann selbst die ANT die Begriffe und Zuschreibungen „menschlich" und „nicht-
menschlich" – wie auch an dem vorangegangenen Zitat zu sehen ist – nicht komplett ignorieren und hinter sich lassen.

Von „Menschen" und „Nicht-Menschen" zu sprechen, ist nur eine grobe Annäherung,
wobei wir der modernen Philosophie noch jenen verblüffenden Gedanken entlehnen,
dass es Menschen und Nicht-Menschen gibt, obwohl es nur Wege und Sendungen,
Bahnungen und Verschiebungen gibt (Latour 1996, S. 40).

Genau hier, an dieser Stelle, geht es nur mit Mühen und Vorstellungskraft weiter.
Die ANT kann aufgrund der begrenzten „menschlichen" Sprache nur über
Umwege erklären, was die Hybridität einer Entität ausmacht, was „menschliche"
und was „nicht-menschliche" Akteure sind, und unzählige Passagen und Ausführungen in Latours Oeuvre befassen sich mit genau dieser Problematik, um eine
möglichst nachvollziehbare und verständliche Erklärung anzubieten.[5]

Wir können noch nicht einmal genau definieren, was die einen menschlich und die
anderen technisch macht, während wir ihre Modifikationen und Substitutionen, ihr
Hin und Her und ihre Bündnisse, ihre Delegationen und Stellvertretungen genau
dokumentieren können. Betreibt man Technologie, findet man sich als Soziologe
wieder. Betreibt man Soziologie, wird man zwangsläufig zum Technologen (Latour
1996, S. 50).

Akteure sind aus Perspektive der ANT immer hybrid, sie bestehen also anteilig
aus „menschlichen" und „nicht-menschlichen" Elementen, nur dass dies wiederum Zuschreibungen für andere hybride Akteure sind. Es gibt also „nur" hybride
Akteure, die aus den Übersetzungsprozessen anderer hybrider Akteure gebildet
worden sind. Ein Musiker („menschlich") ist ebenso ein hybrider Akteur wie ein
Musikinstrument („nicht-menschlich"). Sowohl der Musiker als auch das Musikinstrument sind Assoziationen anderer hybrider Akteure (Musiker: z. B. Notenblatt

---

[5]Was eine etwas „schiefe" Rezeption der ANT geradezu herausgefordert hat, die den
Schwerpunkt der ANT nicht ganz korrekt an dieser einen Stelle sieht, wo nicht-menschliche Entitäten die Kollektive erweitern: so z. B. Marchart (2013, S. 147, 150).

(„nicht-menschlich") und Musiklehrer („menschlich"); Musikinstrument: z. B. Resonanzkörper („nicht-menschlich") und Konstrukteur („menschlich")).

Die Übersetzungsprozesse, aus denen Akteure hervorgehen und stabilisiert werden, gehen von differenten anderen Akteuren aus, die – in „alter" Terminologie – als menschlich, technisch, natürlich etc. bezeichnet werden. In dem Vokabular der ANT ist das Hybride im Akteur bereits immer enthalten, es gibt keine reinen Menschen, keine reine Technik, keine reine Natur und auch keine reine menschliche Gesellschaft (vgl. Latour 1996, S. 37 f.). Deshalb macht es aus Perspektive der ANT auch nicht wirklich Sinn, über die „Agency" von Dingen, Objekten oder nicht-menschlichen Akteuren zu diskutieren, da es eine solche Agency nicht gibt und auch nie in dieser Weise von der ANT postuliert wurde. Es sind immer Hybride, die in Aktion treten, keine „Menschen" und keine „Dinge". Oder, um es in „alter" Terminologie zu sagen: Jedes Ding, jede Maschine hat immer auch menschliche Anteile, nur ist es schwieriger (als andersherum), diese Anteile zu bestimmen, weil diese i. d. R. nur in einem relativ kleinen Zeitfenster in der Fortexistenz des „nicht-menschlichen" Akteurs zu beobachten sind. Was also am Akteur-Netzwerk-Ansatz sinnvollerweise kritisiert werden könnte, ist die These der Hybridität, die damit einhergehende Aufhebung der Dichotomie von Subjekt und Objekt und der verteilten Handlungen, aber nicht die Agency von nicht-menschlichen Handlungsträgern.[6] Denn nicht-menschliche Akteure können nicht handeln, aber hybride Akteure können es (viele davon sehen nur wie nicht-menschliche Entitäten aus).[7]

An anderer Stelle habe ich versucht, den Übersetzungsbegriff allgemein (Einwirkung und Kollaboration) zu formulieren (vgl. Bark 2015, S. 150). Dies soll hier – ohne Berücksichtigung der von Callon (2006a) definierten Übersetzungsphasen – fortgesetzt werden: Übersetzung ist ein Oberbegriff für

---

[6]Dieses Erklärungsproblem (sofern es denn eines ist) haben eher solche Theorien und Ansätze, die zwar die von der ANT vorgeschlagene Berücksichtigung „nicht-menschlicher" Akteure aufgenommen und integriert, aber die ontologische Trennung von Menschen und Nicht-Menschen beibehalten haben.

[7]Dass Latour sich immer wieder ausführlich hiermit beschäftigt und unzählige, sich teilw. wiederholende Erklärungsversuche vorträgt, zeigt an, wie sehr er dieses „Missverständnis" auflösen wollte – und dann mit Aussagen wie „Töpfe kochen" (ohne Anführungszeichen) vielleicht auch verschlimmbessert hat. An dieser Stelle muss ich wohl Laux (2017, S. 182 f.) zumindest in einem Punkt widersprechen, wenn er konstatiert, dass die ANT „keine Spezialtheorie für hybride Phänomene" sei. Doch, das ist sie in gewisser Weise, denn der (neue) soziologische Gegenstandsbereich besteht für die ANT, wie aus den bisherigen Ausführungen deutlich geworden sein sollte, *ausschließlich* aus hybriden Verhältnissen, die allerdings keinen Sonderfall der sozialen Welt darstellen, sondern ubiquitär sind.

alle möglichen Arten von Prozessen, mithilfe derer Akteure – verstanden als
bereits stabilisierte und geordnete Übersetzungsbeziehungen – *versuchen,* in die
sie unmittelbar umgebende Welt einzugreifen und auf andere Akteure und Situationen einzuwirken. Übersetzungsbemühungen sind auf andere Akteure ausgerichtet, genauer: auf die Modifikation oder auch Beibehaltung der Handlungen
und Aktivitäten anderer Akteure, damit sich diese in einer bestimmten Art und
Weise verhalten. So schieben „Eltern" beispielsweise einen Kinderwagen, um das
Kind zum Einschlafen zu bringen; eine „Ampel" zeigt ein rotes Lichtsignal, um
den Akteur „Auto mit Fahrer" (bald „ohne Fahrer" aber evtl. „mit Passagieren")
zum Anhalten zu bewegen; ein „Unternehmer" tippt auf das Display seines
Smartphones, um Kontakt zu einem Kunden herzustellen; ein „Befehlshaber"
befiehlt einen Angriff, um Soldaten zum Schießen zu zwingen; eine „Pop-Band"
spielt Live-Musik, um das Publikum zum Feiern zu bringen. Übersetzungen
sind also immer notwendig, um etwas zu erreichen, etwas zu ändern oder aber
auch, um einen spezifischen Zustand beizubehalten. Wichtig ist, dass es sich bei
Übersetzungen zunächst immer erst um Versuche handelt, die auch scheitern können: Das Kind muss nicht einschlafen, das Auto nicht stoppen, das Handy kann
keinen Empfang haben, die Soldaten können den Befehl verweigern, das Publikum kann die Band ausbuhen oder einfach schweigen. Es ist also nicht selbstverständlich, dass die anderen Akteure sich so verhalten, wie von den initiierenden
Akteuren vorgeschlagen und angestrebt wird.

Der Übersetzungsversuch ist allerdings notwendig, da ohne diesen die anderen Akteure nicht das „Gewünschte" tun würden und so keine Einwirkungen auf
die „Umwelt" möglich sind. Jeder Akteur ist daher immer auf andere angewiesen,
„allein" und ohne die Kollaboration passiert nichts (vgl. auch Kneer 2009, S. 24).
Die Mittel, auf die Akteure für ihre Übersetzungsbemühungen zurückgreifen,
sind prinzipiell unbegrenzt, und es ist Aufgabe der empirischen Untersuchung,
diese zu rekonstruieren, offenzulegen und zu beschreiben.

Übersetzungen führen, sofern sie denn gelingen und die Versuche, Verbindungen
herzustellen, erfolgreich sind, d. h. wenn sich die Aktivitäten anderer Akteure in
bestimmter Weise ausrichten lassen, zu kollaborierenden und modifizierten Assoziationen, kurz: zu neuen Akteuren. Diese neuen Akteure begrifflich zu fassen, ist für
eine an der ANT orientierten Forschung ein Problem, da auch hier das „menschliche" – und das „sozial-wissenschaftliche" – Vokabular defizitär ist. So ist aus Perspektive der ANT ein „Bürger" (oder „Mensch", „Person", „Manager") mit „Handy"
(oder „PC", „Brief") ein anderer Akteur als ohne.[8] Auch die – in an der ANT

---

[8]Vgl. Latours (2002, S. 218) *Versuch,* einen Bürger mit Waffe zu bezeichnen.

orientierten Arbeiten – häufige Nutzung von Anführungszeichen verdeutlichen die sprachlichen Mängel, um hybride Akteure zu kennzeichnen. Die Schwierigkeit besteht natürlich darin, übliche Vokabulare weiterzuverwenden, aber auf die neue Bedeutung dieser Begrifflichkeiten hinzuweisen. Von nun an verzichte ich auf die Nutzung von Anführungszeichen, sofern es die Kenntlichmachung hybrider Akteure betrifft. Diese sollten (von denjenigen, die erst anfangen, sich mit der ANT vertraut zu machen) immer mitgedacht werden.

Warum diese Begriffe und Neu-Definitionen? Der ANT zugrunde liegt eine Auffassung von der sozialen Welt, wie sie auch von den meisten anderen soziologischen Theorien und Paradigmen geteilt wird: Komplexität. Die Welt ist komplex und vielschichtig und mit theoretischen Mitteln nur unter der Bedingung fassbar, dass Komplexität reduziert wird. Die ANT zweifelt allerdings die „herkömmliche" Vorgehensweise der Theorieentwicklung an und erklärt, dass bei der Reduktion von Komplexität so viele Informationen, so viele wichtige und Welt erzeugende Eigenschaften verloren gehen, dass die meisten Ergebnisse mindestens Lücken bei der Erklärung sozialer Phänomene aufweisen und im schlimmsten Fall tautologisch sind (vgl. Latour 2010, S. 119).

Um die sozialwissenschaftlichen Möglichkeiten und Grenzen der Theorieentwicklung zu visualisieren, bemüht Popper (1989, S. 31) das Bild von Fangnetzen, die in die Realität ausgeworfen und mit einigen wenigen Erkenntnissen eingeholt werden, da durch die Maschen der Netze viele wichtige Daten und Informationen verloren gehen (müssen). Die ANT beschreitet daher einen anderen Weg. Ziel der ANT ist es, der Komplexität der Welt gerechter zu werden als andere Sozialtheorien. So soll nicht (z. B. durch vorab aufgestellte Begriffsbestimmungen) vorschnell Komplexität reduziert werden. Es wird gar kein Netz ausgeworfen (damit gerade nichts durch die Maschen schlüpfen kann), sondern erst alles, was zu sehen, alles was messbar ist, protokolliert und zur Kenntnis genommen (vgl. hierzu auch Laux 2011, S. 279). Natürlich kann auch die ANT der Weltkomplexität nicht gerecht werden, das gesteht sie ein, sie versucht allerdings, sich ihr auf eine Weise zu nähern, bei der weniger relevante Informationen verloren gehen. Dafür springt sie – um im Bild der Fangnetze zu bleiben – selbst ins Geschehen und schaut sich die Situationen und auch solche „Dinge" an, die zu klein für die Maschen des Netzes gewesen wären. Allerdings muss auch die ANT – wie jede Form der Erkenntnis- und Wissensgenerierung – „Extraktionen" und „Simplifikationen" vornehmen und Referenzketten der Informationsgewinnung erstellen (vgl. Latour 2006d, S. 280 f.; 1996, S. 191 ff.). Der „Preis", den sie dafür zahlen muss, auf ein Netz der Erkenntnis, dass sie nur auswerfen und einholen müsste, zu verzichten, ist mühselige, langwierige Kleinstarbeit.[9] Zudem muss die ANT leicht verständliche Erklärungsmodelle, übersichtliche monokausale Ursache-Wirkungsketten aufgeben. Sie kann stattdessen aufgrund ihres Anspruchs „nur" Beschreibungen komplexer, vielschichtiger, verschlungener Situationen geben, in denen es von hybriden Akteuren, die einen Unterschied machen und die Ereignisse mitbestimmen, nur so wimmelt. Wie diese Vorgehensweise der kleinen Schritte aussehen kann, soll nun erläutert werden.

2.2 Der Austausch von Eigenschaften und (musikalische) Assoziationen: Das Pop-Konzert als hybrides Akteur-Netzwerk

Eine an der ANT orientierte Untersuchung hat *nicht nur* zum Ziel, die menschlichen und nicht-menschlichen Anteile und Akteure einer Situation oder eines Ereignisses zu bestimmen, sondern auch den Einfluss, die Wirkung, den konkreten und spezifischen Beitrag von hybriden Akteuren an und in einer gegebenen Situation herauszuarbeiten und zu beschreiben. Deutlich muss ich hier der Interpretation von Kalthoff, Cress und Röhl (2016, S. 18 f.) widersprechen, behauptet diese, die ANT würde nicht „nach dem konkreten Beitrag einzelner Entitäten in begrenzten sozio-technischen Konstellationen" (Kalthoff et al. 2016, S. 19) fragen. Die ANT fragt nicht nur danach, es ist sogar eines ihrer primären Forschungsziele. Dies lässt sich nicht nur anhand der unzähligen ANT-Studien aufzeigen: z. B. die konkreten und nachvollziehbar beschriebenen Beiträge von Kammmuscheln, Fischern und Wissenschaftlern (Callon 2006a), von Winden, Galeeren und Meeresströmungen (Law 2006a), von den Federn eines Türöffners und den Passierenden (Latour 2006c), von Hotelschlüsseln, Managern und Gästen, Sicherheitsgurten und Autofahrern (Latour 1996). Insbesondere Latour erklärt die Herausarbeitung spezifischer Akteur- und Handlungsbeiträge zum Pflichtprogramm der ANT, nur, dass er diese mit dem Konzept des „Austauschs von Eigenschaften" reformuliert (vgl. Latour 2006c; 2006f; 2002, S. 236; 1996, S. 25, 69; Callon und Latour 2006, S. 84).

---

[9]Dass Latour im Zuge seiner sogenannten „differenzierungstheoretischen Wende" (Laux 2016) durch die Definition und Abgrenzung von Existenzweisen (vgl. Latour 2014) und den damit verbundenen spezifischen Verknüpfungstypen (für Recht, Wirtschaft, Politik etc.) Gefahr läuft, den Anspruch einer bestmöglichen Komplexitätsannäherung wieder zu unterlaufen, soll hier nur angedeutet, aber nicht weiter diskutiert werden.

Die Vermittlung, die technische Übersetzung, die ich zu verstehen versuche, ruht auf dem blinden Fleck, wo Gesellschaft und Materie ihre Eigenschaften austauschen (Latour 2006f, S. 497).

Dieses Konzept nimmt Austauschprozesse (auch „Überkreuzung" oder „Crossover" genannt) zwischen menschlichen und nicht-menschlichen Akteuren in den Blick, wobei – wie oben ausführlich dargelegt – nicht vergessen werden darf, dass sowohl menschliche als auch nicht-menschliche Akteure bereits hybrid sind. Eine ANT-Untersuchung will und muss auch gar nicht mehr „beweisen", dass überhaupt sogenannte nicht-menschliche Akteure an einer Situation beteiligt sind, sie sind es immer.[10] Wäre dies nicht der Fall – auf diese Ausnahme macht Latour an mehreren Stellen aufmerksam – handelte es sich um „Primatengesellschaften" (vgl. Latour 2016a, S. 54; 2010, S. 121; Callon und Latour 2006). Ein Übersetzungsprozess verbindet daher nicht nur Akteure, bildet nicht nur neue Akteur-Netzwerke, beeinflusst nicht nur andere, sondern modifiziert auch die speziellen Eigenschaften der an der Assoziation beteiligten Akteure (vgl. Latour 2006a, S. 110).

Sie [die „alten" Soziologen] unterscheiden zwischen Menschen und Nichtmenschen. Ich unterstütze diese Tendenz nicht, sondern sehe nur Akteure – einige menschlich, einige nichtmenschlich, einige kompetent, einige inkompetent –, die ihre Eigenschaften austauschen (Latour 2006c, S. 246).

Latour verwendet häufig den Terminus „Eigenschaften" als Oberbegriff für die Fähigkeiten, Kompetenzen und Handlungspotenziale von Akteuren. Und auch hier ist es die Aufgabe der empirischen Untersuchung herauszufinden, welche Eigenschaften das genau sind und wie der Austausch vonstattengeht. Der „Austausch von Eigenschaften" bedeutet, dass durch einen Assoziations- oder Übersetzungsprozess jeder der daran beteiligten Akteure seine spezifischen Fähigkeiten und Kompetenzen dem neu entstehenden Kollektiv zur Verfügung stellt (vgl. auch Callon 2006b, S. 330). Dass Latour dieses Konzept als den wesentlichen Kern der ANT begreift, wird an der Definition des Kollektivbegriffs, der den der „Gesellschaft" ablösen soll, deutlich:

Im neuen Paradigma ersetzen wir das ausgediente Wort „Gesellschaft" durch den Begriff Kollektiv – worunter wir den Austausch menschlicher und nicht-menschlicher Eigenschaften innerhalb einer „Körperschaft" verstehen (Latour 2002, S. 236).

---

[10]In welchem Ausmaß und mit welchen Wirkungen ist eine empirische Frage.

Wie kann man sich den Austausch von Eigenschaften nun vorstellen? Latour (2002, S. 216 ff.) selbst bringt das einfache und nachvollziehbare Beispiel der „Bürger-Waffe". Dieses werde ich jetzt nicht vertiefen, sondern das Konzept – um endlich zum Thema dieses Beitrags zu kommen – an musikalischen Assoziationen plausibilisieren: Als Beispiel wähle ich den Akteur Gitarrist. In diesem Fall bildet der Akteur Musiker zusammen mit dem Akteur Gitarre eine Assoziation, einen neuen hybriden Akteur. In dieser neuen Assoziation Gitarrist haben der Musiker und die Gitarre ihre jeweiligen Eigenschaften ausgetauscht, modifiziert, erweitert und auch teilw. reduziert. Beide zusammen, und *nur* beide zusammen, sind nun in der Lage, „Gitarrenmusik" zu produzieren. Aufgabe einer empirischen Untersuchung wäre es zu bestimmen, welche Eigenschaften und Fähigkeiten das genau sind. Diese können hier nur angedeutet werden: Eine kleine, aber wesentliche Auswahl von Eigenschaften und Fähigkeiten, die der Musiker mitbringt (wie er zu denen gekommen ist, ist eine andere Geschichte), ist z. B. eine Gitarre so zu halten, sich und diese so zu positionieren, dass seine Hände die Gitarrensaiten drücken, zupfen, streichen können; er verfügt über ein bestimmtes Repertoire an Griffen, Akkorden, Liedern und Melodien; er hat zuvor auch schon geübt und Gitarre gespielt, sonst würde ich nicht Musiker sagen, sondern Anfänger oder Amateur. Die Gitarre (eine Akustik-Gitarre zum Beispiel) bringt u. a. diese Eigenschaften und Fähigkeiten mit: Ihre Form und ihr Körper haben eine Gestalt, die es ihr ermöglicht, mit anderen Körpern (von Musikern) eine Assoziation zu bilden, also gehalten oder getragen zu werden; sie verfügt über Saiten, die – im Zusammenspiel mit dem Resonanzkörper, über den sie darüber hinaus ausgestattet ist – Schallwellen aussenden können, sobald diese in Schwingung versetzt werden (was sie wiederum nicht ohne die Hilfe (Hände) anderer Akteure leisten kann).[11]

Beide Akteure (Musiker und Gitarre) sind bereits hybride Akteure, d. h. sie sind aus früheren Verbindungen hervorgegangene Assoziationen. Und beide Akteure haben im Laufe ihrer Transformationsgeschichte Formen angenommen, die zueinander „passen". Die Fähigkeiten des Musikers entsprechen den Fähigkeiten der Gitarre (deren Herstellung genau darauf ausgerichtet ist), und umgekehrt die der Gitarre denjenigen des Musikers (dessen Ausbildung exakt auf die Verbindung mit der Gitarre zugeschnitten ist). Zusammen werden sie nun zu einem „neuen" Akteur, der die vorhandenen Fähigkeiten kombiniert und

---

[11]Daniel und Hillebrandt bezeichnen diese Form der Verflechtung als „Körper-Ding-Assoziation" (vgl. den einleitenden Beitrag in diesem Band).

so „neue" Eigenschaften ausbildet: Gitarrenmusik (eine von mehreren Eigenschaften). Allerdings werden Eigenschaften bei einer Assoziation nicht einfach nur addiert. Einige der Fähigkeiten werden vielmehr rekonfiguriert: Sie werden in der neuen Assoziation transformiert und in veränderter Form neu angeordnet. Und andere Fähigkeiten, die die Akteure *vor* der Assoziation hatten, werden in Gestalt des neuen Akteur-Netzwerks blockiert oder verschwinden, zumindest für die Dauer der neuen Verbindungen und solange sich die Akteure nicht wieder aus den Assoziationen lösen. So kann ein Musiker, der auch über die Fähigkeit verfügt, Schlagzeug zu spielen, diese nicht anwenden, solange er eine Gitarre in den Armen hält. Dies wird erst wieder möglich, wenn die Assoziation mit der Gitarre aufgelöst und mit dem Schlagzeug gesucht wird. Ein Musiker, der die Eigenschaft besitzt, laufen zu können (zwei Beine), kann dies aber nicht, wenn er am Schlagzeug sitzt. Der Akteur Schlagzeuger (Musiker + Schlagzeug) verliert also diese Fähigkeit, während er andere bekommt bzw. ausbildet. Eine Gitarre anderseits kann evtl. auch über die Eigenschaft verfügen, als Ausstellungsstück in einem Museum oder Geschäft Aufsehen und Interesse zu erregen. Solange sie aber in der Assoziation Gitarrist Musik erschafft, steht sie für eine Ausstellung nicht zur Verfügung.

Eigenschaften können also im Rahmen von Übersetzungsprozessen erweitert, modifiziert, addiert, beibehalten oder blockiert werden. Zudem werden bestimmte, nachfolgende Möglichkeiten von Austauschprozessen sowohl ermöglicht als auch ausgeschlossen – ein Charakteristikum, das innerhalb der ANT kaum (und wenn doch, dann eher implizit) thematisiert wird (vgl. aber Latour 2006f, S. 524). Oder anders formuliert: Nicht alle Kombinationen von Eigenschaften sind möglich und beliebig umsetzbar. Um sich assoziieren zu können, müssen Akteure zumindest einige Fähigkeiten haben, die „kompatibel" sind oder durch Hinzuziehung weiterer Akteure kompatibel und damit assoziierbar gemacht wurden.

Wie sieht es nun mit einem Live-Pop-Konzert aus? Aus ANT-Perspektive müssen Pop-Konzerte, um sich überhaupt ereignen zu können, bestimmte Fähigkeiten und Eigenschaften kombinieren und hervorbringen und hierfür viele verschiedene hybride Akteure assoziiert und in einer spezifischen Art und Weise angeordnet werden. Zunächst aber müssen Widerstände und Gegenprogramme überwunden werden. Auch hier spielt der Austausch von Eigenschaften eine entscheidende Rolle. Ein Teil der Eigenschaften, die ein Akteur besitzt und die er im Laufe seiner Entwicklung ausgebildet hat (ja, ausbilden musste, um fortexistieren zu können), sind auf seine eigene Stabilisierung und Existenzsicherung ausgerichtet. Das bedeutet, Kräfte und Einwirkungen, die immer am Werk sind und den Akteur dissoziieren und in seine Bestandteile auflösen können, zu entschärfen oder abzublocken (vgl. Bark 2015, S. 158 f.). So entsteht durch die Kombination spezieller

Fähigkeiten eine temporär stabile Ordnung, wobei „temporär" bedeutet: von sehr
kurzen Zeiträumen wie Minuten über Stunden (Pop-Konzert) bis zu Jahrzehnten
(ein Auto, ein Unternehmen) oder gar Jahrhunderten (z. B. Pyramide, Imperien).

Ein Pop-Konzert muss also, um stattfinden zu können, alle möglichen und
potenziellen Widerstände und Gegenprogramme ausgeschaltet haben und auf
einen störungsfreien, reibungslosen Ablauf ausgerichtet sein. So dürfen beispielsweise auch die schlimmsten Wetterverhältnisse das Ereignis nicht stören (Überdachung, Windschutz). Weitere Widerstände (und Eigenschaften zu
ihrer Überwindung) wären beispielsweise: andere Veranstaltungen, die an dem
gleichen Ort und zur gleichen Zeit stattfinden möchten (zeitige Planung und
Zuschlag/Erlaubnis bekommen); ein aufgrund des erhöhten Energiebedarfs mög-
licher Stromausfall (eine gesicherte und ausreichende Stromversorgung); ein
undiszipliniertes Publikum, das die Bühne stürmt (Bühnenabsperrung, Sicherheitspersonal); unzufriedene Gäste, die schnell wieder weg und vielleicht sogar
ihr Geld zurück haben wollen (Sanitäreinrichtungen, Gastronomie, Anreise-
möglichkeiten, Parkplätze); gesundheitlich angeschlagene Künstler oder Bandmitglieder (Medikamente, Vitamine, Schonung der Gesangstimme) usw.

Obwohl ein Pop-Konzert ein lokales Ereignis ist und es sich hierbei im
herkömmlichen Verständnis um eine face-to-face-Situation handelt, sind die dort
stattfindenden Interaktionen als bereits vermittelte anzusehen, d. h. auch hier
gibt es kein rein „soziales" Miteinander (im „alten" Sinne), sondern nur hybride
Akteure und Ereignisse. Die musikalische Interaktion, auf die ich mich hier konzentriere (und den Aspekt „global-lokal-glokal" nicht behandeln werde), ist nur
mithilfe anderer, weiterer hybrider Akteure (sogenannte Mittler oder Delegierte)
möglich, die teils zwischen die Produzenten und Rezipienten treten, vermitteln
und übersetzen, teils diese überlagern und der Veranstaltung einen Rahmen
geben. Bei einem aktuellen mittleren bis großen Pop-Konzert wird beispielsweise
kaum ein von den musizierenden Künstlern produzierter Ton ohne Übersetzung
und ungefiltert die Ohren der Rezipienten erreichen. Alle von den Musikern und
Instrumenten erzeugten Geräusche, Signale und Schallwellen gelangen erst über
einen Umweg und über mehrere vermittelnde Akteure (Mischpult, Tontechniker,
Filter-, Verstärker- und Soundsysteme, Lautsprecher) zu dem Publikum. Ohne
diese Übersetzungsprozesse wäre die so gespielte Musik für die (weiter ent-
fernten) Gäste erst gar nicht hörbar. In großen Stadien muss der Blick auf die
Bühne sogar mit Live-Bild-Übertragungen und riesigen Leinwänden ermöglicht
werden, da die Protagonisten sonst kaum zu sehen wären. An dem Beispiel eines

großen Events wird sehr schön deutlich, dass eine musikalische face-to-face-Interaktion nicht nur mit nicht-menschlichen Akteuren ergänzt wurde, sondern dass diese Interaktionsform gar nicht ohne Vermittler stattfinden könnte.

Die hier genannten Beispiele decken allerdings nur einen kleinen Bruchteil der Eigenschaften und Fähigkeiten ab, die für die Emergenz des Akteurs Pop-Konzert notwendig sind. Für die musikalische Darbietung und die entsprechende Rezeption und Teilnahme des Publikums muss ein enormer Assoziationsaufwand betrieben werden. Die vorher verstreuten und einzelnen Musiker und Instrumente müssen mithilfe vermittelnder Akteure zu *einem* Akteur werden, um ein Lied nach dem anderen hervorzubringen und die vorher verstreuten und einzelnen Gäste müssen zu *einem* Publikum werden, wenn das Konzert gelingen soll. Alles muss aufeinander abgestimmt sein und die vielen verschiedenen Fähigkeiten der beteiligten Akteure ineinandergreifen. Ein Pop-Konzert (wie jedes andere Ereignis auch) kann also nur aufgrund von Übersetzungsarbeiten entstehen, innerhalb derer Eigenschaften entsprechend ausgetauscht und modifiziert wurden. Einer an der ANT orientierten Forschung kommt es – ich wiederhole hier zusammenfassend das Kapitel – nicht nur darauf an, den Gegenstandsbereich der Soziologie um die unzähligen nicht-menschlichen Akteure zu erweitern, sondern auch die ein Ereignis konstituierenden Übersetzungsaktivitäten *und* die damit einhergehenden Austauschprozesse der mannigfachen Eigenschaften und Fähigkeiten, die einen (entscheidenden) Anteil an der untersuchten Situation haben, herauszuarbeiten und zu beschreiben. Ein Teil dieser Assemblage konnte hier nur angedeutet werden.

3   ...zu stabilen und dauerhaften Musik-Netzwerken

Welche Bedingungen gegeben sein müssen, um dauerhafte, stabile und sich über die „lokale" musikalische Interaktion ausdehnende Verhältnisse zu etablieren, soll Thema des folgenden Kapitels sein. Zunächst wird, von der Begrenztheit hybrider Akteure ausgehend, das auf Referenzketten basierende performative Modell rekonstruiert, um dann in Bezug zu möglichen musikalischen Verbreitungsmechanismen die für die Existenzsicherung notwendigen Transformationsprozesse aufzuzeigen. Anschließend wird anhand zweier hybrider Akteure (Speichermedien und Lautsprecher) verdeutlicht, wie musikalische Interaktionen über die kurze Dauer eines situativen Ereignisses hinaus stabilisiert werden und sich (Pop-)Musik zu einem gesamtgesellschaftlichen Phänomen entwickeln kann.

3.1 Die Existenzsicherung begrenzter Akteure mittels Referenzketten und Transformation: Von der Produktion zur Rezeption von Pop-Musik

Ein weiterer zentraler Ansatz der ANT ist das Konzept der begrenzten Reichweite. Die Reichweite eines Akteurs, d. h. die Einflussmöglichkeit, die ein Akteur auf andere und die umgebende Welt hat, ist immer begrenzt (vgl. Callon und Latour 2006; Kneer 2009, S. 22). Akteure haben, wie oben beschrieben, bestimmte Fähigkeiten und Eigenschaften, die sich aus der Gesamtsumme und den Konfigurationen aller assoziierten Akteure ergeben und die ganz spezifische (und nur diese) Kontakt- und Einflussmöglichkeiten erlauben. Über die gegebenen Fähigkeiten hinausgehende Einwirkungsversuche sind nicht möglich, es sei denn, es werden neue Fähigkeiten erworben. Und das ist wiederum nur durch den Austausch von Eigenschaften (kurz: Assoziationen) mit weiteren Akteuren möglich. Die Stimme eines Sängers – um ein Bespiel von vorhin aufzugreifen – ist bezüglich seiner Lautstärke und Reichweite begrenzt. Um eine größere Reichweite zu erhalten (weil ein Stadion voll von Zuhörern beschallt werden soll), müssen die Fähigkeiten anderer Akteure (Übertragungstechnik, Mikrofon, Lautsprecher) hinzukommen. Und auch diese neue Eigenschaft des neuen Akteurs (Sänger + Übertragungstechnik im Stadion) ist zunächst auf dieses Ereignis begrenzt. Soll die Stimme noch weiter ausgedehnt werden (auf eine ganze „Gesellschaft" möglicherweise), müssen wieder weitere Akteure assoziiert werden. Aber auch jeder andere beliebige Akteur kann als Beispiel für die Begrenztheit herangezogen werden: Ein Stuhl erhöht seine Fähigkeiten, wenn er zusammenklappbar, drehbar oder auch mit ergonomischer, beweglicher Rückenlehne oder mit Armlehnen, Rollen etc. ausgestattet wird. Der Begrenztheit der menschlichen Augen wird mit Brillen, Kontaktlinsen, Fernrohren oder Mikroskopen begegnet. Mit entsprechenden „Apps" und anderen Neuerungen können Telefone mobil Videos übertragen, Fotos gemacht, Navigationsleistungen erbracht, Taschenlampenlicht erzeugt, Interaktionen über weite Entfernungen hinweg ermöglicht werden.

Sowohl die einem Akteur zugehörigen Einflussmöglichkeiten als auch deren Begrenztheit werden durch die Eigenschaften bestimmt, über die der Akteur in einer gegebenen Situation und Konfiguration verfügt (vgl. Latour 2006f, S. 524). Da kein Akteur an die Stelle eines anderen Akteurs treten und diesen einfach ersetzen kann (aus dem einfachen Grund, dass die maximale Anzahl an Eigenschaften pro Akteur limitiert ist), müssen neue Assoziationen und Kollaborationen entstehen, um die jeweilige Reichweitenbegrenzung zu verschieben und den

Aktionsradius zu erweitern. Durch eine fortschreitende Bildung solcher Verbindungen entstehen Übersetzungs- oder Referenzketten, die allerdings auch nur als dynamische und sich bewegende, nicht als statische Beziehungsgeflechte aufgefasst werden dürfen. Ohne diese Ketten sind Fernwirkungen, Dauerhaftigkeit und ein gewisses Maß an Stabilität nicht zu erreichen. An dieser Stelle ist die Berücksichtigung der sogenannten nicht-menschlichen Elemente bei der Bildung stabiler Referenzketten von entscheidender Bedeutung und eine der Innovationen und der Mehrwert des Akteur-Netzwerk-Konzepts (vgl. Latour 2010, S. 109 ff.; Laux 2017). Die ANT behauptet dabei nicht, dass Beziehungen automatisch stabiler und dauerhafter werden, sobald nicht-menschliche Akteure die Kollektive erweitern. Es kommt vielmehr (auch) auf die Art der Verbindung, die spezifischen Bewegungen der Assoziationen von hybriden Akteuren an (vgl. hierzu Latour 2006b, d). Dennoch ist die volle Berücksichtigung des materiellen, nicht-menschlichen und technischen Anteils immer notwendig, um Dauerhaftigkeit und Fernwirkungen beschreiben und erklären zu können.

Mit diesem Argument formuliert die ANT den Hauptkritikpunkt gegenüber der „bisherigen" Soziologie: Werte, Normen, Regeln, Kommunikations- und Interaktionssysteme reichen allein nicht aus, um relativ dauerhafte Ordnungen und stabile Beziehungen zu etablieren. Hinzukommen müssen „erhärtende" und „festigende" Elemente, die über die kurze Dauer einer Interaktionsbeziehung hinaus wirksam bleiben (vgl. Latour 2010, S. 116 f.; 2006e, f). Aber auch hier gilt es zu berücksichtigen (ich wiederhole mich), dass es nicht zwei getrennte Bereiche gibt (menschlich und nicht-menschlich), die bei einer soziologischen Untersuchung gegenübergestellt und deren soziale Einflüsse und Effekte aufgezählt und aufaddiert werden, sondern bei jeder gegebenen Situation und jedem gegebenen Akteur immer ein Mischungsverhältnis, also immer Hybridität vorzufinden ist. Ob dabei der sogenannte menschliche Anteil (z. B. die Norm, nicht die Konzertbühne zu betreten) oder aber der nicht-menschliche (z. B. Absperrgitter) stärkere oder schwächere Wirkungen in einer Situation entfaltet, bleibt der empirischen Analyse überlassen. Die ANT verlangt „lediglich" die Berücksichtigung hybrider Konstellationen – nicht die Annahme, dass Dinge und Technik automatisch wirkmächtiger seien als von Menschen erstellte Vorschriften.

Referenzketten bestehen also aus hybriden Akteuren, deren Eigenschaften und Fähigkeiten aufeinander abgestimmt wurden und wie Zahnräder ineinandergreifen und sich gegenseitig antreiben. Dieses (sehr vereinfachende) Bild von ineinandergreifenden Zahnrädern soll hier nur das grobe Prinzip veranschaulichen. In Wirklichkeit ist eine Referenzkette viel komplexer, da jeder Akteur mehr und andere Eigenschaften besitzt und damit mehr und mannigfache Handlungs- und Anschlussoptionen hat, als das Zahnradbeispiel (verbinden oder nicht) suggerieren könnte. Entscheidend ist aber dennoch, dass jeder Akteur den nächsten in der Kette „antreibt" oder in ANT-Terminologie: übersetzt.

Bevor ich auf (pop-)musikalische Referenzketten eingehe, möchte ich zum besseren Verständnis kurz ein Beispiel aus dem militärischen Bereich heranziehen. Aufgrund der dort herrschenden straffen Hierarchien ist diese Kollektivform besonders gut geeignet, um die Perspektive des Akteur-Netzwerk-Ansatzes zu plausibilisieren.[12] Ein General befiehlt einen Sturmangriff und Soldaten stürmen eine Anhöhe. Der General hat aber nichts anderes getan, als dem nächsten in der Hierarchie diesen Befehl zu erteilen. Damit ist sein Part für den Augenblick und nur für diesen Angriffsbefehl vorbei. Die nächsten Akteure in der Kette müssen, wenn am Ende ein tatsächlicher Angriff rauskommen soll, nach und nach handeln und den Befehl weiterreichen. Die Möglichkeiten des Generals sind – wie auch die Einflussoptionen aller an der Spitze einer Hierarchie stehenden Akteure (Staatsoberhaupt, Unternehmensführung etc.) – auf die ihn umgebenden und direkt erreichbaren Akteure begrenzt. So sind immer viele hybride Akteure in der Kette nötig, darunter auch nicht-menschliche (wie Funkgeräte; Uniformen; Waffen, Computer, geografische Karten), um Wirkungen entfalten zu können. Gibt es entlang der Kette eine Unterbrechung, z. B. wenn eine Funkverbindung ausfällt, dann kann der Befehl (zunächst) nicht ausgeführt werden.[13]

Die Betrachtung von Referenzketten ist für die Untersuchung von (pop-)musikalischen Interaktionen von enormer Bedeutung. Musik ist nicht einfach da und überall, sondern zirkuliert in bestimmten Bahnen, muss an bestimmten und konkreten Orten materialisiert werden. Soll also die musikalische Reichweite über „lokale" Interaktionen hinaus erhöht werden, sind viele weitere Akteure und die Etablierung von Referenzketten notwendig. Eine dieser Ketten könnte so skizziert werden: „Band – Tonstudio – musikalisches und technisches Equipment (Musikinstrumente, Mikrofone, Mischpulte, Computer, Bearbeitungssoftware etc.) – Techniker, Manager, Tonstudio-Mitarbeiterinnen – Blanko-CD-Rohlinge – Disc-Brenner (Lasertechnologie) – Cover – Massenfertigung – logistische Verteilung (Lagerung, Pakete, Post etc.) – Onlinebestellung – Briefkasten – Musikanlage (CD-Player – Kabel – Boxen)".[14]

---

[12]Dies ist auch der Hauptgrund, warum die frühen Studien der ANT oft solche Beispiele und Phänomene für die Untersuchung gewählt haben.

[13]Der mögliche Ausfall eines Funkgeräts ist übrigens ein gutes Beispiel dafür, dass „menschliche" Verbindungen auch in bestimmten Situationen stabiler sein können als „technische".

[14]Ich greife hier auf ein eigenes Beispiel zurück (vgl. Bark 2015, S. 156).

Obwohl auch Live-Konzerte aufgenommen, mitgeschnitten und bearbeitet werden, ist der zurzeit „normale" Weg für die Produktion von Musik die Aufnahme im Tonstudio (was inzwischen auch mit dem entsprechenden Equipment zu Hause möglich wäre). Dort wird die Musik eingespielt, hergestellt und produziert und wird dann entlang vieler Referenzketten – z. B. über Plattenfirmen, Vertrieb, CD, Streaming, Radio etc. – bis an die Zielorte transportiert. Dies betrifft nicht nur die Lieder im Speziellen, sondern auch andere zum popmusikalischen Feld beitragende Akteure, wie Eintrittskarten, Internetpräsenz von Bands oder Fanclubs, Musikanlagen, Instrumentenbau- und vertrieb, Musik- und Instrumentenunterricht in der Schule oder im privaten Bereich, Musikshows im Fernsehen, Videoclips, Streamingdienste, computerisierte Musikplayer, die Musik betreffende Inhalte in den Massenmedien, Besprechungen oder Rezensionen neu herausgegebener Alben/Singles, Preisverleihungen usw.

Entscheidend ist aber nun nicht nur, die diversen musikgenerierenden und -ausdehnenden Referenzketten mit ihren mannigfachen hybriden Akteuren in den Blick zu nehmen, sondern auch die Veränderungen und Transformationen zu registrieren, die innerhalb der Ketten – von einem Glied zum nächsten, von einem Akteur zum folgenden – auftreten (müssen). So wie ein militärischer Befehl Veränderungen von „oben" bis „unten" durchmacht, er durch viele Hände und Funkgeräte geht, mal verschriftlicht und mal gebrüllt, so müssen auch alle anderen Entitäten, die sich vergrößern, ausdehnen oder auch nur fortexistieren „wollen", kontinuierlich transformiert werden. Dieses Argument wird im „performativen Modell" entfaltet und zusammengefasst (vgl. Latour 2006b, S. 205 f.; 2006e) und schließt direkt an die Prämissen des Eigenschaftenaustauschs und der Akteurbegrenztheit an. Da Akteure 1) über bestimmte, aber limitierte Fähigkeiten verfügen und 2) nur auf Akteure einwirken können, die sich aufgrund ihrer Fähigkeiten und Eigenschaften direkt erreichen lassen, also im „Nahbereich" liegen, lässt sich ein „Token" – d. h. ein Akteur, der von a nach b transportiert werden soll – nur dann übermitteln, wenn dieser den spezifischen Eigenschaften der an der Kette aufgereihten oder aufzureihenden Akteure angepasst, verändert und in eine neue Form gebracht wird. Sehr anschaulich und verständlich ist das Beispiel Latours (2010, S. 382 ff.) für eine demokratische Wahl, innerhalb derer in einer ganz spezifischen Referenzkette eine einzelne Stimmabgabe mehrere Transformationen durchläuft: vom Kreuz auf dem Stimmzettel in der Wahlkabine bis zum endgültigen aufsummierten Wahlergebnis im eingeblendeten Diagramm im TV-Gerät.[15]

---

[15]Für eine instruktive und sehr anschauliche Rekonstruktion einer Referenzkette vgl. auch Latour (1996, S. 191 ff.).

Ein im Tonstudio eingespielter und aufgenommener Song kann nicht in dieser Form unmittelbar den Rezipienten zur Verfügung gestellt werden. Auch der Song muss seine Form kontinuierlich ändern (mittels Austausch von Eigenschaften), um vom einen Glied der Kette zum nächsten transportiert werden zu können. Aus der ursprünglich aufgenommenen Original-Datei wird eine bearbeitete und abgemischte Version, dann zu einer sogenannten Wav-Datei auf einer Audio-CD und zu Funkwellen für die Radioübertragung, evtl. zu einer downloadbaren mp3-Version oder einem Audiostream, schließlich zu elektrischen Signalen und Schallwellenmustern. Welchen Weg auch immer ein Musikstück nehmen wird: Um einen Weg überhaupt nehmen zu können, müssen Transformationsleistungen erbracht werden. Information ist Transformation und sowohl die Existenzsicherung eines Akteurs als auch die Möglichkeit, sich auszudehnen oder sich zu vergrößern, ist nur durch einen Wandel seiner Form möglich. Und alle Akteure in der Kette tragen auf ihre eigene Weise – die mal mehr, mal weniger relevant, aber stets notwendig und immer auch begrenzt ist – dazu bei.

3.2 Die Ausbreitung und Dauerhaftigkeit popmusikalischer Interaktionen in Raum und Zeit: Von Speichermedien und Lautsprechern

Aus einer grundlagentheoretischen Perspektive der ANT konnte sich Musik im Allgemeinen und Pop im Besonderen im größeren Maßstab nur dann ausbreiten und zu einer massenhaften Erscheinungsform werden, weil entsprechend viele, relativ stabile und musiktransportierende Übersetzungsketten etabliert wurden, deren Glieder mittels spezieller Eigenschaften und Fähigkeiten ineinandergreifen und aufgrund ihrer hybriden Konfiguration eine gewisse Dauerhaftigkeit und Festigkeit musikgenerierender Beziehungen garantieren. Unmittelbar verknüpft mit der Ausdehnung und der Dauerhaftigkeit von Netzwerken sind die Dimensionen Raum und Zeit. Anders formuliert: Phänomene und Akteure müssen, um fortexistieren und expandieren zu können, Eigenschaften annehmen und Fähigkeiten ausbilden (bzw. solche Akteure „rekrutieren", die diese Merkmale bereits aufweisen), welche die relativ kurze Dauer und räumliche Begrenztheit eines situativen Ereignisses überwinden können.

Bei der Betrachtung von pop-musikalischen Netzwerken scheinen mir insbesondere zwei Akteure – unter raumzeitlichen Gesichtspunkten und angesichts der knapp bemessenen Möglichkeiten in diesem Beitrag – von besonderer Relevanz zu sein: Speichermedien und Lautsprecher. Obwohl auch viele andere musikverteilende Akteure existenziell für die Produktion und Rezeption von Popmusik sind und bei einer Analyse hinreichend berücksichtigt werden müssten, sind es primär (nicht ausschließlich) diese beiden Akteure, die über die Eigenschaften verfügen, musikalischen Interaktionen ein gewisses Maß an Dauerhaftigkeit und Universalität zu verleihen.

An dieser Stelle wird ein forschungspraktisches Problem der ANT sichtbar, das sich aufgrund der Symmetrie-Prinzipien und der theoretischen Enthaltsamkeit, a-priori-Präferenzen vorzunehmen (vgl. Callon und Latour 1992), ergibt: Welche Akteure sind wichtiger? Welche Assoziationen sollen einer eingehenderen Analyse unterzogen werden? Da alle oder zumindest die meisten Akteure in einer Assoziation oder Referenzkette relevant und mal mehr, mal weniger existenziell sind (sonst wären diese nicht Teil der Assoziation und müssten nicht übersetzt werden), stehen die Forschenden vor einem eigentlich unlösbaren Auswahlproblem. Und hierfür gibt es im Grunde keine endgültige Lösung. Die ANT erhebt deshalb explizit nicht den Anspruch, ein soziales Phänomen erschöpfend und umfassend untersuchen zu können. Da sie der Komplexität sozialer Gegebenheiten – so gut es eben geht und annäherungsweise – gerecht werden möchte, verzichtet der Akteur-Netzwerk-Ansatz auf umfängliche und abschließende Erklärungsangebote und „beschränkt" seine Forschungsziele i. d. R. auf dichte und detaillierte Beschreibungen von Teilbereichen der zu erforschenden Ereignisse und Akteur-Netzwerke.[16] Entscheidend für einen „guten" ANT-Bericht (bzw. eine „gute" akteur-netzwerk-theoretische Untersuchung) ist dann weniger die getroffene Auswahl der fokussierten Akteure, sondern eine größtmögliche Berücksichtigung und Rekonstruktion der hybriden netzwerkgenerierenden und -stabilisierenden Bewegungen; und hier gilt zwar: je mehr, desto besser, aber Qualität (die Herausarbeitung der ineinandergreifenden und assoziations- und kettenbildenden Eigenschaften) ist stets wichtiger als Quantität (eine umfangreiche Auflistung unzähliger beteiligter Akteure).

Um den Forschungszugang und die notwendige Auswahl von in den Blick zu nehmenden Akteuren und ihren Übersetzungsströmen ein wenig zu erleichtern, aber ohne damit eine Degradierung oder Nicht-Beachtung anderer Akteure zu fordern (hier geht es „lediglich" um eine Art der Priorisierung), möchte ich einen anderen, oder besser, einen zusätzlichen Weg vorschlagen und versuchen: Zunächst ist die Erstellung einer Liste von (potenziell) beteiligten Akteuren weiterhin sinnvoll und notwendig (vgl. Stäheli 2011). Der Fokus sollte dabei aber eher auf die einzelnen Eigenschaften und Fähigkeiten, weniger auf die Gestalt der Akteure gerichtet werden. Anschließend könnten die Eigenschaften auf ihre (prinzipielle) Ersetzbarkeit oder Entbehrlichkeit hin untersucht und abgeglichen

---

[16]Vgl. hierzu Latours (2010, S. 244 ff.) aufschlussreichen Dialog mit einem Studenten.

werden. Im vorläufigen Ergebnis dieses Abgleichs stünde eine hierarchisierte
Liste von Eigenschaften (und den damit verbundenen Akteuren), die auf einer
kontinuierlichen Skala von (am wenigsten) alternativlos/ersetzbar bis (am ehesten) entbehrlich/abkömmlich angeordnet werden, jeweils für eine bestimmte
Situation in Bezug zu einer konkreten Fragestellung.[17] Wenn ich konkret die
Ausdehnung und Stabilisierung musikalischer Interaktion unter raumzeitlichen
Bedingungen betrachte und die Eigenschaften beteiligter Akteure abgleiche
(was hier nur oberflächlich, nicht erschöpfend und nur zwecks Plausibilisierung
geschieht), dann sind am wenigsten alternativlos: 1) Akteure, die ein aus vielen
anderen Akteuren fertiggestelltes Lied eine in gewissem Maße unveränderliche
Form geben und speichern (Speichermedien) und 2) Akteure, die am Ende einer
Referenzkette den Rezipienten das Hören der Musik ermöglichen (Lautsprecher).

Speichermedien: Wie oben beschrieben ist die Fortexistenz eines Akteurs
abhängig von entsprechenden Transformationsleistungen. Dabei „durchläuft" der
Akteur diverse Hybridformen, von denen – je nach Zusammensetzung – einige
stabiler und dauerhafter sind als andere. Verfolgt man den Weg eines beliebigen
Musikstücks, so lässt sich ein sukzessiver Wandel der Form feststellen, die ein
Stück zu einem bestimmten Zeitpunkt an einem bestimmten Ort einnimmt
(Schallwellenmuster; elektrische Signale; eine CD, Kassette oder Schallplatte;
Einsen und Nullen einer digitalen Datei; Linien, Noten und Text auf Papier etc.).

Entscheidend für die Stabilisierung und Dauerhaftigkeit, d. h. für die zeitliche Ausdehnung eines Liedes, ist die Möglichkeit (besser: die Fähigkeit) einer
relativ exakten Wiederholung, die erst dann möglich wird, wenn einige der sich
notwendigerweise transformierenden Eigenschaften konstant gehalten werden können. Diese besondere Konfiguration von Akteuren ist ein besonderer
Typ der sogenannten „unveränderlich mobilen Elemente" (vgl. Latour 2006d;
Law 1986).[18] Hierbei handelt es sich im Grunde um eine Referenzkette, die
im Laufe ihrer Transformationsgeschichte eine Gestalt angenommen hat, die
es einem bestimmten Akteur (hier: ein Musikstück) ermöglicht, der Gleiche zu
bleiben ohne der Selbe zu sein. Die hybride Zusammensetzung, die Ressourcen
und Materialien ändern sich, aber partielle Eigenschaften des Akteurs bleiben
erhalten. Einen entscheidenden Anteil an der Ausdehnung von Musikstücken

---

[17]Das sollte allerdings dann im Forschungsprozess noch überprüft werden.

[18]Latour konzentriert sich eher auf Inskriptionen und solche Elemente, die visuell erfasst
werden können. Ohne dies hier abschließend beurteilen zu wollen, soll zumindest fest-
gehalten werden, dass auditive (und andere Sinne betreffende) Akteure daher eine unter-
geordnete und vernachlässigte Rolle spielen.

haben sogenannte Speichermedien, da diese eine gewisse Festigkeit und Dauerhaftigkeit in die Assoziation mit dem bis dahin eher „flüchtigen" Lied einbringen. Ist ein Song erst einmal mit einer Schallplatte, Kassette, CD oder Computerfestplatte verbunden, sind zu jedem Zeitpunkt exakte Duplikate, einfachere Transporte und getreue Wiederholungen möglich – *unabhängig* von den ursprünglichen Musikproduzenten (vgl. hierzu Latour 2006f, S. 509). Und solange die Materialien der Speichermedien halten (und natürlich auch ein Interesse der Rezipienten vorhanden ist), können diese bei Bedarf genutzt und abgespielt werden. Speichermedien – genauer: die aus einer hybriden Konstellation hervorgehende Eigenschaft, bestimmte Klang- und Sprachmuster (in Form von z. B. Einsen und Nullen) zu speichern – verleiht Musikstücken eine Stabilität und Dauerhaftigkeit, mithilfe derer temporäre musikalische Interaktionen in der Zeitdimension ausgedehnt werden können.

Lautsprecher: Während es für Speichermedien noch ein paar (notdürftige) Alternativen gäbe (Inskriptionen, d. h. z. B. Notenblätter oder ein musikalisch geübtes „menschliches" Gedächtnis), um eine, eher dürftige, zeitliche Ausdehnung zu ermöglichen, ist einer der wenigen nicht austauschbaren Akteure: der Schallwandler. Der hybride Akteur Schallwandler verfügt, kurz gesagt, über die Fähigkeit, elektrische in akustische Signale zu übertragen (und umgekehrt). Hier gibt es verschiedene Ausprägungen: einmal für die Produktion (z. B. Mikrofon) und einmal für die Rezeption (Lautsprecher). Für die Ausdehnung von musikalischen Netzwerken sind Lautsprecher(-systeme) unverzichtbar, da nur diese Akteure in der Lage sind, mit dem menschlichen Ohr eine Assoziation zu bilden, indem spezifische Schallwellenmuster produziert (die transformierte Musik) und den potenziellen Rezipienten angeboten werden. Lautsprecher sind der unentbehrliche Akteur, der obligatorische Passagepunkt, durch den jedwede Musik gehen muss, um sich im Raum auszudehnen. Nur über diesen hybriden Akteur wird musikalische Interaktion über die begrenzte Produktionsstätte hinaus hör- und erfahrbar. Das bedeutet auch, dass Musik (egal welches Genre) im Grunde „nur" an solchen „gesellschaftlichen" Orten sein kann, an denen Lautsprecher aufgestellt sind. Man zähle die Lautsprecher, die sich in der eigenen Wohnung befinden; oder man denke an das Auto, den Fahrstuhl, den Supermarkt, Schützen- oder Stadtfeste; an Smartphones, mp3-Player, Tablets, Smartwatch; an die vielen verschiedenen Arten von Kopfhörern (als mobile Lautsprechersysteme).

Die primäre Relevanz des Lautsprechers wird noch deutlicher, wenn gedankenexperimentell verschiedene Szenarien mit diversen Akteuren durchgespielt werden: Auf ein Speichermedium könnte notfalls verzichtet werden, um Musik in der räumlichen Dimension von einem Ort zu einem anderen zu transportieren, so z. B. frühere Radioübertragungen, bei denen die Musik live in einem speziellen Studio ein- und vorgespielt wurde und von allen Radiogeräten abgespielt werden konnte. Umgekehrt kann aber kaum auf Lautsprecher verzichtet werden, solange Musik ein gesamtgesellschaftliches Massenphänomen bleiben „will" und dieser Verlust nur durch eine exponentielle Vervielfachung von kleineren (weil lautsprecherlosen) Konzerten und Live-Events (mit notwendigen Massenwanderungen von Produzenten und Rezipienten) kompensiert werden könnte. Solange also keine andere Möglichkeit ge- oder erfunden wird, Musik direkt – quasi am Ohr vorbei – in das „menschliche" Gehirn zu leiten, solange bleiben Lautsprecher, genauer: die Eigenschaft, elektrische Signale in akustische umzuwandeln, zwar nicht der einzige, aber immer der am wenigsten entbehrliche Akteur in musikalischen Netzwerken.

Die bisherigen Ausführungen zusammenfassend lautet eine vorläufige und empirisch noch zu überprüfende Schlussfolgerung: Die Popularisierung und Universalisierung von (Pop-)Musik verdankt sich – auf einer basalen soziotechnischen Ebene – neben der Ausbreitung von musikalischen Referenzketten vor allem der massenhaften Verwendung von Lautsprechern und der Möglichkeit der Speicherung von Musikproduktionen.

4   Schluss: Wie der Austausch von Fähigkeiten und performative Transformationsketten die Welt verändern können

Abschließend möchte ich die Relevanz der in diesem Beitrag vorgestellten Konzepte und Modelle der ANT für den soziologischen Forschungsprozess und für die Erklärung sozialer Phänomene diskutieren. Die Wichtigkeit des Konzepts „Austausch von Eigenschaften" für die Untersuchung sozialer Phänomene wird immer wieder (mal explizit, mal implizit) von Latour hervorgehoben. Dieses Modell erlaubt es, Wandel, Fortschritt und kleine, aber einflussreiche Innovationen zurückzuverfolgen, ohne dabei auf „geniale Denker", „epochale Umbrüche" oder „revolutionäre Schübe" verweisen zu müssen. Soziale Entwicklungen können dann nicht mehr mit schwer fassbaren und kaum adäquat operationalisierbaren Phänomenen und Begriffen wie Industrialisierung, Automatisierung oder Globalisierung erklärt werden, sondern werden zurückgeführt auf ganz konkrete Situationen und Ereignisse, in denen hybride Akteure durch den Austausch ihrer Fähigkeiten neuartige Assoziationen und Kompetenzen hervorbringen.

Und sofern diese sich verbreiten und ausdehnen, wird der Einfluss der dazugehörigen Eigenschaften größer und kann in einigen Fällen sogar nach und nach – selten von einen Tag auf den anderen – ganze „Gesellschaften" revolutionieren, oder vorsichtiger formuliert, modifizieren (vgl. Latour 1988 und 2006a, wie „Pasteur" ganz „Frankreich" verändert hat). Latour (2006f, S. 499 f.) selbst hat das Beispiel des Films *2001 – Odyssee im Weltraum* herangezogen, um sich „technischen" Phänomenen zu nähern und zu definieren. Allerdings hat er es unterlassen (warum auch immer), in diesem fiktiven Fall auf die interessantesten Einsichten hinzuweisen: Durch die Assoziation (Austausch von Eigenschaften) des „Frühmenschen" mit einem Knochen entstand die neuartige Fähigkeit, physische Gewalt „besser" und nachhaltiger auszuüben. Musste vorher noch jede Machtbeziehung immer wieder neu ausgehandelt und erkämpft werden, ermöglichte der neue Akteur „Frühmensch-Knochen" asymmetrische Beziehungen, die ein klein wenig dauerhafter und stabiler waren. Interessant an dieser Filmszene (und geradezu zugeschnitten auf die hier behandelten Kernelemente der ANT) ist auch, wie diese kleine Innovation aus einer vegetarischen Gruppe, in der sich Tiere frei und sicher bewegen konnten, ein Tiere jagendes und Fleisch verzehrendes Kollektiv macht. Auf musikalische Phänomene bezogen: Eine musizierende und musikhörende Gesellschaft ist (besser: wäre) eine andere als eine unmusikalische; eine Klassik und Jazz hörende Gesellschaft eine andere als eine, die (auch) Pop- und Rockmusik hört. Vergleicht man beispielsweise die Produktion und Rezeption von klassischer mit Popmusik, werden (eher kleine) Unterschiede deutlich, die aber in der Summe andere Kollektivformen hervorbringen, die wiederum daran anschließende Handlungsoptionen prägen können. Auf der einen Seite Bewegungsarmut, Konzentration, Perfektion, auf der anderen Seite extreme Bewegung, Tanz, Nachahmung. Durch die massenhafte Verteilung von Lautsprechersystemen ist Musik zu einem (fast) immer verfügbaren Akteur geworden. So ist z. B. kaum ein Auto nicht mit einem Radio oder professionelleren Musikanlage ausgestattet. Die Möglichkeit, während der Autofahrt Musik zu hören, kann das Fahrerlebnis und auch das Fahrverhalten entscheidend beeinflussen und ändern (mal gut, mal schlecht). Es vergeht kaum ein Tag, an dem keine Konzerte, Events, Festivals, Musicals etc. besucht werden (können). Fast jeden Tag, aber mindestens an jedem Wochenende, „wandern" Akteure in Massen herum, nur um an musikalischen Interaktionsformen teilnehmen zu können. Das prägt natürlich auch das „Freizeitverhalten", das ohne Popularisierung von Musik ganz anders aussehen würde. Es ließen sich noch mehr Punkte aufzählen, aber ich möchte es hierbei belassen. Es sollte deutlich geworden sein, dass selbst nur kleine, unscheinbare Innovationen neue Eigenschaften und Veränderungen, sofern sie eine entsprechende Ausdehnung und Verteilung erfahren, gewaltige Unterschiede von Kollektivformen zur Folge haben können.

Während die Untersuchung des Eigenschaften-Austauschs Innovationen, Wandel und Entwicklung in den Fokus rückt (zugleich aber durch ordnende und

akteurbildende Prozesse begleitet werden), ermöglicht die Berücksichtigung einer
performativen Bildung von Referenzketten die Stabilisierung, Dauerhaftigkeit
und Ordnungen hybrider Kollektive nachzuzeichnen (die umgekehrt durch über-
setzende Bewegungen und Transformationen arrangiert werden). Hierdurch wird
die Beschreibung von Phänomenen und Ereignissen vollständiger und gesättigter.
Die Existenzsicherung eines Akteurs wird immer durch (eine zumindest partielle)
Transformation „erkauft", eine dauerhafte Ausdehnung oder gar eine gesamtgesellschaftliche Relevanz und Wichtigkeit durch eine über hybride Referenzketten
zirkulierende Interaktionsstabilisierung erreicht. Auch hier gilt: Eine Gesellschaft,
die nur Live-Musik kennt, wäre eine andere als eine radiohörende Gesellschaft;
eine nur radiohörende eine andere als eine, die Schallplatten, Audiokassetten, CDs
oder mp3s sammelt und die sich wiederum von einer überwiegend musikstreamen-
den unterscheidet. Ein Kollektiv wäre ein anderes ohne große und leistungsfähige
Lautsprecher und dieses ein anderes als eines mit kleinen mobilen Lautsprechern,
die man als Kopfhörer fast überall mit hinnehmen kann.

Das Problem einer solchen Untersuchungsperspektive besteht sicherlich
darin, die Effekte, die neuartige Fähigkeiten und Innovationen im musikalischen Bereich auf größere Kollektive ausüben, zu isolieren oder aber auch zu
überhöhen, da in einem zu untersuchenden Zeitraum auch unzählige andere Entwicklungen und andere weitreichende Übersetzungsprozesse stattfinden und
ebenso Wirkungen auf die Kollektive entfalten können (z. B. Auto-fahrende,
Flugzeug-fliegende, digitalisierende Gesellschaften).[19] Der einzig gangbare Weg
für die ANT, um nicht in die gleiche „Falle" zu laufen wie viele soziologische
Zeit- und Gesellschaftsdiagnosen, in dem diese die Dominanz eines sozialen oder
gesellschaftlichen Merkmals auf Kosten anderer überproportional erhöhen, ist
(weiterhin) „bescheiden" zu bleiben, wenn es um soziologische Erklärungen geht.
Aufgrund der Komplexität der sozialen Welt und des Zusammenspiels unendlich
vieler Entitäten können sinnvollerweise „nur" Teilerklärungen angeboten, „nur"
Ausschnitte eines komplexen Gefüges untersucht, „nur" partielle Bereiche eines
Phänomens beschrieben werden. Hierfür leisten die hier behandelten Modelle
einen wichtigen und unverzichtbaren Beitrag, da diese Teilerklärungen umso
detaillierter, realitätsgetreuer und nachvollziehbarer sind.

Die Erkenntnisse, die sich mit dem Akteur-Netzwerk-Ansatz erarbeiten lassen, sind folglich weder banal noch überflüssig, sondern fördern, wie Laux (2011,
S. 289) treffend erkennt und als ein Hauptanliegen einer an der ANT orientierten

---

[19]Auch hier obliegt es den empirischen Untersuchungen, die spezifischen Anteile und
Wirkungen herauszufinden.

Sozialforschung identifiziert, eine „weniger spekulative Soziologie". Die volle Berücksichtigung hybrider Verhältnisse ermöglicht trotz der jeweils bescheidenen Erkenntnisgewinne ein besseres, detailreicheres und der Komplexität der Realität angemesseneres Verständnis sozialer Begebenheiten. Auf das Thema des vorliegenden Beitrags bezogen bedeutet dies, dass z. B. die massenhafte Verwendung und Verbreitung von Lautsprechern und Speichermedien bei der Untersuchung (pop-)musikalischer Interaktionen nicht bedingungslos vorausgesetzt werden dürfen, sondern als konstitutive Elemente für die Popularisierung von Musik angesehen werden müssen. Zudem ist die Rekonstruktion der unzähligen musikverteilenden Referenzketten und der musikgenerierenden und -transformierenden Eigenschaften von enormer Bedeutung. Eine Aufteilung in einen materiell-technischen Bereich, der sozusagen die Infrastruktur, das Grundgerüst für musikalische Verbreitung ermöglicht, und einen immateriell-künstlerischen Bereich, der die reine Musik enthält und sich quasi unsichtbar und losgelöst von hybriden Assoziationen ganze Gesellschaften durchflutet, wäre eine Verfälschung tatsächlicher Verhältnisse.

Literatur

Bark, Sascha. 2015. Übersetzung und Konflikt: Die Akteur-Netzwerk-Theorie als Methode einer praxissoziologischen Konfliktforschung. In *Methoden einer Soziologie der Praxis,* Hrsg. Franka Schäfer, Anna Daniel und Frank Hillebrandt, 145–176. Bielefeld: transcript.
Callon, Michel. 2006a. Einige Elemente einer Soziologie der Übersetzung: Die Domestikation der Kammmuscheln und der Fischer der St. Brieuc-Bucht. In *ANThology. Ein einführendes Handbuch zur Akteur-Netzwerk-Theorie,* Hrsg. Andréa Belliger und David J. Krieger, 135–174. Bielefeld: transcript (Erstveröffentlichung 1986).
Callon, Michel. 2006b. Techno-ökonomische Netzwerke und Irreversibilität. In *ANThology. Ein einführendes Handbuch zur Akteur-Netzwerk-Theorie,* Hrsg. Andréa Belliger und David J. Krieger, 309–342. Bielefeld: transcript (Erstveröffentlichung 1991).
Callon, Michel, und Bruno Latour. 1992. Don't throw the baby put with the bath school! a reply to collins and yearley. In *Science as practice and culture,* Hrsg. Andrew Pickering, 343–368. Chicago: Chicago University Press.
Callon, Michel, und Bruno Latour. 2006. Die Demontage des großen Leviathans: Wie Akteure die Makrostruktur der Realität bestimmen und Soziologen ihnen dabei helfen. In *ANThology. Ein einführendes Handbuch zur Akteur-Netzwerk-Theorie,* Hrsg. Andréa Belliger und David J. Krieger, 75–102. Bielefeld: transcript (Erstveröffentlichung 1981).
Dimai, Bettina. 2012. *Innovation macht Schule. Eine Spurensuche mit der Akteur-Netzwerk Theorie.* Springer VS: Wiesbaden.
Gerstenberger, Debora, und Joël Glasman. 2016. *Techniken der Globalisierung. Globalgeschichte meets Akteur-Netzwerk-Theorie.* Bielefeld: transcript.

Gertenbach, Lars. 2015. *Entgrenzungen der Soziologie. Bruno Latour und der Konstruktivismus*. Velbrück: Weilerswist.

Gertenbach, Lars und Henning Laux. 2018. *Zur Aktualität von Bruno Latour. Einführung in sein Werk*. Wiesbaden: Springer Fachmedien (tatsächliches Erscheinungsjahr).

Hennion, Antoine. 2002. Music and mediation: Towards a new sociology of music. In *The cultural study of music a critical introduction*, Hrsg. Martin Clayton, Trevor Herbert, und Richard Middleton, 80–91. London: Routledge.

Hennion, Antoine. 2013. Von der Soziologie der Mediation zu einer Pragmatik der Attachements. *Zeitschrift für Medien- und Kulturforschung* 5 (2): 11–35.

Hennion, Antoine. 2015. *The passion for music: A sociology of mediation*. Farnham: Ashgate (Erstveröffentlichung 1993).

Kalthoff, Herbert, Torsten Cress, und Tobias Röhl, Hrsg. 2016. Einleitung: Materialität in Kultur und Gesellschaft. In *Materialität. Herausforderungen für die Sozial- und Kulturwissenschaften*, Hrsg. 11–41. Paderborn: Wilhelm Fink.

Kneer, Georg. 2009. Akteur-Netzwerk-Theorie. In *Handbuch Soziologische Theorien*, Hrsg. Georg Kneer und Markus Schroer, 19–39. Wiesbaden: Springer VS.

Latour, Bruno. 1988. *The pasteurization of France*. Cambridge: Harvard University Press.

Latour, Bruno. 1996. *Der Berliner Schlüssel. Erkundungen eines Liebhabers der Wissenschaften*. Berlin: Akademie (Erstveröffentlichung 1993).

Latour, Bruno. 2002. *Die Hoffnung der Pandora. Untersuchungen zur Wirklichkeit der Wissenschaft*. 1. Aufl. Frankfurt a. M.: Suhrkamp (Erstveröffentlichung 1999).

Latour, Bruno. 2006a. Gebt mir ein Laboratorium und ich werde die Welt aus den Angeln heben. In *ANThology. Ein einführendes Handbuch zur Akteur-Netzwerk-Theorie*, Hrsg. Andréa Belliger und David J. Krieger, 103–134. Bielefeld: transcript (Erstveröffentlichung 1983).

Latour, Bruno. 2006b. Die Macht der Assoziation. In *ANThology. Ein einführendes Handbuch zur Akteur-Netzwerk-Theorie*, Hrsg. Andréa Belliger und David J. Krieger, 195–212. Bielefeld: transcript (Erstveröffentlichung 1986).

Latour, Bruno. 2006c. Die Vermischung von Menschen und Nicht-Menschen: Die Soziologie eines Türschließers (alias Jim Johnson). In *ANThology. Ein einführendes Handbuch zur Akteur-Netzwerk-Theorie*, Hrsg. Andréa Belliger und David J. Krieger, 237–258. Bielefeld: transcript (Erstveröffentlichung 1988).

Latour, Bruno. 2006d. Drawing Things Together: Die Macht der unveränderlich mobilen Elemente. In *ANThology. Ein einführendes Handbuch zur Akteur-Netzwerk-Theorie*, Hrsg. Andréa Belliger und David J. Krieger, 259–307. Bielefeld: transcript (Erstveröffentlichung 1986/1990).

Latour, Bruno. 2006e. Technologie ist stabilisierte Gesellschaft. In *ANThology. Ein einführendes Handbuch zur Akteur-Netzwerk-Theorie*, Hrsg. Andréa Belliger und David J. Krieger, 369–398. Bielefeld: transcript (Erstveröffentlichung 1991).

Latour, Bruno. 2006f. Über technische Vermittlung: Philosophie, Soziologie und Genealogie. In *ANThology. Ein einführendes Handbuch zur Akteur-Netzwerk-Theorie*, Hrsg. Andréa Belliger und David J. Krieger, 483–528. Bielefeld: transcript (Erstveröffentlichung 1994).

Latour, Bruno. 2010. *Eine neue Soziologie für eine neue Gesellschaft. Einführung in die Akteur-Netzwerk-Theorie*. Frankfurt a. M.: Suhrkamp (Erstveröffentlichung 2005).

Latour, Bruno. 2012. *Das Parlament der Dinge. Für eine politische Ökologie*. 2. Aufl. Frankfurt a. M.: Suhrkamp (Erstveröffentlichung 1999).

Latour, Bruno. 2014. *Existenzweisen. Eine Anthropologie der Modernen*. Berlin: Suhrkamp (Erstveröffentlichung 2012).

Latour, Bruno. 2015. *Wir sind nie modern gewesen. Versuch einer symmetrischen Anthropologie*. 5. Aufl. Frankfurt a. M.: Suhrkamp (Erstveröffentlichung 1991).

Latour, Bruno. 2016a. *Cogitamus*. Berlin: Suhrkamp (Erstveröffentlichung 2010).

Latour, Bruno. 2016b. Ein Plädoyer für irdische Wissenschaften. In *Materialität. Herausforderungen für die Sozial- und Kulturwissenschaften*, Hrsg. Herbert Kalthoff, Torsten Cress und Tobias Röhl, 89–101. Paderborn: Wilhelm Fink (Erstveröffentlichung 2010).

Laux, Henning. 2011. Latours Akteure. Ein Beitrag zur Neuvermessung der Handlungstheorie. In *Akteur – Individuum – Subjekt*. Hrsg. Nico Lüdtke und Hironori Matsuzaki, 275–300. Wiesbaden: Springer VS.

Laux, Henning. 2014. *Soziologie im Zeitalter der Komposition. Koordinaten einer integrativen Netzwerktheorie*. Velbrück: Weilerswist.

Laux, Henning. 2016. *Bruno Latours Soziologie der „Existenzweisen". Einführung und Diskussion*. Bielefeld: transcript.

Laux, Henning. 2017. Die Materialität des Sozialen: Vier Lösungsansätze für ein soziologisches Bezugsproblem im Werk von Bruno Latour. *Soziale Welt: Zeitschrift für Sozialwissenschaftliche Forschung und Praxis* 68 (2–3): 175–198.

Law, John. 1986. On the methods of long-distance control: Vessels, navigation and the Portuguese route to India. In *Power, Action and Belief: a New Sociology of Knowledge?* Hrsg. 234–263. London: Routledge.

Law, John. 2006a. Technik und heterogenes Engineering. Der Fall der portugiesischen Expansion. In *ANThology. Ein einführendes Handbuch zur Akteur-Netzwerk-Theorie*, Hrsg. Andréa Belliger und David J. Krieger, 213–236. Bielefeld: transcript (Erstveröffentlichung 1987).

Law, John. 2006b. Notizen zur Akteur-Netzwerk-Theorie. Ordnung, Strategie und Heterogenität. In *ANThology. Ein einführendes Handbuch zur Akteur-Netzwerk-Theorie*, Hrsg. Andréa Belliger und David J. Krieger, 429–446. Bielefeld: transcript (Erstveröffentlichung 1992).

Maier, Matthias. 2010. Von der Agenturtheorie der Organisation zur Agenturtheorie der Assoziation. *Schmalenbachs Zeitschrift für betriebswirtschaftliche Forschung* 62:106–132.

Marchart, Oliver. 2013. Das Verschwinden der Gesellschaft in der Flut der Dinge. Die Soziologie der Assoziationen: von Tarde zu Latour. In *Das unmögliche Objekt. Eine postfundamentalistische Theorie der Gesellschaft*, Hrsg.Marchart, Oliver, 129–165. Berlin: Suhrkamp.

Martin, Andrew. 2005. Agents in inter-action: Bruno Latour and agency. *Journal of Archaeological Method and Theory* 12 (4): 283–311.

Pätzold, Henning. 2013. Erwachsenenbildung(sprofession) als Akteur-Netzwerk – Eine Theorieskizze. In *Engagement für die Erwachsenenbildung*, Hrsg. Bernd Käpplinger, Steffi Robak, und Sabine Schmidt-Lauff, 145–154. Wiesbaden: Springer VS.

Peuker, Birgit. 2010. *Der Streit um die Agrar-Gentechnik. Perspektiven der Akteur-Netzwerk-Theorie*. Bielefeld: transcript.

Peuker, Birgit. 2011. Akteur-Netzwerk-Theorie und politische Ökologie. In *Handbuch Umweltsoziologie*, Hrsg. Matthias Groß, 154–172. Wiesbaden: Springer VS.

Popper, Karl Raimund. 1989. *Logik der Forschung*, 9. Aufl. Tübingen: Mohr.

Stäheli, Urs. 2011. Das Soziale als Liste. Zur Epistemologie der ANT. In *Die Wiederkehr der Dinge*, Hrsg. Friedrich Balke, Maria Muhle und Antonia von Schöning, 83–101. Berlin: Kadmos.

Thielmann, Tristan, und Erhard Schüttpelz, Hrsg. 2013. *Akteur-Medien-Theorie*. Bielefeld: transcript.

Wieser, Matthias. 2012. *Das Netzwerk von Bruno Latour. Die Akteur-Netzwerk-Theorie zwischen Science & Technology Studies und poststrukturalistischer Soziologie*. Bielefeld: transcript.

Wieser, Matthias. 2013. Wenn das Wohnzimmer zum Labor wird. Medienmessungen als Akteur-Netzwerk. In *Quoten, Kurven und Profile*, Hrsg. Jan-Hendrik Passoth und Josef Wehner, 231–253. Wiesbaden: Springer Fachmedien.

Woodstock

Ein Schlüsselereignis der Erinnerungskultur der Popmusik im praxissoziologischen Blick

Frank Hillebrandt

> *It is nothing like you're probably hearing about. It's just a rock festival* (Nach der Aussage von Alan Green, einem *Woodstock*-Besucher, aus einem Interview von 1989 ist dies der Satz, den er seiner Mutter telefonisch vom Festival durchgegeben hatte (zit. n. Makower 2009, S. 18)).

Inhaltsverzeichnis

Das Festival mit dem Titel: *Woodstock Music and Art Fair* findet zwischen dem 15. und 17. bzw. 18. August 1969 im ländlichen Teil des US-Bundesstaates New York statt. Es zieht insgesamt fast 500 000 Menschen als Zusehende und -hörende an und geschätzt etwa eine weitere Million, die das Festival-Gelände nicht erreicht haben. Geplant waren drei Tage vom 15.08. bis zum 17.08.1969. Organisatorische Probleme vor allem in Bezug auf den Transport der

F. Hillebrandt (✉)
Institut für Soziologie, FernUniversität in Hagen, Hagen, Deutschland
E-Mail: frank.hillebrandt@fernuni-hagen.de

© Springer Fachmedien Wiesbaden GmbH, ein Teil von Springer Nature 2019   73
A. Daniel und F. Hillebrandt (Hrsg.), *Die Praxis der Popmusik*,
https://doi.org/10.1007/978-3-658-22714-2_3

Musizierenden zur Bühne angesichts durch tausende Musikfans verstopfter Straßen sowie lange Unterbrechungen wegen eines Gewitters am dritten Tag zwangen
dazu, das Festival bis zum Morgen des 18.08. zu verlängern.[1] Und genau dieses
Festival, das völlig ungeplant verläuft und dadurch eine nachhaltige Wirklichkeit
für Publikum, Organisatoren und Organisatorinnen sowie Musizierende erzeugt,
erlangt eine bis dahin nicht für möglich gehaltene Symbolkraft für die Praxisformation des Rock und Pop. Fast jeder und jede hat eine bestimmte Assoziation
mit dem Symbol *Woodstock*.

Was ist es, was sich in Bethel, dem kleinen Ort im ländlichen Teil des
US-Bundesstaates New York (Upstate New York), zwischen dem 15. und dem 18.
August 1969 wirklich zugetragen und dazu geführt hat, dass die vielen kleinen
Ereignisse an den vier genannten Tagen, die das Gesamtereignis bilden, das wir
heute mit dem Wort *Woodstock* bezeichnen, bis in die Gegenwart Teile der kollektiven Erinnerung sind? Wie ich an anderer Stelle gezeigt habe (vgl. Hillebrandt
2018), lässt sich diese Frage nur bedingt mithilfe der Analyse des berühmten,
1970 erschienenen Dokumentarfilms über das Festival von Michael Wadleigh
beantworten. Sie ist, genau genommen, per se eine naive Frage, weil das vergangene Ereignis sich nicht noch einmal nacherleben lässt – auch und gerade
nicht durch das Erleben eines das Ereignis in ganz bestimmter Weise konno-
tierenden Dokumentarfilms –, es hat seine besondere Qualität in dem Moment,
in dem es sich vollzieht. Gerade eine Soziologie der Praxis wird genau diesen
Aspekt von Ereignissen besonders betonen, weil sie ja in ihrem Kern, also bereits
in der Bestimmung ihres allgemeinen Gegenstandes (vgl. hierzu Hillebrandt
2015), davon ausgeht, dass Praxis eine Vollzugswirklichkeit ist, die sich im
Ereignis bildet und situativ eine besondere Qualität der Praxis erzeugt, die sich
weder vorher noch nachher antizipieren bzw. rekonstruieren lässt. Praxis ist eine
spezifische Art der ereignishaften Verkettung von materiellen, also körperlich
und dinglich sich vollziehenden Praktiken, die sich im Moment ereignet, und
deren besondere Qualität, überspitzt gesagt, eigentlich nur situativ, also durch

---

[1]Die Chronologie der Ereignisse während des *Woodstock*-Festivals wird am klarsten dokumentiert in Evans und Kingsbury (vgl. 2009). Ich spare es mir an dieser Stelle, alle Printmedien zum *Woodstock*-Ereignis bibliographisch aufzulisten. Besonders möchte ich nur die
Publikation zur „Oral History" des Ereignisses von Joel Makower (vgl. 2009) hervorheben,
die bereits 1989 erstmals erscheint und diverse Interviewaussagen von teilnehmenden
Musikfans, MusikerInnen, OrganisatorInnen, JournalistInnen, Filmenden etc. versammelt,
thematisch ordnet und mit dem Effekt aneinanderreiht, dass ein völlig neuer Blick auf
das Ereignis jenseits der bekannten Klischees entsteht. Eine gute wissenschaftliche Auf-
arbeitung der umfangreichen Erinnerungskultur um das Ereignis *Woodstock* leisten die Beiträge in Bennet (vgl. 2004a).

Miterleben der Situation, in der sich diese ganz spezifische Praxis ereignet, verstanden werden kann. Es drängt sich also sehr wohl die Frage auf, wie denn die besondere Qualität im Vollzug des Ereignisses *Woodstock* zu erklären ist, wenn doch die Momente, die das Ereignis hervorgebracht hat, heute, fast 50 Jahre später, kaum noch erlebbar sind und allmählich der Vergessenheit anheimfallen. Es ist mit anderen Worten von soziologisch hoher Bedeutung, zu klären, was das Ereignis *Woodstock* zu einem derart wichtigen Symbol der Popgeschichte hat werden lassen, das bis heute große Wirkkraft besitzt.

Für eine Genealogie der Gegenwart der Popmusik ist dieses zeitgeschichtlich wichtige Ereignis also in vielerlei Hinsicht von großer Relevanz. *Woodstock* steht nicht nur dafür, dass hier einige wesentliche Standards der Live-Performance von Popmusik neu definiert werden, mit Wirkkraft in die Gegenwart hinein. *Woodstock* steht letztlich symbolisch für nicht weniger als ein Lebensgefühl, das bis heute Bestandteil der Praxisformation der Popmusik ist. Um diesen beiden zentralen Aspekten des Ereignisses soziologisch näher zu kommen, muss zunächst geklärt werden, wie Ereignisse in einer genealogisch ansetzenden Praxissoziologie der Popmusik gehaltvoll gefasst werden können (1). Daran anschließend wende ich mich der Frage zu, wie das Ereignis *Woodstock* eine dermaßen große Symbolkraft entfalten konnte, indem ich mich dazu vor allem auf den bereits angesprochenen Dokumentarfilm zum Festival beziehe. Dies ist deshalb nötig, weil die herrschenden Symbole, die sich um das *Woodstock*-Festival gebildet haben, häufig den Blick auf interessante andere Aspekte dieses Ereignisses verstellen (2). Nach der dekonstruktiven Nachzeichnung dieser Symbole ist es möglich, sich dem Ereignis noch einmal neu zuzuwenden, indem einige Praxisvollzüge des *Woodstock*-Festivals von 1969 mithilfe zentraler Begriffe der Soziologie der Praxis, wie ich sie an anderer Stelle definiert habe (vgl. Hillebrandt 2014), sowie mithilfe des hier entwickelten Begriffs von Ereignis mit dem Ziel nachgezeichnet werden, bis heute wichtige Bestandteile der Praxisformation der Popmusik aufzuspüren und soziologisch zu diskutieren (3). Am Ende steht ein kurzes, Forschungsperspektiven aufzeigendes Resümee (4).

1   Die Genealogie der Gegenwart und der Begriff Ereignis

Die Genealogie der Gegenwart wird von Foucault im Anschluss an Nietzsche ausdrücklich als Umkehrung der traditionellen Geschichtsschreibung bestimmt. Die Genealogie

kehrt die Beziehung zwischen dem Einbruch des Ereignisses und der kontinuierlichen Notwendigkeit, wie sie gewöhnlich gesehen wird, um. Eine ganze
(theologische oder rationalistische) Tradition der Geschichtsschreibung möchte
das einzelne Ereignis in eine ideale Kontinuität verflüchtigen: in eine teleologische
Bewegung. Die ,wirkliche' Historie lässt das Ereignis in seiner einschneidenden
Einzigartigkeit hervortreten (Foucault 1987, S. 80).

Demnach bezieht sich eine Genealogie der Gegenwart zur Zeitdiagnose der
Gesellschaft nicht auf ein Kontinuum, auf Zeichen für eine Kontinuität oder
gar eine Struktur, sondern auf Ereignisse und Serien, die sich im Anschluss an
bestimmte Ereignisse bilden, indem sich neue Gegebenheiten ereignen, die
in eine Serie mit einem bestimmbaren Ereignis gestellt werden können. Ein
Ereignis besteht dabei „in der Beziehung, der Koexistenz, der Streuung, der
Überschneidung, der Anhäufung, der Selektion materieller Elemente [...]; es
produziert sich als Effekt einer materiellen Streuung und in ihr" (Foucault 1991,
S. 37). Mit der Frage nach den Ereignissen wird nach der Mannigfaltigkeit der
Praxis gefragt, nicht nach ihrem Wesen. Es geht also um die Differenz, die ein
Ereignis setzt, und nicht um die Struktur, die durch ein Ereignis vermeintlich
repräsentiert wird (vgl. Deleuze 1992, S. 240). Im Mittelpunkt des Denkens steht
dann die Singularität des Ereignisses, die sich nicht negieren lässt, auch nicht in
der Wiederholung, die ja nie identisch ist mit dem Ereignis, das wiederholt wird.

Das vergangene Ereignis ist also zunächst einmal wie jedes gegenwärtige
Ereignis das Singuläre, das es nur einmal geben kann, aber es ist als vergangenes
Ereignis selbstredend nur dann gegenwärtig, wenn es einen Unterschied setzt,
wenn es sich erinnern lässt, wenn es in die Realität *eingebrochen* ist, wie es
Foucault im Anschluss an Nietzsche nennt. In den Worten von Gilles Deleuze[2]:

Das Ereignis produziert sich in einem Chaos, in einer chaotischen Mannigfaltigkeit,
vorausgesetzt, dass eine Art Sieb dazwischentritt. Das Chaos existiert nicht, es ist

---

[2]Deleuze gewinnt seine Theorie des Ereignisses (vgl. vor allem Deleuze 2000, S. 126–136),
auf die ich mich hier beziehe, durch eine Bezugnahme unter anderem auf Spinoza, Leibniz, Nietzsche, Whitehead, Bergson und Foucault, wie er in einem Interview bestätigt
(vgl. Deleuze 1993b, S. 233). Dort sagt er auch: „Es stimmt, ich habe meine Zeit damit
zugebracht, über diesen Begriff des Ereignisses zu schreiben, denn ich glaube nicht an
die Dinge." (Deleuze 1993b, S. 232). Die Dinge sind nämlich nur in Ereignissen relevant, ebenso wie die sozialisierten Körper – von Deleuze (vgl. Deleuze 1993b, S. 232)
„Subjekte" genannt –, die Symbole, die diskursiven Aussagen, die Artefakte, die Kunst-
werke und andere Bestandteile der Praxis. Denn sie alle müssen sich im Zusammenwirken
ereignen, um wirklich zu sein.

eine Abstraktion, da es von einem Sieb, das aus ihm etwas (eher etwas als nichts) herauslässt, nicht getrennt werden kann. Das Chaos ist ein reines many, reine disjunktive Verschiedenheit, während das Etwas ein one ist, nicht schon eine Einheit, sondern vielmehr der unbestimmte Artikel, welcher eine beliebige Singularität bezeichnet. (Deleuze 2000, S. 126)

Deleuze sagt aus, dass ein Ereignis zu etwas werden muss, es muss eine Tatsache für die Sozialität werden, damit es sich überhaupt untersuchen lässt und dadurch zum Gegenstand der Soziologie werden kann. Und genau dies verändert das Ereignis. Denn die Genese des singulären Ereignisses zu einer Tatsache ist mit Sinnproduktionen verbunden, die sich nicht nur im Vollzug des Ereignisses, sondern auch nach dem Ereignis in Bezug auf dieses ereignen. Dieser Sinn „ist niemals Prinzip oder Ursprung, er ist hergestellt" (Deleuze 1993a, S. 99). Das „reine" oder „wirkliche" Ereignis ist unerreichbar, weil es in seiner Singularität nicht zu fassen ist. Mit den oben zitierten Worten von Deleuze gesprochen, kann es die chaotische Mannigfaltigkeit singulärer Ereignisse nur als abstrakten Begriff geben, denn mit der Bezeichnung dieses Chaos verschwindet es sofort und damit auch die mannigfaltigen Ereignisse, die sich nur noch als Abstraktum denken lassen. Zwar lässt sich ganz allgemein und unbestritten sagen, dass sich die Praxis durch die Verkettung von singulären Ereignissen bildet, die Praktiken genannt werden können. Das Ereignis als per se reine Singularität lässt sich jedoch sprachlich und theoretisch nicht fassen. Ein Ausweg aus dieser Schwierigkeit jeder Soziologie der Praxis, die sich auf die Ereignisse der Praxis konzentrieren möchte, um vereinfachende Einordnungen von Geschehnissen in eine vorab festgelegte Totalität zu vermeiden, findet sich in der bereits angesprochenen Begrifflichkeit von Ereignis und Serie, wie sie Deleuze im Anschluss an Foucault verwendet:

Wir sagten, dass die Gesamtheit von Singularitäten mit jeder Serie einer Struktur korrespondiere. Umgekehrt ist jede Singularität Quelle einer Serie, die sich in eine bestimmte Richtung bis in die Nachbarschaft einer anderen Singularität hinein erstreckt. In diesem Sinne gibt es nicht nur mehrere divergierende Serien in einer Struktur, sondern setzt sich jede Serie selbst aus divergierenden Unterserien zusammen (Deleuze 1993a, S. 76).

Denn erst die serielle Verkettung von Ereignissen, die sich durch die Produktion von Sinn praktisch ereignet, erlaubt es überhaupt, soziologische Aussagen zu diesen Praktiken zu formulieren. Erst wenn sich etwa Praktiken des Gebens, Nehmens und Erwiderns verketten, kann die Soziologie vom Tausch als Praxisform sprechen (vgl. hierzu Hillebrandt 2009). Und mit der soziologischen Bezeichnung dieser Ereignisse in ihrer seriellen Verkettung entsteht nun wiederum etwas Neues, nämlich eine soziologische Identifikation und Interpretation des praktischen Sinns, der sich im Vollzug von Ereignissen bildet, wobei diese Ereignisse in ihrer elementaren Form nichts anderes sind als die Praktiken der Praxis, die sich nur durch praktischen Sinn ereignen können.

Die Ereignisse müssen nun kategorisiert werden, damit die Erforschung von vergangenen Ereignissen nicht in ganz allgemeinen Theorieaussagen stecken bleibt. Denn es bringt der Soziologie von vergangenen Ereignissen zunächst nicht viel, wenn im Sinne der soziologischen Praxistheorie lediglich ausgesagt wird, Praktiken seien Ereignisse, die sich in jedem Vollzug von Praxis bilden. Diese elementaren Ereignisse müssen nach Deleuze (vgl. 2000, S. 126 f.) von denen unterschieden werden, die Deleuze mit dem Wort *Extension* bezeichnet.[3] Gemeint ist, dass sich eine Praktik als Ereignis durch *zeitlich unbestimmtes Aufschwingen* so über sachlich bestimmbare folgende oder/und vorangegangene Praktiken erstreckt, dass das extensive Ereignis sachlich wie ein Ganzes erscheint und bestimmte folgende und/oder vorangegangene Praktiken als seine Teile. Nach meiner Einschätzung ist der Begriff unbestimmtes Aufschwingen, den Deleuze zur Umschreibung von Extension verwendet (vgl. Deleuze 2000, S. 127), nur bezogen auf die Zeitdimension von solchen Ereignissen korrekt. Denn unbestimmt ist eigentlich nur der Zeitpunkt des Aufschwingens eines solchen Ereignisses, während es sachlich sehr wohl genau bestimmt sein kann. Sachlich bestimmbar werden extensive Serien von Ereignissen nämlich durch den von Deleuze weitgehend vernachlässigten praktischen Sinn, der mit dem zeitlich unbestimmten Aufschwingen des Ereignisses entsteht. Ein Beispiel hierfür wäre der Kauf eines Lebensmittels, der zwar sachlich sehr bestimmt ist, zeitlich aber dadurch unbestimmt, weil er regelmäßig, also ohne zeitliche Festlegung geschieht. Mit der Bezahlung als Ereignis erstreckt sich diese eine Praktik der

---

[3]Die Begriffstriade *Extension, Intension* und *Prehension* zur Unterscheidung von Ereignissen entleiht sich Deleuze von Alfred North Whitehead, der die ersten beiden Begriffe in seinem 1920 erstmals erschienenen Buch *Concept of Nature* physikalisch verwendet (vgl. Whitehead 1990, v. a. S. 139 ff.) und den dritten Begriff in Bezug auf die Nachhaltigkeit von Ideen (vgl. Whitehead 1967, S. 69 ff.). Mir ist sehr wohl klar, dass eine Adaption derartiger Begriffe für die Soziologie Probleme mit sich bringt, sodass ich eigene, soziologische Begriffe für die mit Extension, Intension und Prehension transportierten Sinngehalte vorschlagen werde: zeitlich unbestimmtes Aufschwingen, situative Verfestigung, nachhaltiges Greifen in der Sozialität. Mit diesem Begriffsvorschlag verändere ich ganz bewusst einige Vorgaben der Ereignistheorie von Deleuze, die ich als zu elaborierenden Ausgangspunkt meiner eigenen Überlegungen zum Begriff des Ereignisses verstehe.

Gebens eines Zahlungsmittels auf eine ganze Reihe anderer Praktiken, die jetzt als Teile des Bezahlvorgangs erscheinen: Gegenstände aus einem Regal in einen fahrbaren Korb legen, Gegenstände aus dem fahrbaren Korb auf ein Fließband legen, Gegenstände mit einem Scanner abtasten, einen Preis ausdrücken, Geld aus einem eigens dafür vorgesehenen Behältnis nehmen und einer bestimmten Person überreichen etc. Dies alles wird zum Ereignis Kauf, wenn es in dieser Weise seriell dargestellt und artikuliert wird. Vorstellbar sind hier selbstredend auch andere serielle Verkettungen, die sich ebenfalls darstellen ließen, wenn es etwa um die Erwerbsarbeit der Menschen geht, die in einem Supermarkt tätig sind, wenn es also um das Ereignis Erwerbsarbeit an einem bestimmten Tag geht. In jedem dieser Fälle wird aus einer sachlich unbestimmten Mannigfaltigkeit, die sich nicht bezeichnen lässt, etwas sachlich Bestimmtes, das sich bezeichnen lässt, also etwa ein Kauf, ein Arbeitsablauf an einem regulären Arbeitstag etc., ohne dass diese sachliche Bestimmung eine zeitliche Bestimmtheit impliziert. Die Ereignisse schwingen in unbestimmter Weise auf, weil sie mit ihrem Entstehen sogleich wieder vergessen werden. Einzig das Serielle eines Kaufes, eines Arbeitsablaufes etc. wird als Struktur sichtbar, ohne dass damit ein bestimmtes Ereignis in besonderer Weise bezeichnet wäre.

Von solchen Ereignissen des unbestimmten Aufschwingens, die sich wie selbstverständlich ereignen und andere Praktiken als ihre Elemente erscheinen lassen, unterscheidet Deleuze (vgl. 2000, S. 127) die *Intension* (situative Verfestigung). Mit der *situativen und zeitlichen Verfestigung* ist ein bestimmender Verlauf eines Ereignisses gemeint. Es entstehen Elemente, die sich nicht nur mit praktischem Sinn verketten, sondern auch Unterschiede machen, also in ihrer Verkettung Eigenschaften ausbilden, die nicht einfach, wie im unbestimmten Aufschwingen eines Ereignisses, hingenommen, sondern artikuliert werden. Hier wäre beispielsweise an Ereignisse zu denken, die als erste Begegnung erinnert werden, die also nicht flüchtig bleiben, sondern als Begegnungen sinnhaft konstruiert werden, indem eine ganz bestimmte Verkettung von Ereignissen immer wieder neu als Erinnerung artikuliert wird. Ein anderes Beispiel wäre ein ganz bestimmtes Pop-Konzert, das sich als Ereignis mit einem bestimmten Verlauf darstellt und entsprechend artikuliert wird. Solche Ereignisse mit einem bestimmten Verlauf werden sehr häufig mit einem Datum versehen, sodass sie sich leicht bezeichnen lassen. Sie sind solange situative Erinnerungsereignisse, die nicht nachhaltig greifen, wenn sie nur für eine überschaubare Gruppe von Menschen bedeutsam sind, bei der „ersten" Begegnung möglicherweise nur für das entsprechende Paar und deren Freunde und Verwandte, bei einem bestimmten Pop-Konzert möglicherweise nur für die Teilnehmenden und die Menschen, denen davon durch die Teilnehmenden erzählt wurde – die digitalen sozialen

Netzwerke ermöglichen hier im Übrigen neue Formen der sinnhaften Erinnerung von Ereignissen, die dadurch nicht mehr nur als extensive Ereignisse erscheinen, die mit ihrem Entstehen sogleich wieder vergessen werden.

Die Ereignisse, die nur für bestimmte Personen(gruppen) nachhaltig sind und von Deleuze mit dem Begriff der Intension bezeichnet werden, müssen von Ereignissen unterschieden werden, die übersituativ nachhaltig greifen und Spuren in der Sozialität hinterlassen. Deleuze (vgl. 2000, S. 128 ff.) bezeichnet diese nachhaltige Wirkung von Ereignissen als *Prehension* und meint damit das Greifen des Ereignisses in Spuren, Echos, Reflexen, Schwellen, „prismatischen Deformationen" und „Falten" (vgl. Deleuze 2000, S. 129), das sich, wie ich hinzufügen möchte, wiederum praktisch, also durch materielle Praktiken ereignen muss. Der etwas seltsam anmutende Begriff der Prehension bezeichnet also das *nachhaltige Greifen eines Ereignisses in der Sozialität*, sodass es nicht nur als Ereignis bezeichnet werden kann, sondern darüber hinaus durch dieses Bezeichnen übersituativen praktischen Sinn affiziert, das heißt dass in vielen verschiedenen Situationen mit dem bezeichneten Ereignis praktischer Sinn verbunden wird. Hierfür ist das Beispiel *Woodstock* paradigmatisch. Dieses Ereignis greift in der Sozialität, es wird nachhaltig erinnert und das nicht nur von einer begrenzten Personengruppe, es affiziert bis heute praktischen Sinn und verankert sich dadurch nachhaltig in der Sozialität.

Wichtig ist nun, dass sich die hier theoretisch entworfenen Ereignistypen alle in dem historischen Ereignis *Woodstock* wiederfinden. Im Rahmen von *Woodstock* ereignen sich unzählige Praktiken, die völlig unbestimmt sind und sich deshalb theoretisch und empirisch nur schwer fassen lassen. Zudem haben sich Praktiken aber auch sachlich so verkettet, dass Ereignisse als zeitlich unbestimmtes Aufschwingen entstehen, wenn etwa die Toilettenwagen benutzt werden, Nahrung gekauft, Getränke weitergegeben, Zelte aufgebaut, Wege vom Schlafplatz zur Bühne gegangen oder auch Nahrung und Getränke zu sich genommen werden. Klar ist, dass diese Ereignisse, weil sie sich im Ereignis *Woodstock* vollziehen und insofern selbstredend auch eine gewisse zeitliche Bestimmtheit aufweisen, eine andere Bedeutung erlangen als in der alltäglichen Routine, sie sind aber in der oben angeführten theoretischen Definition von Ereignissen zunächst einmal nicht mehr als ein zeitlich unbestimmtes Aufschwingen, das in der Sozialität nicht oder kaum erinnert wird. Von diesen Ereignissen müssen nun die unterschieden werden, die situative Wirkung hinterlassen, die also von bestimmten Personen(gruppen) nachhaltig erinnert werden und sich dadurch situativ und zeitlich verfestigen. Hier geht es etwa um spezielle Begegnungen, die sich auf dem Festival *Woodstock* zwischen Menschen ereignen, die diese

Begegnungen nachhaltig erinnern und sozial konstruieren, oder um bestimmte Aktivitäten, die auf dem *Woodstock*-Festival von bestimmten Personengruppen vollzogen werden und innerhalb dieser Gruppen in spezieller Weise erinnert werden, etwa das gemeinsame Baden im nahe gelegenen See oder das gemeinsame Musizieren am Rande der Bühnendarbietungen etc.

Diese vielen Ereignisse, die sich zeitlich unbestimmt aufschwingen oder situativ und zeitlich verfestigen, bilden nun den basalen Ereignisstrom des *Woodstock*-Festivals, aus dem bestimmte Ereignisse nachhaltig in der Sozialität greifen, sodass das *Woodstock*-Festival als ein Ereignis erscheint, dass für sich in der Sozialität greift, indem es nachhaltig sozial erinnert und dadurch sozial konstruiert wird. Hier ist an die Ereignisse zu denken, die das Woodstock-Festival symbolisieren: etwa der Regentanz und die spielerischen Schlammschlachten nach dem Gewittersturm am Nachmittag des dritten Tages oder die spezifische Darbietung der US-amerikanischen Nationalhymne am Morgen des eigentlich nicht mehr vorgesehenen vierten Tages des Festivals durch *Jimi Hendrix*. Solche Symbole überlagern die anderen Ereignisse im Festival-Verlauf erheblich, sodass es eine wichtig Aufgabe für eine Soziologie des Ereignisses *Woodstock* ist herauszufinden, wie diese Symbole entstehen und was sie für eine Untersuchung von *Woodstock* als Ereignis bedeuten. Der Diskussion dieser Problematik wende ich mich im nächsten Abschnitt zu, indem ich das vor allem durch den berühmten Dokumentarfilm über das Festival geprägte Erinnerungsbild, das mit dem Symbol *Woodstock* entsteht, identifiziere und untersuche.

2   *Woodstock* als Erinnerungsbild

Gilles Deleuze sagt in seiner Filmtheorie, dass die im Film produzierten Bilder und Töne ein Erinnerungsbild erzeugen, das den Abstand zwischen empfangener und ausgeführter Bewegung, also zwischen dem Ereignis des Films und dem Ereignis der Betrachtung des Films auffüllt, „ja, es füllt ihn geradezu aus, und zwar derart, dass es uns in individueller Weise zur Wahrnehmung zurückführt, anstatt sie in einer allgemeinen Bewegung fortzusetzen. Es macht sich den Abstand zunutze, es setzt ihn voraus, da es sich in ihn einfügt" (Deleuze 1991, S. 68 f.). Ein Erinnerungsbild, wie es Deleuze hier im Anschluss an einen Begriff von Bergson umschreibt, wird in Bezug auf das Ereignis *Woodstock* sehr stark durch den Dokumentarfilm von Michael Wadleigh zu diesem Ereignis geprägt, der unter dem Titel *Woodstock. 3 Days of Peace and Music* 1970 erstmals

erscheint und in dieser Fassung 184 min, also mehr als drei Stunden lang ist.[4]
Mit dem Erinnerungsbild, das dieser Film erzeugt, entsteht eine Grenze zwischen
dem, was sich in der Zeit ereignet und zum Zeitpunkt des Ereignisses erfahren
wird, und dem, was im Dokumentarfilm über dieses Ereignis quasi zeitlos erfasst
und konserviert wird. Der Film hat eine subtile Bildsprache, die Musikauftritte
in einer ganz bestimmten Weise darbietet, und enthält Suggestionen, die er mithilfe von eingespielten Interviews und als rein dokumentarisch codierten Szenen
erzeugt. Um diesen Aspekten auf die Spur zu kommen, muss zunächst gesagt
werden, dass der *Woodstock*-Film als Rockumantary an das Ende der 1960er
Jahre sehr prominente Konzept des „Direct Cinema" anschließt (vgl. hierzu
Niebling 2016, S. 117). Demnach ist die Kamera des Dokumentarfilms reines
Beobachtungsinstrument und filmt möglichst authentisch alles, ohne das Film-
material nachträglich wesentlich durch Schnitte oder andere Stilmittel zu verändern bzw. zu „verfälschen". Dabei stützt sich dieses Filmparadigma, das sehr
genau durch D. A. Pennebakers Dokumentarfilm über das *Monterey Pop Festival*
von 1967 repräsentiert wird, auf Filmtheorien, die Filme zur authentischen Dokumentation von vergangenen Ereignissen nutzen möchten. Der *Woodstock*-Film
weicht jedoch an vielen Stellen erheblich von diesem Konzept ab. Zwar werden ganz im Sinne von Direct Cinema auch zur Produktion des hier genutzten
Filmmaterials vorwiegend Handkameras benutzt – für die damalige Zeit mit 20
Kameras astronomisch viele –, die Bilder bleiben aber nicht, wie in Pennebakers
Dokumentarfilm über das *Monterey Pop Festival*, weitgehend unkommentiert
stehen. Sie werden mit Interviews und ästhetischen Filmschnitten bzw. Bild-
teilungen versehen, was die Zuschauenden zu Suggestionen zwingt, die von den
Filmemachern und -macherinnen um Michael Wadleigh (unter ihnen findet sich
im Übrigen auch der später in Hollywood sehr berühmt werdende Filmregisseur
Martin Scorsese) durchaus beabsichtigt zu sein scheinen. Dies hat für die Dokumentation des Ereignisses *Woodstock* erhebliche Konsequenzen. Während etwa

---

[4]Der „Directors Cut" zum 25. Jubiläum des Festivals (1994) ist 215 min lang, nähert sich
also der Vier-Stunden-Marke. Zum 40. Jahrestag erscheint im Jahr 2009 die „Ultimate
Collector's Edition", die neben dem 215-Minutenfilm (DVD 1 und 2) mit reichlich (ca. 175 min lang) extra Aufnahmematerial von Auftritten während des Festivals
(DVD 3) und einer vierten DVD zur Geschichte des Festivals sowie zur Entstehung des
Dokumentarfilms ausgestattet ist. Für den hier vorliegenden Text wird diese letzte Version des Films verwendet. Alle Zeitangaben im Text beziehen sich auf diesen Film. Die
Passagen, die den Dokumentarfilm auswerten, sind weitgehend identisch mit den entsprechenden Passagen in meinen kürzlich veröffentlichten Überlegungen zur Nutzung
des *Woodstock*-Films als empirisches Material der soziologischen Praxisforschung (vgl.
Hillebrandt 2019).

der Monterey Pop Film, in dessen Nachfolge der *Woodstock*-Film immer wieder gestellt wird (vgl. etwa Heinze 2016, S. 18), in seinem gesamten Verlauf bemüht ist, authentische Filmaufnahmen des Publikums, zu denen zeitweise auch Musizierende des Festivals wie *Jimi Hendrix* und *Janis Joplin* gehören, zu präsentieren – die Kameraleute gehen mit ihren Kameras durch das Publikum und filmen sich dort ereignende Gespräche zwischen Menschen, die sich unbeobachtet wähnen –, wird das Publikum im *Woodstock*-Film programmatisch als kooperativ, solidarisch und friedliebend dargestellt, was sich sehr eindringlich in den Szenen des Films zeigt, die den Umgang des Publikums mit dem Gewittersturm am Nachmittag des dritten Tages des Festivals zeigen (Laufzeit zwischen Min. 1:25:00 und 1:35:00 der ersten DVD). Wir sehen zunächst die Organisatoren und Helfer des Festivals in einigermaßen großer Panik: Der Regen wird als ernsthafte Bedrohung wahrgenommen, er gefährdet das Equipment und vor allem die Besucher und Besucherinnen, immer wieder verlauten über das Mikrofon Durchsagen, dass die Verstärker- und Beleuchtungstürme gemieden werden müssen, falls sie durch den Sturm zum Kippen gebracht werden („Go away from the towers, please go away from the towers!"). Gleichzeitig sehen wir geschäftiges Treiben, um das Equipment mit eilig herbeigeholten Plastikfolien und anderen Planen vor dem einsetzenden Regen zu schützen – die Bühne ist genauso wenig überdacht wie der Zuschauerbereich. Augenscheinlich wird dabei, dass die Veranstaltenden nicht auf den Regen eingestellt waren. Schließlich müssen die Mikrofone aus technischen Gründen abgeschaltet werden, sodass die Besucher und Besucherinnen des Festivals während des Regens sich selbst überlassen werden – sie können nicht mehr durch Lautsprecherdurchsagen gelenkt oder beruhigt werden.

Die Kameras laufen aber weiter. Denn jetzt kippt die Szene. Es wird die für den Film typische Bildteilung angewendet: Auf der einen (linken) Seite des Bildes ist jetzt eine junge Festival-Besucherin im Bikini zu sehen, die sich im Regen wohl fühlt, indem sie ihn breit lächelnd wie eine Dusche nutzt (ab Min 1:28:30 der ersten DVD). Auf der rechten Seite des Bildes laufen im strengen Kontrast dazu die hektischen Szenen weiter, die schon vorher einige Minuten im Vollbild zu sehen sind und weiterhin Menschen dabei zeigen, wie sie fast verzweifelt versuchen, das technische Equipment vor dem heftigen Regen zu schützen. Die linke Seite bleibt nun auf Besucherinnen und Besucher gerichtet, die sich im Regen wohl fühlen, und ab Laufzeit 1:29:00 sind dann beide Bildhälften mit Szenen von glücklichen Menschen im Regen gefüllt. Dann wird auf die Dokumentation einer Karawane von vor dem Regen flüchtenden Menschen geschnitten. Diese gehen offensichtlich zu ihren Autos, die in großen Mengen zu sehen sind und den Menschen Trockenheit geben könnten. Dieses Bild ist bereits vorher kurz in der Totalen eingeblendet. Und nun wird gezeigt, wie diese Menschen im Gehen interviewt und dadurch personalisiert werden. Ganz offensichtlich gehen sie spielerisch mit dem Regen um. Eine Besucherin sagt im Kontext dieser Szene zwar so etwas wie: „Fuck off it's horrible" (Min 1:30:30 erste DVD), ein anderer Besucher stöhnt an der gleichen Stelle so etwas wie: „It's a drag", diese Töne werden aber gleich von anderen übertönt, die den Regen für etwas Schönes halten, das genossen werden muss – etwa von einer Dreiergruppe völlig nackter Männer, deren Mitglieder die Vorteile des Regens ausführen. Dann (Min 1:31:50) blendet der Film um auf die Dokumentation eines von Besucherinnen und Besuchern, die nun wieder anonymisiert sind, aufgeführten Regentanzes auf der rechten Bildseite und der Dokumentation von Schlammbädern und Schlammrutschen von Besuchern und Besucherinnen auf der linken Bildseite, die Bildteilung bleibt während der gesamten Sequenz bestehen. Und am Ende dieser Szenen, die ausgiebig – nämlich bis zur Min. 1:35:00 – ausschließlich mit dem Regen glückliche Besucher und Besucherinnen des Festivals zeigen, blendet der Film um auf einen sichtlich bewegten Artie Kornfeld, der als einer der Veranstalter des Festivals neben seinem Mitveranstalter Michael Lang zur Situation des Festivals nach dem Regen interviewt wird, während auf der linken Seite der Bildteilung immer noch euphorische Besucher im Regen tanzen, rutschen und singen. Später wird während des Interviews auf der rechten Bildseite ein sich unbeobachtet wähnendes Paar bei der Vorbereitung auf gemeinsamen Sex auf der Wiese gezeigt.

Die Aussagen der Veranstalter im Interview enthalten nun all die bekannten Stereotype, die sich um *Woodstock* gebildet haben. Mit Sätzen wie: „You can't buy this with money", oder „Have a look at it, this is really beautiful man", verklärt vor allem Artie Kornfeld – „Really realize, what is really important, what is really important…" (DVD1, 1:37:45 ff.) – die Szene mit Hinweisen auf den nichtkommerziellen Charakter der Veranstaltung, während man Michael Lang in diesem Zusammenhang etwas zurückhaltender sieht, denn es war vor allem Lang, der die massive Vermarktung des Festivals geplant hatte, die sich nun aber aufgrund des speziellen Verlaufs des Ereignisses zumindest nicht in der geplanten Weise umsetzen lässt, was Lang hier durchaus bereits zu wissen scheint. „Financial it is a disaster", wird dann auch von beiden auf Nachfrage des Interviewenden mehrmals betont. Dazu ist es wichtig zu wissen, dass das Festival bereits ganz zu Anfang der Veranstaltung zu einem „Free Concert" erklärt wird, weil wegen des Andrangs von Besucherinnen und Besuchern ein Eintreiben des Eintrittsgeldes unmöglich wird. Gleichsam steigt der organisatorische und finanzielle Aufwand stark an und das US-Militär muss zur Hilfe kommen, um die Menschen per Hubschrauber mit Blumen (!) und trockener

Kleidung, wie Kornfeld in der hier diskutierten Szene sagt, zu versorgen. Tatsächlich müssen auch Nahrungsmittel eingeflogen werden, das Gelände wird wegen des Nahrungsmangels und des großen Andrangs, der dazu führt, dass es nur noch aus der Luft erreicht werden kann – die Musikfans kommen fast alle mit dem Auto angereist, was die Straßen völlig überlastet und gleichsam auf das hohe Wohlstandsniveau der USA am Ende der 1960er Jahre hindeutet –, von den Behörden zum Katastrophengebiet erklärt, was, wie aus der filmischen Dokumentation deutlich wird, immer wieder, allerdings nicht an dieser Stelle des Films, vom Veranstaltungsteam nicht ohne Stolz durch die Mikrofone verkündet wird – „breakfast in a disaster area" etc.

An der Sequenz des Dokumentarfilms, die den Regensturm und die Veranstalter Kornfeld und Lang nach dem Regen zeigt, wird nach meiner Einschätzung etwas Wichtiges deutlich: Der Film definiert, wie es dann auch in einem relativ prominenten Buchtitel zum *Woodstock*-Film heißt (vgl. Bell 1999), tatsächlich eine Generation, indem er solche Erzählungen ausführlich dokumentiert. Es ist also nicht das Ereignis selbst, das diese Definitionen vornimmt, sondern es sind die dokumentarfilmische Aufbereitung des Ereignisses sowie die Erzählungen, die sich daran anschließen. Denn die hier diskutierte Szene kann selbstredend völlig anders gedeutet werden als es der Film suggeriert. Und in einer soziologischen Auseinandersetzung mit dem Dokumentarfilm muss dies sogar zwingend geschehen. Was hier zu sehen ist, ist letztlich zunächst einmal nichts anderes, als dass die Veranstalter sehr erleichtert sind darüber, dass der Regensturm einigermaßen glimpflich über das Festival hinweg gezogen ist. Die Türme sind nicht umgefallen, das Equipment konnte geschützt werden, unter den Besucherinnen und Besuchern ist keine Massenpanik ausgebrochen, das Militär steht der Veranstaltung helfend bei und beginnt nicht, das Gelände aus Sicherheitsgründen gewaltsam zu räumen, was in einem „Katastrophengebiet" auch möglich gewesen wäre. Die Euphorie in den Aussagen der Veranstalter Kornfeld und Lang ist also zunächst einmal auf diese Erleichterung nach dem Gewittersturm zurückzuführen, durch die sie dann dazu hingerissen werden, ihre eigene Generation euphorisch zu definieren, wie es vor allem Michael Lang in einem etwas längerem Statement tut (DVD 1, 1:36:18 ff.): „This culture and this generation are away from the old culture and the older generation, you know, and you see how they function on their own [...] Everybody pulls together, everybody helps each other, and it works...". Das Filmteam setzt die Euphorie und die Inhalte der Aussagen von Kornfeld und Lang mit den Szenen von feiernden und sich liebenden Festivalbesuchern und -besucherinnen zu einem Gesamtstatement zusammen, das die „Generation Woodstock" als friedliebend, anti-kommerziell und solidarisch definiert. Dieses dokumentarfilmische Statement steht sicher

nicht ohne Grund genau in der Mitte der Dokumentation, es wird jetzt mit weiteren Statements untermauert, etwa mit der Szene (DVD 2, 0:34:00 ff.), in der
ein Polizist die „Kids", also die Festivalbesucher und -besucherinnen, als „good
American citizens"[5] lobt, sodass der Interviewende kommentiert, dass diese Aussage sehr ungewöhnlich sei aus dem Mund eines „Cop" – mit dieser Bemerkung
des Interviewenden erscheint sie dem Betrachter als gewichtige Artikulation –,
was dieser damit erwidert, dass er nicht als „Cop" gesprochen habe. Die in der
Szene zu sehenden umstehenden Beobachter, die offensichtlich keine Festivalbesucher sind, sieht man darüber zustimmend lachen. In die Reihe der Szenen, die
das *Woodstock*-Publikum mystifizieren, passt auch die bekannte Sequenz, in der
ein Toiletten-Reiniger zu seiner Meinung zum Festival interviewt wird und sagt:
„I've got one of my kids in Vietnam and one here, what do you think is better?"
(DVD 2, 1:04:25), oder auch und vor allem die sich direkt daran anschließende,
hoch emotional aufgeladene Szene, in der Max Yasgur – der Farmer, auf dessen
Land das Festival veranstaltet wird – seine kurze Rede an das Festival hält:
Wir sehen ihn in der Totalen sichtlich nervös am Mikro stehen und seinen
Blick auf die ganz große Masse des Publikums richten (DVD 2, 1:05:46 ff.).
Er sagt unter anderem Folgendes:

I'm a farmer [jubelnder Applaus der Zuhörenden, sichtlich irritierter, verlegen
lachender Max Yasgur]. I'm a farmer [wird von Yasgur wiederholt]. I don't know
how to speak to twenty people at one time, let alone a crowd like this. [Umschnitt
auf das Publikum, das mit der Kamera abgeschwenkt wird] But I think that you
people have proven something to the world, not only to the Town of Bethel, or
Sullivan County, or New York State; you've proven something to the world [extra
stark betont]. [Umschwenk zurück auf den Sprechenden] This is the largest group
of people ever assembled at one place. We have had no idea that there would be
this size group, and because of that, you've had quite a few inconveniences as far
as water, food, and so forth. Your producers have done a mammoth job to see that
you're taken care of… they'd enjoy a vote of thanks. But above that, the important

---

[5]Er sagt am Ende der kurzen Sequenz wörtlich (DVD 2, 0:34:30): „They can't be ques-
tioned as good American citizens." Und vorher artikuliert er bereits (DVD 2, 0:34:08):
„We [sic!] think, the people of this country should be proud of these kids." Mit dem
„Wir" spricht er nun eigentlich für die ganze Polizei, was er auf Nachfrage dann aber wie-
der bestreitet. Hängen bleibt jedoch vor allem die klare Aussage, dass Amerika, also die
Bürger dieses Landes, stolz auf die *Woodstock*-Besucher und -besucherinnen sein soll-
ten. Auch hier wird im Übrigen die Bildteilung als Stilmittel eingesetzt: Auf der rechten
Seite sehen wir das Interview, auf der linken Seite friedlich und nackt im See badende
Festivalteilnehmende.

thing that you've proven to the world is [Schnitt auf Michael Lang in der Totalen,
der sprechende Yasgur ist nicht mehr zu sehen] that a half a million kids – and I call
you kids, because I have children are older than you [die Kamera schwenkt zurück
auf Yasgur] – a half a million young people can get together and have three days of
fun and music, and have nothing but [sehr stark betont] fun and music, and I God
Bless You for it [Yasgur streckt beide Arme zum Victory-Zeichen aus und wird ein
paar Sekunden so im Standbild gezeigt, direkt danach sehen wir Jimi Hendrix und
seine Band auf die gleiche Bühne kommen, um ihr Konzert zu beginnen (DVD 2,
1:07:17).][6]

Solche und ähnliche Szenen verdeutlichen, wie sehr der Film den Mythos der
Woodstock-Generation scheinbar dokumentarisch erzeugt und dadurch das
Ereignis *Woodstock* als Ganzes zu einem Symbol der Populärkultur formt.[7]
Durch die programmatische Verkettung der auf die Teilnehmenden des Festivals
bezogenen Szenen vor allem nach der Sequenz, die den Regensturm dokumentiert, entsteht bereits im Film selbst ein wirkmächtiges Narrativ, welches die
Inhalte des Symbols *Woodstock* entscheidend mitprägt und so etwas wie eine
„Woodstock-Nation" (vgl. Hoffman 1969) als Utopie mit definiert. Dabei ist
immer auch etwas dokumentiert, das tatsächlich geschehen ist, so hat Max Yasgur sicher in der Weise zum Publikum gesprochen, wie es im Film dokumentiert
wird. Die spezifische Verkettung der Ereignisse durch den Filmschnitt sowie
durch die vielen Szenen, die Interviews zeigen, erzeugen in Verbindung mit der
oft sehr deutlichen Bildsprache jedoch erst das wirkmächtige Symbol *Woodstock,* das sich nachhaltig in die Populärkultur einschreibt, sodass es kaum noch
möglich ist, den Film als Dokument eines Ereignisses der Zeitgeschichte zu
betrachten. Er ist selbst ein gewichtiger Teil eines historisch entstehenden Symbols der Populärkultur, mit dem er so stark verflochten ist, dass er nicht mehr
als ein Dokument für sich betrachtet werden kann. Zugleich ist auch das Ereignis selbst kaum noch vom Film zu trennen. Dokumentarfilm und Ereignis werden im Symbol *Woodstock* quasi untrennbar miteinander verbunden. Das Symbol
Woodstock steht für eine besondere Lebensart, die sich durch Solidarität, Liebe

---

[6]Auf der ersten Langspielplatte zum Festival, auf deren drei Tonträgern neben den Musikdarbietungen des Original-Films in der Reihenfolge, wie sie im Film gezeigt werden, auch
die hier zitierte Rede von Max Yasgur vollständig zu hören ist, werden bereits seine letzten
Worte mit *Jimi Hendrix'* Gitarrenriffs zu *Voodoo Child (slight return)* unterlegt, was eine
emotional sehr aufgeladene Klangwelt erzeugt.
[7]Siehe hierzu unter anderen auch Bennet (2004b), der diese These mit weiteren Beispielen
aus dem Film untermauert.

und Friedfertigkeit auszeichnet. Es steht für eine neue Zeit, die sich von den alten hierarchisch und militärisch konnotierten Strukturen emanzipiert und über Protest und Rebellion neue Wege im Zusammenleben findet. Es steht am Ende für nicht weniger als *Peace and Music,* wie es im Untertitel des Dokumentarfilms heißt. Solche Begriffe, die das Symbol *Woodstock* bilden, sind nun alles andere als klar definierbar (Liebe, Frieden, Solidarität), sie stehen der Ausschmückung mit praktischen Sinn also mehr oder weniger offen zur Verfügung, sodass etwa von einem *Woodstock*-Feeling oder einer *Woodstock*-Erfahrung gesprochen werden kann, ohne dass groß erklärt werden muss, was *Woodstock* denn nun „eigentlich" ist und war.

Ein derartiges Symbol, wie es hier um das Ereignis *Woodstock* herum entsteht, zeichnet sich im Gegensatz zum Zeichen, das auf etwas ganz spezifisches verweist, darin aus, Sinngehalte zu bündeln und dadurch der Praxis als Sinnkomplex zur Verfügung zu stellen. Denn durch Symbolisierungen der Praxis entsteht praktischer Sinn, der Akteure in Praxis verwickelt und dadurch in ganz spezifischer Weise mit den Sinnbündelungen des Symbols verbindet. Symbole liegen dabei, und das unterscheidet sie von Zeichen, nicht nur als Texte oder klar definierte Codes vor, die eindeutig decodiert werden können. Sie sind zusätzlich komplexe Verdichtungen eines praktischen Sinns, der sich in unterschiedlicher Weise interpretieren lässt und dennoch thematisch generalisiert. So ist ein Bild vom *Woodstock*-Festival, etwa das Titelbild des in einer Decke gehüllten Paares von der Langspielplatte zum Festival oder ein Szenen-Bild aus dem hier diskutieren Dokumentarfilm, zum einen immer eindeutig auf dieses Ereignis bezogen, was es zu einem Zeichen macht. Gleichzeitig repräsentiert es zum anderen einen ganzen Komplex an Sinngehalten, der sich nicht so leicht entschlüsseln lässt. Und gerade durch diese Gleichzeitigkeit der eindeutigen Generalisierung des Ereignisses Woodstock und der komplexen Sinnbündelung ermöglicht das Symbol *Woodstock* eine ständige Rezeption der in ihm gebündelten Sinngehalte. Würde das angesprochene Bild des Paares oder ein Szenen-Bild aus dem Dokumentarfilm lediglich als Zeichen verstanden, würde es lediglich auf die rohen Daten des Festivals verweisen, was eine komplexe Rezeption und Produktion von Sinngehalten sehr schnell abebben lassen würde. Symbole werden dagegen zu praxisrelevanten Realitäten, sie werden wirklich, indem sie, im Anschluss an Bourdieu (vgl. u. a. 1987, S. 97 ff.) formuliert, praktischen Sinn und damit Praxis affizieren. Sie sind, wie es Hans-Georg Soeffner (1989, S. 162) mit Bezug auf Cassirer und Schütz ausdrückt, „keine Zeichen *für* etwas – sie *sind* selbst die Realität oder ein Teil der Realität, der sich in ihnen ausdrückt." Wichtig ist es in praxissoziologischer Perspektive allerdings, dass Symbole nicht, wie es Schütz und Cassirer noch suggerieren, allein auf das Bewusstsein der Akteure bezogen werden, denn wenn sich das

Symbol nicht materialisiert hat und ausschließlich als Anschauung von Akteuren imaginiert wird, kann es keinen praktischen Sinn affizieren und zeitigt deshalb auch keine Praxiseffekte. Erst wenn sich Symbole in Praktiken materialisieren, können sie von der Praxisforschung identifiziert werden. Sie sind habituell in den sozialisierten Körpern der Akteure sowie dinglich in den Artefakten der Sozialität verankert und manifestieren sich dadurch in zwei unterschiedlichen Operationsmodi der Sozialität. Symbole ermöglichen durch ihre Sinnbündelungen die *Körper-Ding-Assoziationen,* die praktischen Sinn und dadurch Praktiken entstehen lassen (vgl. hierzu Hillebrandt 2014, S. 87 ff.).

Und genau dies geschieht mit dem Ereignis *Woodstock.* Es wird zu einem Symbol für bestimmte, praxisrelevante Sinngehalte, die sich trotz ihrer Spezifik – sie sind eindeutig auf das Ereignis *Woodstock* bezogen – generalisieren lassen. Das spezifische und unverwechselbare Ereignis mit der Bezeichnung *Woodstock* steht als Symbol für etwas, welches in unspezifischer Weise benannt und erfahren wird, ohne dass dieses Etwas genau beschrieben werden könnte. Das Symbol *Woodstock* ist daher noch immer oder gerade in der zeitlichen Distanz emotional aufgeladen, es affiziert die körperliche Erfahrung vieler Menschen, die mit diesem Symbol etwas verbinden, das sich in ihre Körper eingeschrieben hat. Und selbst jüngere Generationen, die nur noch sehr vermittelt mit dem Symbol *Woodstock* konfrontiert werden, können etwas mit ihm assoziieren, das sich sehr deutlich von dem praktischen Sinn unterscheiden wird, den Zeitzeugen und -zeuginnen mit dem Symbol *Woodstock* verbinden. Diese ungebrochene, sich mit der Zeit durchaus thematisch wandelnde Symbolkraft des Ereignisses *Woodstock* ist jedenfalls der Grund dafür, dass die materialisierten Bilder, Klänge, Filmausschnitte und Gegenstände vom *Woodstock*-Festival sofort als solche erkannt werden und entsprechende Assoziationen bei Betrachtern und Betrachterinnen erzeugen, also bestimmte Körper-Ding-Assoziationen entstehen lassen, die Praktiken ermöglichen. Endet diese auf *Woodstock* bezogene serielle Praxis, endet auch das Symbol *Woodstock* und damit seine Realität. Und der Befund, dass der Dokumentarfilm das Symbol *Woodstock* als eine so verstandene Realität (mit) erzeugt, verstärkt sich weiter, wenn ein anderer, wichtiger Bereich des Films untersucht wird, in dem Live-Performances dokumentiert werden.

Auch in diesem Bereich, der vielen Betrachtern und Betrachterinnen heute möglicherweise am wichtigsten ist, weil hier die historischen Konzertmitschnitte präsentiert werden, die durch den Film nacherlebt werden können, verwendet der Film eine spezielle Bild- und Klangsprache und eine ganz bestimmte Erzählweise, die in Kombination Symbolisierungen, also Bündelungen von praktischem Sinn erzeugen. Das prägendste Beispiel hierfür ist die Dokumentation der Darbietung der US-amerikanischen Nationalhymne durch *Jimi Hendrix,* die Michael Lang,

der aus vorliegendem Text bereits bekannte Mitveranstalter des Festivals, 40 Jahre
nach dem Ereignis als Augen- und Ohrenzeuge so beschreibt:

> It's 10 A.M., Monday, August 18, 1969: Jimi Hendrix is playing to a crowd of forty
> thousand. Another half million or so have left during the night. Many had to be at
> work; others had to return to worried families who'd heard conflicting reports about
> the chaos at Woodstock. [...] Those of us gathered around the perimeter of the stage
> are transfixed by Jimi and his band of gypsies. They've been up all night, or maybe
> longer – like many of us, who haven't slept more than a few hours in days. [...]
> We are about to be ‚experienced' in something that will be unique in our lifetime:
> from ‚Voodoo Child' he veers into the melody of ‚The Star-Spangled Banner'. [...]
> As Jimi build the song, adding feedback and distortion, I am carried away just as is
> everyone around me. I realize the national anthem will never be the same. Jimi has
> plugged into our collective experience: all the emotional turmoil and confusion we
> have felt as young Americans growing up in the sixties pours from the sound towers.
> [...] It's a powerful rebuke of the war, of racial and society inequity, and a wake-up
> call to fix the things that are broken in our society (Lang 2009, S. 1 f.)

Lang stellt diese Beschreibung, die das Symbol *Woodstock* bemerkenswert
genau auf den Punkt bringt, direkt an den Anfang seiner Monografie über das
Woodstock-Festival, die zum 40sten Jahrestag des Ereignisses erscheint. Damit
folgt er in seinem Buch der Dramaturgie des Filmes. Dieser startet mit dem Logo
der *Warner Bros.,* das klanglich unterlegt wird mit E-Gitarrenstimm-Klängen
(DVD 1, 0:00:01), einigen E-Gitarren-Riffs von *Voodoo Child (slight return)* und
einigen verzerrenden Klängen zu *The Star-Spangled Banner* aus der E-Gitarre
von *Jimi Hendrix,* die damit aufgelöst werden, dass eine gewaltige, den zuvor
(DVD 1, 0:00:09) mit den basalen Daten des Films eingeblendeten Titel zer-
störende Explosion gezeigt wird (DVD 1, 0:00:21). Wenige Sekunden nach der
Explosion verstummen die Gitarren-Klänge, der Titel ist jetzt wieder zu sehen,
allerdings nicht mehr die technischen Daten des Films. Nach einem kurzen
Moment der absoluten Stille (DVD 1, 0:00:32) wird ein älterer Mann in typischer Farmer-Kleidung aus dem Ort Bethel präsentiert, in dem das Festival sich
ereignet hat. Dieser stellt sich nach Aufforderung durch den Interviewenden, jetzt
zu beginnen, was der Szene einen dokumentarischen Charakter verleiht, nament-
lich vor und lobt in einer etwas längeren, das Ereignis *Woodstock* bezeugenden
Erzählung ganz im Sinne des hier bereits nachgezeichneten Narratives retrospektiv die „Kids" des Festivals, also dessen Besucher und Besucherinnen, als
wunderbare Menschen. Die Nationalhymne von *Jimi Hendrix* stellt also so etwas
wie den klanglichen Rahmen des Films dar, denn die vollständige Version dieses etwa zwei Minuten und 30 Sekunden lang dauernden Musikstückes wird fast
ganz am Ende des Films als eines seiner letzten Musikdarbietungen präsentiert
(DVD 2, 1:12:15 ff.).

Mit der Bild- und Klangsprache zu Anfang des Films wird die Aussage
transportiert, dass die Musik des Festivals, eindeutig symbolisiert durch die
scheppernde E-Gitarren-Version der US-amerikanischen Nationalhymne von
Jimi Hendrix, die ganze Welt verändert hat, was auch Michael Lang in seinem
Augenzeugenbericht zu der entsprechenden Performance eindeutig zum Ausdruck bringt. Nichts ist nach dem *Woodstock*-Festival wie es vorher war. Auch
die kurze Reportage des älteren Gentlemans nach den explosiven Gitarren-
Klängen am Anfang des Films deutet auf etwas Ähnliches hin, denn er spricht
darüber, dass jetzt mit dem Film etwas nie zuvor Gesehenes gezeigt wird,
das total überraschend geschehen ist und die Welt verändert hat. Dies aus dem
Mund eines Farmers aus dem Ort Bethel zu hören verstärkt die Glaubhaftig-
keit der durch den Film behaupteten beispiellosen Veränderung, die sich durch
das *Woodstock*-Festival ereignet. Der Film suggeriert mit solchen Sequenzen,
dass buchstäblich die ganze vorher bekannte Welt vom *Woodstock*-Festival weg-
gezaubert und durch eine andere, bessere Welt ersetzt wird. Und die Szene, in der
Jimi Hendrix die Nationalhymne mit seiner weißen E-Gitarre der Marke *Fender*
Modell *Stratocaster* buchstäblich zerschmettert, steht nun genau für diese kulturelle Form, die der Film auf vielen Ebenen erzeugt.[8]

Diese spezielle Art der Darbietung der US-amerikanischen Nationalhymne
erreicht *Hendrix* mithilfe enormer Verstärkungstechnik durch Rückkoppelungen
und anderen Klang-Verzerrungen. Und diese Performance erscheint uns bis heute
als Symbol für das *Woodstock*-Festival und die mit ihm einhergehende Revolte
gegen das Establishment, obwohl sie wohl eher ungeplant geschieht, was der
Dokumentarfilm kaum thematisiert. *Hendrix* muss als Headliner des Festivals als
letzter und deshalb am Morgen des eigentlich nicht mehr geplanten vierten Tages
des Festivals auftreten – Regenwetter und Massenandrang haben zu massiver Ver-
spätung im Zeitplan geführt – und wäre deswegen beinahe verärgert und unver-
richteter Dinge abgereist. Das Publikum macht sich während seines sehr langen,
durch endlose Gitarren-Soli in die Länge gezogenen Auftritts erschöpft auf den
Heimweg und *Hendrix* greift vermutlich deshalb eine Tradition aus sehr traditionellen, das weiße Amerika symbolisierenden und nicht selten sehr reaktionär
und rassistisch codierten Country-Konzerten auf und spielt, zerschmettert und

---

[8]Diese weiße „Strat", die *Hendrix* auf seinem *Woodstock*-Konzert kein einziges Mal
wechselt und die zu seinen Lieblingsgitarren gehörte, wird im Wert heute auf zwei Mil-
lionen US$ geschätzt und kann im EMP-Museum in Seattle als eines der wichtigsten Aus-
stellungsstücke der Dauerausstellung dieses Rock und Pop Museums besichtigt werden. Sie
ist bis heute das teuerste Musikinstrument der Geschichte, was sehr viel über die Symbolkraft des *Hendrix*-Konzerts auf *Woodstock* aussagt. Siehe zur Bedeutung der E-Gitarre für
die Praxisformation des Rock und Pop Hillebrandt (2016).

dekonstruiert *Star-Spangled Banner,* weil ihn die Auflösungssituation des Festivals dazu inspiriert. Er lässt dieser Improvisation *Purple Haze* folgen, das schon vom Text her alles andere als den amerikanischen Traum repräsentiert. Beide Songs vereinigen sich in dieser Performance, sodass eine Bündelung von Sinngehalten geschieht, die sich nicht mehr so leicht entschlüsseln lässt.

Vor dem *Woodstock*-Festival, spätestens seit dem 16. August 1968 – also genau ein Jahr vor dem *Woodstock*-Ereignis –, hatte *Hendrix* bereits wiederholt die US-Nationalhymne in seinen Konzerten mit der E-Gitarre gespielt und zum Teil auch bereits vor *Woodstock* in der von diesem Konzert bekannten dekonstruktiven Weise mit Verzerrungen, „Bomb-downs" und anderen Klangeffekten. Keine Version ist allerdings so stark in Erinnerung geblieben wie die vom *Woodstock*-Festival (vgl. hierzu Clague 2014). Die Verzerrungen und das Schmettern der Gitarre, die *Hendrix,* so die landläufige Gewissheit, angesichts des allgemeinen Protestes gegen den Vietnam-Krieg und der Kritik am verlogenen amerikanischen Selbstbild dieser Zeit ja selbstredend gerade bei diesem, den amerikanischen Lebensstil verklärenden Lied nicht auslassen kann, sind die Aspekte dieses Praxisvollzugs, die kollektiv erinnert werden, so im Übrigen auch von Michael Lang, wie das oben angeführte Zitat zeigt. Und genau dazu trägt die Bild- und Klangsprache des Dokumentarfilms entscheidend bei, die *Hendrix* mehr als deutlich als den symbolischen Musiker des *Woodstock*-Festivals zeichnet. Ganz am Ende der *Hendrix*-Musik – zuvor ertönt nach von *Purple Haze* übergehenden, schier endlosen, über vier Minuten dauernden Gitarrenimprovisationen ohne jede Begleitung durch seine Band (ab DVD 2, 1:19:00) *Villanova Junction* (DVD 2, 1:23:20), das *Hendrix* eigens für das Festival als instrumentales Musikstück komponiert hatte und im Film mit Bildern vom Veranstaltungsort nach Ende des Festivals unterlegt wird[9] – zeigt der Film

---

[9]Diese Einblendung geschieht bereits erstmals bei der Dokumentation der Darbietung von *Purple Haze* (DVD 2, 1:17:46), das *Hendrix* der Intonierung von *Star-Spangled Banner* folgen lässt (DVD 2, 1:15:46), und wechselt sich in der Folge immer wieder mit Bildern des musizierenden *Jimi Hendrix* ab, wobei die Sequenz im Original des Films deutlich kürzer ist als im hier zugrunde gelegten Director's Cut von 2009. In den Aufnahmen vom Festival-Gelände nach dem Konzert – diese sind im Übrigen genau gleich lang wie im Original des Films – sehen wir vereinzelte Besucher und Besucherinnen, die noch übrig geblieben sind, viel Müll, der von einzelnen Menschen zusammengetragen und angezündet wird, und immer wieder große Bilder von einem verlassenen Festival-Ort, der mit den Hinterlassenschaften von etwa 400 000 Menschen aus drei bis vier Tagen übersät ist. Es entsteht in Kombination mit den Moll-Klängen von *Villanova Junction* ein sehr melancholischer Gesamteindruck, der den Betrachtenden so etwas wie Trauer über das Ende des Festivals vermittelt.

den Gitarristen dabei, wie er seine heute legendäre Gitarre abschnallt (DVD 2, 1:26:06). Dieses Bild, das wie ein Gemälde wirkt, wird mit einem Bild vom riesigen Publikum am Anfang des Festivals unterlegt, obwohl das reale Festival-Ende tatsächlich nur noch etwa 30 000 Menschen tatsächlich miterleben. Diese Kombination bleibt kurz als Standbild stehen und avanciert dadurch zu einem der Bilder des Films, weil sich hier all seine symbolischen Formen bündeln: Das riesige Publikum, das eine vermeintlich neue Form des Umgangs miteinander entwickelt hat, vereint sich bildlich mit einem genialen Musiker, der als bedeutendster Gitarrist der Popgeschichte zuvor die ganze bekannte Welt mit seiner Gitarre weggeblasen hat, wie es dem Betrachter oder der Betrachterin des Films jedenfalls erscheinen soll. Die sich in diesem Bild des Dokumentarfilms eindrücklich bündelnde Symbolkraft des *Woodstock*-Konzerts von *Jimi Hendrix* überstrahlt bis heute die widrigen Umstände seines Auftritts, dessen hier in beschriebener Weise dokumentiertes Ende nur noch lediglich etwa 30 000 der ursprünglich über 400 000 Zuschauer und Zuschauerinnen des Festivals live miterleben.[10]

3   Ereignisse und Serien

Die Frage, wie *Woodstock* zu einem wichtigen Ereignis der Zeitgeschichte wird, das für sehr viel mehr steht als für ein Musik-Festival, das bis dahin (1969) das größte seiner Art war, lässt sich mithilfe der Rekonstruktion der symbolischen Formen, die sich um *Woodstock* gebildet haben, wissenschaftlich untersuchen. Von großem Interesse ist jedoch auch die Frage, ob diese Erinnerungskultur sich bereits aus dem speist, was sich *eigentlich* ereignet hat. Mit den Begriffen zu den Ereignisformen, die ich im ersten Abschnitt im Anschluss an Deleuze und Foucault entwickelt habe, lässt sich leicht erkennen, dass das Ereignis *Woodstock,* das über die im zweiten Abschnitt nachgezeichneten symbolischen Formen zu einem nachhaltigen Ereignis wird, das also übersituativ in der Gesellschaft greift, noch sehr viel mehr Ereignisse erzeugt hat, die zwar eben nicht so offensichtlich symbolisiert sind, über die spezifische Vollzugswirklichkeit des Ereignisses, das mit dem Wort *Woodstock* bezeichnet wird, jedoch einiges mehr aussagen können, als die offensichtlichen Symbole, die zuweilen zu Stereotypen werden.

---

[10]Im Übrigen ist *Villanova Junction* nicht die letzte Nummer, die *Hendrix* hier darbietet, er schließt, wie im später (2010) erscheinenden Konzertmitschnitt *Jimi Hendrix plays Woodstock* zu sehen ist, diesem Stück noch eine sehr lustlose Version von *Hey Joe* an, seinem ersten großen Hit in Großbritannien von 1966/67.

Wenn bedacht wird, dass die Dinge und sozialisierten Körper sowie die symbolischen Formen und diskursiven Formationen nur durch Ereignisse wirksam werden, weil sie sich buchstäblich ereignen müssen, um praxisrelevant und somit für den soziologischen Beobachter sichtbar zu sein, ist es eine wichtige Aufgabe der praxissoziologischen Erforschung des *Woodstock*-Festivals, weitere Ereignisketten dieses Ereignisrahmens aufzuspüren und zu untersuchen. Nur so lässt sich am Ende noch besser verstehen, was *Woodstock* zu einem Schlüsselereignis der Pop- und Zeitgeschichte hat werden lassen. Außerdem ist es auf diese Weise möglich, die Elemente und Formen genauer zu identifizieren, die zur materiellen Konstitution des *Woodstock*-Festivals und damit auch der Praxisformation des Pop geführt haben, die durch *Woodstock* so eindringlich symbolisiert wird. Denn dass sich bestimmte materielle Artefakte und sozialisierte Körper seriell auf Pop-Festivals ereignen, erlaubt Schlussfolgerungen, wie sich die Praxisformation des Pop konstituiert. *Woodstock* steht dabei, wie ja bereits mehrfach gesagt, am Ende der Konstitutionsphase dieser Praxisformation.

Um diese Forschung voranzutreiben, müssen somit weitere Ansatzpunkte gefunden werden, um signifikante Ereignisströme jenseits des nachgezeichneten Erinnerungsbildes *Woodstock* ausfindig zu machen. Dabei kann es selbstredend nicht darum gehen, eine Metaphysik der Eigentlichkeit zu entwickeln, indem so getan wird, als wenn ein nochmaliges Miterleben der Praxis auf dem *Woodstock*-Festival möglich wäre. Es kommt vielmehr darauf an, die Ereignisströme des Festivals vielschichtig und differenziert in den praxissoziologischen Blick zu nehmen, um auf diese Weise besser verständlich zu machen, was sich innerhalb des Ereignisrahmens *Woodstock* ereignet hat. Erst dies erlaubt es, den besonderen Verlauf des Ereignisses sowie seine zentralen Elemente genauer einzugrenzen.

Was nun aber die besondere Qualität der Vollzugswirklichkeit von Praxis betrifft, liegt mit dem Ereignis *Woodstock* ein Praxisvollzug vor, der sich genau dadurch auszeichnet: Gerade der völlig ungeplante Verlauf des Ereignisses und die situative Eigenlogik der Praxis, die sich auf dem Festival einstellt, gelten bis heute als die zentralen Merkmale, die das *Woodstock*-Festival symbolisieren. Und der Dokumentarfilm dokumentiert dies in verschiedenen Bereichen, sodass es heute möglich ist, die genannten Merkmale des Ereignisses *Woodstock* analytisch festzuschreiben: Die unerwartet große Masse an Menschen, die zum Festival pilgert – die Veranstaltenden hatten mit höchstens 200 000 Menschen gerechnet –, wird in vielen Sequenzen des Films sichtbar, so auch die Problematik, dass von den vielen Musik-Fans keine Eintrittsgelder eingenommen werden können, sodass das Festival bereits sehr kurz nach Beginn zu einem „Free Concert" erklärt werden muss – wir sehen im Film gelegentlich und ganz beiläufig, dass die Zäune, die das Festival-Gelände begrenzen sollen, leicht von den Musikfans abgeräumt werden können. Der große Andrang führt zu weiteren Improvisationen in der Organisation, die sich in einer Veränderung der Verantwortung für die Menschenmassen ausdrückt: Diese sind jetzt selbst als aktive Teilnehmende gefordert, damit das Festival überhaupt weitergehen kann. Vom Film wird dieser Aspekt sehr eindringlich und ausführlich durch die Szene dokumentiert, die an der zentralen Informationsstelle des Festivals aufgenommen wird und eine Besucherin zeigt und ausführlich zu Wort kommen lässt, die während des Ereignisses von einem Musik-Fan zu einer engagierten Helferin bei der Suche nach verloren gegangenen Begleitpersonen wird (DVD 2, 0:09:30–0:13:14). Und der Film zeigt bezüglich der Improvisation, welche die besondere Qualität von *Woodstock* ausmacht, noch weitere Anhaltspunkte für die Erforschung des Ereignisses auf: Das Militär kommt zu Hilfe und fliegt unter anderem Ärzte ein, die ohne Honorar diverse Festival-Zusammenbrüche von Besuchern und Besucherinnen behandeln – immer wieder sind im Film die Helikopter zu sehen. Die Bewohner und Bewohnerinnen des Festival-Ortes Bethel, die im Film wiederholt zu den Ereignissen interviewt werden, müssen die Menschen des Festivals nach ihren Angaben mit Trinkwasser und Nahrung versorgen und können selbst den Ort für Tage nicht verlassen. Die Musizierenden, die im Film konsequent und durchgehend als Künstler bezeichnet werden, müssen, wie im Film immer wieder zu sehen ist, mit Hubschraubern eingeflogen werden, weil sie nur noch so das Festivalgelände erreichen können – der Autoverkehr ist, wie der mit dem Hubschrauber von New York City eingeflogene Bühnenkünstler *Arlo Guthrie* im Film dem *Woodstock*-Publikum mitteilt (DVD 1, 1:53:50 ff.), vollkommen zusammengebrochen, der Highway von New York City in die Catskill Mountains wird von der Polizei gesperrt. In der Hinsicht, dass der Dokumentarfilm solche und ähnliche Aspekte immer wieder streift, also dokumentieren muss, um seine oben umrissene Botschaft von einer neu entstehenden Generation *Woodstock* vermitteln zu können, zeigt er dem Betrachter oder der Betrachterin aus der Gegenwart, dass die besondere Qualität des *Woodstock*-Festivals gerade darin liegt, dass es sich als riesiges Experimental-Ereignis vollzieht. In ihm versammeln sich diverse Ereignisstränge zu einer vielschichtigen Ereigniszone, die eine eigene Identität erreicht, indem sie als ein Ereignis mit dem Namen *Woodstock* erinnert wird. Kleine, sich zeitlich unbestimmt aufschwingende Ereignisse wie das Verteilen von Nahrungsmitteln, die spontane Hilfe für bestimmte Festivalbesucher und -besucherinnen, die improvisierte Kanalisierung der Menschenströme zum Festivalgelände und andere Ereignisse werden zu symbolischen Bildern für eine improvisierte Festivalkultur, die sich als eigenständige Praxisform zu etablieren beginnt.

Ganz in diesem Sinne lässt sich auch die Sequenz zum nicht antizipierten Regensturm am Nachmittag des dritten Tages lesen. Es ist genau diese situative, nicht antizipierbare *praktische Logik der Verkettung von sich aufschwingenden und sich situativ verfestigenden Ereignissen,* die in dieser und vielen anderen Sequenzen des Dokumentarfilms unweigerlich hinter seinen starken Botschaften deutlich wird, die das Ereignis *Woodstock* als ein ganz besonderes der Rock- und Popgeschichte definiert, das zu einem Symbol für die Praxisformation des Rock und Pop als „Intensitätszone" (Deleuze und Guattari 1992, S. 37) der Gegenwartsgesellschaft wird.[11] Diese Ereignisse, die für sich genommen eigentlich kein nachhaltiges Greifen in der Sozialität erzeugen würden, werden durch die symbolischen Formen, die mit dem Festival *Woodstock* entstehen, selbst zu Symbolen. Und insofern sagt der Film auch etwas über das Ereignis selbst aus, also über die sich beim Festival einstellende Vollzugswirklichkeit der Praxis. Er liefert mit anderen Worten Bild- und Tonmaterial, das es uns erlaubt, Augenblicke der Praxis, also sich situativ aufschwingende Ereignisse, die sich während des *Woodstock*-Festivals vollziehen, wissenschaftlich zu umkreisen und dadurch zugänglicher zu machen. Folglich finden sich hinter den offensichtlich durch die Filmemacher und -macherinnen konstruierten Botschaften des Films, die zum Zweck seiner soziologischen Auswertung zunächst einmal dekonstruiert werden müssen, Anhaltspunkte für die Arbeit an der soziologischen Rekonstruktion des Ereignisses als besondere Form des Praxisvollzugs, das diverse Ereignisströme in sich versammelt, die quasi im Hintergrund des wirkmächtigen Erinnerungsbildes mit dem Namen *Woodstock* sichtbar gemacht werden können. Weiter verdeutlichen lässt sich dies an der bereits oben ausführlich diskutierten Sequenz des Dokumentarfilms, die Teile des *Woodstock*-Konzertes von *Jimi Hendrix* zeigt.

Auffällig an diesen Szenen ist zunächst einmal, dass bei einigen wenigen Kamera-Einstellungen, die *Jimi Hendrix* von hinten zeigen, sichtbar wird, dass, wie bereits ausgeführt, die Menge der Musikfans auf eine kleine, überschaubare Gruppe geschmolzen ist. Wir sehen im Publikum einige übernächtigte und müde wirkende Menschen, was darauf schließen lässt, dass die gezeigten Szenen sich am Ende des Konzertes ereignen, obwohl es offensichtlich hell ist, sodass genau das deutlich wird, was Michael Lang in seinem oben zitierten Zeugnis der

---

[11]Gemeint ist „eine zusammenhängende, in sich selbst vibrierende Intensitätszone, die sich ohne jede Ausrichtung auf einen Höhepunkt oder äußeres Ziel ausbreitet" (Deleuze und Guattari 1992, S. 37). Solche Zonen bestehen aus diversen Schichten und Plateaus, die sich wie ein Rhizom miteinander verflechten und durch immer wieder neu entstehende Ereignisse pulsieren.

Darbietung der Nationalhymne durch *Jimi Hendrix* aussagt: Der Zeitplan des Festivals hat sich massiv verzögert, sodass auf den Morgen des eigentlich nicht mehr geplanten vierten Tages ausgewichen werden muss, um den Headliner des Festivals, der *Jimi Hendrix* nach allen historischen Ankündigungen und Plakaten zweifellos ist, überhaupt noch auftreten lassen zu können. Dies ist ein weiteres starkes Indiz für den ungeplanten Verlauf des Festivals, der einige spezielle Praxisvollzüge entstehen lässt, die dem Festival seine besondere Qualität geben. Sichtbar wird hier, dass das Konzept des Festivals Musikdarbietungen ohne große Pausen vorsieht – lediglich kleinere Umbaupausen sind eingeplant –, sodass sich einige Konzerte beim Morgengrauen ereignen, wie etwa das von *Jefferson Airplane* am dritten Tag (siehe DVD 2, 0:00:00). Des Weiteren finden alle Konzerte auf nur einer Bühne statt, sodass die vor allem durch den Regen und die Schwierigkeiten beim Transport der Künstler und Künstlerinnen verursachten Verzögerungen massiv auf den Zeitplan durchschlagen müssen. Musik nonstop auf lediglich einer Bühne ist dann auch inzwischen keine gängige Praxisform mehr für Pop-Festivals. Außerdem sehen wir bei der Dokumentation des Auftritts von *Jimi Hendrix* diverse Zuschauer und Zuschauerinnen direkt neben den Musikern auf der Bühne stehen, was diese – einschließlich *Jimi Hendrix* – völlig gelassen hinzunehmen scheinen, für die gegenwärtige Praxis des Rock und Pop allerdings ausgesprochen ungewöhnlich ist. Wenn man diesen Umstand auf die hier offensichtliche Auflösungssituation des Festivals zurückführen möchte – die Musik-Fans gehen beim letzten Konzert auf die Bühne, weil sich so oder so alle Strukturen des Festivals aufzulösen beginnen –, wird bei einem genaueren Blick auf andere Szenen des Films eines besseren belehrt. Denn etwa auch beim erwähnten Auftritt von *Jefferson Airplane* – der damals enorm populären Hippie-Band aus San Francisco – am Morgen des dritten Tages sehen wir sehr viele Musik-Fans auf der Bühne stehen. Die Band ist quasi von Publikum auf der Bühne umzingelt (DVD 2, 0:00:10), und *Grace Slick,* die sehr populäre Frontfrau und Sängerin der Band, reiht sich in den Passagen des Konzerts gelassen in die zahlreich auf der Bühne stehenden Zuschauenden und -hörenden ein, in denen sie keine Gesangsparts hat (DVD 2, 0:13:18), sodass sie zu einem Teil des Publikums wird – an einigen Stellen der Szene werden sogar ungewollte physische Berührungen sichtbar, die niemanden zu irritieren scheinen. Bemerkenswert an diesen Szenen ist, dass nicht nur die Stars, sondern auch das Publikum nicht besonders nervös auf die sehr große physische Nähe zwischen Star und Fan zu reagieren scheint. Bei *Grace Slick* sowie bei *Jimi Hendrix,* zwei der größten Pop-Stars dieser Zeit, stehen die Zuschauenden einfach so da, als wäre es vollkommen selbstverständlich, physisch so nah neben diesen beiden Ikonen der Hippie-Bewegung zu stehen.

Der Film dokumentiert also sehr klar, dass die Grenze zwischen Pop-Star und Pop-Fan am Ende der Konstitutionsphase der Praxisformation des Rock und Pop noch nicht so scharf gezogen wird wie in der Gegenwart, in der ein physischer Kontakt zwischen beiden Gruppen kaum noch ungeplant möglich ist. Gleichsam wird an diesen Sequenzen sichtbar, dass der organisatorische Aufwand, Fans und Stars während des Festivals voneinander zu trennen, beim *Woodstock*-Festival noch sehr gering ausgeprägt ist: Die Bühne wird nicht gesondert gesichert, die Wege, auf denen die Pop-Stars zur Bühne gehen, sind nicht durch Sicherheitspersonal abgeschirmt, das Sicherheitsproblem scheint insgesamt noch nicht dermaßen wichtig genommen zu werden wie heute, was im Übrigen auch für das *Monterey Pop Festival* von 1967 zu gelten scheint, was ein Blick in den entsprechenden Dokumentarfilm von Pennebaker offensichtlich werden lässt: Denn hier sieht man die größten Stars des Festivals, unter ihnen im Übrigen auch *Grace Slick,* während der Konzerte anderer Künstler ganz selbstverständlich im Publikum sitzen. Niemand scheint sich an diesem Umstand zu stören.

Dies zeigt eines sehr deutlich: *Monterey* und auch noch *Woodstock* sind Schlüsselereignisse des Rock und Pop, die am Ende der 1960er Jahre alles andere als eingespielt sind, was die Dokumentarfilme beide auf ihre eigene Art verdeutlichen, ohne dass sie beide diesen retrospektiv sichtbar werdenden Aspekt programmatisch in den Mittelpunkt der Dokumentation stellen. Wir sehen noch keine perfektionierte Organisation, die Konzerte sind noch einigermaßen experimentell und die Strukturen der Festivals sind noch einigermaßen schwach ausgeprägt. Werden sie mit Pop-Festivals der Gegenwart verglichen, die hoch professionell und systematisch organisiert sind, drängt sich diese Diagnose sehr stark auf. Und der Dokumentarfilm zum Ereignis *Woodstock* erlaubt diesen Befund, weil er ja keineswegs im Vergleich zu gegenwärtigen Ereignissen des Rock und Pop angefertigt wird, sondern, ganz im Gegensatz dazu, eigentlich davon auszugehen scheint, dass ein derartiges Ereignis sich nicht in der Form wiederholen wird. Dass das Pop-Festival in Serie geht – bis heute haben sich seit *Monterey* und *Woodstock* unzählige Pop-Festivals auf der ganzen Welt nach diesen historischen Vorbildern ereignet und werden sich mit an Sicherheit grenzender Wahrscheinlichkeit auch zukünftig so oder ähnlich ereignen –, ist noch 1969 kaum vorstellbar, und auch der Dokumentarfilm zu *Woodstock* suggeriert dann auch an vielen Stellen, dass das durch ihn dokumentierte Ereignis *Woodstock* einzigartig ist und immer sein wird.

Bevor ich darauf zurück komme, möchte ich noch einen Aspekt thematisieren, der durch den Dokumentarfilm eher beiläufig dokumentiert wird, der aber für die Entwicklung des Rock und Pop zu einer wirkmächtigen und nachhaltigen Praxisformation sehr wichtig ist. Und der Filmausschnitt, der *Jimi Hendrix* zeigt, ist für diesen Aspekt exemplarisch, denn es geht um die Möglichkeit, den Klang der Musik mit technischen Mitteln zu verstärken. Erst neu entwickelte Verstärkungstechniken machen es Ende der 1960er Jahre überhaupt möglich, große Pop-Konzerte unter freiem Himmel zu veranstalten. Und das technische Equipment des *Woodstock*-Festivals, das immer wieder eher beiläufig im Dokumentarfilm zu sehen ist, gilt als eines der besten Soundsysteme dieser Zeit, das unter dem Namen Hanley-Sound, benannt nach dem Soundtechniker Bill Hanley, der es Ende der 1960er Jahre wie kein anderer verstand, technische Mittel zu einem bahnbrechenden Soundsystem zusammenzufügen, in die Geschichte des Rock und Pop eingeht. In vielen Einstellungen und Szenen des Films sind die riesigen Verstärker- und Lautsprechertürme zu sehen, die es überhaupt erst ermöglichen, dass mehrere hunderttausend Menschen gleichzeitig mit Musik beschallt werden. Die Veranstalter rechneten immerhin mit um die 200 000 Menschen, waren sich also sicher, diese Masse beschallen zu können. In den Einstellungen, die *Jimi Hendrix* zeigen, wie er seine Gitarre spielt, wird dieses Klangsystem in seinen Wirkungen erfahrbar: Er verwendet wie selbstverständlich Rückkoppelungen, vor allem auch in der Darbietung von *Star-Spangled Banner,* die hier nicht als zu unterdrückende Störeffekte der immensen Verstärkungskapazitäten erscheinen, sondern als gewollte Mittel, die Gitarre in ganz neuer Weise zum Klingen zu bringen. Sichtbar wird dies vor allem dann, wenn *Hendrix* die E-Gitarre nur mit der Griffhand spielt: Ein Anschlag der Gitarre erlaubt ihm die Intonierung von minutenlangen Tonfolgen, was nur möglich ist, wenn das Klangsystem entsprechend mächtige Töne zu erzeugen vermag. Zudem verändert die Lautstärke der Gitarre, die mit den Verstärkungstechniken enorm ansteigt, ihren Status in der Popmusik: Sie wird von einem Rhythmus- zu einem Leadinstrument und rückt dadurch in das Zentrum der Popmusik (vgl. hierzu Hillebrandt 2016).

Interessant ist nun an den diesbezüglichen Szenen aus dem *Woodstock*-Film, dass diese Art des Gitarrenspiels, mit der *Hendrix* noch auf dem *Monterey Pop Festival* im Jahr 1967 für Erstaunen im Publikum sorgt, auf seinem *Woodstock*-Konzert offensichtlich als ganz selbstverständlich aufgenommen wird. Niemand ist im Publikum erstaunt, alle scheinen zu erwarten, dass *Hendrix* in seiner ganz eigenen Weise die E-Gitarre spielt, die ihn berühmt gemacht hat. Im Dokumentarfilm werden die vielen technischen Mittel mehrfach sichtbar, die *Hendrix* für sein Konzert verwendet – diverse Pedale, Kabel, Schalter, Verstärker und Boxen –, und alle umstehenden Menschen, die als Publikum des Festivals gelten können, sehen hier nichts, das sie überraschen müsste, eher im Gegenteil: Offenbar ist der Auftritt von *Hendrix* weniger impulsiv als gewohnt, und *Hendrix* führt nur widerwillig einige kleine Tricks mit der Gitarre vor, wie auf dem Rücken und mit den Zähnen spielen, die seine diversen Konzerte vorher mit gekennzeichnet hatten. Diese Szenen dokumentieren also etwas, das der Film offenbar gar nicht dokumentieren will, weil es 1969/70 bereits selbstverständlich ist: *Jimi Hendrix* ist im Sommer 1969 ein großer Star der Pop-Musik. Berühmt hat ihn vor allem sein bahnbrechendes Gitarrenspiel gemacht, das auf dem *Woodstock*-Festival alle verbliebenen Musik-Fans wie selbstverständlich von ihm erwarten. Diese Erkenntnis, die vor allem durch einen Vergleich des Filmmaterials von *Monterey Pop* und *Woodstock* möglich wird, ist nun nicht nur für die *Hendrix*-Forschung relevant, sondern auch für die Erforschung des Rock und Pop insgesamt: Erst durch die Soundsysteme der späten 1960er Jahre, die im Übrigen auch durch eine Zusammenarbeit zwischen dem Gitarristen *Hendrix* und *Jim Marshall* als britischem Pionier in der Herstellung und Entwicklung von Gitarrenverstärkern möglich werden, kann sich die Pop-Musik große freie Räume außerhalb von abgeschlossenen Hallen für ihre Konzerte erschließen, und diese Möglichkeit wird auch für *Woodstock* genutzt. Der Dokumentarfilm zeigt in diesem Zusammenhang, dass die eigentlich noch sehr junge Soundtechnik bereits wie selbstverständlich zur Veranstaltung eines großen Pop-Festivals eingesetzt wird. Zwar muss sie, wie oben beschrieben, vor dem Regen geschützt werden, sie funktioniert jedoch vor und nach dem Regen einwandfrei, wir hören im Film kaum Störgeräusche, es sei denn sie werden von Musikern wie *Jimi Hendrix, Pete Townshend* oder *Alvin Lee* als gewollte Mittel zum spektakulären Gitarrenspiel eingesetzt.

Meine hier gewählten Beispiele zur soziologischen Auswertung des Filmmaterials, das uns der Dokumentarfilm zum *Woodstock*-Festival hinterlässt, ließen sich sicher noch um einige Aspekte erweitern. Durch meine wenigen Analysen zeigt sich aber bereits, dass der Film deutlich mehr thematisiert als seine Erzählstruktur und seine offensichtlichen Suggestionen verdecken können. So sehen wir in ihm, wie sich ein neues Festival-Konzept zu etablieren beginnt, wie sich neue Wege in der Präsentation von Popmusik durchsetzen, wie große Pop-Stars ihren Ruhm reproduzieren und dadurch verstärken *(Hendrix),* wie bestimmte kleine Ereignisse des Festivals zu wichtigen Erinnerungspunkten in der Erinnerungskultur werden, obwohl dies im Vollzug der Praxis offensichtlich von niemanden so intendiert wird, wie sich das Publikum von Pop-Festivals an diese damals noch neue Form des Pop-Konzertes gewöhnt. Zudem sehen wir nicht zuletzt auch, welche uns heute skurril erscheinenden Praxisverläufe auf einem Pop-Festival im Jahr 1969 noch möglich sind – etwa Publikum auf der Bühne, Musikstars im Publikum, eine nicht überdachte Bühne, nonstop Musik auf nur einer einzigen Festival-Bühne etc. Insofern ist selbst ein so mit Botschaften durchdrungener Dokumentarfilm, wie der von Michael Wadleigh zum *Woodstock*-Festival, der, wie hier gezeigt, diverse Stereotypen und Mythen zum *Woodstock*-Festival mit hervorbringt und dadurch einen großen Teil dazu beiträgt, dass *Woodstock* zu einem nicht mehr so leicht zu entschlüsselnden Symbol der Zeitgeschichte wird, eine wichtige Quelle zur soziologischen Erforschung des praktischen Verlaufs des vergangenen Ereignisses, das wir mit dem Namen *Woodstock* bezeichnen.

Und diese praxissoziologische Erforschung des Ereignisses *Woodstock,* die den Dokumentarfilm als eine ihrer Quellen nutzt, ist zur Untersuchung der Praxisformation des Rock und Pop unerlässlich. Pop-Festivals sind wichtige Ereignisse der Konstitution des Rock und Pop zu einer wirkmächtigen Praxisformation als Intensitätszone der Gegenwartsgesellschaft. *Woodstock* steht relativ am Anfang einer Serie von Ereignissen, durch die sich die *Praxisformation* des Rock und Pop als *Intensitätszone* der Gegenwart konstituiert. Eine Genealogie des Rock und Pop, verstanden als Geschichte der Gegenwart, ist gezwungen, derartige Konstitutionsereignisse unter dem Gesichtspunkt zu untersuchen, was von diesen Ereignissen – also welche Ereignisse innerhalb des Symbols *Woodstock* – in welcher Form in Serie geht, sich also seriell immer wieder aufs Neue ereignet. Auf der Basis des Begriffs von Ereignis, den ich oben mithilfe von Theorievorgaben von Michel Foucault und Gilles Deleuze entwickelt habe, kann gesagt werden, dass die unterschiedlichen diskursiven, dinglichen, körperlichen und symbolischen Elemente des Rock und Pop gerade in der Materialität ihres praktischen Zusammenwirkens in Ereignissen eine besondere Qualität entfalten, die von strukturbildender Wirkung für die Formation des Rock und Pop als dauerhafte Praxis ist. Denn dadurch dass Körper, Dinge, Diskurse und Symbole sich als Elemente von spezifischen Ereignissen des Rock und Pop materialisieren, indem sie assoziativ zusammenwirken, werden sie zu Kristallisationspunkten für die serielle Verkettung von Folgeereignissen. Und genau dieses überraschende Zusammenspiel der Elemente in Konstitutionsereignissen mit Folgecharakter am Ende der Phase der Genese des Rock und Pop zu einer nachhaltigen Praxisformation der Gesellschaft, für die *Woodstock* als wichtiges Beispiel gelten kann, bringt die gesellschaftliche Wirkkraft der Praxisformation des Rock und Pop hervor. Die hier vorgenommene Untersuchung von *Woodstock* als nachhaltiges Ereignis der Konstitutionsphase der Praxisformation des Rock und Pop, die genealogisch nach seiner Entstehung und seinem Verlauf fragt, eröffnet eine multidimensionale Perspektive auf die Formation der Praxis des Rock und Pop, die über ihren Vollzug verstanden werden muss. Rock und Pop steht mit anderen Worten für eine ganz bestimmte Vollzugswirklichkeit, die sich eben nur in ihrer praktischen Entstehung und Reproduktion nachvollziehen lässt, sodass mit dem ereigniszentrierenden Zugang die performative Dimension des Rock und Pop als wichtiges gesellschaftliches Feld erfasst wird. Dazu kann über die Analyse des Ereignisses *Woodstock* identifiziert werden, welche einzelnen Elemente

der Formation des Rock und Pop wie zusammenwirken, also in ihrem praktischen Zusammenspiel und somit hinsichtlich ihrer konstitutiven Relevanz für
die Praxisformation wirksam werden. Denn die Dinge, Körper, diskursiven Formationen und Symbole für sich gibt es nicht, es gibt sie nur, wie meine Überlegungen zum *Woodstock*-Festival zeigen sollten, durch Ereignisse, in denen sie
assoziativ zusammenwirken. Mit einer solchen Forschungsperspektive, die Ereignisse in den Mittelpunkt der Genealogie der Gegenwart stellt, kann nicht nur die
besondere Qualität des Konstitutionsereignisses *Woodstock* eingegrenzt werden,
sodass ein Bild der Entstehungs- und Reproduktionslogik der Praxis des Rock
und Pop entsteht. Außerdem wird es mit dem hier vorgeschlagenen Begriff des
Ereignisses möglich, verschiedene Ereignisströme und -verkettungen hinter dem
wirkmächtigen Erinnerungsbild mit dem Namen *Woodstock* aufzuspüren.

Hinter diesen theoretischen Überlegungen, die hier am Beispiel *Woodstock*
ansatzweise erprobt wurden, steht die Annahme, dass die Praxisformation des
Pop als Intensitätszone der Gegenwartsgesellschaft auf regelmäßige Konstitution und Reproduktion durch sich vollziehende Ereignisse angewiesen ist,
weil sie nur so entstehen und auf Dauer gestellt werden kann. Ein Forschungszugang über die Analyse von Konstitutionsereignissen mit seriellem Charakter
ermöglicht es, sowohl die Vielschichtigkeit, als auch die besondere Dynamik
der Praxisformation des Rock und Pop in den Blick zu nehmen. Insofern ist die
Erforschung des *Woodstock*-Festivals ein wichtiger Bestandteil der Genealogie
des Rock und Pop. Und der Dokumentarfilm zum Festival kann, wie hier gezeigt
werden konnte, als wichtige Quelle dieser Genealogie des *Woodstock*-Festivals
dienen, wenn er zuvor auf seine Narrative und Suggestionen hin untersucht wird.
Dann zeigt sich, dass der Film sehr wohl Aufschluss darüber gibt, wie bestimmte
materielle Elemente des Ereignisses *Woodstock* assoziativ zusammenwirken,
sodass sie einen nachhaltigen Effekt auf die serielle Verknüpfung von Folgeereignissen haben. Neben der Identifikation von technischen und gegenständlichen
Aspekten, also in unserem Beispiel vor allem der Bühnen- und Soundtechnik
des *Woodstock*-Festivals, lassen sich durch die Untersuchung des hier erstmals
intensiv erprobten Hanley-Sound musikalische Neuerungen identifizieren, die
sich in der Konstitutionsphase des Rock und Pop vor allem in neuen Rhythmen
(Rock ‚n' Roll, Blues-Rock, Soul, Off-Beat-Klänge) und E-Gitarren-Riffs zeigen. Werden diese Konstitutionselemente des Ereignisses *Woodstock* mithilfe
der Auswertung des Dokumentarfilms neu in den Blick genommen, wird sichtbar, dass der neue Sound wesentlich für die Intensität der Konzerte von *Woodstock* mitverantwortlich gemacht werden muss und dass dies wiederum ganz
spezifische Körper-Ding-Assoziationen wahrscheinlich werden lässt, sodass nun
wiederum unter diesem Gesichtspunkt die sozialisierten Körper der Musiker

und Musikerinnen aber auch der Organisatoren und Organisatorinnen sowie des Publikums von *Woodstock* mithilfe bestimmter Sequenzen des Dokumentarfilms untersucht werden können. Außerdem sind es auch die durch den Dokumentarfilm selbst erzeugten medialen Elemente, die sich für das Zustandekommen des Ereignisses *Woodstock* als konstitutiv erwiesen und deshalb näher daraufhin zu untersuchen wären, wie sie mit anderen Elementen des Ereignisses zusammenwirken. Und gerade *Woodstock* steht für die zeitliche und räumliche Ausdehnung der Praxisformation des Rock und Pop, die sich durch Festivals wie dem von *Woodstock* neue physische Räume und Zeithorizonte erschließt, die nachhaltig immer wieder zur Konstitution neuer Ereignisse genutzt werden. Eine Auswertung des Films unter diesem Gesichtspunkt kann weiteren Aufschluss geben über die Ausbreitung des Rock und Pop im physischen Raum.

4   Schluss

Um eine so an den Elementen von Ereignissen ausgerichtete Forschung zum *Woodstock*-Festival weiter zu intensivieren, ist es, wie bereits in diesem Text deutlich geworden ist, nötig, den Dokumentarfilm mit weiteren Quellen zu korrelieren, um bestimmten Spuren, die der Film legt, genealogisch zu folgen. So ist beispielsweise die legendäre Massenanziehungskraft des *Woodstock*-Festivals weiter zu untersuchen. Ein wichtiges Element ist in diesem Zusammenhang neben dem Radio auch die Vinyl-Platte, die als damals paradigmatisches Verbreitungsmedium von Musik für einen hohen Bekanntheitsgrad der Musiker und Musikerinnen von *Woodstock* sorgt. Außerdem ist es für die hier skizzenhaft umrissene Forschung sinnvoll, den Dokumentarfilm komparativ zu verwenden, denn ein Vergleich des *Woodstock*-Films etwa mit dem von Pennebaker zum *Monterey Pop Festival* zeigt, und dies wird bereits in diesem kurzen Text deutlich, bestimmte Verfestigungen der Praxis des Pop auf, wie vor allem an den beiden Auftritten von *Jimi Hendrix* gezeigt werden kann, die nach den beiden Dokumentarfilmen beide jeweils als Gesamtmitschnitte vorgelegt werden.

Bei all dem muss gegen die Symbolisierungen von *Woodstock* als einzigartiges Ereignis sein serieller Charakter betont werden. Denn *Woodstock* steht bereits in einer Serie von Ereignissen, die als Rock- bzw. Pop-Festivals bezeichnet werden können. Es wird explizit nach dem Vorbild des *Monterey Pop Festivals* konzipiert und durchgeführt, wie Michael Lang als ein Initiator von *Woodstock* mehrfach in Interviews sagt. *Monterey* wird in der Geschichtsschreibung des Rock und Pop regelmäßig an den Anfang einer Serie von Festivals populärer Musik gestellt, obwohl auch dieses Festival, das sich in seiner Konzeption und

Durchführung nicht an Folk-Festivals wie denen von Newport, sondern eher an avantgardistischen Jazz-Festivals orientiert, nicht das erste seiner Art sein wird. Die Frage, welches Festival das erste Pop Festival der Geschichte ist, ist für die Genealogie des Rock und Pop jedoch nicht so entscheidend, denn es kommt für eine derartige Forschung vor allem darauf an, das Serielle an Ereignissen auszumachen: Auf *Monterey* (1967) folgen 1968 *Miami* (organisiert und durchgeführt von Michael Lang) und *Atlanta* sowie 1969 *Woodstock* und das erste *Isle of Wight Festival* in Großbritannien. Auf *Woodstock* folgen 1970 unter anderem das zweite *Atlanta Festival,* das zweite *Isle of Wight Festival* sowie das *Fehmarn Festival* in der BRD. Bis heute gibt es weltweit unzählige Nachfolgeereignisse, die sich Rock- und Pop-Festivals nennen und alle in Serie mit dem Konstitutionsereignissen *Monterey* und *Woodstock* stehen. Die hier verfolgte Auseinandersetzung mit dem Dokumentarfilm zum Ereignis *Woodstock* versteht sich dann auch als Beitrag dazu, den Dokumentarfilm als *Quelle zur Erforschung von Woodstock als Rockfestival* nutzbar zu machen, weil dies der praxissoziologischen Erforschung des Rock und Pop erlaubt, genaueren Aufschluss darüber zu gewinnen, wie die Praxisform des Festivals, die auch gegenwärtig eine besondere Relevanz für die Pop-Musik hat, zu einem wichtigen Bestandteil der Formation der Praxis des Pop wird.

Mit dem hier vorgeschlagenen differenzierten Begriff von Ereignis, der Ereignisse in ihrer Vollzugslogik voneinander unterscheidet, ist es außerdem möglich, verschiedene Ereignisströme, die sich in einem Ereignis, das nachhaltig in der Sozialität wirkt, vollziehen, zu identifizieren und miteinander in Beziehung zu setzen. Dies konnte hier bereits ansatzweise erprobt werden, indem die Ereignisse, die während des *Woodstock*-Festivals situativ aufschwingen und vom Dokumentarfilm lediglich beiläufig dokumentiert werden, weiter untersucht werden. Denn diese Ereignisse sind nicht selten Ausgangspunkte für besondere strukturelle Verfestigungen innerhalb einer Praxisformation des Rock und Pop, wie hier am Beispiel der Grenze zwischen Bühne und Publikum deutlich gemacht werden konnte. Während diese Grenze während des Ereignisses *Woodstock* noch relativ schwach ausgeprägt ist und dadurch bestimmte Ereignisketten ermöglicht, ist sie in gegenwärtigen Pop-Festivals sehr stark verfestigt, sodass bestimmte Ereignisketten nicht mehr möglich sind. Eine Identifikation und Untersuchung derartiger Ereignisse, die sich aus dem Dokumentarfilm ableiten lassen, wird sich weitere Quellen als den Dokumentarfilm erschließen müssen, um das Bild des Pop-Festivals als Ausdruck einer Intensitätszone der Gegenwartsgesellschaft, die der Pop ohne jeden Zweifel ist, weiter zu verfeinern.

Und mit dem so gewonnenen Bild des Pop-Festivals lässt es sich als Ereignisform bestimmen, die Effekte auf die Veränderung der Gesellschaft nach 1945 hat, weil sie die Gesellschaftsstruktur prägenden Veränderungen in den Dekaden nach 1945 nicht nur symbolisiert, sondern auch neue Formen der Praxis, also neue Arten der Verkettung von Praktiken zu bestimmten Ereignissen, möglich werden lässt. Dann wird sichtbar, dass das Pop-Festival und die mit ihm entstehende Praxisformation des Pop ein wichtiger Ort der Veränderung und Entstehung, also der „Herkunft" (Foucault 1987, S. 73) der gegenwärtigen Gesellschaft ist, die sich in der Zeit der sozialen Revolution nach 1945 sprunghaft konstituiert. *Woodstock* steht symbolisch für eine dieser vielen Diskontinuitäten, die es genealogisch zu identifizieren gilt, um zu verstehen, in welcher Gesellschaft wir heute leben. Denn das Ereignis *Woodstock* zieht eine Serie von Ereignissen nach sich, die nicht nur Wirkung auf die Praxisformation des Pop haben, sondern auch auf andere Bereiche der Gesellschaft ausstrahlen. Diese wie ein Rhizom verflochtenen Ereignisströme zu entschlüsseln und dadurch sichtbarer zu machen, ist eine wichtige Aufgabe einer Genealogie der Gegenwart des Pop-Festivals, wozu dieser kurze Beitrag einige Anstöße hat geben wollen.

Literatur

Bell, Dale. 1999. *Woodstock. An inside look at the movie that shook up the world and defined a generation.* London: Michael Wiese Productions.
Bennett, Andy, Hrsg. 2004a. *Remembering Woodstock.* Berlington: Ashgate Publishing.
Bennett, Andy. 2004b. ‚Everybody's happy, everybody's free': Representation and nostalgia in the *Woodstock* film. In *Remembering Woodstock*, Hrsg. Andy Bennett, 43–54. Berlington: Ashgate Publishing.
Bourdieu, Pierre. 1987. *Sozialer Sinn. Kritik der theoretischen Vernunft.* Frankfurt a. M.: Suhrkamp.
Clague, Mark. 2014. "This Is America": Jimi Hendrix's Star Spangled Banner Journey as Psychedelic Citizenship. *Journal of the Society for American Music* 8:435–478.
Deleuze, Gilles. 1991. *Das Zeit-Bild. Kino 2.* Frankfurt a. M.: Suhrkamp.
Deleuze, Gilles. 1992. *Differenz und Wiederholung.* München: Wilhelm Fink.
Deleuze, Gilles. 1993a. *Logik des Sinns.* Frankfurt a. M.: Suhrkamp.
Deleuze, Gilles. 1993b. *Unterhandlungen 1972–1990.* Frankfurt a. M.: Suhrkamp.
Deleuze, Gilles. 2000. *Die Falte. Leibniz und der Barock.* Frankfurt a. M.: Suhrkamp.
Deleuze, Gilles, und Félix Guattari. 1992. *Tausend Plateaus.* Berlin: Merve.
Evans, Mike, und Paul Kingsbury. 2009. *Woodstock. Three days that rocked the world.* New York: Sterling.
Foucault, Michel. 1987. Nietzsche, die Genealogie, die Historie. In *Von der Subversion des Wissens*, Carsten Heinze, 69–90. Frankfurt a. M.: Fischer.
Foucault, Michel. 1991. *Die Ordnung des Diskurses.* Frankfurt a. M.: Fischer.

Heinze, Carsten. 2016. Populäre Jugend- und Musikkulturen im Film: Konzeptionen und Perspektiven. In *Populäre Musikkulturen im Film. Inter- und transdisziplinäre Perspektiven*, Hrsg. Carsten Heinze und Laura Niebling, 3–28, Wiesbaden: Springer VS.

Hillebrandt, Frank. 2009. *Praktiken des Tauschens. Zur Soziologie symbolischer Formen der Reziprozität*. Wiesbaden: Springer VS.

Hillebrandt, Frank. 2014. *Soziologische Praxistheorien. Eine Einführung*. Wiesbaden: Springer VS.

Hillebrandt, Frank. 2015. Was ist der Gegenstand einer Soziologie der Praxis? In *Methoden einer Soziologie der Praxis*, Hrsg. Franka Schäfer, Anna Daniel und Frank Hillebrandt, 15–36. Bielefeld: transcript.

Hillebrandt, Frank. 2016. Electric Soundland. Die E-Gitarre in der Rovolte. In *Dinge befremden. Essays zu materieller Kultur*, Hrsg. Julia Reuter und Oliver Berli, 95–105. Wiesbaden: Springer VS.

Hillebrandt, Frank. 2019. Woodstock im soziologischen Blick. Ein Ereignis zwischen Film, Symbol und Praxis. In *Der dokumentarische Film und die Wissenschaften. Interdisziplinäre Betrachtungen und Ansätze*, Hrsg. Carsten Heinze und Arthur Schlegelmilch, 159–185. Wiesbaden: Springer VS.

Hoffman, Abbie. 1969. *Woodstock nation*. New York: Vintage Random House.

Lang, Mchael. 2009. *The road to woodstock*. New York: Harper Collins.

Makower, Joel. 2009. *Woodstock. The oral history. 40th Anniversary Edition*. Albany: State University of New York Press.

Niebling, Laura. 2016. Defining Rockumentaries. A mode and its history. In *Populäre Musikkulturen im Film. Inter- und transdisziplinäre Perspektiven*, Hrsg. Carsten Heinze und Laura Niebling, 113–129. Wiesbaden: Springer VS.

Soeffner, Hans-Georg. 1989. *Auslegung des Alltags – Der Alltag der Auslegung. Zur wissenssoziologischen Konzeption einer sozialwissenschaftlichen Hermeneutik*. Frankfurt a. M.: Suhrkamp.

Whitehead, Alfred North. 1990. *Der Begriff der Natur*. Weinheim: Acta Humaniora.

Whitehead, Alfred North. 1967. *Adventures of ideas*. New York: Free Press (paperback).

Filme

Monterey Pop. USA 1968. Regie: D. a. Pennebaker. *DVD* American Broadcasting Company 1968.

Woodstock. 3 Days of Peace and Music – the director's cut. 40th–Anniversary Edition. USA 1970. Regie: Michael Wadleigh. *DVD* Warner Bros. Pictures 2009.

Grunge

Nihilismus, Ekstase und Destruktion in Theorie und Praxis

Nicole Hausmann

Inhaltsverzeichnis

1 Grunge: Subcultural Mainstream

Grunge – das bedeutet so viel wie „Dreck" oder „Schmutz" und wird wohl meist als ein Musikstil erinnert, der in den frühen 1990ern die Popkultur dominierte. Grunge als eine Musikrichtung oder spezifischer als ein Genre der Rockmusik zu bezeichnen, wäre jedoch unzureichend, um damit das Phänomen, welches sich auf zahlreichen Ebenen der sozialen Identität ereignet und hyperbolisch inszeniert

N. Hausmann (✉)
Fakultät für Kultur- und Sozialwissenschaften, FernUniversität in Hagen,
Hagen, Deutschland
E-Mail: nicole.hausmann@fernuni-hagen.de

© Springer Fachmedien Wiesbaden GmbH, ein Teil von Springer Nature 2019
A. Daniel und F. Hillebrandt (Hrsg.), *Die Praxis der Popmusik*,
https://doi.org/10.1007/978-3-658-22714-2_4

und reproduziert wird, zu beschreiben. Grunge ist vielmehr ein Ereignis von historischem Ausmaß. Die Wirkung, die von dem Grunge-Hype der frühen 90er ausgegangen ist, ist dabei nicht allein auf den novellierten Sound der Musik zurückzuführen.

Umso erstaunlicher ist, dass – obwohl Grunge knapp ein halbes Jahrzehnt die komplexe Landschaft des Populären revolutionierend prägte und zum Bestandteil eines kommunikativen und damit kollektiven Gedächtnisses wurde – die Forschungsliteratur dazu relativ überschaubar ist, womit jedoch keineswegs gesagt sei, dass diese unzureichend sind. Ganz im Gegenteil wurden interessante Einzeldimensionen des Grunge-Phänomens offengelegt, wie etwa die Dimension des Geschlechts (vgl. etwa Stempel 2009; Strong 2011), der Mode (vgl. etwa Strähle und Jahne-Warrior 2018), der Erinnerung (vgl. etwa Strong 2011) oder des Wesens, welches vor allem in *Nirvana* erkannt wird (vgl. etwa Clover 2009). Dass vielfach insbesondere die Kultfigur *Kurt Cobain* in den Fokus rückt, galt der *Nirvana*-Frontmann doch schon seinerzeit als Repräsentant des Grunge in Personalunion, ist weniger erstaunlich. Hinsichtlich dieser personalen Dimension dominiert besonders eine psychologische Perspektive, mit der die Pop-Ikone als Tragikfigur analysiert wird; so kommt etwa Mazullo (2000, S. 741 f.) zu dem Fazit:

> In the end, there seems to be no argument against the fact that a seriously debilitating combination of drug addiction and depression killed Kurt Cobain. But it is also worth examining the role that music making played in his life. Although he actively scrutinized the musical world in developing his own sense of musical authenticity, Cobain was somehow unable to transfer the results of that quest into music that transcended, in his mind, the standardized emptiness of a popular-music culture that he claimed to have deplored. In the end, the idea of cultural authenticity stifled and devoured Kurt Cobain.

In den Hintergrund der bisherigen Forschung rücken dabei Referenzen zu den verschiedenen beobachtbaren und erlebbaren Praktiken an sich, also jene Akte, die das komplexe Phänomen Grunge erst in Erscheinung treten lassen. Dass Grunge überhaupt als historisches Phänomen in Erscheinung treten konnte, liegt in erster Linie daran, dass Grunge durch Ausführung materieller Praktiken zu einer komplexen Formation der Popmusik kulminierte und rezipiert werden konnte. Ein praxistheoretischer Zugang, der die Praktiken wie auch ihre „unterschiedlichen Aspekte [...], ohne die eine Praktik nicht hätte entstehen können" (Hillebrandt 2016b, S. 90), in den Fokus rückt, scheint lohnenswert, um den Grunge-Hype und seine Komplexität nachvollziehen zu können.

Typische Praktiken, die für eine solche praxistheoretische Betrachtung des Grunge im Zentrum stehen, lassen sich anhand archivierter, materieller Ereignisse festmachen: Nebst den Songs und dem Sound lässt sich Grunge vor allem anhand von Live-Ereignissen, Musikvideos, Interviews, aber auch anhand von Praktiken der Mode und der Selbst- wie Fremdinszenierung der Figuren beobachten. Hinter diesen sichtbaren sozialen Praktiken stehen weiterhin weniger sichtbare, dennoch fundamentale Körper wie Label, Musik- und Radiosender, die letztlich für die Verbreitung der Grunge-Praktiken maßgeblich sind: Ohne die wechselseitig bedingten Praktiken der sichtbaren und weniger sichtbaren Körper hätte Grunge als Popformation und damit als Kette serieller Ereignisse nicht in Erscheinung treten können. Das Zusammenwirken und Ineinandergreifen verschiedener Körper und sozialer Praktiken ist für eine Popformation entscheidend, da erst so auf gesellschaftliche Teilbereiche eine Wirkung evoziert werden kann, d. h. Popularität erreicht wird.

Bei der Betrachtung verschiedener Grunge-Praktiken fällt auf, dass drei radikale Motive dominieren, die die Geschichte der Rock- und Popmusik seit Beginn immer wieder geprägt und als Vehikel für Neues und damit Reformatives oder gar Revolutionäres fungiert haben: Nihilismus, Ekstase und Destruktion. Die gesellschaftsverneinende und anarchistische Programmatik, die sich in den Lyrics, dem Sound und den Selbstinszenierungen der in den 1970ern aufkommenden Punk-Szene spiegelt, stellte einen exponierten Nihilismus dar. Die House- und Techno-Kultur animieren seit den 1980ern durch elektronische Beatrhythmen zur kollektiven (Tanz-)Ekstase; in diesem Kontext ist auch die für das Amphetamin MDMA bedeutungsschwangere Bezeichnung *Ecstasy* entstanden, ein Amphetamin, welches das Ekstase-Erlebnis noch einmal körperlich und emotional verstärken kann. Und schon in den 1960ern, in denen der potenzierte Rausch durch Einverleibung psychoaktiver Substanzen – im Namen der Befreiung – die Jugendkultur und Hippie-Bewegung prägten, machten zeitgleich Gitarristen wie *Pete Townshend* und *Jimi Hendrix* nicht nur das E-Gitarren-Spiel, sondern gleichsam auch die E-Gitarren-Zerstörung populär. Allein diese drei Beispiele zeigen, dass Nihilismus, Ekstase und Destruktion in der Rock- und Popgeschichte offenkundig nichts Fremdes und darüber hinaus eng miteinander verwandt sind: So impliziert etwa das auch für den Grunge typische E-Guitar-Smashing bei einem Live-Ereignis nicht nur den Willen zur Destruktion, es ist zugleich ein ekstatischer Moment und Ausdruck einer nihilistischen Haltung.

Dass diese unpopulär anmutenden Motive einen Hype hervorrufen würden, der nicht nur den Rahmen der Popmusik zu sprengen schien – verdrängten doch *Nirvana* als *die* Grunge-Band im Januar 1992 *Michael Jackson,* den *King of Pop,* von Platz 1 der Billboard-Charts –, sondern in weiten Teilen der Welt Wirkung auf die soziokulturelle Landschaft der Zeit bewirkte und für diese Epoche des Pop den *Zeitgeist* repräsentierte, scheint paradox: Das Ereignis Grunge ist Anti-Pop und Pop zugleich: Die kommerzfeindlichen und gesellschaftskritischen

Bands waren die Show-Acts der von ihnen verachteten, weil „inszenierten" und
„künstlichen" Popkultur. Der bewusst subkulturelle Grunge war plötzlich Mainstream. Und an diesem Dilemma, so die konsensuelle Narration der Protagonisten, ging die Szene zugrunde.

Die Narration ist die Praktik des interpretativen Erzählens *über* Praktiken, die
reflexiv sinngebend miteinander verkettet werden und ein narratives Konzept produzieren. Die narrative Dimension einer Praktik ist somit jene, die den Praktiken
eine übergeordnete Bedeutung verleiht und damit sinnstiftend fungieren kann – es
ist gewisser Maßen die *Theorie* zum Geschehen. Solche narrativen Konzepte –
wie etwa das persönliche Dilemma der Anti-Pop-Popstars – lassen sich im Kontext verschiedener Grunge-Praktiken feststellen. Aufgrund der den Praktiken
zugesprochenen fundamentalen Stellung wird daher die Frage aufgeworfen, welche Praktiken wie erzählt werden und welche Bedeutung den Praktiken durch die
Narration *zusätzlich* verliehen wird. Dabei ist auch ein Blick auf die Gemeinsamkeiten und Unterschiede lohnenswert: Inwiefern korrelieren und differieren
die vollzogenen Praktiken *im* Grunge und die interpretierten Erzählungen *über*
Grunge?

Sechs praktizierte Ereignisfelder, die für die Popularisierung des Grunge
bedeutsam sind, werden dabei im Vordergrund stehen, wobei die Dominanz der
Betrachtung von Praktik und Narration der Praktiken je nach zu beobachtender
Gewichtung variieren kann: 1) der Sound als Kernmerkmal der Musikrichtung,
2) die Selbstinszenierung als gesellschaftliche „Loser", 3) die Konzeptualisierung
des Grunge durch das Musiklabel *Sub Pop*, 4) die Bedeutung des Musiksenders
MTV für die weitreichende Popularisierung, 5) die Live-Konzerte und Interviews als Darstellung einer anti-populären Haltung und 6) die Thematisierung
des Endes der Grunge-Epoche als narrative Schlussfunktion der Theorie. Der
Dokumentarfilm *Hype!* (1996) wie auch die Einführungen zum Bildband *Screaming Life. Eine Chronik der Musikszene von Seattle* (1995) werden dabei häufig
als eine Quelle der narrativen Konzeptualisierung von Grunge herangezogen, da
hier „die" Geschichte des Grunge von den Protagonisten nahezu chronologisch
selbst nacherzählt, interpretiert und kommentiert wird.[1] Die Praktiken werden
insbesondere in der *Hype!*-Narration tragisch-logisch verkettet und das Popereignis Grunge nahezu als Mythos um den gefallenen Engel inszeniert: von

---

[1]Freilich ist auch diese Quelle selbst wieder Teil einer Grunge-Praktik, deren einzelne
Dimensionen zu analysieren, wertvoll erscheint; eine Zerlegung dieser Quelle in einzelne
Dimensionen wird hier jedoch nicht vorgenommen, da der Fokus auf den erzählten Inhalt
gelegt wird.

den nihilistischen Anfängen in den Garagen des verregneten Seattles über die ekstatischen Hoch- und Tiefpunkte der Konventionen brechenden Festival- und MTV-Zeit bis hin zum destruktiven Ende, für das der Suizid *Kurt Cobains* paradigmatisch gelesen wird: „I'd rather be dead than cool!" (*Nirvana* 1991, *Nevermind, Stay Away*).[2]

2   Sound of Seattle

Seattle bildet den geografischen wie auch symbolischen Ausgangspunkt des Grunge. Seit den 1980ern gründeten sich in und um Seattle Bands mit ähnlichem Sound und ähnlichem Habitus. *Malfunkshun* (1980) und *The U-Men* (1981) sind die musikalischen Vorreiter, auf die Bands wie *Melvins* (1983), *Green River* (1984) und *Soundgarden* (1984) folgten und das Plateau für folgende Rockformationen bildeten. Schon wenige Jahre später galt Seattle als *Grungetown* und als Stadt, „which is currently to the rock'n'roll world what Bethlehem was to Christianity" (Gehman 1992, S. 51). Die narrative Inszenierung dieser geografischen Dimension des Grunge, die durch Parallelisierung zu religiösen Motiven dem Phänomen Grunge einen übernatürlichen Charakter verleiht, hat dazu beigetragen, dass Seattle tatsächlich für Bands, Fans wie auch Medienleuten zu einer „Pilgerstätte" wurde: Seattle galt als *der* Ort, an dem Grunge praktiziert und rezipiert wird. Die direkten Praktiken und die interpretativen Narrationen beeinflussen sich hier wechselseitig.

Vor 1990 stand Seattle vor allem für *Microsoft*, *Boeing* und den *Space Needle*-Turm und wurde aufgrund der hohen Niederschläge als *Rain City* bezeichnet. In der Grunge-Szene wird auch der meteorologische Aspekt dramaturgisch in eine Erzählung eingebettet, indem er als ätiologisches Ur-Moment der nihilistischen Stilrichtung positioniert wird. So erläutert etwa Jack Endino, Produzent zahlreicher Grunge-Alben, humoristisch in *Hype!,* dass die Musik und die Künstler so düster, depressiv und resignierend seien, liege einfach an den vielen

---

[2]Die Grunge-Narrationen der Fans werden damit zugunsten einer Fokussierung auf die Künstler bei der Betrachtung außen vor gelassen, was jedoch nicht bedeutet, dass diese weniger gewichtig wären. Ganz im Gegenteil: Eine Analyse der Grunge-Rezeption durch die Fans, d. h. durch jene Instanzen, die die Grunge-Formationen erst zum Pop-Phänomen werden ließen, und deren eigenen wie imitierenden Praktiken und Erzählungen wäre spannend, würde jedoch durch die schiere Anzahl der Akteure das Format eines Aufsatzes bei weitem übersteigen.

Regentagen im abgelegenen Seattle.[3] Auch Art Chantry, Grafikdesigner des Labels *Sub Pop*, bezeichnet Seattle als „einen Ort am Ende der Welt, hier geht's nicht mehr weiter" (*Hype!*, 4:45).

Seattle als geografische Dimension des Grunge ist für das Pop-Phänomen von zweierlei Bedeutung: zum einen als praktische Verortung des musikalischen Ursprungs und Zentrums, zum anderen als einleitende Theorie der Grunge-Story, die seitens der Protagonisten das Gesamtkunstwerk Grunge romantisch rekonstruiert und interpretiert. Ein zentraler Ort, an dem Grunge in Form verschiedener Ereignisse (Jammen, Aufnehmen, Mastern, Vermarkten, Gigs spielen etc.) praktiziert wurde, wird von den Protagonisten als ätiologische Sage und Gründungsmythos inszeniert. In der Einleitung zu Charles Petersons Bildband *Screaming Life* führt der Musik-Journalist und *Nirvana*-Biograf Michael Azzerad die ätiologische Funktion fort, indem er skizziert, wie sich in Seattle eine vernetzte „Kellerszene" gebildet habe, „in der man von bevorstehenden Ereignissen praktisch nur durch Mundpropaganda erfahren konnte" und diese so „ihren eigenen inzüchtlerischen, stumpfen und nihilistischen Stil" entwickelte (vgl. 1995, S. 9). Hier zeigt sich nicht nur, wie geografische und musikalische Dimensionen vernetzt werden, sondern auch, dass die Erzählung von der anfänglichen Verbreitung der Szene bewusst auf Primitivität setzt, wird doch ebenso bewusst von einer „Kellerszene" gesprochen. Doch auch nihilistisch performte Grunge-Musik bedarf eines technisch hochkomplexen Systems, welches den spezifischen Sound erst greifbar macht. Und so sehr auch der „eigene", „stumpfe" und „nihilistische" Stil betont wird, ist Grunge hinsichtlich der musikalischen Dimension zum einen nicht vom Himmel gefallen und zum anderen eine äußerst komplexe und feinjustierte Zusammensetzung verschiedener Soundelemente.

Der musikalische Stil des Grunge ist in erster Linie eine reproduzierte Form der frühen Phase des Hard Rocks, für die Bands wie *Led Zeppelin*, *Black Sabbath* oder *Steppenwolf* stehen. Instrumentierung und Liedstruktur folgen dem klassischen Rock-Arrangement von E-Gitarre, E-Bass, Schlagzeug und Gesang, welches sich an den ebenfalls klassischen Strukturen eines Pop-Songs orientiert, der sich in der Regel aus den Elementen Strophe, Chorus, Bridge und Solo zusammenfügt. Weiterhin sind Soundelemente des Punk und Metal in dem Basissound des fortgeführten Hard Rock integriert: Ähnlich wie im Punk ist der Grunge-Sound durch ein schnelles, minimalistisches und unsauber klingendes Spiel geprägt, welches auch durch die Lyrics die gesellschaftsfremde

---

[3] „Wenn so ein scheiß Wetter ist, will man natürlich nicht raus. Und dann kriegt man Lust, im Keller Krach zu schlagen, um seinen Frust loszuwerden. Draußen kann man ja nichts unternehmen, wenn es die ganze Zeit regnet" (Endino in Hype!, 3:55).

Punkprogrammatik reproduziert („When I was an alien, cultures weren't opinions.", *Nirvana* 1991, *Nevermind, Territorial Pissings*). Ebenso vertreten ist aber auch das für den Metal-Sound typische langsame, schleppende und schwere Spiel, welches, entgegen dem wutgeladenen Punk-Sound, den düsteren und schwermütigen Sound kreiert; beispielhaft ist hierfür der Song *Mailman* (*Soundgarden* 1994).

   Die hybriden Soundelemente des Grunge lassen sich am prägnantesten anhand des E-Gitarren-Spiels darstellen: Die Umsetzung der Klangmelodie erfolgt in der Regel durch ein hartes und unsauberes Anspiel von Power-Chord-Riffs. Solos spielen im Grunge vor allem für die musikalische Inszenierung und Ekstatisierung bei Live-Ereignissen eine besondere Rolle, wobei jedoch keine virtuosen Klangabfolgen im Stile *Led Zeppelins* umgesetzt werden, sondern häufig das bereits schmutzig klingende Spiel in ein noch wilderes, zerreißendes Spiel übergeht.[4] Die narrative Interpretation dieser Grunge-typischen Solo-Praktik geht dahin über, dem Grunge das Solo ganz abzusprechen; so etwa Byers in einem Artikel im *Music Blog* des *Guardians,* welcher titelt: „Grunge committed a crime against music – it killed the guitar solo" (2008). Das dem Punk entlehnte ekstatische Spiel der E-Gitarre wird soundtechnisch durch eine Kombination von verzerrendem Effektpedal und Verstärker auf die Spitze getrieben. Eine weitere Praktik des E-Gitarren-Spiels, die für den Grunge elementar ist, ist das Feedback, das durch technische Rückkopplung zwischen E-Gitarre und Lautsprecher entsteht und ein instrumentelles Gekreische hervorruft (vgl. Hillebrandt 2016a), welches mit dem gesanglichen Schreien korreliert. Ähnliche Praktiken werden auch beim Spiel des E-Basses umgesetzt. Der E-Bass hat aber eine stärker verbindende Funktion; so kommentierte das *NME*-Musikmagazin *Krist Novoselics* Position als Bassist von *Nirvana* mit den Worten: „his dirty, sliding bass lines anchoring the grunge chaos around him" (Baker 2014). Der Einsatz des Schlagzeugs zeichnet sich durch eine besondere Schlaghärte aus, die die Klangfarbe erhöht. Das Schlagzeug kontrastiert durch heftige, wilde, aber dennoch klare Schläge den verzerrten Sound der E-Gitarre und des E-Basses. Am Einsatz des Schlagzeugs ist ebenfalls deutlich die Hybridisierung von Hard Rock, Punk und Metal erkennbar: Die Rhythmen orientieren sich am Hard Rock, die Klänge und das Tempo am Punk, und der intensive Einsatz der Bass-Drum ist dem Metal entlehnt. Anhand dieses Abrisses verschiedener Sound-Praktiken wird deutlich, wie komplex selbst

---

[4]Beispielhaft ist hierfür *Nirvanas* MTV Live and Loud Performance von *Scentless Apprentice* (1993).

ein simples, einmaliges Song-Ereignis ist, das dem Sound seine Form gibt: Zahlreiche Einzelpraktiken müssen hier aufeinander abgestimmt und verkettet werden, sodass ein Ereignis sichtbar werden kann.

Um genannte und zahlreiche weitere Sound-Effekte zu inszenieren, bedarf es
eines hohen technischen Aufwands. Was Hillebrandt für das E-Gitarren-Spiel von
Jimi Hendrix festmacht, kann auch für die gesamte Instrumentierung des Grunge
gelten:

> Es benötigt immense Verstärkungstechnik, um die Soundeffekte zu erzeugen [...].
> Erst die großen Marshall-Verstärker-Türme, die Fußpedale zur Gitarreninstallation
> [...], die Kabel und Stecker, die Mikros und Lautsprecher sowie diverse andere Arte-
> fakte müssen so zusammenwirken, dass der ‚sozialisierte Körper' [...] überhaupt den
> Mut finden kann, die Klangexperimente mit der E-Gitarre zu initiieren (2016a, S. 97).

In der populären Phase des Grunge – aber ebenso auch in der Phase der „Kellerszene" – hatte das soundtechnische Zusammenwirken einen wichtigen Stellenwert
und war eine notwendige Bedingung, um performen zu können. Nichtsdestoweniger war das Equipment vergleichsweise überschaubar, was dem praktizierten
Prinzip des *Lo-Fi* bzw. dem dinglichen Minimalismus entspricht, der sich auch im
Sound spiegelt. Anders als im Hard Rock oder Metal lassen sich in der Grunge-
Szene weniger aufwendig designte Gitarren oder Bässe und große Schlagzeug-
sets beobachten.[5] Allerdings war der instrumentelle Verschleiß der Grunge-Bands
dafür umso höher, da diese seriell durch destruktive Praktiken zerstört wurden.

Der gesangliche Stil des Grunge charakterisiert sich sowohl durch lautes und
energisches Schreien, durch nahezu teilnahmsloses Geträller, aber ebenso auch
durch komplexe und harmonische Gesangsmelodien. Die Gesangsmelodien und
die Stimmen, die diese erfahrbar werden lassen, sind jene Elemente, die die musikalische Dimension des Grunge als Popmusik in Erscheinung treten lassen. Die
Continuum Encyclopedia of Popular Music of the World listet sogar detailliert
verschiedene Gesangsvarianten der Grunge-Sänger: „Cobain favored a gruff, slur-
red articulation and a gritty timbre, while other singers such as Eddie Vedder of
Pearl Jam used a wide, powerful vibratoto communicate a dept of expression"
(Cateforis 2012, S. 23). *Chris Cornells* Stimme umfasst knapp vier Oktaven,
wodurch ein nahezu orchestrales Ambiente erzeugt wird, welches von einem prä-
gnanten Blues-Sound und von für den Metal typischen Einsatz hoher Stimmlagen

---

[5]*Kurt Cobain* spielte etwa auf seinen ersten Auftritten 1987 eine *Univox Hi Flier* aus den
1970ern, die immer wieder händisch repariert werden musste, später meist eine gängige
Fender Stratocaster oder *Mustang.*

(vgl. dazu Heesch 2013) bestimmt wird.[6] Diese musikalische Praktik entspricht demnach der narrativen Theorie des Minimalismus am wenigsten.

Die Grunge-Lyrics sind von einer nihilistischen und destruktiven Motivik geleitet, die die insgesamt düstere, deprimierte und resignierte Stimmung des Grunge-Sounds transportiert und den gesellschaftlichen und biografischen Pessimismus der Figuren zu einer klangtextuellen Praktik werden lässt. Es überrascht daher auch nicht, dass hier die narrativen Theorien mit den beobachtbaren Praktiken des Song-Writings sehr kongruent sind. Titel wie *Nothing to say* (*Soundgarden* 1987), *Touch me I'm sick* (*Mudhoney* 1988) oder *We die young* (*Alice in Chains* 1990b) bringen die zentrale Stellung dieser Motive deutlich zum Ausdruck. Ebenso häufig wird aber auch mit sinnfreien oder kryptischen Slogans gespielt: Ob sich hinter „a mulatto, an albino, a mosquito, my libido" (*Nirvana* 1991: *Nevermind, Smells like teen spirit*) tatsächlich eine Anspielung auf Heroinkonsum (braunes Heroin, weißes Heroin, Spritze, Rausch) verbirgt oder es sich schlicht um ein phonetisches Arrangement handelt, bleibt offen.

Die Hybridisierung von Hard Rock, Punk und Metal produziert dadurch ein neuartiges Soundarrangement, sodass die charakteristischen Rahmen der einzelnen Sound-Gattungen aufgebrochen und neu arrangiert werden: Grunge ist soundtechnisch weniger hedonistisch als der maskuline Hard Rock, poppiger als der unkonventionelle Punk und primitiver als der virtuose Metal. Der düstere Sound und der Text spiegeln dabei die nihilistische Motivik wieder, die auch bei der narrativen Mythisierung von Seattle bedeutsam ist. Ein Blick auf die Selbstwahrnehmung und -darstellung der Protagonisten als zentrale soziale Körper und Initiatoren der Grunge-Formation, soll Aufschluss darüber geben, mit welcher Grundhaltung die einzelnen Praktiken umgesetzt wurden, die für die charakteristische Ausrichtung des Grunge fundamental ist.

3   Made by Loser?

„Die Zuschauer der Clubs waren Mitglieder anderer Bands, die ähnliche Musik in ähnlichen Clubs spielten." (*Thayil, Soundgarden, Hype!*, 7:55) – „Freunde machen Musik, das ist alles" (*Conner, Screaming Trees, Hype!*, 9:30). So wird der Beginn des in Seattle keimenden Grunge-Ereignisses in *Hype!* beschrieben. Die sich bekannten Musikgruppen organisierten in dieser frühen Phase – frei

---

[6]vgl. *Soundgarden* 1994, *Superunknown, Fell on Black Days.*

nach dem DIY-Prinzip[7] – ihre Events selbst und wuchsen zu einem stabilen sozialen Netzwerk zusammen. Dass die einzelnen Individuen einen musikalischen Minimalkonsens geteilt haben, der für dieses Grunge-Netzwerk maßgeblich ist, ist in Hinsicht auf die Dominanz der musikalischen Dimension – handelt es sich doch um ein Phänomen der Populärmusik – selbsterklärend. Die hier exemplarisch herangezogene narrative Theorie des musikalischen Kollektivs betont darüber hinaus – wenn auch gleich die dem Nihilismus treu bleibende Egalisierung folgt –, dass es „Freunde" sind, die Musik machen. Eine weitere Basis für das sich generierende Grunge-Kollektiv ist nebst der musikalischen also auch eine habituelle Gemeinsamkeit, durch die das Eingehen solidarischer Beziehungen erst gelingen kann.

Ein habitueller Konsens der Grunge-Individuen war die eigene Stellung in der Gesellschaft: Sie betrachteten sich als Nicht-Mitglieder der legitimierten Gesellschaft (vgl. Cateforis 2012, S. 24). Eine materielle Praktik, die diesen Habitus der gesellschaftlichen Infragestellung zum Ausdruck bringt, so die narrative Darstellung des *Nirvana*-Bassisten *Krist Novoselic,* sei die „Stoner"-Praktik des Kiffens. In *Of Grunge and Government* beschreibt *Novoselic,* dass der illegale Konsum von Marihuana für die Identität fundamental gewesen sei, da mit dieser Praktik nicht nur gegen abstrakte Verbote demonstriert, sondern vor allem der Prozess des „drop out" in Gang gesetzt worden sei: „The stoner message was: ‚Don't expect anything from me.' […] ‚Stoner' was a countercultur without a mission" (2004, S. 11). In dem *Nirvana*-Song *Negative Creep* findet dieses nihilistische Erzählmotiv ebenfalls Einklang: „I'm a negative creep and I'm stoned" (*Bleach* 1989). Die Praktik des Marihuana-Konsums wird durch die narrative Dimension verstärkt, da sie nicht nur den Rausch impliziert, sondern durch das habituelle Statement mit Sinn besetzt und so legitimiert wird.

In *Screaming Life* schildert Azerrad, wie sich dieser gesellschaftlich nonkonforme Habitus, der sich in der frühen Zeit der „Kellerszene" generierte, auch auf die optische Abgrenzung in Praktiken der Mode übertragen hat:

> Seattle ist eine moderne Stadt, die in der Hauptsache von gut verdienenden Leuten bewohnt wird. Sie vertauschen ihre Business-Anzüge nach der Arbeit mit blauen Eddie Bauer-Freizeitjacken, steigen in ihre Volvos und fahren zum Wandern

---

[7]DIY ist die Kurzform für „Do It Yourself" und bezeichnet vor allem Praktiken, die sich in der Regel bewusst und gewollt im Bereich des Amateurhaften abspielen. DIY kann auch bewusst als Statement fungieren, welches gegen einen elitären Professionalismus gerichtet ist.

oder Skifahren in die Berge. In einer solchen Atmosphäre fast schon übertriebener Nettigkeit war es beinahe unausweichlich, daß sich eine Gegenbewegung gegen dieses offen zur Schau gestellte Yuppietum bildete. Im coolen städtischen Umfeld gibt es ein ungeschriebenes Gesetz: Man darf auf keinen Fall so aussehen wie ein Holzfäller. Die Bewohner des Undergrounds von Seattle nahmen sich daher genau dieser ‚Mode‘ an: zerrissene Jeans, klobige Schuhe, Flanellhemden – frei nach dem Motto: Wenn jeder Provinztyp versucht auszusehen wie ein Großstadthai, dann können wir uns davon nur abheben, wenn wir aussehen wie Provinztypen. Dazu kamen noch die langen Haare. Sie waren die Antwort auf die Kurzhaarschnitte sowohl der Hardcore-Szene als auch der Yuppies, die Seattle während der Reagan-Jahre richtiggehend überrannt hatten. Niemand hat diesen Stil als solchen definiert. Er ergab sich einfach im Lauf der Zeit [...]. Ehe dieser ‚Nicht-Stil‘ noch wirklich zum Stil wurde, wurde er zu einem Produkt, das in den Medien-Hype um und die Propaganda-Maschine von Sub Pop paßte (1995, S. 8 f.).

Die bewusste Darstellung als „Provinztyp" durch Praktiken der Mode würde durch die Praktik allein nicht den nonkonformen Stellenwert besitzen. Erst durch die narrative Theoretisierung als Gegenbewegung zu den „Großstadthaien" wird die Komplexität der vermeintlich einfachen Modepraktik deutlich: Das Anziehen von Holzfäller-Kleidung bedeutet eben nicht, dass man Holzfäller ist, sondern dass man dem modernen „Yuppietum" aufgrund weltanschaulicher Prinzipien bewusst und sichtbar einen retrospektiven Look entgegenhält, der pars pro toto für eine gesellschaftliche Haltung steht. Die Mode-Praktiken weiblicher Grunge-Akteure war weniger pragmatisch denn auffallend: Babydoll-Kleider wurden mit zerrissenen Strumpfhosen und einem starken Make-up kombiniert – ähnlich wie im Punk. Als prominenteste Vertreterin dieses weiblichen Grunge-Looks tritt *Courtney Love* in Erscheinung, die den lasziven Stil durch exhibitionistische Praktiken während Live-Auftritten überhöhte und provozierend zur Schau stellte. Der Körper ist hier dann nicht nur die erfahrbare und beobachtbare Ereignisstätte von Musik, Mode und Kollektivität, sondern auch Ereignisstätte und Träger provokativer Ekstase zugleich. Gleichsam wurde offensiv gegen das schlichte Schöne und Damenhafte rebelliert und eine neue, unregulierte weibliche Stärke präsentiert. Repräsentativ hierfür ist auch der Bandname der Frauen-Grunge-Formation *Bikini Kill,* die der feministischen Riot-Grrrl-Bewegung[8] angehören.

Die narrativen Theorien um die verschiedenen Attribute der Grunge-Mode stehen nicht im Vordergrund, sondern die Praktiken selbst, die durch visuell wahrnehmbare Elemente zahlreiche Statements zu formulieren vermögen: etwa

---

[8]Die Riot-Grrrl-Szene der frühen 1990er war eine reaktionäre Bewegung auf die von Männern und vermeintlich männlichen Attributen dominierte Punk-Rock-Szene.

zur Gruppenzugehörigkeit, zur gesellschaftlichen Verortung wie auch zur Darstellung von Ungleichheit. Eine Narration, die der Praktik Sinn verleihen würde, scheint durch die Stärke des Ausdrucks überflüssig zu sein: Die Körperpraktiken der Mode und des Stylings definieren ein deutlich sichtbares Statement, welches das *Wir* von den *Anderen* unterscheidet. Das Empfinden und Darstellen einer solchen sozialen Ungleichheit sind emotionale und körperliche Praktiken, die ein solidarisches Netzwerk von Individuen einigen. Im Grunge-Look, „der, wie der Name schon sagt, die Affinität zu Schmutz und Unordnung mit einer hängenden, lässigen, unstrukturierten, in dunklen Tönen gehaltene Silhouette anzeigte" (Schmelzer-Ziringer 2015, S. 71), spiegelt sich entsprechend auch das nihilistische, ekstatische und destruktive Motiv.

Wie im Konzept Pop ist im Konzept Mode bereits angelegt, dass es sich um zeitlich begrenzte Teilkonzepte und damit um ein dynamisches Phänomen handelt, welches erst durch kollektive Umsetzung in Erscheinung tritt und folgend über „in" und „out" entscheidet (vgl. Schnierer 1995). Die zeitliche Begrenztheit, das in Erscheinung treten und wiederum das aus der Erscheinung heraustreten, ist schon für Simmel ein wesentliches Merkmal der Mode,[9] welches überdies der Praktik der Imitation, also der Wiederholung bedarf:

> Sie [die Mode, Anmerk. d. Verf.] ist Nachahmung eines gegebenen Musters und genügt damit dem Bedürfnis nach sozialer Anlehnung, sie führt den Einzelnen auf die Bahn, die Alle geben, sie gibt ein Allgemeines, daß das Verhalten jedes Einzelnen zu einem bloßen Beispiel macht (1919, S. 27).

Mode macht, wie eben auch Pop, das originäre Einzelstück zur wiederholbaren Praktik. Um das Jahr 1992 war der Grunge-Look „in" und wurde nicht nur von den Grunge-Fans, sondern auch von führenden Modeunternehmen wiederholt: Die in Modepraktiken übersetze Nonkonformität wurde damit auf ästhetischer Ebene sozialisiert, wozu es ebenfalls keiner erläuternden oder verstärkenden Theorie bedarf. Die Ästhetik des Grunge-Körpers, die, wie zahlreiche subkulturelle Modepraktiken, „den ‚schönen' Körper allegorisch zerstören" will (Schmelzer-Ziringer 2015, S. 112), *war* Mainstream. Nichtsdestotrotz galt

---

[9]„Im kompendiösesten Sinne solcher Form hat die Mode durch ihr Spiel zwischen der Tendenz auf allgemeine Verbreitung und der Vernichtung ihres Sinnes, die diese Verbreitung gerade herbeiführt, den eigentümlichen Reiz der Grenze, den Reiz gleichzeitigen Anfanges und Endes, den Reiz der Neuheit und gleichzeitig den der Vergänglichkeit" (Simmel 1919, S. 36). Simmel generierte den Ausgangspunkt einer Soziologie der Mode, die bis heute vielschichtig diskutiert wird.

weiterhin der schmuddelig-pragmatische bis schmuddelig-laszive Selfmade-Stil in den Grunge-Narrationen als sozial-ästhetisches Element und Statement der Formation: Die modischen Praktiken waren zum einen ein materieller Ausdruck einer kollektiven Zugehörigkeit (oder Nicht-Zugehörigkeit), zum anderen eine materielle Praktik zur Visualisierung einer gesellschaftskritischen bis -fremden Haltung. Ganz sinngemäß wurde dieser Look dann auch von den Medien als das „Outfit der Krise" interpretiert (Focus 1993, S. 128).

Die durch Praktiken der Mode umgesetzte identitätsstiftende Exklusion aus der strukturierten Gesellschaft ist ein elementares Charakteristikum der Popformation Grunge. Eine Narration, die die Mode-Praktik geradezu ergänzt, ist die der nihilistischen Eigendarstellung als „Loser". Für Charles Peterson, der die Grunge-Szene seit den Anfängen begleitete und fotografisch dokumentierte, ist diese gesellschaftliche Sonderstellung der Ausgangspunkt des Grunge:

> Die Wurzeln des Grunge waren unsere gemeinsame Erfahrung aus der High School-Zeit, in der jeder von uns verspottet worden war, und die Aufbruchsstimmung, die uns der Punk Rock vermittelt hatte. Noch ehe wir uns versahen, hatten wir unsere eigene kleine, aber gut zusammenhaltende Musikszene (Screaming Life, S. 4).

Das Loser-Image wurde seitens der Musiker, Produzenten und Promoter bewusst praktiziert und inszeniert: Das Label *Sub Pop* brachte T-Shirts mit dem Aufdruck „Loser" in den Verkauf, in denen sich auch die Musiker, wie etwa *Eddie Vedder (Pearl Jam)* oder *Tad Doyle (TAD)*, ablichten ließen, obgleich sie in Anbetracht der erfolgreichen Fortführung ihrer Grunge-Praktiken gewiss nicht mehr als „Verlierer" durchgehen konnten. Auf dem Höhepunkt wollten alle „Loser" sein. Der Gehalt des Loser-Begriffes, der auch durch modische Praktiken zum Ausdruck gebracht wird, steht hier im Widerspruch zu der Popularität der Grunge-Bands: Loser-Sein war „in". Die – angesichts des Erfolges – Popularität der Grunge-Praktiken und -Ereignisse wird durch die nihilistische Loser-Erzählung seitens der Protagonisten korrigiert, wodurch die Szene den Aspekt der „Authentizität" bewahrt. Eine Persiflage auf das repetitive Zurschaustellen und Betonen der nihilistischen und resignierenden Loser-Identität findet sich im gleichnamigen Song von *Beck:* „I'm a loser, baby, so why don't you kill me?" (*Mellow Gold* 1994).

1992 wurde Grunge im Zuge des Erfolgs nicht nur gesellschaftstauglich, sondern stellte einen Körper dar, der über eine gewisse, wenn auch zeitlich begrenzte Dauer zu einer gesellschaftlichen Formation heranwuchs, das sich durch eigeninitiierte Strukturen und Praktiken auszeichnete und konstituierte. Die tatsächlichen Praktiken und die narrativen Theorien divergieren dabei in der Hinsicht,

als dass die Narrationen beim „unbeachteten Loser" verharren, wobei der Blick
auf die Praktiken zeigt, dass das Loser-Image bewusst vermarktet und inszeniert
wurde und sich letztlich der Typus „Loser" zum Superstar-Image entwickelt
hat. Ganz entscheidend für diese Entwicklung von einer überschaubaren Under-
ground-Szene zu einem gigantischen Mainstream-Hype war das in Seattle
ansässige Musiklabel *Sub Pop,* welches durch mediale Praktiken die Brücke von
Anti-Pop zu Pop zu schlagen wusste.

4 Produced by Sub Pop

> Die Bands aus Seattle klangen beileibe nicht alle gleich, obwohl sie alle das
> Grunge-Etikett verpaßt bekamen. [...] Doch es gab so etwas wie einen ‚Haus-
> Klang' von Sub Pop (*Screaming Life*, S. 14).

Den Grundstein für das Independent-Label *Sub Pop* legte Bruce Pavitt bereits
1979 mit der Sendung *Subterranean Pop* auf dem Independent-Radiosender
KAOS-FM aus Olympia und dem ein Jahr später folgenden Fanmagazin *Sub Pop*
(1980–1983),[10] welches über die Punk-, New Wave- und Experimental-Szene des
mittleren und nördlichen Westens der USA berichtete (vgl. Pavitt et al. 2014).
Die mediale Praktik des Promotens von Bands hatte Pavitt schon zu dieser Zeit
perfektioniert: Einige Fanzines beinhalteten Kassetten-Sampler, wodurch die
Käufer auf neue, unbekannte Bands nicht nur theoretisch und informativ, sondern auch praktisch und sinnlich aufmerksam gemacht wurden. Durch die Fokussierung auf lokalen Alternative-Rock besetzte Pavitt eine mediale, musikalische
und auch soziale Nische, wodurch sich ein wechselseitig bedingendes Netzwerk
aufbauen konnte: Auf der einen Seite stehen die Käufer des Fanzines, die neue
Songs und damit neue Bands kennenlernen und ihre Konzerte besuchen, um ein
neues Live-Erlebnis zu erfahren. Auf der anderen Seite stehen die Bands, zu
deren Konzerten nun auch Besucher erscheinen, die nicht nur Mitglieder anderer
Bands waren, sondern externe Teilhaber ihres eigenen Live-Erlebnisses wurden.
In diesem Kollektiv bildeten sich neue Vernetzungen in Form von freundschaft-
lichen und musikalischen Beziehungen, wodurch der Grunge wächst und sich

---

[10]Die erste Ausgabe erschien, wie auch Pavitts Radiosendung, unter dem Titel *Subterranean Pop.* Ab der zweiten Ausgabe war auch Calvin Johnson (K-Records) für das Fanzine
verantwortlich. Vgl. auch *Sub Pop USA: The Subterraneanan Pop Music Anthology,* 1980–
1988.

festigt. Verschiedenste, sich wechselseitig bedingende Einzelpraktiken greifen hier ineinander und ergeben eine in sich geschlossene Formation. Und über alle dem scheint Pavitt zu schweben, der schon in der ersten Ausgabe des Fanzines seine Poptheorie und -strategie offenbart, die in Anbetracht des sich als erfolgreich erweisenden Konzeptes von *Sub Pop* einer selbsterfüllenden Prophezeiung gleichkommt:

> The important thing to remember is this: the most intense music, the most original ideas are coming out of scenes you don't even know exist. Tomorrow's pop is being realized today on small decentralized record labels that are interested in taking risks, not making money (1980, S. 1).

Ein solches „decentralized record label" mit dem Blick für die „scenes you don't even know exist" gründete Pavitt sechs Jahre später zusammen mit Johnathan Poneman in Seattle. Nach dem Sampler *Sub Pop 100* (1986) veröffentlichte das Label erste Band-Alben, wodurch eine Fokussierung auf ganz bestimmte Bands der Umgebung die Vermarktung bestimmt. *Dry as a Bone* (1987) von *Green River* und *Screaming Life* (1987) von *Soundgarden* waren die ersten Platten und Bands, die bei *Sub Pop* unter Vertrag waren und von ihrer Werbestrategie profitierten: *Dry as a Bone* wurde etwa mit dem Slogan „ultra-loose grunge that destroyed the morals of a generation" beworben und traf damit durch die narrative Theorie den musikalischen Nerv der „Stoner-Loser", der so mit ihren Praktiken verkettet wurde (vgl. Heylin 2007, S. 606). Pavitt und Poneman erkannten als Teilhaber der Musikszene, dass sich durch das soziale Netzwerk der Garagen-Bands ein neuer Sound generiert hat, der mit der Programmatik von *Sub Pop* korrespondierte: „Ein Konzept, ein Erscheinungsbild, ein Sound." (Endino in *Hype!*, 26:33).

Die Philosophie von *Sub Pop* baut auf drei Idealen auf: Minimalismus, Selfmade und Authentizität. Der Minimalismus von *Sub Pop* – „Konzentriere dich auf wenige, aber wichtige Attribute, stelle diese Dinge in den Vordergrund und wiederhole sie immer wieder" (Screaming Life, S. 8) – entsprach dem einfachen, aber intensiven Sound der Bands. Diese Kontextualität wird von *Mark Arm* (*Mudhoney*) in aller kürzer erinnert: „Er gab uns fünf Akkorde, aber sagte ‚Aber benutzt nicht mehr als drei davon pro Song.'" (*Hype!*, 27:07).

Der Aspekt des Selfmade ergibt sich aus der figurativen Konstellation von *Sub Pop*: *Sub Pop* bestand in der frühen Phase aus einem fixen Kern mit einer strategisch differenzierten Aufgabenverteilung: Pavitt und Poneman organisierten das Label und hörten sich nach neuen Bands um. Teil der *Sub Pop*-Crew war auch Jack Endino, der die Musik der Bands in seinem Studio *Reciprocal Recording* aufnahm und produzierte. Endino, der selbst Gitarrist der Formation *Skin Yards* war, gilt als *Godfather of Grunge,* da er das Epizentrum des Phänomens – den Sound – kreierte. Sein Beiname zeigt, wie durch die narrative Dimension der Praktik des Produzierens die Praktik selbst überhöht wird: Endino war für die Musiker, Fans und Medien kein Produzent, der sich um die soundtechnische Dimension bemüht, sondern eine Symbolfigur, die die soundtechnische Dimension in göttlicher Perfektion verkörpert.

Eine weitere Figur des *Sub Pop*-Kerns ist Charles Peterson, der durch *Mark Arm* und Pavitt *Sub Pop* kennenlernte. Peterson war Fotograf und lieferte damit ein weiteres sinnliches Medium, welches hinsichtlich der künstlerischen Umsetzung ebenso konzeptuell fokussiert ist wie *Sub Pop*, wodurch nicht nur eine bestehende Praktik mittels eines spezifischen Stils novelliert, sondern auch zu einem Wiedererkennungsmerkmal wird. Petersons künstlerisches Merkmal, welches den retrospektiven Blick auf und das kollektive Gedächtnis des Grunge mitbestimmt, ist die Kombination aus Schwarz-Weiß-Fotografie und einer langen Belichtungszeit. Durch die Schwarz-Weiß-Fotografie wird die Intensität des Kontrastes erhöht, die lange Belichtungszeit lässt die Bilder verschwommen erscheinen. Durch diese Effekte will Peterson die ekstatische und destruktive Dynamik der Live-Auftritte in Form von materiellen Momentaufnahmen festhalten (vgl. Screaming Life 1995). Peterson selbst intentionierte mit diesem Stil der Fotografie, so seine Erzählung über diese Praktik, vor allem die Schöpfung eines authentischen Abbildes des Grunge-Geschehens:

> Mein Ziel war es immer, die ehrliche Darbietung ehrlicher Musik ehrlich ins Bild zu setzen. Es gibt keine Tricks, nichts ist gestellt, oder vorher abgesprochen. [...] Was ich versucht habe ist [sic!], die Musiker als Menschen auf der Bühne zu zeigen, so wie sich ihre Seele durch den Rock'n'Roll offenbart. Mit ihren Auftritten zeigen uns die Musiker viel über sich selbst – und auch über uns als Betrachter. Ich habe versucht, die Katharsis dieser Augenblicke mit meinen Bildern einzufangen (*Screaming Life*, S. 4).

Die Fotografien, so untermauert auch Pavitt die Bedeutung dieser fotografischen Ereignisse, seien „nicht beliebig austauschbares Promotion-Material, wie es im Unterhaltungsgeschäft so oft vorkommt, sondern voller Realismus und Intensität." (*Screaming Life,* S. 2)

1988 kontaktierte *Cobain* Endino, um in seinem Studio ein Demo-Tape aufzunehmen. Endino erzählt von diesem musikalischen Ereignis, wie eine Band namens *Nirvana* zehn Songs in fünf Stunden einspielte, woraufhin er die Gruppe gebeten hat, eine Kopie anfertigen zu dürfen. *Nirvana* kamen aus Aberdeen, einem in den 1950er Jahren entstandenen Vorort von Seattle, und waren bis zu

dieser Zeit in der Seattle-Szene unbekannt. Die Kopie des Demos verbreitete
Endino in der *Sub Pop*-Crew, die sich gleich dazu entschied, im selben Jahr *Love
Buzz* als erste *Nirvana*-Single auf den Markt zu bringen, 1989 folgte das Debüt-
album *Bleach*.

   Love Buzz war zugleich die erste Auskopplung des *Sub Pop Singles Clubs*,
ein Musik-Abonnement, welches den zahlenden Mitgliedern monatlich
zugeschickt wurde. Mit diesem sich regelmäßig wiederholenden Ereignis und
seinen Folgepraktiken, wie etwa das Erfahren neuer Songs, wurde das Netzwerk
zwischen Bands, Fans und Label erhalten und das kleine Label konnte sich im
subkulturellen Netzwerk permanent integrieren. *Sub Pop* sammelte einen Stamm
an Bands, der Jahr für Jahr wuchs, sodass das Label bis 1990 schon um die 90
CDs von über 30 Bands auf den Markt brachte. Das ambitionierte Label nutzte
zahlreiche mediale, soundtechnische und ästhetische Praktiken, um seine Programmatik zu verfolgen und auch erfolgreicher zu gestalten, um die Konkurrenz
zu überbieten. Bands aus Seattle, die ebenfalls den Sound der Stadt performten,
unterschrieben bereits Verträge bei Major Labels; darunter *Alice in Chains,* die ihr
erstes Album *Facelift* (1990a) in Kooperation mit *Columbia Records* vertrieben.

   Um eine Brücke nach Europa zu schlagen, luden Pavitt und Poneman 1989
den britischen Musikjournalisten Everett True nach Seattle ein. True, der für die
Musikzeitschrift *Melody Maker* arbeitete, veröffentlichte den Artikel *Sub Pop.
Seattle: Rock City* (S. 26 f.), ein „consumers's guide to the Sub Pop rosta" mit
Vorstellungen repräsentativer Bands, darunter *Green River, Mudhoney, Nirvana,
Tad, Soundgarden* und *Screaming Trees*. Trues Beschreibungen der Bands charak-
terisieren sich durch Vergleiche mit in Großbritannien rezipierten und bekannten
Rockbands, sodass der Leser einen Eindruck vom Sound der Bands erlangt:
Green River vereinen „The Sonics, Black Sabbath and Black Flagg", *Blood Cir-
cus* sei eine Mischung aus *Motörhead* und *The Wispers, Soundgarden* sogar „the
new Led Zeppelin".

   Das mediale Netz- und Vertriebswerk *Sub Pop* verhalf den Grunge-Bands
durch konsequente mediale Gestaltung, Inszenierung und Vermarktung zu einem
nicht unwesentlichen Grad an Bekanntheit, was der narrativen Theorie des
Grunge-Images widerspricht. *Sub Pop* vermarktete dabei nicht nur die Bands,
sondern vor allem auch das Label selbst: Es war eine Marke, die für eine gewisse
Musik und eine gewisse Klientel steht. Das Label bildete den institutionellen
Rahmen der Grunge-Gesellschaft, dessen Sozialisationsprozesse dadurch beginnen, d. h. vermehrt praktiziert werden. Die Wege waren geebnet, um aus einer
kleinen Szene ein historisches Ereignis und eine Popformation zu machen. *Sub
Pop* hat als institutioneller Körper wesentlich dazu beigetragen, das nihilistische,

ekstatische und unangepasste Prinzip medial zu perfektionieren. Die Mittlerstellung des Labels zwischen Bands und Fans, die *Sub Pop* schon früh annahm,
hatte Erfolg. Diese Phase, in der *Sub Pop* die immer bekannter werdenden
Grunge-Bands unter Vertrag nahm, war die Zeit vor MTV, in der die Protagonisten und das überschaubare Fankollektiv mit den Ausdrucksformen von Nihilismus, Ektase und Destruktion spielten und diese als künstlerische Motoren in
Praktiken transformiert wurden.

5   Hyped by MTV

Mit dem Sender *MusicTeleVision* (MTV) begann die Ära der Musikvideos und eine
neue Dynamik gelang in die Welt der Popmusik. Das erste Video, mit dem MTV
selbstironisch und zugleich selbstsicher auf Sendung ging, war der Clip zu *Video
killed the Radio Star* (*The Buggles*) am 1. August 1981. Das Novum des Senders MTV war auch hier eine konsequente Strategie: Erstmals gab es einen Sender, der ausschließlich Musik thematisierte und durch das Medium Fernsehen den
Radiostationen die visuelle Dimension musikalischer Praktiken voraushatte. Zwar
existierten bereits Musiksendungen, die Live- oder Playback-Performances verschiedener Bands zeigten, doch MTV popularisierte den Videoclip. Der Videoclip
war das Markenzeichen und fundamentale Element des neuen Senders, gleichsam
erhielten die Bands ebenfalls ein neues Medium, über das sie ihre Musik inklusive
ästhetischem Arrangement einer breiten Masse zugänglich machen konnten.
   Soundgarden produzierten bereits 1988 einen Videoclip im klassischen
Grunge-Layout zum Song *Flower* (*Ultramega OK*), der von MTV ausgestrahlt
wurde: Zu sehen ist ein ekstatisches Live-Konzert in schwarz-weißer, unscharfer
und chaotisch wirkender Aufnahme. Mit dieser medial-ästhetischen Praktik
erlangte die Seattle-Szene größere Beachtung und zugleich etablierte sich das
Musikvideo in der Szene. *Sub Pop* versuchte das neue Medium zu integrieren und
vermarktete ab 1990 VHS-Kassetten mit Videoclips der Szene unter dem Titel
Sub Pop Video Network, doch das Label konnte nicht mit dem jungen, ebenfalls
rebellischen Sender MTV mithalten.
   Der gesellschaftskritische Habitus des Grunge wird durch das neue Medium
Videoclip auf einer ästhetisch-narrativen Ebene projiziert. Für die Künstler wie
auch für die Rezipienten eröffnete sich damit eine weitere identifikatorische
Praktik. Die unkonventionellen Haltungen von Grunge und MTV waren sich
dabei nicht unähnlich: MTV inszenierte sich ebenfalls wie Grunge „als unkon-
ventionelles, fernsehfeindliches und widerständiges Medium der Jugend"
(Schmidt 1999, S. 103). In Folge des massenmedialen Effektes, der sich etwa

durch den Erfolg von *Soundgarden* zeigte, brachten die kommerzverachtenden Grunge-Bands zu einer Single gleich einen Musikclip heraus in der Hoffnung, MTV würde ihn annehmen – und MTV nahm an.

Zu dem Netzwerk aus Musikern, Fans, Producern, Promotern, Fotografen, Journalisten und Radiostationen trat nun die mächtige Institution Fernsehen hinzu. Die Komplexität einer Fernsehformation wie MTV, die sich aus dem Zusammenwirken und Managen von Musik, Technik, Popkultur, Medien, Ökonomie und Industrie ergibt, hat Schmidt mit seinem Aufsatz *Sound and Vision go MTV* deutlich aufgezeigt (vgl. Schmidt 1999, S. 94–100). Der wesentliche Vorteil, den ein solch komplexes Gebilde erschafft, ist die Reichweite, mit der der Sender MTV wie auch die dort gezeigten Künstler ihre definierte Zielgruppe der Jugendkultur erreichen konnten (vgl. Schmidt 1999, S. 103 f.): Die Künstler konnten plötzlich Massen mit ihren Songs erreichen und den Inhalt durch eine narrativ-ästhetische Praktik, die sich in Form eines Videoclips ereignet, kommunizieren.[11] Umgekehrt erreichten die Fans ihre Idole von zu Hause aus, konnten die Videoclips und Live-Übertragungen aufzeichnen und durch wiederholtes Abspielen zu einem seriellen Ereignis werden lassen. Das Fankollektiv hatte durch das TV- und Videoformat die Möglichkeit, nicht nur den Sound, sondern auch den stilistischen und körperlichen Habitus des Grunge gleich einer Modepraktik nachzunahmen und zu intensivieren.

MTV handelte bereits Mitte der 1980er Jahre Exklusivverträge mit den führenden Major Labels aus, was zur Folge hatte, dass vor allem bereits erfolgreiche Künstler dieser Labels den Musiksender als Plattform nutzen konnten (vgl. Schmidt 1999, S. 112 f.). Die Plattenfirmen haben ihre Machtposition verteidigt und entschieden, „welcher Star mit welchem Song zu welchem Zeitpunkt einen Clip veröffentlichen darf" (Schmidt 1999, S. 116). Die Machtstellung MTV's war zwar als Sender in der Fernsehlandschaft gesichert, doch das Programm bestimmten maßgeblich die Labels. Hier spannte sich für den Grunge eine neue, vor allem geschäftliche Beziehung auf, die in erster Linie von ökonomischer Bedeutung ist und die Figuren zu Stars werden lässt – eine Beziehung, die dem antikommerziellen Grunge-Diktat widerspricht, die die Bands aber auch nicht ignorieren konnten, wenn sie ihre Musik in die Welt bringen wollten.

Die Labels mussten nun also zu den Sound-Producern auch Clip-Producer engagieren, die ebenfalls die Machtstellung der Plattenfirmen erkannten, da ihre künstlerische Freiheit eingeschränkt wurde: Die Clips sollten in das Portfolio

---

[11]„Im Dezember 1983 erreichte MTV 18 Mio. Haushalte, was knapp einem Viertel alles US-amerikanischen Haushalte mit Fernsehanschluß entsprach" (Schmidt 1999, S. 105).

von MTV passen, um auch von MTV ausgestrahlt zu werden (vgl. Schmidt 1999, S. 120 f.). Die Labels fokussierten sich weiterhin auf einige Grunge-Bands, insbesondere in Seattle, doch an Weltruhm war nicht zu denken, sodass die Grunge-Community aus Seattle 1990 dachte: „Puh – endlich vorbei!" (*Hype!*, 33:35). Doch dann machte MTV *Nirvana* zu Stars.

Als *Nirvana* ihr zweites Studioalbum *Nevermind* 1991 bei dem Major Label *Geffen Records* herausbrachten, wurde für die erste Singleauskopplung *Smells like Teen Spirit* gleich ein Videoclip produziert. Die Inszenierung des Videos kann als Hommage an die Jugend gelesen werden: Die Band spielt den Song in einer High-School-Turnhalle, Cheerleaders schwingen Pompons, die Schüler sitzen mit leeren Blicken auf den Tribünen, der Hausmeister wischt derweil den Boden bis das Ekstase-Erlebnis eines Live-Konzertes ausbricht: Verschwitzte Jugendliche tanzen unkontrolliert umher und verleihen der wilden Musik einen ebensolchen körperlichen Ausdruck. Das Abbild eines unkontrollierten Live-Ereignisses, an dem zahlreiche Individuen teilhaben, wird hier direkt in die Häuser katapultiert. Dies ist für den Grunge zwar nichts Neues, wie der erwähnte Videoclip zu *Flower* von 1988 zeigt, doch mit *Smells like Teen Spirit* wurden vor allem junge Menschen visuell und textuell direkt angesprochen: „Here we are now, entertain us!". *Nirvana* agierten einerseits durch die schulische Gestaltung des Videoclips, andererseits durch die Lyrics und durch die Performance als Sprachrohr mit hohem Identifikationspotenzial für zahlreiche Jugendliche.

Mit der Popularisierung ging auch einher, dass sich zahlreiche Individuen in die Grunge-Gesellschaft integrierten und – ob aus „authentischen" oder „modischen" Gründen – die Werte und Normen des Grunge annahmen. Die individuelle und eigeninitiierte Teilhabe ist dabei ein wesentlicher Faktor für eine Popformation: Musiker und Labels produzieren, Labels und Medien vermarkten, doch der Rezipient ist jene Instanz, die entscheidet, Teil der Ereignisverkettung und Praktiken zu werden oder nicht. Auch Grunge wurde erst sukzessive, dann radikal in weite Teile pop-gesellschaftlicher Landschaften aufgenommen und eingespannt, sodass Anfang der 1990er Musik, Mentalität und Ästhetik vom Grunge dadurch dominiert wurden, dass das Phänomen flächendeckend durch das Medium TV gehypt wurde.

Das Medium MTV war maßgeblich daran beteilig, dass durch *Nirvana* als Vorzeige-Grunge-Band der Grunge-Hype entfachte. Im Sommer 1991 waren *Nirvana* noch als Vorband mit *Sonic Youth* auf Tournee, deren Geschichte in der Konzertdokumentation *1991: The Year Punk Broke* (1992) konserviert wurde. Wenige Monate später stürmte *Nevermind* auf die Chart-Spitze und *Nirvana* repräsentierte plötzliche eine ganze Generation, was die „Explosion der Subkultur" bedeutete (Chantry in *Hype!*, 31:12). Im Jahr 2000 kürte

Guinness World Records Smells like Teen Spirit zum „most played music video
on MTV Europe" (S. 197), was hinsichtlich des Grunge-Phänomens die kommerzielle und serielle Relevanz des Musiksenders einerseits und die Praktik der
Videoclip-Inszenierung andererseits spiegelt.

Als Grunge für MTV interessant wurde, hatte der Sender seine Konzepte weiter ausgebaut: Nebst den klassischen Videoclips gab es große serielle Ereignisse
wie die *MTV Music Video Awards*, *MTV Unplugged*, Interview-Specials, Musik-
und Banddokumentationen etc. Für MTV wurde der selbstinitiierte Grunge-
Hype jedoch zu einem Balanceakt: Einerseits musste das antiautoritäre Publikum
authentisch befriedigt, andererseits mussten Werbekunden bei Laune gehalten
werden, um den Sender finanziell zu sichern. Schmidt bezeichnet MTV's folgende Strategie der Balance als „*Ästhetisierung von Werbung und Konsum*":

> Populäre Musik und Videoclips [...] tragen ihren Teil zur schönen, neuen Medien-
> welt bei: Infantile Aufsässigkeitsinszenierungen verschleiern die Eingebundenheit
> der Jugendmedien in ökonomische Strukturzwänge, und die musikalische Message
> setzt auf Konsum und *Hipness* statt auf Kritik (1999, S. 129).

Für professionelle TV- oder Eventproduktionen war es profitabel, aber auch
schwierig, mit den Grunge-Bands zusammenzuarbeiten, die das vorgegebene
und geplante Konzept der Sender und die Eventproduktionen nicht akzeptier-
ten, da dies nicht ihren Ansprüchen entsprach: Grunge war ja nicht berühmt und
berüchtigt für konventionelle Auftritte, sondern für Musikereignisse mit nihi-
listischem, ekstatischem und destruktivem Charakter. Durch die Medien Fernsehen und Presse traten dabei immer mehr die Künstler als Persönlichkeiten in
den Vordergrund. Viele Bandmitglieder nutzten das Live-Ereignis Interview, um
ihre nihilistisch-theoretisierten Praktiken auf humorvolle Weise zu präsentieren
und damit eine Machtdominanz gegenüber der Interviewer respektive des medialen Formates dahinter zur Schau zu stellen. Diesen *clash of pop-cultures* haben
die *Queen of Grunge* und die *Queen of Pop* eindrucksvoll präsentiert: *Courtney Love* unterbrach ein Interview mit *Madonna* während der *MTV Video Music
Awards* 1995, indem sie eine Puderdose nach ihr warf; der Interviewer Kurt Loder
lud *Love* in die Runde ein. Eine sichtlich genervte *Madonna* verließ schließlich
das Interview vorzeitig. *Love* kommentierte das Geschehen mit den Worten: „I
like a good entrance" und rief: „Bye, Madonna! Did I bum you out? Are you pis-
sed at me? Swear to God!" Wenige Sätze später fiel *Love* kopfüber vom Stuhl.
In dieser Szene spiegelt sich das nihilistische Motiv durch *Loves* Missachtung
Madonnas, die den Mainstream-Pop personifiziert, ebenso wie das destruktive
Motiv, da gezielt die Zerstörung einer strukturierten Poppraktik – hier das Interview – zelebriert wird. Als ekstatisch kann die Figur *Courtney Love* selbst gelten,

die durch ihre Exzentrik aus den geplanten und planbaren Strukturen des Pop-
geschäfts ausbricht.

MTV, wie im Zuge dessen auch weitere TV- und Printmedien, machte
Grunge dennoch gesellschaftsfähig, indem das Phänomen durch Erwähnung,
Inszenierung und vor allem serieller Wiederholung massenmedial in Erscheinung
gebracht wurde und MTV somit eine sehr ähnliche Mittlerstellung wie die Labels
einnahm. Zusammen mit den medialen Vermarktungsakteuren bildeten die
Grunge-Akteure – gewollt oder ungewollt – Netzwerke, von der alle Mitglieder
finanziell, aber auch gesellschaftlich profitierten: *Nirvana* und Co. symbolisierten, dass die unerfolgreichen, übersehenen, unwillkommenen „Stoner" Macht
erlangen konnten. Die Protagonisten inszenierten diese Entwicklung als Sieges-
zug der Loser und als Korrekturmoment der glitzernden Popgeschichte.

6   Live on Stage

Wenn Grunge gehypt wird, bedeutet dies auch, dass seine einzelnen Elemente
und Praktiken gehypt werden. Werden nihilistische, ekstatische und destruktive Praktiken gehypt, bedeutet dies, dass Live-Ereignisse unkontrollierbar werden. Grunge hatte durch MTV wie auch durch die Major-Labels mediale Macht
erlangt, die mit dem perfekt-anmutenden, glamourösen Popideal brach und dieses
durch ein Ideal ersetzte, welches von nihilistischen, ekstatischen und destruktiven Elementen durchzogen ist. In der Hochphase ihrer Popularität spielten die
Künstler des Grunge mit den Medien, so wie es ihr Habitus der popkulturellen
Antipathie erforderte. Beispielhaft dafür ist der Auftritt von *Nirvana* bei den *MTV
Music Awards* 1992: *Nirvana,* Mainact des Abends, wurde es aufgrund der textuellen Provokation untersagt, den Song *Rape Me* (In Utero 1993) zu performen. Zu
Beginn ihres Live-Ereignisses spielten sie *Rape Me* bis zur ersten gleichlautenden
Textzeile, um dann durch einen Bruch zu dem vereinbarten Song *Lithium* (Nevermind 1991) überzugehen. Diese Praktik der Machtausübung zeigten *Nirvana*
bereits 1991 in der *Jonathan Ross Show*, bei der sie *Territorial Pissings* (In Utero
1993) inszenierten, obwohl *Lithium* vereinbart war. Im gleichen Jahr trat die Formation bei *Top of the Pops* auf: Hier sollte die Live-Band ein Halbplayback spielen, bei dem nur der Gesang live war: *Cobain* sang daraufhin *Smells like Teen
Spirit* wie ein Volksmusikant und die Band agierte mit den Instrumenten so, dass
offenkundig ersichtlich wurde, dass hier ein Playback abgespielt wird. In diesen Momenten hatten die Figuren des Grunge ein passives Machtspiel mit den
Medien ausgefochten und ihre Nichtkontrollierbarkeit durch Praktiken des Ver-
tragsbruches zur Schau gestellt.

Zentraler als das Zurschaustellen von Macht sind für die Live-Ereignisse der Grunge-Formationen vor allem die Ereignisse der Ekstase. Die Bewusstseins-Ausnahmezustände der Grunge-Musiker lassen sich vor allem anhand der Live-Ereignisse – Album- oder Festival-Tourneen – beobachten, da sich dort durch den direkten Kontakt zwischen Musikern und Publikum das Ekstase-Erlebnis auf beiden Seiten potenziert, wie die Fotografien von Peterson zeigen. Eine typische Ekstase-Praktik ist für den Grunge das Stagediving der Fans, aber auch der Musiker, bei dem die Künstler mit dem Publikum durch das Hineintreten in die Masse eins werden. Als weiteres Beispiel für eine anschauliche Ekstase-Praktik kann das Schlagzeug-Spiel *Dave Grohls* gelten, der im Zuge starker Affektentladung – wie besessen – auf das Schlagzeug schlägt. Auch die „statuenartige Körperhaltung" als definitorisches Element der Ekstase ist in ästhetischer Form bei *Nirvana* vorzufinden: Das Bühnenbild der *In Utero*-Tournee ist wie auch das CD-Cover des Albums von Engelsfiguren geprägt, deren Körper transparent sind, sodass man in das Körperinnere blicken kann.

Die Live-Praxis ist mit dem Hype durch MTV und weitere mediale Kanäle ins unermessliche gestiegen: Alle wollten Grunge – vor allem *Nirvana* – live erleben. Die *Nevermind*-Tour (August 1991 bis Februar 1992) von *Nirvana* umfasste über 100 Konzerte, nicht wenige endeten mit dem gleichen, ekstatischen wie destruktiven Ritual, bei dem zahlreiche beteiligte Körper und Dinge zerstört wurden. Bei einem Konzert im September 1991 schlägt *Cobain* nicht nur über mehrere Minuten auf das Schlagzeug ein, sondern schlägt wiederholend seinen Kopf in die Verstärker. Eine Woche zuvor, auf dem *Reading-Festival* am 23. August, beendete *Cobain* den Auftritt mit einem ekstatischen Sprung ins Schlagzeug, bei dem er sich die Schulter auskugelte. Das auf die Spitze getriebene Spiel mit dem Feedback, das Stürmen der Bühne durch die Fans, das Stagediving und der musikalische Ausbruch selbst generierten eine kollektive Ekstase, die realiter oder per TV-Übertragung miterlebt und damit praktiziert werden konnte. Durch den Aufstieg des Grunge wurde das körperliche und emotionale Ausbrechen aus strukturierten Konzepten legitimiert. Wie intensiv diese Ekstase-Erlebnisse für die Figuren des Grunge sind, zeigt sich auch bei den Performances von *Alice in Chains,* bei denen der ganze Körper des Sängers *Staley* zu vibrieren scheint.

7   Grunge is dead

Die Protagonisten des Grunge praktizierten durch eine Nichtteilhabe an Konventionen, durch habituelle Passivität und durch einen beiläufigen Pessimismus etwas, das dem Konzept des Nihilismus entspricht. Nihilismus ist „eine individuelle Geisteshaltung oder Welterfahrung und kulturhistorische Strömung, in der moralische Normen und Werte sowie vorgegebene Sinngehalte des Daseins und Erkenntnismöglichkeiten der Welt radikal negiert werden" (Schulz 2008, S. 416). Diese Definition findet sich in den bisher betrachteten Praktiken des Grunge wieder: Die Werte-, Perspektiven- und Hoffnungslosigkeit kommt, wie angedeutet, in zahlreichen Songs zum Ausdruck und wird durch die Musik und durch Live-Auftritte als kollektives Ereignis erfahrbar. Das Wörterbuch der analytischen Psychologie definiert Ekstase als einen „Ausnahmezustand des Bewusstseins", der sich in drei Formen bewusster Initiierung kategorisieren lässt: Erstens kommt es bei der aktiven Ekstase zu „eindrucksvollen körperlichen Ausdrucksbewegungen und starker Affektentladung"; zweitens tritt die passive Ekstase durch „den inneren Zustand von Verzückung und Beseligung" plötzlich auf, was zu einer „statuenartigen Körperhaltung" führen kann; drittens kann Ekstase durch „psychedelische Drogen oder Pflanzen" initiiert werden (vgl. Barthel 2003, S. 97).

Die verschiedenen Grunge-Praktiken sind vor allem nihilistisch und ekstatisch ausgerichtet. Für Wicke stellt Grunge „ein typisches Beispiel für diese selbstzerstörerische Form der Subkultur" (2011, S. 62) dar, die seit den Anfängen der Rockmusik zu beobachten ist. Die destruktive Komponente kommt insbesondere mit und durch den Hype zum Vorschein. Nach Erich Fromm ist Destruktivität eine „bösartige Aggression" und die „spezifisch menschliche Leidenschaft zu zerstören" (1977, S. 14).

Das destruktive Motiv zeigt sich immer stärker in Form von körperlichen und dinglichen Grunge-Praktiken, sei es durch einen exzessiven, den Körper zerstörenden Drogenkonsum oder durch die Zerstörung des Equipments. Die äußere soziale Ordnung bestand, wie die exemplarischen Darstellungen einzelner Live-Auftritte zeigen, im destruktiven Chaos. Auch die innere soziale Ordnung ist mehr und mehr durch das chaotische Prinzip bestimmt, was für die Figuren des Grunge wie auch für die Akteure eine Art der Ekstase bedeutete: „Wir wollten einfach nur chaotisch sein, das war eine lustvolle Befreiung." (*Danielson, Tad,* in *Hype!*, 23:10)

Die Kommerzialisierung brachte die Grunge-Protagonisten in eine Krise. Die kleine, unbekannte Subkultur verlor scheinbar ihre narrativen Wurzeln: „Es war unser Ding und plötzlich gehörte es Leuten, von denen wir nie geglaubt hätten, dass wir mit ihnen unsere Musik teilen könnten", und dies sei „alles andere als ermutigend" (*Hype!*, 58:00), so beschreibt Kim Thayil das wahrgenommene Spannungsfeld zwischen Pop und Anti-Pop. *Eddie Vedder* berichtet in *Hype!* wie das Musikereignis als eine Praktik der Freiheit zu einem kommerziellen Ereignis wird, mit dem die Künstler aufgrund ihres gesellschaftskritischen Habitus nicht zurechtkamen: „Dann kommt der Kommerz ins Spiel, das Geld, und alles wird anders" (*Hype!*, 39:16). Erfolg sei „nichts Erstrebenswertes. [...] Der kann alles

zerstören, das, was wahr ist und wichtig für einen: die Musik oder das eigene
Leben" (*Hype!*, 65:55).
Diesen asymmetrischen Prozess im Grunge betrachtet Wicke (2011, S.
63) als einen Verlust „subkultureller Glaubwürdigkeit":

> Der Erfolg katapultierte die Bands aus ihrem lokalen Kontext heraus. Mit dem Verlust
> der subkulturellen Glaubwürdigkeit gingen ihnen der Kontext und der Subkultur das
> Medium verloren. Mitte der 1990er war beides nur noch ein Schatten seiner selbst.
> Kurt Cobain [...] ist daran schließlich zerbrochen; er erschoss sich im Frühjahr 1994.

Wicke argumentiert hier jedoch mehr aus der emischen Perspektive heraus, denn
die Subkultur Grunge war vielmehr, wie schon in den 1960ern die Hard Rock-
Szene, in den 1970ern die Punk-Bewegung und in den 1980ern die House- und
Techno-Szene, zu einem historischen Popereignis herangewachsen: Subkultur
hat sich nicht in Mainstream verwandelt, sondern der Mainstream *war* in dieser
Epoche der Popkultur eine Subkultur: „Out"-Sein war „in". Grunge wurde in seiner bestehenden, d. h. nihilistischen, ekstatischen und destruktiven Form gehypt,
und nicht dem bestehenden Mainstream angepasst, wenngleich sämtliche massenmedialen Praktiken genutzt wurden. Wäre Grunge, wie auch andere Subkulturen,
angepasst worden, hätte es keine Brüche, keine revolutionären Akte und keinerlei
Dynamik in der Popgeschichte gegeben, die jedoch für das Konzept Pop fundamental sind.

Nichtsdestoweniger besteht ein *clash of pop-cultures* zwischen Anti-Pop und
Pop, der sich nicht nur in destruktiven Live-Performances manifestierte, sondern
auch bei den Persönlichkeiten, deren Bedürfnis nach einem „drop out" immer
stärker wurde und mit destruktiven Konsumpraktiken befriedigt werden sollte.
Praktiken der Isolation, Derealisation, des Rausches, des Traumes und auch des
Todes sind Praktiken eines „nihilistischen Selbstverständnisses" (vgl. Weier 1980,
S. 194 ff.): Wo in der frühen Phase der Seattle-Grunge-Szene Marihuana und Bier
eine ekstatische Betäubung einleiteten, traten später harte Drogen hinzu, darunter
vor allem Heroin, welches stark euphorisierend und schmerzstillend wirkt. Die
rauschhafte Ekstase tritt wie auch die nihilistische Grundhaltung in eine Wechsel-
wirkung zur musikalischen Praxis, die ebenfalls als emotionales und körperliches
Ventil zum Ausbruch und zum Außer-sich-geraten fungiere. Vor allem die Lyrics
von *Alice in Chains* beschreiben diese selbstzerstörerische Leidenschaft, die
durch einen weitgehend von Drogen begleiteten Lebensstil in Kauf genommen
wird: Der Song *God Smack,* ein Szenename für Heroin, handelt unverschleiert
von dieser Rauschdroge: „Stick your arm for some real fun" (*Dirt* 1992).

Layne Stayle, der diese und zahlreiche weitere Lyrics mit gleichem Thema ver-
fasste,[12] verlor seine Freundin an einer Überdosis Heroin und starb 2002 ebenfalls an einer Überdosis Speedballs, eine Mischung aus Heroin und Kokain.

Der Hype um nihilistische, ekstatische und destruktive Elemente konstituiert
entscheidend die Rolle der Grunge-Figuren, die diese in der Hinsicht annehmen,
als dass sie sie zu einer narrativen Theorie der logischen Tragik ausbauen: Nihilismus, Ekstase und Destruktion waren gefordert und mussten – authentisch – praktiziert werden. Betrachtet man Nihilismus, Ekstase und Destruktion als körperliche
und mentale Motive, die sich in verschiedensten Praktiken zeigen, ist es kaum
möglich, solche Praktiken, die an sich bereits eine Überschreitung von Grenzen
implizieren, weiter auszudehnen. Der Bandname *Nirvana* kann dafür nur symbolisch gelesen werden: *Nirvana* ist ein aus dem Sanskrit entlehnter Begriff und
bedeutet „verwehen" oder „erlöschen" und ist „das Ziel buddhistischer Praxis. [...]
Für den Erlösten gibt es kein neues Karma und keine Wiederverkörperung mehr"
(Holzapfel 2005, S. 565). Noch deutlicher tritt die destruktive Praxis in Form einer
präsenten Todesmotivik hervor, für die bisher der Metal bekannt war: Der (eigene)
Tod wird zu *dem* Thema in Interviews. Beispielhaft hierfür ist *Cobains* häufig per-
formter und rezitierter Song: *I hate myself and I want to die* (In Utero 1993).

Im November 1993 brachen *Nirvana* mit dem Grunge-Habitus und performten
eine hochästhetische und für den Grunge unkonventionelle Darbietung eines
MTV Unplugged-Konzerts. Dieses Konzert, bei dem die Bühne mit schwarzen
Kerzen und weißen Lilien („Todesblumen") geschmückt wurde und Freunde aus
der frühen Seattle-Zeit für Gastauftritte hinzutraten, mutete besinnlich und retrospektiv an. Die Inszenierung kam einer Prophezeiung oder einer prognostizier-
ten Beerdigung gleich: Ein Jahr später, im April 1994, beging *Cobain* Suizid.
Die Nachricht, dass jene Persönlichkeit, die als Sprachrohr einer Generation galt,
sich das Leben genommen hat, brachte eine große Fangemeinschaft in Seattle zu
einem kollektiven Ereignis der Trauer zusammen.

Die narrative Dimension kann einzelne Praktiken mit starken Bedeutungen
versehen und so auf die Praktiken selbst zurückwirken. Dies hat sich insbesondere bei der Stellung des Ortes Seattles, der Selbstbetrachtung und
-inszenierung, wie auch beim Label *Sub Pup* und seinen Figuren gezeigt. Weniger bedeutsam sind die narrativen Theorien für den Sound selbst, wie auch für
die Ereignisse der Videoclips, der Live-Auftritte und Interviews, die gewiss eine

---

[12]Vgl. „Nothing better than a dealer who's high. Be high, convince them to buy. What's
my drug of choice? Well, what have you got? I don't go broke. And I do it a lot" (*Alice in
Chains* 1992, *Dirt, Junkhead*).

narrative Komponente in sich tragen, in denen jedoch die weiteren, vor allem materiellen Dimensionen der Praktiken stärker im Vordergrund stehen, weil sie aufgrund ihrer Ausdrucksstärke keinerlei sinnstiftende Theorie benötigen: Die Praktik ist hier selbstredend. Interessant ist dabei jedoch, dass die narrative Bewertung der Entwicklung des subkulturellen Grunge zum Popkult stets im Kanon des gesellschaftskritischen Habitus reflektiert wird, als hätten die Protagonisten die Bürde des Erfolges unausweichlich auf sich nehmen müssen. Die Praktiken *im* Grunge unterscheiden sich dann im Wesentlichen von den Erzählungen *über* Grunge. Was weiterhin durch die praxistheoretische Betrachtung offenkundig wurde, ist die Bedeutung der Medien, insbesondere der Labels und Fernsehsender: Wenn Grunge-Praktiken im Ausmaß eines Hypes rezipiert werden, dann liegt dies insbesondere an diesen sozialen Komplexen des Hintergrunds, die bewusst popularisierend auf das Phänomen wirken. Werden Popereignisse erinnert, spielen Produzenten, Interviewer etc. kaum eine Rolle. Daher ist es im Grunge schon fast etwas Besonderes, dass das konzeptuelle Label *Sub Pop* einen eigenen Hype oder zumindest prominente Nebenerzählungen der Grunge-Story produzieren konnte.

Als dieser Aufsatz entstand, berichteten die Medien, dass *Chris Cornell* nach einem *Soundgarden*-Konzert dem Suizid erlag. Wieder vereinigte sich das Grunge-Kollektiv zur gemeinsamen Trauer, was die Wirkungsstärke dieser Formation des Pop noch zwanzig Jahre nach dem historischen Ereignis deutlich macht. Auch wenn der Hype um Grunge mit dem Ende der Bandformation *Nirvana* überwunden war, haben die Grunge-Bands weiterhin erfolgreich performt und den „Sound of Seattle" so stark geprägt, dass sich das Genre „Post-Grunge" etabliert hat, worunter Bands wie *Creed, 3 Doors Down, Puddle of Mudd, Audioslave* oder *Incubus* gezählt werden. Aber auch die Grunge-Protagonisten der frühen 1990er formierten sich erfolgreich neu: *Dave Grohl* gründete die Band *Foo Fighters, Alice in Chains* performen weiterhin ihre Songs mit *William DuVall* als Sänger, *Pearl Jam* sind ebenfalls weiterhin auf Tour und *Eddie Vedder* komponierte den Soundtrack zum gesellschaftskritischen und damit Grunge-kompatiblen Filmdrama *Into the Wild* (2007). Hinsichtlich dieser partiellen Fortführung der Grunge-Praktiken müsste der Slogan nicht „Grunge is dead!", sondern „Grunge-Hype is dead!" lauten.

Literatur

Barker, Emily. 2014. 40 Of The greatest bassists of all time. NME. http://www.nme. com/photos/40-of-the-greatest-bassists-of-all-time-picked-by-nme-readers-1412783. Zugegriffen: 5. Juli 2018.

Bartel, Christiane. 2003. Ekstase. In *Wörterbuch der analytischen Psychologie*, Hrsg. Lutz Müller und Anette Müller, 97–98. Düsseldorf: Walter.

Byers, Will. 2008. School of Rock: Guitar Solos. Grunge committed a crime against music – it killed the guitar solo. The Guardian. https://www.theguardian.com/music/musicblog/2008/jul/30/schoolofrockguitarsolos. Zugegriffen: 5. Juli 2018.

Cateforis, Theo. 2012. Alternative Rock. In *Continuum Encyclopedia of Popular Music of the World*, Bd. 8, Hrsg. David Horn und John Shepherd, 21–26. London: Continuum.

Clover, Joshua. 2009. *1989. Bob Dylan didn't have this to sing about.* London: University of California Press.

Focus Magazin. 1993. „Grunge" – das Outfit der Krise. Focus Magazin 3. https://www.focus.de/kultur/leben/trend-1-mode-grunge-und150-das-outfit-der-krise_aid_229665.html. Zugegriffen: 5. Juli 2018.

Fromm, Erich. 1977. *Anatomie der menschlichen Destruktivität.* Reinbek: Rowohlt.

Gehman, Pleasant. 1992. Artist of the year: Nirvana. Spin 8 (9): 51–53.

Guinnes Media Inc., Hrsg. 1999. *Guinness World Records 2000*, Millennium Aufl. London: Guinness World Records Limited.

Hecken, Thomas. 2017. Pop. In *Handbuch Popkultur*, Hrsg. Thomas Hecken und Marcus S. Kleiner, 44–53. Stuttgart: J.B. Metzler.

Heesch, Florian. 2013. „Eigentlich so wie'ne Frau"? Männlichkeit und das Ideal der hohen Stimme im Heavy Metal der 1980er Jahre am Beispiel Udo Dirkschneider. In *Musik und Männlichkeiten in Deutschland seit 1950. Interdisziplinäre Perspektiven*, Hrsg. Marion Gerards, Martin Loeser und Katrin Losleben, 142–160. München: Allitera.

Heylin, Clinton. 2007. *Babylon's Burning: From Punk to Grunge.* New York: Canongate.

Hemming, Jan. 2007. Persönlichkeit und Verhalten der Fans von Hard Rock, Punk und Gangsta Rap: Eine Gegenüberstellung empirisch-sozialpsychologischer Befunde und kulturwissenschaftlicher Erkenntnisse. In *Pop Insights: Bestandsaufnahmen aktueller Pop- und Medienkultur*, Hrsg. Thomas Krettenauer und Michael Ahlers, 47–61. Bielefeld: transcript.

Hillebrandt, Frank. 2016a. Electric Soundland. Die E-Gitarre in der Rovolte, In *Dinge befremden. Essays zu materieller Kultur*, Hrsg. Julia Reuter und Oliver Berli, 95–105. Wiesbaden: Springer VS.

Hillebrandt, Frank. 2016b. Die Soziologie der Praxis als poststrukturalistischer Materialismus. In *Praxistheorie. Ein soziologisches Forschungsprogramm*, Hrsg. Hilmar Schäfer, 71–94. Bielefeld: transcript.

Holzapfel, Karsten. 2005. Nirvana. In *Metzler Lexikon Religion*. Bd. 2, Hrsg. Christoph Auffarth, Jutta Bernard und Hubert Mohr, 565. Stuttgart: Metzler.

Hype! USA. 1999. Regie: Doug Pray. *DVD* Helvey/Pray Productions 2011.

Köhler, Dietmar. 2008. Destruktion. In *Metzler Lexikon Philosophie: Begriffe und Definitionen*, 3. erweiterte und aktualisierte Aufl., Hrsg. Peter Prechtel und Franz-Peter Burkard, 104. Stuttgart: Metzler.

Manca, Luigi. 1992. Images of Yuppies in popular advertisements of the1980s. In *Advertising and popular culture: Studies in variety and versatility*, Hrsg. Sammy R. Danna, 47–55. Ohio: Bowling Green.

Mazullo, Mark. 2000. The man whom the world sold: Kurt Cobain, rock's progressive aesthetic, and the challenges of authenticity. *Musical Quarterly* 84 (4): 713–749.

Novoselic, Krist. 2004. *Of grunge and government: Let's fix this broken Democracy!* New York: RDV Books/Akashic Books.

Pavitt, Bruce. 1980. *Subterranean Pop 1.*
Pavitt, Bruce, et al. 2014. *Sub Pop USA: The subterraneanan pop music anthology, 1980–1988.* New York: Bazillion Points.
Peterson, Charles. [Fotos], Michael Azerrad [Text] und Bruce Pavitt [Vorwort]. 1995. *Screaming life. Eine Chronik der Musikszene von Seattle.* Hannibal: St. Andrä-Wörden.
Schmelzer-Ziringer, Barbara. 2015. *Mode Design Theorie.* Böhlau: Wien et al.
Schmidt, Axel. 1999. Sound and Vision go MTV – die Geschichte des Musiksenders bis heute. In *VIVA MTV! Popmusik in Fernsehn,* Hrsg. Klaus Neumann-Braun, 93–131. Frankfurt a. M.: Suhrkamp.
Schnierer, Thomas. 1995. *Modewandel und Gesellschaft. Grundlagen des Modewandels: Die Dynamik von „in" und „out".* Opladen: Leske und Budrich.
Schulz, Kathrin. 2008. Nihilismus. In *Metzler Lexikon Philosophie: Begriffe und Definitionen,* 3. erweiterte und aktualisierte Aufl., Hrsg. Peter Prechtel und Franz-Peter Burkard, 416. Stuttgart: Metzler.
Simmel, Georg. 1919. *Philosophische Kultur,* 2. Aufl. Leipzig: Alfred Kröner.
Stempel, Larissa. 2009. *Grunge und Gender. Geschlechterbilder in der US-amerikanischen Rockmusik, 1989–94.* Saarbrücken: VDM-Verlag.
Strong, Catherine. 2011. *Grunge. Music and memory.* Farnham: Ashgate.
True, Everett. 1989. Sub Pop. Seattle: Rock city. *Melody Maker* 18:26–27.
Weber, Max. 1980. *Wirtschaft und Gesellschaft: Grundriß der Verstehenden Soziologie,* 5. Aufl. Tübingen: Mohr.
Weier, Winfried. 1980. *Nihilismus: Geschichte, System, Kritik.* Paderborn et al.: Schöningh.
Wicke, Peter. 2011. *Rock und pop: Von Elvis bis Lady Gaga.* München: C.H. Beck.

Diskographie

Alice in Chains. 1990a. *Facelift.* CD, Album. Columbia.
Alice in Chains. 1990b. *We die young.* CD, Single. Columbia.
Alice in Chains. 1992. *Dirt.* CD, Album. Columbia.
Beck. 1994. *Mellow Gold.* CD, Album. DGC.
Green River. 1987. *Dry as a bone.* 12", EP. Sub Pop.
Mudhoney. 1988. *Touch me I'm Sick/ Sweet young thing ain't sweet no more.* 7", Single. Sub Pop.
Nirvana. 1988. *Love buzz/ Big cheese.* 7", Single. Sub Pop.
Nirvana. 1989. *Bleach.* CD, Album. Sub Pop.
Nirvana. 1991. *Nevermind.* CD, Album. DGC/Sub Pop.
Nirvana. 1993. *In Utero.* CD, Album. DGC/Sub Pop.
Soundgarden. 1987. *Screaming Life.* 12", EP. Sub Pop.
Soundgarden. 1988. *Ultramega OK.* CD, Album. SST.
Soundgarden. 1994. *Superunknown.* CD, Album. A&M.
Various. 1986. *Sub Pop 100.* LP, Comp. Sub Pop.

Die Popmusik und das Ballett

Zum Vorkommen von Elementen und Praktiken des Rock und Pop im klassischen Bühnentanz

Sarah Rempe und Andrea Hamp

Inhaltsverzeichnis

Berliner Festspielhaus, ein Freitagabend im August 2017, gegen 21 Uhr: Ballerinen und Ballerinos betreten die Bühne und vollführen mit ihren schlanken, durchtrainierten und in glitzernde Trikots gekleideten Körpern Pirouetten, Arabesques und Spagatsprünge. Sie gehen „auf Spitze" und tanzen Soli, Pas de deux und Pas de trois. Vor hunderten von ZuschauerInnen ereignen sich im Vollzug der kodifizierten Posen und normierten Schrittfolgen des klassischen Tanzes die

S. Rempe · A. Hamp (✉)
Institut für Soziologie, FernUniversität in Hagen, Hagen, Deutschland
E-Mail: andrea.hamp@fernuni-hagen.de

S. Rempe
E-Mail: sarah.rempe@fernuni-hagen.de

© Springer Fachmedien Wiesbaden GmbH, ein Teil von Springer Nature 2019
A. Daniel und F. Hillebrandt (Hrsg.), *Die Praxis der Popmusik,*
https://doi.org/10.1007/978-3-658-22714-2_5

traditionellen Bewegungs- und Praxisformen des Balletts.[1] Dazu erklingt Musik –
allerdings nicht die Musik von Tschaikowski, Strawinsky oder Prokofjew. Es sind
nicht die bekannten und auch von Laien mit dem Ballett assoziierten Melodien
aus *Schwanensee* oder *Nussknacker,* die – von einem Orchester gespielt – den
Tanz begleiten. Vielmehr ertönen aus der Musikanlage des ausverkauften Hau-
ses Songs von Patti Smith und Hits von David Bowie: *Aladdin Sane* und *Black-
star.* Unkundige ZuschauerInnen könnten über diese Mischung von Popmusik und
Ballett überrascht sein, und auch ein genauerer Blick ins Programmheft würde die
Verwunderung kaum beheben, denn bei der Aufführung handelt es sich nicht um
den Entertainment-Abend einer Showtruppe, sondern um die hochklassige Darbietung einer renommierten Ballettkompanie: Die Michael Clark Company aus
London gastiert im Festspielhaus und tanzt im Rahmen des internationalen Berliner
Tanzfestivals *Tanz im August* das Stück *to a simple, rock'n' roll... song.* Es handelt
sich um ein Ballett des an der Royal Ballet School London ausgebildeten ehemaligen Tänzers und hochdekorierten Choreografen Michael Clark.[2]

Das Berliner Publikum erweist sich als kundig und reagiert in offensichtlichem
Bewusstsein der Besonderheit des Abends mit lang anhaltendem Applaus. Das
gegenwärtig scheinbar unkomplizierte Zusammenkommen von klassischem Bühnentanz und Popmusik eröffnet einer praxistheoretisch orientierten Beobachtung einige
Fragen: Wann und wie ist es zur Begegnung von Popmusik und Ballett gekommen
und wie wird dieses Zusammenkommen im Prozess seiner historischen Entwicklung
sichtbar? Zu welchen Formen der Verknüpfung kommt es überhaupt, wenn Popmusik und Ballett sich begegnen, und was bedeutet die Entwicklung für beide Kunstformen? Diesen Fragen widmet sich der vorliegende Beitrag[3]. Ausgangspunkt ist der

---

[1]Der Begriff Ballett wird in diesem Artikel – wie allgemein üblich – in mehrerer Weise
gebraucht: Als Genre-Begriff für die Kunstform, als Bezeichnung für den sich auf einer
Bühne durch die Körper der Tanzenden vollziehenden klassischen Tanz, im korpora-
tiven Sinne als Benennung von Ballett tanzenden Ensembles bzw. Kompanien und als
Bezeichnung von Tanzwerken, die sich im Repertoire des klassischen Tanzes befinden.

[2]Clark tanzte u. a. für das Ballet Rambert und das English National Ballet und wirkte in
Kinofilmen und bei internationalen Ausstellungen mit. In zahlreichen Projekten verbindet
er klassische Tanztechnik und Popkultur. *to a simple, rock'n'roll... song* wurde 2016 im
Londoner Barbican Centre uraufgeführt, Deutschland-Premiere war am 09.08.2017 auf
Kampnagel in Hamburg. Für eine ausführliche Kritik siehe Foellmer (2016).

[3]Für die Erstellung dieses Beitrags haben wir Bild- und Videomaterial benutzt, das uns vom
Theater der Stadt Hagen und von der Oper Leipzig zur Verfügung gestellt wurde. Für das
freundliche Entgegenkommen danken wir am Theater Hagen Frau Ina Wragge, Referentin
Presse- und Öffentlichkeitsarbeit, und Herrn Ballettdirektor Ricardo Fernando (jetzt Augsburg). An der Oper Leipzig danken wir Frau Evelyn Richter, Leiterin Öffentlichkeitsarbeit,
sowie dem Leitungsteam des Leipziger Balletts.

weit über das Berliner Beispiel hinaus beobachtbare Vorgang, dass sich international
in der Sparte der Bühnenkunst Tanz an kommunalen und staatlichen Theatern wie an
nicht-staatlichen Produktionshäusern und Stätten der freien Szene, d. h. sowohl bei
den institutionell angebundenen wie auch bei den selbstständigen Tanzkompanien,
eine Öffnung gegenüber der Popmusik vollzieht. Zunehmend erscheinen Stücke im
Repertoire des modernen und zeitgenössischen und eben auch des klassischen Tanzes, die sich musikalisch und choreografisch auf den Rock und Pop beziehen. Die
theatralen Tanzaufführungen, in deren Vollzug sich solche Verknüpfungen von Popmusik und Tanz ereignen, scheinen seriell zu werden und für die sich stets aufs Neue
konstituierende und reproduzierende Praxisformation des Bühnentanzes ein relevan-
tes Phänomen zu sein. Um diesem auf die Spur zu kommen, soll hier nachgezeichnet
werden, wie das Zusammenkommen von Pop und Bühnentanz in der Geschichte
des Tanzes in Erscheinung tritt und wie es sich in Ballettaufführungen manifestiert.
Dazu wird die Entwicklungsgeschichte des Bühnentanzes insgesamt betrachtet und
im Anschluss an spezifischen Beispielen von „Rock-Balletten" untersucht, wie und
inwiefern sich die in praxissoziologischer Zugangsweise theoretisch wie analytisch
zentral gerückte Multidimensionalität der popmusikalischen Praxis (vgl. Daniel und
Hillebrandt in diesem Band) im klassischen Bühnentanz zeigt: Welche Themen und
Legenden des Rock und Pop werden aufgegriffen, wenn Popmusik durch und für das
Ballett adaptiert wird? Welche Musik, welche Elemente und Praktiken des Rock und
Pop kommen überhaupt vor, wenn sich Bezugnahmen auf die Popmusik im klassischen Tanz ereignen? Welche Ereignisse, Artefakte und Narrative des Rock und Pop
werden zu Bestandteilen von Balletten? Ziel ist es zu zeigen, wie die Popmusik in
einer ganz anderen und – im Fall des Balletts herkömmlicher Weise immer noch –
der „Hochkultur" zugerechneten Form der Praxis auftaucht und „verkörpert" wird
und in welchen Hinsichten und in welcher Weise sie dort eine Wirkkraft entfaltet.
Damit wird angeknüpft an die in diesem Band von Anna Daniel und Frank Hillebrandt vertretene These einer besonderen gesamtgesellschaftlichen Bedeutung der
Popmusik und einer besonderen Qualität ihres Einflusses und ihrer Vervielfältigung
in anderen gesellschaftlichen Teilbereichen. Indem dem Vorkommen von Popmusik
in einer ihr im kulturellen Feld vermeintlich maximal entfernt liegenden und im Hinblick auf die konstituierenden Elemente und Praktiken völlig verschiedenen Praxis
nachgespürt wird, soll diese These erprobt werden. Zwar verbietet sich in praxistheoretischer Zugangsweise eine der empirischen Hinwendung zur Praxis vorab
vorgenommene Grenzziehung zwischen Feldern bzw. Praxisformationen (vgl. Hillebrandt 2014), ebenso eine Differenzierung kultureller Praxis in Populär- und Hochkultur, doch als theoretische Hypothesen und analytische Annahmen können solche
Unterscheidungen der Untersuchung voran gestellt werden. So lässt sich methodisch
die Perspektive eines anderen Feldes einnehmen und von hier aus ein Blick auf die
Popmusik eröffnen, um Erkenntnisse über die Multipräsenz und Multiplizität der
popmusikalischen Praxis (vgl. Hillebrandt 2014) zu gewinnen.

Und zumindest auf den ersten Blick könnten Popmusik und Ballett kaum
unterschiedlicher sein. Während es im Rock und Pop auf Authentizität und
Spontanität des individuellen Ausdrucks und folglich auch in der Aufführungs-
dimension auf die Präsentation ungehemmter Körper und ungezügelter
Bewegungsformen ankommt, und während es im Rock und Pop damit zugleich
um die Popularisierung der Musik, die Demokratisierung des Zugangs zu
Bühnenkünsten sowie um Gesellschaftskritik und soziokulturellen Wandel geht,
dreht sich das aus dem höfischen Tanz heraus entstandene Ballett um das genaue
Gegenteil. Sowohl in der Produktions- wie in der Rezeptionsdimension des Balletts geht es um die Loslösung dieser Kunst vom Populären. Wesentlich für den
klassischen Tanz sind die Disziplinierung des Körpers und die Beherrschung
akademisch vorgegebener Bewegungsformen sowie die strenge Regelung des
Ausdrucks mittels der Stilisierung und Artifizierung von Bewegung. Dabei zählen nur Virtuosität und Grazie als die „wohl wichtigsten ästhetischen Maximen
der abendländischen Tanzkunst schlechthin." (Huschka 2012, S. 131). Die damit
angestrebte Nivellierung des Individuellen, die Entfremdung der Körpersprache
vom Gewöhnlichen sowie die durch Theatralisierung und Orchestration vollzogene institutionelle Distanzierung vom Alltäglichen sind die konstitutiven Elemente des Balletts. So befasst sich das Ballett – seit mehr als drei Jahrhunderten
und mindestens bis in den Anfang des 20. Jahrhunderts hinein – mit der Repräsentation von Idealen und der Symbolisierung einer höheren Ordnung und trägt
damit immer auch zur Verfestigung – und nicht zur Bekämpfung – von Herr-
schafts- und Geschlechterordnungen sowie von sozialen Hierarchien bei (dazu
Klein 2010). Führt man sich die in so vielen Hinsichten offensichtliche Unter-
schiedlichkeit der beiden Kunstformen vor Augen, drängt sich durchaus die Frage
auf, wie diese überhaupt zusammenkommen und wie die eine in der anderen in
Erscheinung tritt. Durch die Beschäftigung mit dieser Frage soll gezeigt werden,
wie und in welche Richtung sich die gesellschaftliche Vervielfältigung der Popmusik im Hinblick auf den Bühnentanz entwickelt. Im Ergebnis geht es also in
erster Linie um eine Aussage zur Popmusik. Indem zugleich gezeigt wird, wie
sich die Verknüpfung mit dem Ballett darstellt, kann auch eine Grundlage für
eine Einschätzung des gegenwärtigen Zusammenhangs der beiden Kunstformen
geschaffen werden. Der vorliegende Beitrag beansprucht hingegen nicht, zugleich
eine Aussage zur Gegenwart des Balletts zu machen. Der klassische Bühnentanz
und sein Verhältnis zur Musik sind selbstverständlich und in vielfältiger Weise
Gegenstand der tanzwissenschaftlichen (vgl. Huschka 2012) sowie der theater-
und musikwissenschaftlichen Erforschung des Tanzes (vgl. Rothkamm 2016;
Woitas 2018). Ein soziologischer Blick auf diesen Gegenstand kann jedoch eine
Ergänzung bieten. Indem beide Künste als Formen der Praxis verstanden und in
ihrem Zusammenkommen genealogisch untersucht werden, wird ihr Verhältnis

in anderer Weise in den Blick genommen als in den Tanzwissenschaften üblich. Dies kann einer stärker sozialwissenschaftlich ausgerichteten Tanzforschung als Anregung dienen. Zudem ist die Fokussierung auf das Vorkommen von Popmusik im Ballett eine in der Tanzforschung eher ungewöhnliche Herangehensweise.

Im Folgenden wird anhand von Beispielen und im Sinne einer überblicksartigen Stoffsammlung die neuere Geschichte der wichtigsten Bühnentanzstile unter Berücksichtigung des Vorkommens von popkulturellen Elementen und Popmusik dargestellt.[4] Dabei wird zuerst auf den modernen und den zeitgenössischen Tanz eingegangen, danach auf den klassischen Tanz. So soll die in den Blick genommene Verknüpfung in ihrem historischen Werden in allen Sparten des Tanzes nachgezeichnet und in ihrer Relevanz für die Entwicklung des Bühnentanzes sichtbar gemacht werden. Dabei wird im Sinne einer Soziologie der Praxis davon ausgegangen, dass diese Entwicklung nicht als eine lineare und intentional gesteuerte aufzufassen ist. Dem entgegen schildern Tanzgeschichtsschreibung und Tanzkritik die Tanzgeschichte meist als eine Folge von aufeinander bezugnehmenden kreativ-originellen Tanzschaffenden bzw. genialen ChoreografInnen, die den Tanz im Sinne einer bewusst gestalteten Entwicklung weiter vorantreiben. Es wird versucht, dieser Lesart nicht zu folgen, auch wenn man im Umgang mit der Tanzliteratur um die Schwierigkeit, immer wieder auf „große Namen" verwiesen zu werden und bei der Schilderung der Tanzgeschichte darauf rekurrieren zu müssen, kaum herum kommt.

1   Popmusik und moderner Bühnentanz

Die ersten Verknüpfungen von Bühnentanz und Pop vollziehen sich zu Beginn des 20. Jahrhunderts in den Momenten der Tanzgeschichte und dabei in den Bereichen des Tanzes, in denen das nahe zu liegen und leichter möglich zu sein scheint als im Ballett, nämlich im Laufe der Entwicklung des modernen und des post-modernen Tanzes sowie im Tanztheater. Der moderne Tanz ist der früheste dieser Bühnentanzstile. Er entsteht in Anknüpfung an die seit den 1910er Jahren in Europa auftretenden amerikanischen Pionierinnen Isadora Duncan, Ruth St. Denis und Loïe Fuller. Im deutschsprachigen Raum ist er verbunden mit der Reformbewegung des Ausdruckstanzes und Namen wie Rudolf von Laban, Mary Wigman,

---

[4]Die mittlerweile sehr zahlreichen Begegnungen von Popmusik und Bühnentanz können nicht vollständig erfasst werden. Unter Auslassung vieler weiterer erwähnenswerter Beispiele werden sie hier nur skizziert und dabei entlang den im Tanz üblichen Stil- und Genrebezeichnungen sortiert – auch wenn sich der gegenwärtige Bühnentanz gerade durch die Mischung von Tanzstilen auszeichnet und feste Begriffe fragwürdig werden.

Harald Kreutzberg, Dore Hoyer und Gret Palucca (vgl. Kolb 2016). Der Ausdruckstanz stellt eine Abwehrreaktion gegen das klassische Ballett dar und beruht auf der Skepsis gegenüber der modernen Gesellschaft. Gegen die mit der industrialisierten Arbeitswelt einhergehende Vermassung und Urbanisierung setzt der Ausdruckstanz die Darstellung von Subjektivität und von Verbundenheit mit der Natur. In „freien" und „natürlichen" Bewegungen sollen Gefühle zum Ausdruck gebracht werden, und der Tanz soll dabei aus der Beschäftigung mit den Bewegungsmöglichkeiten des Körpers heraus initiiert sein. Dem Körper selbst wird damit der Vorrang gegenüber der Musik als Vorgabe und Inspirationsquelle für den Tanz eingeräumt. Der Ausdruckstanz wendet sich so nicht nur von den ästhetischen Idealen, akademischen Techniken und literarisch vorgegebenen Handlungen des Balletts ab, sondern zugleich von der traditionellen Ballettmusik. Zudem werden im Ideal vom Tanz als Laienbewegung, in Gemeinschaftstänzen und in Auftrittsorten außerhalb von Theatern erste popkulturelle Elemente sichtbar. Als die eigentlichen Begründerinnen des modernen Tanzes gelten jedoch Martha Graham und Doris Humphrey. Mit ihrem Tanzschaffen in den USA der 1930er und 40er Jahre vollzieht sich die Etablierung des Modern Dance als Bühnenkunst. Neben dem zur Perfektion getriebenen Ausdruck von inneren Erregungszuständen, den strengen Formen der Präsentation, den revolutionären Tanztechniken und dem sparsamen Umgang mit Kostümen und Bühnenbildern, ist auch hier die Abwendung von der Ballettmusik ein wesentliches Charakteristikum. In der Überzeugung, dass der Tanz die Musik nicht braucht, wird in Stille, zu Geräuschen oder zu eigens für ihre Tänze geschaffener Klaviermusik getanzt. Der Tanz steht dabei für sich und die Musik begleitet ihn (nur). Zudem macht die im Tanz zum Ausdruck gebrachte Sozialkritik den Modern Dance berühmt. Doris Humphrey schafft die Balletthierarchien zugunsten der Aufwertung und Gleichberechtigung der GruppentänzerInnen ab. Martha Graham setzt sich mit der amerikanischen Geschichte und der Lebensweise der indianischen Urbevölkerung auseinander. Sie wendet sich in ihren Tänzen dem „Primitiven" zu und rekurriert dabei auch musikalisch auf Populäres: auf folkloristische Melodien und Rhythmen.[5]

In der Folge entfaltet sich die Popkultur im modernen Tanz. Der Modern Dance entwickelt sich in den USA in unterschiedlichen Richtungen bis hin zum postmodernen amerikanischen Tanz (vgl. Huschka 2012). Zu den verschiedenen Strömungen gehören u. a. Merce Cunnigham, Paul Taylor, José Limón,

---

[5]Siehe z. B. die Stücke *Primitive Mysteries* und *Primitive Canticles* von Martha Graham, 1931.

Anna Halprin, Lester Horton und Alvin Ailey sowie das Judson Dance Theater, das für den amerikanischen Post Modern Dance steht. Die Abgrenzung des modernen Tanzes vom klassischen Tanz und das Auseinanderdriften von Ballett und Ballettmusik verstärken sich im Zuge dieser Entwicklung. Zum Beispiel tritt bei dem der Pop-Art verbundenen Merce Cunningham durch die Kombination von klassischen und modernen Elementen eine neue Bewegungssprache zutage. Die beiden Komponenten des Tanzes – Bewegung und Musik – entstehen getrennt voneinander (vgl. Kieser und Schneider 2015, S. 557), und die nur von Bewegungsmotiven bestimmten Choreografien lösen sich völlig von Musik. Zugleich geht im modernen Tanz die Verknüpfung mit populärer Musik – zunächst vor allem mit dem Jazz – voran. Ein Beispiel ist Alvin Ailey, der als Afroamerikaner in den US-Südstaaten aufwächst und dessen Anliegen als Choreograf es ist, den Modern Dance mit seinem Kulturerbe zu verbinden. In seinen Stücken wird schon in den 1950er Jahren zu Spiritual- und Gospel-Musik sowie zum Jazz Duke Ellingtons getanzt.

In Deutschland knüpft der moderne Tanz in der Nachkriegszeit an die Errungenschaften des Ausdruckstanzes der 1930er Jahre an. Das zeigt sich in einer raschen Institutionalisierung: 1949 im Neu-Start der Tanzabteilung an der Folkwangschule in Essen und in der Gründung des Folkwang-Tanztheaters 1951, im Wiederaufleben des Deutschen Tänzerbundes und in der Durchführung des ersten Tänzerkongresses 1951 in Recklinghausen sowie in den (Wieder-) Eröffnungen verschiedener Ausbildungsstätten wie der Palucca-Schule in Dresden und der Schule von Mary Wigman in Berlin. Als sich in den 1950er und 60er Jahren die Popmusik – nun verstanden in einem engeren Sinne von „Popmusik" (vgl. die Diskussion bei Hecken 2012) – als eine ganz eigene und neue Praxisformation herauszubilden beginnt, entwickelt sich im modernen Bühnentanz das Tanztheater mit seinen collageartigen Kompositionen aus Tanz, Schauspiel, Musik und Text. Dessen wichtigste Protagonistinnen sind die aus der Folkwangschule hervorgehenden Tanzkünstlerinnen Pina Bausch, Susanne Linke und Reinhild Hoffman. Neben der immer noch wichtigen Überwindung der Balletttradition sind die Hauptthemen des Tanztheaters „der kulturell überformte Körper sowie seine gesellschaftlichen Kontexte, die ständige Suche nach den (eigenen) Beweggründen, die Erprobung neuer Darstellungsmittel" (Imbrasaite 2016, S. 624). Dazu gehört auch die Vertanzung von populärer Musik – etwa bei Pina Bausch, in deren Stücken schon früh Schlager und Evergreens vorkommen, und die während ihres gesamten Schaffens am Tanztheater Wuppertal auf die Unterhaltungsmusik der Dreißiger- bis Fünfzigerjahre oder auf die Musik von Tom Waits rekurriert.

Spätestens mit dem Entstehen des jüngsten modernen Bühnentanzstils, dem unter dem Begriff des Zeitgenössischen zusammengefassten theatralen Tanz, wird das Vorkommen von Popmusik offenkundig. Der zeitgenössische Tanz entwickelt sich seit den 1980er und 90er Jahren „weg von Stadt- und Staatstheatern bzw. längerfristig etablierten Kompaniestrukturen hin zu einer zunehmend wachsenden und sich ausdifferenzierenden unabhängigen Szene, zu temporären und in Form von Projekten angelegten Arbeitssituationen" (Noeth 2016, S. 690). Zeitgenössischer Tanz kommt auf den Bühnen neu entstehender Tanzinstitutionen und Gastspielhäuser zur Aufführung und zeichnet sich dabei dadurch aus, dass Tanz und Performance-Kunst ineinander übergehen. Thematisiert werden die Positionen und Wahrnehmungen des Körpers in gesellschaftlichen (Macht-) Prozessen und in verschiedenen geografischen und virtuellen Räumen. Dies geschieht durch die Präsentation kulturell verschieden geprägter Körperbilder unter ständiger Verhandlung von Körperkonzepten und ästhetischen Prinzipien und mittels einer großen Vielfalt an Ausdrucksformen und tänzerischen Arbeitsweisen. Bewegungsrecherche und Auseinandersetzung mit dem Körper stehen weiter im Vordergrund. Charakteristisch sind zudem die Integration neuer Medien (Video, Sound, Lichtdesign u. a.) und die Aktivierung bzw. der Einbezug von ZuschauerInnen in die Performances. Zudem kommt es zu neuen Formen der Interdisziplinarität zwischen den beiden Kunstformen Musik und Tanz (vgl. Boldt 2015).[6] Dabei ist „eine dankbare Quelle der tänzerischen Auseinandersetzung mit Musik [...] die Popkultur" (Boldt 2013): Breakdance, Dancehall, Voguing und andere populäre Tanzstile nehmen mit ihrer Musik und ihren Bewegungssprachen erheblichen Einfluss auf den zeitgenössischen Bühnentanz. Zudem gehören „Stil-Mixe" – Multi-Kulti, Cross-Over, Fusion und World Dance – mit ihren vielfältigen Bezügen auf ethnische Tänze und exotische Musiken zu den Elementen des Zeitgenössischen. Die Popmusik ist damit konstitutiver Bestandteil dieses Bühnentanzstils. Und es wird im zeitgenössischen Tanz von Beginn an auch zu den in internationalen Popmusik-Charts aufgeführten Popmusiksongs choreografiert. Herausragende Beispiele sind einige der inzwischen schon wieder als „Klassiker" des Genres geltende Stücke. So etwa das zwischen Tanz- und Performance-Kunst angesiedelte Solo *Self-Unfinished* (1998) des Tänzer-Choreografen Xavier Le Roy. Darin vollzieht Le Roy auf Kopf, Füßen und Handflächen und zunächst ganz ohne Musik skurrile

---

[6]Z. B. arbeiten ChoreografInnen und MusikerInnen zusammen und agieren gemeinsam auf der Bühne – etwa in Stücken von Sasha Waltz, Meg Stuart, Anne Teresa de Keersmaeker, Boris Charmatz oder Fabrice Mazliah.

Posen, krabbelt die Wand hinauf und erinnert mit seinen Bewegungen an embryonale Stadien von Insekten oder Amphibien. Im Vollzug der wechselnden und kaum zuordenbaren Formen werden gesellschaftlich konstruierte Subjektivitätskonstitutionen irritiert. „Seither sind die Bilder von Le Roys nacktem Körper in bizarren Haltungen zu Ikonen tänzerischer Körperdarstellungen geworden." (Siegmund 2008, S. 28). Meist nur beiläufig bemerkt wird, dass am Ende des Stücks ein Popsong einen vielsagenden Bestandteil der Inszenierung ausmacht: Wenn der Tänzer die Bühne bereits verlassen hat, erklingt der Hit *Upside Down* von Diana Ross. Ein anderes Beispiel sind die dem zeitgenössischen Bühnentanz-Genre der Lecture Performance zugehörigen Stücke des französischen Choreografen Jérôme Bel (vgl. Brandstetter 2010). In diesen getanzten „Vorträgen" erzählen die an jedem Spielort neu ausgewählten DarstellerInnen – Laien und Profis, junge und alte Menschen, Menschen mit Behinderungen oder mit besonderen Bewegungstalenten – sprechend und tanzend etwas über sich und das Thema der Inszenierung. Dabei wird viel getanzt, aber selten virtuos oder in einer bestimmten Tanzsprache. Vielmehr wird das Scheitern an kodifizierten Schritten und Pirouetten thematisiert, um mit der Repräsentativität des schönen Tänzerkörpers zu brechen und die Realität des Körperlichen zu zeigen. Im Vollzug des unvollkommenen Tanzens kommt Diversität zur Aufführung – und dies überwiegend zu Popmusik, etwa im preisgekrönten Stück *The show must go on* zu Hits u. a. von den Beatles, The Police, Tina Turner und Céline Dion. Nach eigenem Bekunden hat der Choreograf die dabei zum Einsatz gebrachten Songs anhand ihrer Verkaufszahlen ausgewählt (vgl. Bel 2001). Die vertanzte Musik soll die ZuschauerInnen nicht nur affizieren, sondern in einem Ausmaß popmusikalisches Gemeingut sein, dass sie möglichst alle den jeweiligen Tanzabend erlebenden Menschen in die Performance inkludiert. Und ein Beispiel für die künstlerische Avantgarde der Performance-Kunst und des zeitgenössischen Tanzes ist die vom bildenden Künstler VA Wölf geleitete Düsseldorfer Gruppe Neuer Tanz. Auch sie untermalt in ihren sich durch gezielte Verstörungen der ZuschauerInnen auszeichnenden Stücken die politisch aufgeladenen Tanz-Szenen und Körper-Gruppenbilder mit Popmusik. Dabei erzeugt die Musik scharfe Kontraste zu Thematisierungen von Tabus, Krieg, Gewalt und Zivilisationsbrüchen. Während zum Beispiel in den Stücken *Revolver* (2004) und *Revolver Nr. 2* (2016) Panzer auf der Bühne erscheinen und Videos von Kampfflugzeugen über die Bühnenwand flimmern, wird der sich dazu vollziehende Tanz mit dem provokativ seichten Song *High* des britischen Pop-Duos Lighthouse Family gerahmt. Auch Elvis-Songs und Musik von den Rolling Stones, den Bee Gees und Depeche Mode werden von VA Wölf/Neuer Tanz als Mittel der Inszenierung eingesetzt.

Im Bereich des zeitgenössischen Bühnentanzes finden sich dann auch erste Stücke, die als solche vom Rock und Pop handeln, in denen also die Popmusik nicht mehr nur zur Umsetzung von thematisch anders gelagerten choreografischen Ideen vorkommt. Vielmehr werden die Geschichten und Legenden der Popmusik selbst zu den Beweggründen für Choreografien und zu Inhalten von Inszenierungen. Ein Beispiel ist das 2004 in Frankreich uraufgeführte Werk *My Rock* von Jean-Claude Gallotta[7], einem Vertreter des neuen französischen Tanzes. Das Stück thematisiert die Gemeinsamkeiten von Rock und Tanz durch die Verbindung von freien und wilden Bewegungen mit der Bewegungssprache des Zeitgenössischen. Zu Songs von den Rolling Stones, The Who und The Velvet Underground drücken die Tanzenden die mit der Musik verbunden Freiheitssehnsüchte aus. Ein anderes Beispiel ist das 2010 beim Festival d'Avignon uraufgeführte Stück *Mikrofon* (franz. „Micro") des Tänzer-Choreografen Pierre Rigal und seiner in Toulouse ansässigen Compagnie Dernière Minute. Zur Live-Musik der Post-Rock-Band Moon Pallas wird zwischen einer Ansammlung von Mikrofonständern, Kabeln und Instrumenten eine Art „Körper-Konzert" aufgeführt. Die von den Schwingungen der Rock-Musik elektrifizierten Körper der Tanzenden machen mit ihren Bewegungen die Musik sichtbar, geraten in Trance, verheddern sich in den technischen Artefakten und in anderen Körpern und enden in einem Exzess der Zerstörung von Instrumenten und Mikrofonen.

Insgesamt ist die Entwicklung des modernen Bühnentanzes aus der tanzinternen Perspektive vor allem eine Geschichte der Befreiung der tanzenden Körper von den vorgegebenen Techniken und Bewegungsformen des Balletts und zugleich die Geschichte der Befreiung des Tanzes und der choreografischen Arbeit von vorgeordneter Ballettmusik. Mit dem Fokus auf diese tanzinterne Befreiungsbewegung wird die Geschichte des modernen Tanzes von ihren ChronistInnen dann meist auch dargestellt und von wissenschaftlichen BeobachterInnen entsprechend reflektiert (vgl. Huschka 2012, S. 40 f.). Wie hier versucht wurde zu zeigen, könnte diese Entwicklung aus einer die Entfaltung der Popkultur in den Fokus stellenden Perspektive aber auch als eine Geschichte des zunehmenden Vorkommens von populärer Musik im modernen Bühnentanz beobachtet und beschrieben werden. Dabei ist das immer häufigere Auftreten von Popmusik auch in dieser Stilrichtung bemerkenswert. Zwar geht es im modernen Tanz von Anfang an und ganz wesentlich um die Abkehr vom Klassischen, doch zum einen

---

[7]*My Rock* wird inzwischen international aufgeführt: Deutschland-Premiere war am 04.01.2018 im Opernhaus Bonn.

vollzieht sich diese Abkehr nicht nur und nicht unbedingt durch den Einfluss der Popmusik, und zum anderen lebt auch der moderne Tanz als Bühnentanz von der Artifizierung seiner Ausdrucksformen. Die Verbindung mit der Musik und den Ausdrucksformen des Rock und Pop ist daher keineswegs selbstverständlich. Vor dem Hintergrund der Entstehung des modernen Tanzes scheint sie jedoch auch nicht völlig befremdlich. Im Bereich des klassischen Balletts überrascht die Verknüpfung dagegen stärker. Um im klassischen Bühnentanz das Erscheinen von Popmusik aufzuspüren, soll im Folgenden die Modernisierungsbewegung des Balletts nachgezeichnet werden.

2 Popmusik und klassischer Tanz

Die Modernisierung des klassischen Tanzes beginnt zu der Zeit, zu der sich auch die Abwendung von ihm vollzieht: In den ersten Jahrzehnten des 20. Jahrhunderts mit und durch die Ballets Russes. Dieses aus den besten TänzerInnen der russischen Theater Mariinsky und Bolshoi zusammengesetzte Ensemble gibt in dem Bestreben, die russischen Künste über die eigenen Grenzen hinaus bekannt zu machen und das seinerzeit längst als maskenhaft empfundene traditionelle Ballett durch mehr Expressivität und Individualität der Tanzenden zu reformieren, ab 1909 Gastspiele – zunächst in Paris und dann als Tourneetruppe in ganz Europa und den USA. Die Ballets Russes gewinnen mit den pompös ausgestatteten Stücken ihres Choreografen Michel Fokine neuen Zuspruch zum klassischen Tanz, sorgen mit ihren Auftritten aber auch für historische Theaterskandale. Das liegt vor allem an Waslaw Nijinski, dem legendären Tänzer des Ensembles, der auch für die Gruppe choreografiert. Seine Werke *L'après midi d'un faun* (1912) und *Le sacre du printemps* (1913) verändern die Ballettwelt. In diesen Stücken werden im Gegensatz zu den traditionellen Balletten keine romantischen Geschichten mehr erzählt. Die Tänze beruhen stattdessen auf einzelnen Motiven und Handlungsnarrativen – etwa aus der griechischen oder russischen Mythologie – und zeigen diesen Motiven entsprechende (auch erotisch triebhaft-animalische) Posen und Bewegungen. Dabei verändert sich die Tanzsprache. Stets auf den klassischen TänzerInnen(-körper) rekurrierend, werden aus dem Körper hervorkommende und auf ihn selbst gerichtete sowie gegen den Ballettkodex verstoßende Bewegungen vollzogen: Stampfen, Laufen, Fäuste ballen, Zittern, flehende Gesten und parallele Fußstellungen. Zudem erscheinen auf der Bühne Formationen wie Kreise und Linien, die nicht länger nur das Publikum adressieren, sondern auf die Tanzenden selbst und ihre Beziehungen untereinander gerichtet sind. Und auch musikalisch beginnt mit den Ballets Russes die

Modernisierung. Das Ensemble vertanzt bei damals zeitgenössischen Komponisten wie Claude Debussy, Maurice Ravel und Igor Strawinsky in Auftrag gegebene „ballett-fremde" sinfonische Musik (vgl. Woitas 2016, S. 564 f.).

In den Folgejahren vollzieht sich die Weiterentwicklung des Balletts vor allem durch die Vertanzung von ballett-fremder klassischer Musik. Einer der dies mit voran treibenden, jüngeren Choreografen der Ballets Russes, George Balanchine, geht 1933 in die USA und gründet das New York City Ballet. Dort entsteht das neo-klassische moderne Ballett. Es zeichnet sich aus durch „schnörkellosen Tanz" (Bräuninger 2016, S. 44) und die „radikale Reduktion jeglichen schmückenden Beiwerks" (Huschka 2012, S. 129). Die dabei grundsätzlich klassische Körpersprache wird durch neue Bewegungsmuster aufgebrochen. Die modernen Ballette sind handlungslos, drehen sich schlicht um die Umsetzung der Musik und um Beziehungs- und Gruppenkonstellationen. Die Ästhetik ist puristisch. Die Tanzenden wirken sportlich und es gibt kein Bühnenbild. Balanchine arbeitet neben der Leitung der Kompanie auch für Revuen und Hollywood-Filme und kommt in Kontakt mit George Gershwin. Dessen Musik inspiriert ihn zu der um Elemente des Jazz- und Musical-Tanzes erweiterten Choreografie *Who Cares?* von 1970. Dieses Stück ist eines der ersten ausschließlich zu populären Melodien geschaffenen Ballette, das sich bis heute im Repertoire großer Kompanien befindet.

In den 1950er und 60er Jahren wird das moderne Ballett weltweit aufgegriffen und nachgeahmt. Kompanien und Choreografen wetteifern darin, Stücke im neo-klassischen Duktus zur Aufführung zu bringen. In Deutschland setzen die in der Nachkriegszeit wieder eröffneten Theater allerdings auf Altbewährtes und der klassische Bühnentanz ringt für ein gutes Jahrzehnt um den Anschluss an das internationale Niveau (vgl. Müller et al. 2003, S. 47 f.). Doch dann geschieht das „Stuttgarter Ballettwunder" unter John Cranko, und in Hamburg etabliert sich ein Zentrum des klassischen Tanzes mit und durch John Neumeier. Die beiden legendären Ballettdirektoren führen ihre Ensembles in den 1960er und 70er Jahren an die Weltspitze. Dabei vollzieht sich die Erneuerung des klassischen Tanzes. Romantische Handlungsballette werden uminterpretiert oder mit modernen Versatzstücken ergänzt, und das sinfonische Ballett wird zum eigenständigen Genre ausgebaut. Eine Weiterentwicklung in Richtung eines zeitgenössischen Balletts zeigt sich in Deutschland allerdings erst später – in den 1980er bis 2000er Jahren mit dem Frankfurter Ballett unter der Leitung von William Forsythe. Forsythe interessiert sich für die Vorgänge im Hintergrund des Bühnentanzes und für die Organisationsprinzipien von Bewegung. In seinen Stücken wird der klassische Tanz in kleinste Bestandteile zerlegt und die Bewegungen fügen sich in neuen Kombinationen zusammen. So erweitert sich nicht nur das klassische Tanzvokabular, sondern es werden auch die im vordergründig „schönen Schein" des Balletts verborgenen Komponenten von Bewegung sowie die technischen und körperlichen Anforderungen von Ballettaufführungen sichtbar. Das Ballett – in dem nun auch Elemente von Improvisation und Tanztheater vorkommen – thematisiert auf diese Weise die eigene Geschichte und die eigenen Arbeitsbedingungen. Das dabei zum Programm werdende Überschreiten von Genregrenzen beeinflusst auch die Musik. Es wird ebenso zu Bach getanzt wie zu elektronischer Musik.[8] Popmusik taucht im Stück *Love Songs* (1979) auf, das Forsythe zu Songs von Aretha Franklin und Dionne Warwick choreografiert.

Derweil vollzieht sich außerhalb Deutschlands nicht nur die Modernisierung, sondern auch eine bemerkenswerte Popularisierung des Balletts – insbesondere im Zuge des Wirkens der französischen Choreografen Maurice Béjart und Roland Petit. Der aus Marseille stammende und zunächst an der dortigen Oper tanzende Béjart beginnt in den 1950er Jahren zu choreografieren. Seine *Symphonie pour un Homme seul* (1955) ist das erste Ballett zu elektronischer Musik – zur Musique concrète von Pierre Henry. Béjart geht nach Paris und Brüssel und knüpft dort an das neoklassische Ballett Balanchines an. Dabei verbinden sich multikulturelle Elemente und erotisch aufgeladene Bewegungen mit dem klassischen Tanz. Die Geschlechterrollen werden neu bestimmt: Männer sind hier die Mittelpunkte der Ballette. Vor allem aber entwickelt sich in den Jahren von Béjarts Arbeit mit seiner Kompanie in Brüssel, dem Ballet du XXe siècle, das Konzept des spectacle totale – das Totaltheater. Tanz, Musik, Gesang und Theater werden zusammengeführt und die Tanzaufführungen ereignen sich als Mammutspektakel. Die Ballette sind bisweilen über Stunden gehende und mit einem Großaufgebot an TänzerInnen und anderen Protagonisten besetzte Werke, für deren Aufführungen Zirkus- und Sportarenen genutzt werden. Es entstehen Tanz-Großereignisse, die durch bühnenfüllende Gruppenkörperbilder und ihre revuehafte Gestaltung beeindrucken. Erstmals geht ein riesiges und breites Publikum ins Ballett – zum Beispiel 1964 in die Aufführung der gefeierten Choreografie zur Neunten Sinfonie Beethovens.[9] „Tanz wird durch Béjart Massenkunst" (Fischer 2008, S. 4). Die besondere Beziehung zur Popmusik zeigt sich 1996 in *Le Presbytère – Ballet for Life.*

---

[8]Zur Musik von Bach z. B. die Stücke *Artifact* (1984) und *Steptext* (1985), zu elektronischer Musik z. B. *In The Middle, Somewhat Elevated* (1987) und *The Second Detail* (1991).
[9]Das Stück wurde 2014 anlässlich des 50. Jubiläums seiner Uraufführung vom Béjart Ballet in Tokyo neu aufgeführt. Die Proben zur Wiederaufnahme des Spektakels dauerten neun Monate und wurden von der spanischen Regisseurin Aranxta Aguirre im DVD-Film Dancing Beethoven dokumentiert.

Dieses Stück ist eine Hommage an den Startänzer Jorge Donn und an Freddie Mercury – beide waren im gleichen Alter an den Folgen einer Aids-Erkrankung verstorben. Getanzt wird darin zu Mozart und zu den Songs der Popgruppe *Queen*. Die für das Ballett außergewöhnliche musikalische Mischung und ihre Interpretation mit den Mitteln der klassischen Bewegungssprache machen das Stück bis heute zum Publikumserfolg.[10]

Schon etwas früher bekommt die Popmusik durch das *Pink Floyd Ballet* von Roland Petit einen Platz im klassischen Bühnentanz. Petit, der an der Pariser Oper zum Tänzer ausgebildet worden war, gehört als Choreograf der französischen Nouvelle Vague an und gilt als ein wichtiger Vertreter des modernen Balletts. Er choreografiert ab den 1950er bis in die 1990er Jahre zahlreiche Stücke, in denen sich der klassische Tanz mit Elementen aus Akrobatik, Revue und Musical und mit anderen Künsten wie Malerei, Literatur, Film und Mode verbindet. 1972 entsteht das Ballett zu den Songs der Gruppe Pink Floyd. Die spielt live auf der Bühne des Salle Vallier in Marseille, als das dortige National Ballet im November 1972 das zu ihrer Musik getanzte Stück vor tausenden ZuschauerInnen uraufführt – die erste großangelegte theatrale Zusammenführung einer Rockband mit dem klassischen Tanz.[11]

Die Entwicklung des Ballet goes Pop wird unterdessen auch im Bereich der Unterhaltung sichtbar: in TV-Produktionen, Kinofilmen und Musikvideos, in denen Auftritte von berühmten BalletttänzerInnen für ein breites Publikum in Szene gesetzt werden. Ein frühes und markantes Ereignis dieser Art ist 1977 der Besuch von Rudolf Nurejev – dem wohl bekanntesten Tänzer des 20. Jahrhunderts – in der Muppet Show. Sein dort getanzter Pas de Deux mit Schweinedame Miss Piggy ist Kult. Schon von Beginn seiner Karriere an wird Nurejev wegen seines rebellischen Verhaltens und der enormen Wirkkraft seiner Auftritte – und nicht zuletzt wegen seiner in jungen Jahren getragenen Pilzkopf-Frisur – mit dem sich in der Popmusik etwa zeitgleich vollziehenden Ereignis der Beatles in Zusammenhang gebracht (vgl. Amort 2003, S. 41). Nurejev gilt als der erste Popstar des Balletts. Auf der gleichen Linie liegen in den 1980er Jahren die Auftritte des Weltklasse-Tänzers Mikhail Baryshnikov. Er zeigt sich in TV-Shows zusammen mit Gene Wilder und Liza Minelli, tanzt zu

---

[10]Das Stück wurde von der Kompanie Béjart Ballet Lausanne weltweit über 350 Mal aufgeführt, so etwa an der Deutschen Oper Berlin und der Philharmonie Köln im Juli 2015.

[11]Das *Pink Floyd Ballet* wurde 2010 vom Mailänder Teatro alla Scala Ballet in der Megaron Athens Concert Hall und 2015 von der Kompanie der Oper Rom in den Caracalla Thermen neu aufgeführt.

Broadway-Hits und Songs von Frank Sinatra und übernimmt eine Rolle im Kino-streifen *White Nights* von 1985 – ein Film, für dessen Titelsong *Say you, say me* der Popsänger Lionel Richie den Oscar gewinnt. Und auch in jüngerer Zeit ereignen sich derartige Verknüpfungen von Popmusik und klassischen TänzerInnen. 2002 lässt sich die junge russische Ballerina Polina Semionova von Herbert Grönemeyer für die Produktion des Musikvideos zum Song *Letzter Tag* engagieren. Die Anklickzahlen des Videos auf YouTube gehen nach kurzer Zeit in die – damals sensationellen – Hunderttausende. Semionova, die später langjährige und zur Berliner Kammertänzerin ernannte Erste Solistin des Berliner Staatsballetts wird dadurch schlagartig berühmt und avanciert zum ersten Internet-Star des Balletts. Ähnlich liegt der aktuellere Fall des als „Tanzrebell" geltenden Ausnahme-Tänzers Sergei Polunin, dem allzeit jüngsten Solisten der Londoner und Moskauer Ballette. Er will 2015 – erst 25-jährig und auf dem Höhepunkt seiner Karriere – der Ballettwelt den Rücken kehren und produziert zum Abschied mit dem Regisseur David LaChapelle ein filmisches Portrait seiner Laufbahn sowie ein Video, in dem er zum Song *Take me to Church* des Folkrockmusikers Hozier tanzt. Das Video wird im Internet über 15 Mio. Mal angeklickt und macht Polunin weltweit den Fans der Popmusik bekannt. Die enorme Resonanz bewegt den heute wieder für das Royal Ballet London und das Bayerische Staatsballett engagierten Tänzer zum Rücktritt vom Rücktritt. Die Ausflüge von BalletttänzerInnen in das Popmusik- und Showgeschäft enden dann manchmal auch dort, wie das Beispiel des Amerikaners Rasta Thomas zeigt. Der klassisch ausgebildete und zuvor für bedeutende Kompanien tanzende Thomas und seine Frau gründen 2008 die Bad Boys of Dance und starten die Tournee-Show Rock the Ballet. Die perfekt getanzte Pop-Nummern-Revue zu Hits von u. a. Queen, Prince, Michael Jackson und U2, präsentiert zu einem Bühnen-Lichtdesign, „wie man es sonst eher von Bombast-Rock-Konzerten kennt" (Feusi 2013), begeistert seitdem das Publikum für die Bewegungssprache und die TänzerInnenkörper des Balletts.

Parallel zu den Auftrittsereignissen hochklassiger BalletttänzerInnen im Musik- und Show-Business nimmt auch ein anderer Strang der Entwicklung an Fahrt auf: die erfolgreiche Geschichte der Tanzfilme. Lange nach dem Klassiker *The Red Shoes* von 1948 tauchen in den 1980er Jahren Ballettfilme auf der Kino-Leinwand auf. Vor allem *Flashdance* (1983) mit Jennifer Beals, *Billy Elliot – I will dance* (2000) mit Jamie Bell und *Black Swan* (2010) mit Natalie Portman tragen zur Popularisierung des Balletts bei. Dadurch lohnen sich für Filmemacher und Produktionsfirmen dann auch aufwendige Verfilmungen von Tänzer-Biografien und Dokumentationen über Kompanien sowie TV-Serien für ein breites Publikum. Ein Beispiel ist der Film *Maos letzter Tänzer* von 2010, der das Leben des chinesischen Tänzers Li Cunxin nacherzählt. Beispiele für erfolgreiche TV-Produktionen sind in Deutschland die ZDF-Serie *Anna* (1987) und in den USA die Serie *Flesh and Bones* (2015). Von solchen Erscheinungsformen her führt die Entwicklung hin zu den aktuellen Tanzwettbewerb- und Casting-Shows im Fernsehen, unter denen die amerikanische Show *So you think you can dance* und ihr europäisches Pendant *Got to dance* für die Vermittlung von Elementen des klassischen Tanzes an ein ballettfernes (Massen-)Publikum relevant sind.

Doch die Entwicklung vollzieht sich auch in umgekehrter Richtung. Schon früh lassen sich Kontakte und Ausflüge von Pop-Größen in die Welt des Balletts beobachten. Eines der ersten und prominentesten Ereignisse dieser Art – das im Sinne des Spektakels zwar professionell gestaltet, im Hinblick auf die Zusammenführung der Künste aber wohl eher mit einem Augenzwinkern versehen war – ist der Auftritt des erklärten Ballett-Liebhabers Freddie Mercury 1979 mit dem Royal Ballet London. Dabei zelebriert der Sänger der Gruppe Queen die *Bohemian Rhapsody* und lässt sich von der Ballettkompanie über die Bühne des Londoner Coliseums tragen. Künstlerisch anspruchsvoll sind jüngere Versuche von Popmusikern, ihre Arbeit im Ballett zu platzieren. So schreibt zum Beispiel David Byrne, Gründer und Frontmann der Talking Heads, 1981 die Musik zu *The Catherine Wheel* – ein Tanzprojekt der amerikanischen Ballettchoreografin Twyla Tharp. Im Jahr 2007 wird in Kanada unter dem Titel des gleichnamigen Songs von Joni Mitchell das Ballett *The Fiddle and The Drum* uraufgeführt. Es ist das Ergebnis der Zusammenarbeit von Joni Mitchell mit dem Choreografen Jean Grand-Maitre und besteht in der Interpretation bekannter Lieder der Singer-Songwriterin durch das Alberta Ballet. 2011 schreiben sowohl die Pet Shop Boys wie auch der Ex-Beatle Paul McCartney Musik für moderne Handlungsballette. Die Pet Shop Boys bringen nach einer Vorlage von Hans Christian Andersen das Märchen *The Most Incredible Thing* in einer Choreografie des venezolanischen Tänzer-Choreografen Javier de Frutos auf die Bühne des Londoner Sadler's Wells Theatre. Und McCartney komponiert die Musik für *Ocean's Kingdom*. Dieses Märchenballett wird im gleichen Jahr im New Yorker Lincoln Center uraufgeführt, getanzt vom New York City Ballet in einer Choreografie von Peter Martins.

Daneben finden sich unzählige Beispiele für die Zusammenarbeit von Popstars mit ChoreografInnen und BalletttänzerInnen bei der Produktion von Popmusik-Bühnenshows und Musikvideos. Das wohl erfolgreichste Beispiel dafür ist die Choreografie im Video zu *Thriller* von Michael Jackson aus dem Jahr 1982. Sie stammt von Michael Peters, Ex-Tänzer des Alvin Ailey American Dance Theater. Kurz danach ist es wiederum Freddie Mercury, der in seinem damals skandalträchtigen Musikvideo zu *I Want to Break Free* (1984) mit Tänzerinnen des Royal Ballet tanzt und dabei Bezug nimmt auf das oben bereits erwähnte ebenso skandalöse Ballett *L'après-midi d'un faune* von Waslaw Nijnsky aus dem Jahr 1912. Der australische Superstar John Farnham besingt 1990 im Video zu *Burn for you* die Übungen einer Ballerina. Und auch die Verbindungen der Popsängerin Madonna zum klassischen Tanz sind hinlänglich bekannt. Sie hatte nicht nur als Jugendliche Ballettunterricht und war schon früh eine gute Tänzerin, sie nahm auch für kurze Zeit ein Tanzstudium an der University of Michigan auf und tanzte in ihrer New Yorker Zeit bei Alvin Ailey und in der Schule von Martha Graham. Von Graham fühlte sie sich lange Zeit tief beeindruckt und inspiriert. Auf diesen Erfahrungen beruhen ihr tänzerisches Vermögen und die im Laufe ihrer Pop-Karriere in Musikvideos und bei Bühnenshows präsentierten Tanzeinlagen. An Madonnas Nähe zum Ballett liegt es dann wohl auch, dass sie in ihrem Spielfilm *Filth and Wisdom* (2008) den Karrieretraum einer jungen Ballerina zum Thema macht. Lady Gaga fällt ebenfalls durch ihre Zusammenarbeit mit dem Ballett auf. Sie performt 2009 bei einer Gala im Los Angeles Museum of Contemporary Arts die Weltpremiere ihres Songs *Speechless* zusammen mit den TänzerInnen des russischen Bolshoi Balletts. Furore macht zudem die britische Band *Radiohead* als sie 2011 für das Video zum Song *Lotus Flower* einen Choreografen von Weltrang bemüht – den für alle großen Ballettkompanien der Welt tätigen Briten Wayne McGregor. Auch das Electronic-Pop-Duo *Chemical Brothers* greift 2015 für ihr Video zu *Wide Open* auf eine Choreografie von McGregor zurück. Inzwischen nicht mehr zu überblicken sind zudem die vielen kurzen und oft persiflierenden Anspielungen auf Elemente und Artefakte des klassischen Tanzes, die in Videos von Popstars auftauchen: Rihanna steht zu *Umbrella* auf Spitzenschuhen, der Rapper Kayne West lässt zu *Runaway* Tänzerinnen in schwarzen Tutus posen, die Pop-Gruppe *Hurts* gestaltet ihr Video zu *Better than Love* mit gespielten Szenen eines Vortanzens junger Ballettelevinnen – und es gäbe viele nennenswerte Beispiele mehr.

3 Rock-Ballette

Blickt man von den oben beschriebenen Verknüpfungen von Popmusik und Ballett wieder auf den Bereich des ernsthaften theatralen Tanzes der Gegenwart, so hat sich im Zuge der Modernisierung des klassischen Tanzes dessen Ablösung von traditioneller Ballettmusik längst vollzogen. Auch wenn romantische Handlungsballette nach wie vor einen festen Bestandteil des Repertoires moderner Ballettkompanien ausmachen, und auch wenn daneben vor allem Ballette zu sinfonischer Musik zur Aufführung kommen, ereignen sich in den Theatern und Opernhäusern mittlerweile mit großer Häufigkeit Ballette zu modernen Musiken.

Dabei ist elektronische Musik ebenso selbstverständlich geworden wie klassisch instrumentierte moderne Musik. Seit den 1990 und 2000er Jahren finden sich in den Spielzeitprogrammen renommierter Ballettkompanien zudem immer öfter Ballette zu Popmusik. Diese bleiben im Hinblick auf die Bewegungssprache dem um moderne Elemente erweiterten klassischen Tanz verpflichtet, beziehen sich aber musikalisch und choreografisch auf den Rock und Pop.

Ein frühes Beispiel dieser Art ist das 1991 vom Ballett des Theaters Genf uraufgeführte Stück *Little Red Rooster* des britischen Choreografen Christopher Bruce. Zu Songs der Rolling Stones tanzt die Kompanie „ein spritziges Stück über männliches Balzverhalten" (Kieser und Schneider 2015, S. 399).[12] 2001 bringt das Ballett David Campos in Barcelona ein *Rock Requiem* zur Musik von Metallica in der Version der finnischen Heavy Metal-Band Apocalyptica auf die Bühne. Auch die Musik von Jimi Hendrix wird als Ballett umgesetzt: 2005 tanzt das Royal Ballett London das Stück *Three songs – two voices* zu den von Nigel Kennedy instrumental arrangierten Hendrix-Songs *Third Stone from the Sun*, *Little Wing* und *Fire*. Insbesondere in den Arbeiten von Nachwuchschoreografen wird das klassische Bewegungsmaterial durch die Vertanzung von Popmusik weiterentwickelt. Ein Beispiel dafür ist der 2011 in Toronto uraufgeführte und mit dem Erik-Bruhn-Preis für die beste neugeschaffene Choreografie ausgezeichnete Pas de deux *Little Monsters* von Demis Volpi. Zu Songs von Elvis Presley beeindruckt in diesem Stück vor allem ein minutenlanges Vexierspiel der Arme, bei dem die Tanzenden sich zu *Hold me close* nicht vom Fleck rühren und ineinander verfangen sind. Zudem treten international immer mehr Ballettkompanien mit Aufführungen in Erscheinung, die sich aus besonderem Anlass dem Rock und Pop widmen. Neben der eingangs erwähnten Michael Clark Company zum Beispiel auch das in New York ansässige Complexions Contemporary Ballet mit ihrem künstlerischen Leiter Dwight Rhoden. In der Spielzeit 2016/17 führt diese Kompanie als „Tribute to David Bowie" das Ballett *Star Dust* zu Songs wie *Let's dance*, *Modern Love* und *Space Oddity* auf. Anlässlich des Todes von Bowie geht die Truppe damit in den USA auf Tournee. Auch das 2008 von dem US-amerikanischen Tänzer Trey McIntyre gegründete Tour-Ensemble TMP fällt mit Balletten zu Popmusik auf, etwa mit *Mercury Half-Life* (2011) zur Musik von *Queen* und *A Day in the Life* zu Songs von den *Beatles*.[13] Bemerkenswert ist in dieser Reihe noch die

---

[12]Das Stück wurde von vielen anderen Kompanien übernommen, z. B. von der Rambert Dance Company, Newcastle (1994, 2014), und vom Ballett des Aalto Theaters Essen (2012).

[13]*A Day in the Life* wird 2017 auch vom Ballett der Oper Kiel einstudiert.

Aufführung von *Carbon Life* am Royal Opera House London.[14] Das Stück ist Resultat der Zusammenarbeit des Choreografen McGregor mit den britischen Popmusikproduzenten Mark Ronson und Andrew Wyatt, bei dessen Uraufführung Popgrößen wie Boy George, Hero Fisher und Alison Mosshart beteiligt sind. Sie performen live auf der Bühne, während ihre Musik vom Royal Ballet mit den Mitteln des klassischen Tanzes interpretiert wird.

Ein frühes Beispiel in Deutschland ist das Ballett *The Wall*. Die Choreografie des heutigen Ballettdirektors der Oper Leipzig, Mario Schröder, wurde 1996 in Gera-Altenburg uraufgeführt.[15] Thematisiert wird der pubertäre Selbstfindungskampf eines jungen Erwachsenen zur Musik des gleichnamigen legendären Rock-Albums von Pink Floyd (1979). Außergewöhnlich ist zudem das im Repertoire der Ballette Hagen und Kiel befindliche Stück *Heros-H* (2012) der in Berlin lebenden Choreografin und ehemaligen Ballettdirektorin des Saarländischen Staatstheaters Marguerite Donlon. Darin stellen die Tanzenden zur Musik von David Bowie einen durch das Tragen von Kopfhörern symbolisierten Kampf mit der Vereinzelung dar. Im Sommer 2015 bringen die Ballettensembles des Theaters Vorpommern und der Stettiner Oper das Stück *Rock'n' Ballet* zur Aufführung, in dem ein junger Mann zu Songs von Led Zeppelin, U2 und Depeche Mode in eine Parallelwelt entführt wird. Das Bayerische Staatsballett München tanzt im April 2016 das durch den gleichnamigen Song des Punkrockers Iggy Pop inspirierte Ballett *The Passenger*. Und auch in jüngster Zeit vollziehen sich Ballette dieser Art auf deutschen Bühnen: 2017 tanzt das Ensemble des Theaters Hagen zu Musik der Rolling Stones die Choreografie *Satisfaction* von Ricardo Fernando und am Theater Augsburg ereignet sich in der Spielzeit 2017/18 die Aufführung von *Together,* ein Ballett von Ricardo de Nigris zur Musik von Bruce Springsteen.

Alle diese Beispiele lassen erkennen, dass die Popmusik im Ballett eine immer größere Rolle spielt. Aus der Sicht der im Bereich des klassischen Bühnentanzes Tanzschaffenden mögen mitbewirkende Elemente dieser Entwicklung darin liegen, dass der Konkurrenzdruck durch kommerziell erfolgreiche Showtruppen sowie durch Musical und modernen Zirkus im Zusammenwirken mit dem existenziellen Druck zum Erhalt der Kompanien zu Versuchen führt, sich durch die Hinwendung zum Pop einem breiteren Publikum anzunähern. Mit hinein spielt

---

[14]Uraufführung 2012, Wiederaufnahme in der Spielzeit 2016/17.

[15]*The Wall* von Mario Schröder wurde 1999 in Würzburg wiederaufgeführt, 2002 von den Ballettkompanien in Kiel und Essen einstudiert und auch von der Oper Berlin aufgenommen.

auch der im Bühnentanz beobachtbare Trend, dass sich Choreografieren generell
immer öfter als ein wildes und kreatives Mischen von Musik- und Bewegungs-
richtungen vollzieht. Zudem gehören die gegenwärtig aktiven BalletttänzerInnen und ChoreografInnen – ebenso wie ihr Publikum – den Generationen an,
für die biografisch eine große Nähe zur Rock- und Popmusik gegeben ist. Es ist
augenfällig, dass beide Kunstformen in einer Zeit zusammenkommen, in der die
Popmusik selbst begonnen hat, „klassisch" zu werden und ein Repertoire zu entwickeln. Doch die Frage nach Gestaltungsabsichten der Tanzschaffenden oder
nach bewirkenden Elementen und äußeren Umständen steht hier nicht im Vordergrund. In einer praxistheoretischen Perspektive geht es auch nicht nur darum,
dem tatsächlichen Geschehen vermeintlich vorangestellte Bedingungen oder
vorab gegebene Strukturen wie Spielorte und Räume, Theatermanagement und
Ballettintendanz, Ensemblestrukturen, Publikum und Finanzierung oder Faktoren
wie Alter, Nationalität und Geschlecht der Tanzenden und Choreografierenden als
Gründe für bestimmte Inszenierungen heranzuziehen. Vielmehr muss zudem auch
gefragt werden, was von der Popmusik überhaupt im Ballett auftaucht, um dem
Zusammenkommen der beiden Kunstformen nachzuspüren und um zu zeigen,
welche Dimensionen der popmusikalischen Praxis eine Wirkung auf das Ballett
entfalten. Dazu wurden für die im Weiteren nun näher vorgestellte Untersuchung
Ballettaufführungen ausgewählt, die sich noch enger als die bisher geschilderten
Beispiele mit dem Rock und Pop beschäftigen: sogenannte „Rock-Ballette".
Der Begriff des Rock-Balletts hat sich im Feld des Bühnentanzes sowie bei
Tanzkritikern verfestigt (vgl. Draeger 2014). Gemeint sind damit Ballette – und
so wird der Begriff auch hier verstanden –, die sich nicht nur musikalisch und
choreografisch auf Popmusik beziehen, sondern bei denen zugleich die Themen
und Legenden des Rock und Pop inhaltlicher Gegenstand der Stücke sind. Solche
Rock-Ballette häufen sich ebenfalls, insbesondere auch in der deutschen Tanz-
und Theaterlandschaft. Im Folgenden werden einige der für die Analyse in den
Blick genommenen Stücke vorgestellt und im Anschluss zwei Fallbeispiele eingehender beschrieben.

Große Publikumsresonanz unter den Rock-Balletten ruft die *Tanzhommage an
Queen* des Aalto-Balletts Essen (2009) hervor.[16] Das mit mehr als 20 Hits der Gruppe
Queen gespickte Stück des Essener Ballettintendanten Ben Van Cauwenbergh

---

[16]*Tanzhommage an Queen* wurde 2004 in Wiesbaden ur- und 2009 in Essen wiederaufgeführt. Das Stück läuft seitdem fast ununterbrochen und verzeichnete in Essen am
28.10.2016 seine 100. Vorstellung. Es wurde vom Aalto Ballett in Spanien und Korea aufgeführt und z. B. vom Ballett Chemnitz übernommen.

ist eine Huldigung an die berühmte Rockband, deren Songs zu psychedelischen Bildern und Videos von Konzertmitschnitten in klassischen Tanz übersetzt werden. Inszenatorisch wird dabei vor allem auf Person und Schicksal von Lead-Sänger Freddie Mercury Bezug genommen. Die Bühnenaufbauten stellen überdimensionierte Posen und Gesten des Rockstars dar – eine Hand mit Mikrofon und Tambourstab und eine in die Höhe gereckte Faust. Durch einen auf Mercurys Homosexualität und seinen Tod anspielenden Männer-Pas de deux zu *Who wants to live forever* sowie durch die an seine pompösen Auftritte erinnernden Kostüme zeigt sich Mercurys Geschichte im Tanz. Einem anderen Popstar hatte sich 2004 bereits das Ballett des Schleswig-Hosteinischen Landestheater in Flensburg angenommen. In einer Choreografie der damaligen Ballettdirektorin Stela Korljan wurden im Stück *MaDonna* Episoden aus dem Leben der Pop-Diva mit den Mitteln des klassischen Tanzes auf die Bühne gebracht.[17] Und vom Leben des Rockstars Jim Morrison handelt das gleichnamige Stück des Leipziger Balletts von 2011 in der Choreografie von Mario Schröder.

Im November 2012 wird erstmals das Rock-Ballett über die „27" getanzt. In einer Choreografie der Ballettdirektorin des Thüringer Staatsballetts Silvana Schröder erinnert die Kompanie am Theater in Gera an das exzessive Leben der vielen berühmten und im gleichen Alter von 27 Jahren verstorbenen Rock- und Popstars. In den Balletten *Club 27* (2015) und *Forever 27* (2017) portraitieren die Kompanien am Theater Hagen und am Landestheater Salzburg ebenfalls den mystischen Club der jung verstorbenen Musiker. Auffällig unter den Rock-Balletten ist zudem das Stück *HardBeat* des Choreografen Sergej Gordienko, das die Kompanie des Mecklenburgischen Staatstheaters Schwerin im Frühjahr 2014 uraufführt, wobei es sich um ein zur Musik der Gruppe *Rammstein* sowie zu Songs von Metallica, AC/DC und Aerosmith choreografiertes Stück handelt. Damit ist es das erste in größerem Ausmaß zu Hardrock getanzte Ballett. Dabei werden von den exzentrisch aufgemachten und mit knapper Lederbekleidung ausgestatteten TänzerInnen Themen wie Selbstherrlichkeit, Gewalt und Gruppenzwang als Bezüge zum Rock in klassischen Tanz umgesetzt. Bemerkenswert sind auch die Rock-Ballette am Salzburger Landestheater unter der Leitung von Peter Breuer. Im Stück *All you need ist Love* (2014) werden Karrieremomente der Beatles und in *Dance for Satisfaction* (2016) Geschehnisse rund um die Rolling Stones aus der Perspektive der Groupies und Roadies dargestellt. Von

---

[17]Unter Stela Korljan wurde in Flensburg zuvor schon das Ballett *Einstürzende Neubauten* (2002) getanzt, in dem zur Musik der gleichnamigen Band das Überleben einer Apokalypse thematisiert wurde.

der Ballettkompanie des Landestheaters Detmold unter der Leitung des Choreografen Richard Lowe werden ebenfalls wiederholt Rock-Ballette zur Aufführung
gebracht: In der Spielzeit 2016/17 das Stück *Let's Rock,* ein Tanzabend über und
zur Musik von David Bowie und Zeitgenossen wie Lou Reed und Tina Turner,
und in der Spielzeit 2017/18 *All you need is Love,* ein Ballett zu den Beatles.
Erwähnenswert ist schließlich noch die Ballett-Rockshow *Falco – The Spirit
never dies.* Sie wird 2017/18 von der Kompanie des Theaters Pforzheim getanzt
und erzählt die Lebensgeschichte des österreichischen Superstars.

Unter den in Deutschland prominenten Rock-Balletten wurden *Jim Morrison*
und *Club 27* in die vorliegende Analyse aufgenommen. Diese Fallbeispiele werden nun eingehender beschrieben.

Fallbeispiel 1: *Jim Morrison*
Jim Morrison (Abb. 1) ist ein Ballett der Oper Leipzig, das dort am 13.05.2011 urauf-
geführt und in den Spielzeiten 2013 und 2014 wiederaufgenommen wurde. Die
Choreografie stammt von Mario Schröder, dem Direktor und Chefchoreografen der

Abb. 1 Szene aus dem Stück *Jim Morrison* (2011) des Balletts Leipzig. (©Andreas H Birkigt)

Ballettkompanie an der Oper in Leipzig.[18] Dabei handelt es sich um eine Hommage an den legendären Sänger und Frontmann der 1965 gegründeten Band The Doors und um die Lebensgeschichte Morrisons (1943–1971). Der Rockstar gilt als Galionsfigur des psychedelischen Rocks und wurde für sein durch epische Improvisationen, spontane Rezitationen und mehrschichtige Konzeptstücke geprägtes musikalisches Werk sowie für seine Poesie berühmt. Dabei ging es Morrison um die Idee der Überschreitung von Wahrnehmungsgrenzen mittels der hypnotischen Wirkung von Musik und bildreicher Sprache – und nicht zuletzt mithilfe von Drogenexperimenten. Morrison wurde so in den kurzen Jahren seiner Karriere auch für seinen Rauschmittelkonsum und für skandalöse Konzerte bekannt. Das Ballett der Oper Leipzig beinhaltet einige der als wichtig überkommenen Ereignisse und Stationen aus seinem Leben: Zunächst die als Kind gemachte Erfahrung eines schweren Autounfalls mit toten und verletzen amerikanischen Ureinwohnern auf einer US-Bundesstraße, die ihn nach eigenem Bekunden nachhaltig prägte. Morrison glaubte, dass die Seelen der verstorbenen Ureinwohner in ihn übergegangen seien und inszenierte sich später als Schamane und „Mittler zwischen den Welten" in der Figur des „Eidechsenkönigs". Inhalte des Balletts sind zudem Morrisons „on-off"-Beziehung zu seiner langjährigen Freundin Pamela Courson und sein früher Tod 1971 in einer Badewanne in Paris. Die Band The Doors und Morrisons kurze Ehe mit der Journalistin Patricia Kennealy sind weitere Themen der Inszenierung. Das Ballett *Jim Morrison* ist ein abendfüllendes Stück mit einer Spieldauer von 90 min. Die Hauptrollen – Jim Morrison und ein Schamane als sein Alter Ego – werden von dem Solistenduo Martin Svobodnik und Oliver Preiß getanzt (Foto). Die Frauenrollen, Pamela und die Fotografin Patricia, tanzen Stéphanie Zsitva-Gerbal und Claudia Bernhard. In den Rollen der drei anderen Bandmitglieder von The Doors tanzen Yoshito Kinoshita, Bogdan Muresan und Tomás Ottych. Darüber hinaus sind an den großen Ensembleszenen jeweils bis zu etwa 20 TänzerInnen des Leipziger Balletts beteiligt. Die Ausstattung stammt von Paul Zoller. Die verwendete Musik besteht ausschließlich aus den Songs der The Doors, darunter *Riders on the Storm, The Soft Parade, Indian Summer, Roadhouse Blues, Unknown Soldier, When the Music's over, Bird of Prey, The End* und einige andere mehr. Für das Ballett wird die von LPs und aus Konzertmitschnitten entnommene und zum Teil zu Medleys zusammengeschnittene Originalmusik vom Band eingespielt. Vom Tonpult kommen auch Zitate und Interview-Ausschnitte, die in die Ballettaufführung eingestreut und dabei im Original wiedergegeben werden, „weil man Morrisons Stimme nicht kopieren kann" (Mario Schröder in Wagner 2011).

---

[18]Es handelt sich um eine Neu-Inszenierung, die an ein früheres Morrison-Ballett anknüpft, das Schröder 2001 für das das Mainfranken Theater Würzburg produziert hatte.

Abb. 2 Szene aus dem Stück *Club 27* (2015) des Balletts am Theater Hagen. (©theaterhagen)

Fallbeispiel 2: *Club 27*

Das Ballett *Club 27* (Abb. 2) wurde von Ricardo Fernando choreografiert und am Theater der Stadt Hagen von der dortigen Ballettkompanie am 07.02.2015 uraufgeführt. Es wurde in der Spielzeit 2017/18 unter der Leitung von Fernando auch vom Ballett des Theaters Augsburg aufgenommen. An beiden Spielorten wurde *Club 27* im Rahmen eines jeweils dreiteiligen Ballettabends mit dem Titel *Ballett? Rock it!* getanzt, in dessen Verlauf zwei weitere Stücke zu Popmusik als Gastchoreografien zu sehen waren.[19] Unter *Club 27* wird eine Reihe von musikalisch wie symbolisch für den Rock und Pop bedeutsamen KünstlerInnen verstanden, denen neben ihren enorm erfolgreichen und mit exzessiver Lebensführung verbundenen Karrieren das Sterbealter von 27 Jahren gemeinsam ist. Der für diese durch einen frühen Tod geeinten MusikerInnen vornehmlich journalistisch geprägte Begriff „Club 27" lässt sich vor allem auf die Geschehnisse und die massenmediale Berichterstattung rund um den suizidalen Tod von

---

[19]Dabei handelte es sich bei der Hagener Aufführung um die Stücke *Heros-H* von Marguerite Donlon und *Drift* von James Wilton. In Augsburg wurden zusammen mit *Club 27* die Ballette *Heros-A* von Donlon und *Together* von Ricardo de Nigris gezeigt.

Kurt Cobain, Leadsänger der Band Nirvana, im Jahr 1994 sowie auf die viel zitierte Äußerung seiner Mutter zurückführen: „Now he´s gone and joined that stupid club. I told him not to join that stupid club" (Wendy Fradenburg Cobain O`Connor in Cross 2002, S. 375). Der Begriff geisterte seitdem durch die Musikmagazine und fand sich verstärkt wieder in den Reaktionen auf den Tod von Amy Winehouse 2011. Zu den dem Club zugerechneten Stars gehören neben Cobain und Winehouse die bereits in den Jahren 1969 bis 1971 verstorbenen MusikerInnen Brian Jones (Rolling Stones), Jimi Hendrix, Janis Joplin und Jim Morrison (The Doors). Sie alle erlagen unter oft ungeklärten Umständen einem Tod durch den Konsum von Rauschmitteln oder begingen Selbstmord. Diese Ereignisse und ihr im Nachhinein konstruierter fiktiver Zusammenhang als „Club 27" haben Niederschlag in Ausstellungen, Romanen, Filmen und Theaterstücken gefunden. Die Inszenierung des gleichnamigen Balletts in Hagen dreht sich um die Inhalte der Songs jener RockmusikerInnen. Es handelt sich nicht um eine Nacherzählung der Lebensgeschichten der einzelnen Stars, vielmehr werden die sich in ihren Songs ausdrückenden Gemütszustände in klassischen Tanz umgesetzt. Das Stück *Club 27* hat eine Spieldauer von ca. 25 min. An der Aufführung ist das Ensemble des Theaters Hagen mit 13 TänzerInnen beteiligt, wobei diese abwechselnd zu bestimmten Musiken Soli, Duette oder Quartette übernehmen – so etwa Bobby Briscoe zu *Hey Joe* Brendon Feeney zu *Love me Two Times* oder Tiana Lara Hogan zu *Love is a Losing Game*. Das Bühnenbild stammt von Peer Palmowski. Getanzt wird zu insgesamt 15 Songs, darunter fünf von Jim Morrison bzw. The Doors *(End of the Night, People are Strange, Love me Two Times, Whiskey, Mystics & Men, Bird of Prey)*, drei von Amy Winehouse *(Tears dry on Their Own, Love is a Losing Game, Wake up alone)*, vier von Janis Joplin *(Women is Losers, May Be, Summertime, Mercedes Benz)*, ein Stück von Jimi Hendrix *(Hey Joe)* und zwei von Kurt Cobain bzw. Nirvana *(Smells like Teen Spirit, Come as you are)*. Auch bei diesem Ballett wird die Originalmusik vom Band eingespielt, ein Song von Janis Joplin wird von einer Tänzerin a capella gesungen.

4 Analyse der Fallbeispiele

Zu den Fallbeispielen *Jim Morrison* und *Club 27* wurde jeweils eine Inszenierungsanalyse durchgeführt. Datengrundlage bildeten Videomitschnitte beider Aufführungen. Für die Analyse wurde die in der praxistheoretischen Tradition eines poststrukturalistischen Materialismus (vgl. Hillebrandt 2014, 2016) fundierte Annahme einer multidimensionalen materiellen Verfasstheit aller Praxis bzw. Sozialität zugrunde gelegt. Danach ereignet sich Praxis in verschiedenen

Dimensionen immer materiell und wird konstituiert durch das Zusammenkommen von Körpern, Dingen, Artefakten und materialisierten Sinngehalten und
Symbolen. Diese sichtbaren Komponenten der Praxis kommen im physischen
Vollzug von sich zu Formen der Praxis verkettenden Einzelpraktiken zusammen
(vgl. Hillebrandt 2014, 2016). „Die Sozialität ist für die Soziologie der Praxis
eine ständige Bewegung der Versammlung von Aktanten […] Die zentrale Aufgabe ist also, so viele Aktanten wie möglich zu identifizieren und in ihren asso-
ziativen Verbindungen und Praxiseffekten zu untersuchen" (Hillebrandt 2016,
S. 88, 89). Dabei muss die Multidimensionalität der Praxis im Analyseprozess
Berücksichtigung finden. Übertragen auf das hier verfolgte Anliegen waren daher
zunächst die verschiedenen Dimensionen der popmusikalischen Praxis zu unterscheiden. Ein entsprechendes Analyseschema wurde in Auseinandersetzung mit
dem Gegenstand sowie mit bereits vorliegenden Arbeiten (vgl. z. B. Hecken
2009; Petras 2011; Jost 2012) entwickelt. Im Anschluss waren die ausgewählten
Ballette im Hinblick auf das Vorkommen von Elementen der Popmusik zu
untersuchen. Dazu wurden die Aufführungen in den Dimensionen systematisch
sequenziell analysiert. Die beobachtbaren körperlichen, dinglichen und materialisierten symbolischen Bestandteile sowie erkennbare Praktiken der Popmusik
wurden erhoben und den Dimensionen zugeordnet. Das Ziel war es, herauszuarbeiten, in welchen der Dimensionen sich welche Bezugnahmen auf die Popmusik ereignen. Die Dimensionen waren:

- Musikalische Dimension: Musikstile, Sound und Songs (Aufbereitungen,
  Vocals, Lyrics)
- Materielle und gegenständliche Dimension: Sozialisierte Körper (Musiker,
  Manager, Produzenten, Techniker, Fans, Journalisten), Dinge und Artefakte
  (Technik, Instrumente, Werkzeuge und Mittel der Produktion und Distribution
  von Popmusik)
- Symbolische Dimension: Zeichen und Bilder (Outfits, Embleme, Accessoires,
  etc.)
- Räumliche Dimension: Räume der popmusikalischen Praxis (Bühnen,
  Konzerthallen Musikstudios, Proberäume, Clubs, Produktionsstätten von Film
  und TV, Jugendzimmer)
- Performance und Ereignis-Dimension: Auftrittsereignisse (Konzerte, Festivals)
  und Aufführungspraktiken (Stage diving, Entblößen, Gitarre-Zerschlagen etc.)
- Historische Dimension: Zeitgeschichte und Zeitgeist (Hippies, 1968er-
  Generation, Lifestyle „Drugs, Sex and Rock 'n' Roll")

- Politisch-gesellschaftliche Dimension: Jugendrevolte, gesellschaftliche Umwälzungen, Institutionen und Ordnungsmächte (Staat, Polizei, Vietnamkrieg, Militär)
- Massenmediale und kommerzielle Dimension: Verbreitung und Rezeption (Musikindustrie, Journalismus, Fankultur), Medien und Diskurse (Berichterstattung, Fachmagazine)
- Dimension von Körper und Bewegung: Körperlichkeit, Bewegungsformen (Posen, Gestik)
- Soziale Dimension: Gemeinschaftsformen und (Geschlechter-)Beziehungen (Gruppenbildungen, Vereinzelung, Promiskuität)
- Ästhetische Dimension: Exzentrizität und Exzessivität (Tabu-Brüche, Skandale)
- Affektive Dimension: Rebellion, Aufbruchsstimmung, Freiheitssehnsüchte etc.

Die Untersuchung ergibt, dass sich in den ausgewählten Balletten in allen Dimensionen – allerdings mit unterschiedlich starker Ausprägung und Gewichtung – ganz bestimmte Bezugnahmen auf die Popmusik ereignen. In der Aufführung von *Jim Morrison* liegt der Schwerpunkt auf dem Vorkommen von Rock und Pop-Elementen in den Dimensionen Musik und Zeitgeschichte. Auch in der symbolischen und ästhetischen Dimension sowie in der Dimension von Körper und Bewegung lassen sich in diesem Ballett zahlreiche Bestandteile und Praktiken der Popmusik identifizieren. Mit Blick auf die im Mittelpunkt der Inszenierung stehende Person und Biografie Morrisons werden insbesondere hinsichtlich Körperlichkeit und Bewegung sowie im Vorkommen von mit dem Leben des Rockstars verbundenen Symbolen zeitgeschichtliche Bezugnahmen sichtbar: Der Morrison-Tänzer sieht aus wie Morrison. Er hat braune Locken und ist von eher schmächtiger Gestalt. Er trägt schwarze Lederkluft und weißes Hemd sowie im Verlauf der Aufführung eine helle Pelzjacke – Bekleidungsstücke, mit denen und für die Morrison berühmt wurde.[20] Der Tänzer kopiert zum Verwechseln perfekt die Bewegungen des Rockstars, dessen Gang und Gesten, vor allem aber die bei Konzerten vollführten „Schamanentänze" – das wilde Strecken und Ducken Morrisons, das abrupte Fallenlassen, das ekstatische Zucken und Wälzen auf dem Bühnenboden. Morrisons Geschichte zusammen mit der Band The Doors wird in der Ballettaufführung anhand eines aufeinanderfolgenden Hinzukommens der drei anderen The Doors-Tänzer durch eine „Pforte" im

---

[20]Die Fotografin/Reporterin Gloria Stavers lichtete Morrison in den 1960er Jahren u. a. im Pelzmantel für das Teenager-Magazin „16 Magazine" ab. Auch durch ihre Aufnahmen wurde Morrison zur Pop-Ikone.

Bühnenhintergrund und mittels eines von Soli in Quartette und – zusammen mit
dem Schamanen – in Quintette übergehenden Zueinanderfindens der Band sowie
anhand eines fiktiven Konzertauftritts thematisiert. Dabei tauchen als dingliche
Symbole die berühmten Sonnenbrillen der The Doors auf, die von der Band und
in einigen Ensemble-Szenen von allen TänzerInnen getragen werden. Durch auf-
reizende Handbewegungen der The Doors-Tänzer werden die für die Band charakteristischen provokativen Interaktionen mit dem Publikum symbolisiert. Auch
Morrisons drogenkonsumbedingtes Totalversagen bei Konzerten kommt im Ballett vor: Während die Bandmitglieder dem Publikum ihre Show bieten und synchron weitertanzen, liegt der Morrison-Tänzer wie bewusstlos daneben oder ist
im Delirium. Morrisons wechselhafte Beziehungen zu den Bandkollegen werden
in Bewegungen sichtbar, in denen der Morrison-Tänzer mal gemeinsam mit den
anderen und mal – weil im Dialog mit sich selbst oder im Drogenrausch befangen –
isoliert von ihnen tanzt, sich mal von ihnen auffangen lässt, mal über sie hinweg
steigt. In Bewegungen sowie im Vorkommen von Artefakten und verkörperten
Symbolen ereignen sich auch in der Darstellung der Freundinnen lebens- und
zeitgeschichtliche Bezugnahmen. Die Tänzerin in der Rolle der Pamela trägt
an die Mode der späten 1960er Jahre erinnernde Schlaghosen. Ihre ersten Tanz-
szenen mit Morrison erzählen vom Kennenlernen und von der anfänglichen Ver-
liebtheit, wobei Elemente von Klammerblues und wildem rockigen Club-Tanz
in Erscheinung treten. Im Tanz zeigen sich dann ihr Ringen um die Beziehung
und um Morrisons Leben sowie die gemeinsamen Drogenexperimente. Pamela
klammert und zerrt an Morrison, sucht ihn und flieht vor ihm. Sie wird von ihm
und dem Schamanen in benebelten Zuständen wie eine Marionette getragen,
geschubst und fallen gelassen. Die Tänzerin in der Rolle der Ehefrau und Journalistin Patricia vollführt Posen, die Dominanz gegenüber Morrison ausdrücken.
Sie hält während des Tanzens eine Kamera in der Hand, staffiert den Rockstar
aus, positioniert ihn für Fotos, schießt unablässig Bilder und verschwindet – in
Anlehnung an die tatsächliche Episode in Morrisons Leben – nach einem solitä-
ren Auftritt recht schnell wieder aus dem Ballett.

Den Schwerpunkt der Bezugnahmen in der Dimension Zeitgeschichte bilden
bei der Darstellung von Morrisons Leben allerdings dessen Drogenmissbrauch
und die Thematisierung seiner Affinität zum Schamanismus sowie zu mystischem
Gedankengut. Das zeigt sich etwa in einem der Aufführung vorangestellten und
von einer Kinderstimme verlesenen Nietzsche-Zitat[21] sowie in der mehrfach vom

---

[21]Zitiert wird eine Passage aus Friedrich Nietzsches autobiografischer Schrift *Ecce homo*
(1889), in der es um die „Entselbstungs-Moral" als einer Niedergangs-Moral und als Ver-
neinung des Lebens geht.

Hauptdarsteller eingenommenen „Jesus-Pose", die schon zu Morrisons Leb-
zeiten als Markenzeichen galt. Zudem begleiten den Tanz psychedelische Bilder
von Eidechsentotem und folkloristischen Emblemen, die in grellen Farben über
eine Leinwand im Bühnenhintergrund flackern. Vor allem aber wird dieser Aspekt
in der Rolle des Schamanen sichtbar, der Morrisons „zweites Ich" darstellt
(Abb. 1). Der Schamane wird zu Beginn der Aufführung vom Morrison-Tänzer
aus einem gläsernen Wasserbassin aus der Taufe gehoben, womit zugleich an die
Badewanne erinnert wird, in der der Star im Leben wie auch am Ende des Balletts
den Tod findet. Der Schamane bleibt während des gesamten Stücks an Morrisons
Seite. Die beiden Tänzer ringen miteinander und bringen sich wechselseitig in
Bewegung, sie stützen, ziehen und stoßen sich, werfen sich gegenseitig zu Boden
und richten einander wieder auf. Der Schamane ist bei allen Begegnungen mit der
Band und den Freundinnen dabei. Er verführt Morrison zum Konsum von Drogen
und ertränkt ihn schließlich im Bassin. Durch dieses selbst erschaffene Alter Ego
erscheint Morrison im Ballett als in seiner Gespaltenheit zugleich selbstbestimmt
wie fremdgesteuert. Der Schamanismus und die Visionen des Rockstars werden
somit in der Aufführung ernst genommen bzw. tauchen als reale Elemente im
Leben des Musikers auf. Sie werden nicht als Teil seiner künstlerischen Selbstinszenierung oder als Mittel seiner theatralischen Bühnenshows thematisiert.

Von großem Gewicht sind in der Aufführung die stofflich und durch
Bewegung symbolisierten Drogenexzesse des Rockstars. Mal rieselt weißes Pulver von der Bühnendecke und wird vom Morrison-Tänzer eingesogen, mal zieht
der Schamane für Morrison mit dem Pulver einen Weg auf die Bühne. Besonders
auffällig taucht an verschiedenen Stellen des Balletts eine Flasche als Symbol für
Alkohol und Alkoholmissbrauch auf. Der Morrison-Tänzer trinkt, spielt und tor-
kelt mit der Flasche in der Hand und überschüttet sich mit ihrem Inhalt. In der
Schlussszene des Balletts sind sechs Flaschen gleichzeitig auf der Bühne, die
Morrison von düster gestalteten und ihn an einem Gewirr aus Gummibändern in
den Untergang ziehenden Todesengeln angereicht werden. So entsteht im Ballett die eindrucksvolle Körper-Ding-Assoziation „Morrison-Schnapsflasche",
die den Rockstar seines Tuns nicht mächtig erscheinen lässt. Das spiegelt sich in
der Dimension der Bewegung und in der dadurch auch affizierten ästhetischen
Dimension. Im Tanz des Hauptdarstellers zeigen sich Elemente von tranceartigen
Zuständen und drogenbeeinflusstem Koordinationsverlust. Er bewegt sich oft
ruckartig oder kriecht über die Bühne. Zugleich ist sein Tanz bestimmt durch
energiegeladene und dabei gehetzte und unwillkürlich wirkende Bewegungen, die
nicht nur auf das Leben des Rockstars, sondern auch auf das generelle Prinzip
des Körpereinsatzes und Körperverbrauchs im Rock und Pop verweisen. Sie lassen völlige Verausgabung und Erschöpfung sichtbar werden, symbolisieren aber

auch Authentizität. Dies trifft sich mit den sich in der musikalischen Dimension ereignenden Bezugnahmen auf die Originalmusik. Die den Rockstar als Künstler und Poeten zur Geltung bringenden Einspielungen von Konzertmitschnitten und Interviewäußerungen, in denen Morrison seine Ansichten und Visionen zum Ausdruck bringt oder seine Suche nach Grenzerfahrungen beschreibt, kommen in der Aufführung dramaturgisch passend zu den mit dem Schamanen oder in Rauschzuständen getanzten Szenen vor. Das Leben des Rockstars erscheint so vor allem als eine unvermeidlich auf die Katastrophe zusteuernde Geschichte eines rebellischen Einzelgängers mit selbstzerstörerischem Lebensstil. Im Ballett reproduziert sich damit die vor allem posthum diskursiv hergestellte und massenmedial verbreitete Narration des drogentrunkenen Rockmythos Morrison, der an den selbst entfesselten Kräften zugrunde geht. Nur am Rande ereignen sich anders gelagerte Bezugnahmen auf Morrisons Lebensgeschichte – etwa in den Dimensionen Politik und Gesellschaft oder Kommerz. In einer Szene des Balletts vollführen die Ensemble-TänzerInnen bekleidet mit Anzughosen, weißen Hemden und Krawatten roboterartige und an bürokratische Abläufe erinnernde Bewegungen und symbolisieren so die bürgerliche Angestelltengesellschaft, gegen die sich Morrison auflehnte. An anderer Stelle tauchen die Ensemble-TänzerInnen als schwarz gekleidete und an den Vietnamkrieg erinnernde Soldaten auf, gegen die der Rockstar und sein Schamane anrennen. Der Auftritt der Journalistin und die Konzertszene mit The Doors deuten auf die Rolle der Medien und des Musikbusiness in Morrisons Leben hin. Im Ballett kommen jedoch keine Dinge, Räume oder Personen vor, die Morrisons künstlerischen Werdegang und Stationen oder Ereignisse seiner rockmusikalischen Karriere verkörpern. Es werden weder Prozesse seiner Musik- und Textproduktion und die diesbezügliche Zusammenarbeit mit der Band, noch seine Zusammenstöße mit Polizei und Behörden und die Auseinandersetzungen mit der US-amerikanischen Justiz thematisiert. Das Hauptgewicht liegt auf dem Vorkommen von Elementen und Symbolen des zeitgeistigen Lifestyles „Drugs, Sex and Rock 'n' Roll".

Ähnliches gilt im Ballett *Jim Morrison* auch für das Erscheinen der Popmusik insgesamt. In der Aufführung ereignen sich vor allem zeitgeschichtliche Bezugnahmen durch das Vorkommen von Elementen der Hippie-Kultur. Das Ensemble erscheint an einigen Stellen des Balletts als wild feiernde Horde. Es trägt „Flower-Power" anmutende Kostüme mit Stirnbändern oder flatternde Mini-Kleider. Auch die GruppentänzerInnen kommen mit dem von der Decke rieselnden Pulver in Berührung, deuten mit ihren Gesten das Rauchen von Joints an und schütteln sich wie in Ekstase. In der sozialen Dimension deuten sich im Tanz des Ensembles wechselnde Paar- und Gruppenbildungen an, und aus der tanzenden Menge bieten sich verschiedene Frauen den The Doors-Tänzern an. Darüber hinaus vollziehen sich in der räumlichen Dimension und in der Performance-Dimension Bezugnahmen auf die Popmusik: Zum getanzten Konzertauftritt der *The Doors* wandelt sich das Bühnenbild. Es werden zusätzliche Scheinwerfer und tribünenartige Metallstreben herabgelassen, wodurch der räumliche Eindruck einer Konzertarena entsteht und ein Live-Konzertereignis im Ballett symbolisiert wird. Technische Instrumente – etwa ein Mikrofon – werden durch Gesten der Tänzer angedeutet. Aus dem Zuschauerraum tauchen am vorderen Bühnenrand Tänzerinnen als kreischende Fans auf und die The-Doors-Darsteller werfen Autogrammkarten ins Publikum. Allerdings finden sich in der Ballettaufführung keine weiteren, auf die Mittel und Wege der Produktion und Distribution von Popmusik und auf die Musikindustrie verweisende Elemente. Räume der Musikproduktion, z. B. Plattenstudios und Proberäume, oder die die Praxis der Popmusik mit konstituierenden sozialen Akteure, wie Manager, Produzenten, Veranstalter oder Agenten, kommen in der Aufführung nicht vor. Und auch die politische Dimension bleibt mit Blick auf das Erscheinen der Popmusik im Ballett nahezu „unbestückt". Es lassen sich in der Aufführung keine Elemente oder Praktiken identifizieren, in deren Vorkommen die mit der Entstehung und Entwicklung der Popmusik einhergehenden gesellschaftlichen Konflikte sichtbar werden. Es tauchen keine Hinweise auf die Jugendrevolte und die politischen Protestbewegungen der 1968er Generation auf. Zum Tanz des Soldaten-Ensembles flimmern zwar Bilder aus der Zeit des Vietnamkriegs (Fotos von Erschießungen, von US-Präsident Kennedy, der Atombombe und dem Ku-Klux-Klan) über die Bühnenleinwand. Doch die Auseinandersetzung damit erscheint im Ballett als Morrisons persönlicher Kampf. Es finden keine Bezugnahmen auf die mit dem Rock und Pop verbundenen gesellschaftlichen Umbruchsbestrebungen oder auf die politischen Botschaften der Popmusik statt.

Für die Aufführung von *Club 27* des Theaters in Hagen zeigt die Untersuchung, dass sich die Bezugnahmen auf die Popmusik hauptsächlich in der räumlichen, sozialen und affektiven Dimension ereignen. Das Ballett zu den Songs der verstorbenen RockmusikerInnen wird gerahmt vom Bühnenbild eines Dance-Clubs bzw. von einer Disco-Szenerie und erinnert an die mit den Jugendkulturen des Rock und Pop verbundenen Orte und Räume. Zu Beginn stehen die TänzerInnen bei schummrigem Licht vor einer dunklen Hauswand, auf der in Neonlichtfarben der Schriftzug „Club 27" prangt. Wie leicht berauschte Partygänger – rauchend, flirtend, streitend – warten sie am „Clubeingang" auf Einlass. Als sich die Tür zum Club öffnet, treten sie ein und nehmen auf einem Lounge-Sofa Platz. Das Sofa lässt sich bewegen und wird in der Aufführung in verschiedene Positionen geschoben. Mal wird in der Bühnenmitte darauf

getanzt, mal fahren die TänzerInnen damit Karussell. Meist aber fungiert das
Sofa auf der Bühnenseite als Eck-Couch und grenzt dadurch in der Bühnenmitte eine Tanzfläche für die „Clubbesucher" ab. Der Eindruck eines Club- bzw.
Disco-Raums entsteht aber nicht nur durch das Sofa, sondern auch durch eine
auf der Bühne stehende Jukebox. Den Hintergrund bildet ein Vorhang aus glitzernden Vinyl-Schallplatten (Abb. 2). Von der Bühnendecke hängt eine große
Disco-Kugel herab und erzeugt zusammen mit einem im Laufe der Aufführung
erscheinenden Stroboskop Lichteffekte, die zur Simulation einer Disco-Tanz-
fläche beitragen. Diese Artefakte symbolisieren die Popmusik zugleich in der
materiellen und gegenständlichen Dimension. Durch ihr Vorkommen ereignen
sich im Ballett *Club 27* Bezugnahmen auf die technischen Instrumente und
Werkzeuge der popmusikalischen Praxis sowie auf die Distributionswege von
Popmusik. Darüber hinaus finden sich in den Dimensionen von Bewegung und
Ästhetik zahlreiche Elemente des Rock und Pop. Die Kostüme sind in den Farben rot und schwarz gehalten und wirken freizügig. Die Tänzerinnen tragen Mini-
röcke, bauchnabelfreie Tops oder lange durchsichtige Gewänder und lassen ihre
Haare offen fliegen. Die Tänzer tragen der Lederkluft ähnliche Outfits, Westen
oder Muskelshirts. Ihre Posen und Gesten sind sexuell aufgeladen und in vielen
Bewegungen werden die Wirkungen des Drogenkonsums sichtbar: Die TänzerInnen räkeln sich berauscht auf dem Sofa oder fläzen träge darauf herum. Zudem
vollziehen sich im Vorkommen bestimmter Bewegungen Bezugnahmen auf das
Mitmach- und Inklusionsprinzip im Rock und Pop (vgl. Wicke 1992; Appen
2003): Die TänzerInnen bedienen die JukeBox und scheinen so die im Club auf-
klingende Musik selbst zu bestimmen. Sie klopfen oder nicken zum Beat und
ahmen Drummer am Schlagzeug oder das Headbanging nach. Zudem gibt es
neben mehreren Klammerblues-Einlagen einen längeren Disco-Gruppen-Tanz im
„Saturday Night Fever"-Stil. Dabei animieren sich die TänzerInnen untereinander
durch Aufschreie und Klatschen zum Mitmachen.

Ein Schwerpunkt der Bezugnahmen auf die Popmusik liegt im Ballett *Club
27* in der sozialen Dimension. Hierzu finden sich Elemente, die sowohl Vereinzelung wie permanentes Geselligsein, fluktuierende Paar- und Gruppenbildungen
und Promiskuität symbolisieren. In den zu den ausgewählten Songs getanzten
Soli, Duetten oder Quartetten werden die jeweils besungenen Beziehungs-
situationen sichtbar: exaltierte Anbiederung, Verführung, Verlassenwerden, Streit
und Trennung. Während sich einzelne TänzerInnen auf der „Club-Tanzfläche"
körperbetont präsentieren, werden sie von anderen „Clubbesuchern" voyeuris-
tisch beobachtet und angeheizt. Unterdessen und am Rande bewegen sich die an
diesen Tanzszenen unbeteiligten „Clubbesucher" durch den Raum und suchen
Kontakte. Unter „Anmache" verkörpernden Berührungen bilden die TänzerInnen

wechselnde Konstellationen. Es erscheinen Paare, die Händchen halten oder sich innig umklammern und ihre Intimität zur Schau stellen, sowie kleine Grüppchen, die locker miteinander im Gespräch sind. In daneben stattfindenden Posen und Bewegungen von allein in den Ecken kauernden und teilnahmslosen oder mit sich selbst beschäftigten TänzerInnen wird die – von den Anwesenden immer auch inszenierte – Isolation der „Clubbesucher" sichtbar. Gegenteilig wirken die Momente synchron getanzter, zwanghaft erscheinender Vergemeinschaftung im Disco-Gruppen-Tanz. Zusammen mit den sich so im Tanz vollziehenden Beziehungsgefügen der „Clubbesucher" kommen in diesem Ballett zahlreiche Bezugnahmen in der affektiven Dimension vor. Im Tanz scheinen die emotionalen Zustände und Gefühlslagen der mit der Entstehung und Entwicklung verschiedener Popmusikgenre verbundenen Jugendkulturen auf. Thematisiert werden dabei Einsamkeit und Cliquenbildung, die Sehnsucht nach Ungezwungenheit und der Wunsch, sich auszuleben und Spaß zu haben. In der clubinternen Öffentlichkeit tragen die „Clubbesucher" Konflikte und Probleme wie Liebeskummer und Eifersüchteleien aus. In ihrem lässigen Umherschweifen, ihrem unwillkürlichen und ausgelassenen Tun sowie im individuellen Ausdrücken der Musik zeigen sich Laszivität und Expressivität, aber auch Aggressivität und Desinteresse an den anderen und den Vorgängen um sich herum. Am Ende werden Trance und Erschöpfung der „Clubbesucher" in den ausgelaugt auf dem Sofa liegenden TänzerInnen-Körpern sichtbar. Auffällig ist, dass sich auch in der Aufführung des *Club 27* keine Bezugnahmen in der politisch-gesellschaftlichen und der kommerziellen Dimension ereignen. Im Ballett erscheinen keine Elemente oder Symbole, die die mit den verschiedenen Popgenres verbundenen gesellschaftlichen Bewegungen thematisieren, noch erscheinen Hinweise auf die Akteure der Massenmedien und die Artefakte der Musikindustrie.

5   Fazit

Im Ergebnis lässt sich festhalten, dass die Popmusik insbesondere in der musikalischen und in der historischen Dimension sowie in der Dimension von Körper und Bewegung eine Wirkkraft auf das Ballett entfaltet. Es ist im klassischen Bühnentanz nicht mehr nur problem- bzw. skandallos möglich, populäre Musik zu vertanzen. Vielmehr erscheinen in den „Rock-Balletten" die Rock- und Popsongs nun auch in ihren Originalversionen, und die klassischen Bewegungsformen verbinden sich mit den Rhythmen und dem Sound der originären Popmusik. Ebenso selbstverständlich vollziehen sich in der Bewegungsdimension Elemente des Rock und Pop. Wilde und unkontrollierte Bewegungen, die dem

Ideal des Balletts widersprechen, verbinden sich mit der Bewegungssprache des
klassischen Tanzes. Zudem wird eine dem klassischen Tanz entgegenstehende
Körperlichkeit – die von körperlich kaputten und willenlosen, mit Drogen
berauschten Popstars – im Ballett zur Aufführung gebracht. Der Drogenkonsum
und das „Party-Machen" – nicht etwa das Musikmachen – werden in den Balletten als „Kern-Praktiken" der popmusikalischen Praxis sichtbar. Bezugnahmen
ereignen sich damit vor allem auch in der zeitgeschichtlichen Dimension. Es lassen sich im Ballett Praktiken, Artefakte und materialisierte Symbole beobachten,
in deren Vorkommen sich vor allem Bezugnahmen auf den mit der Entstehung
des Rock und Pop verbundenen Lifestyle oder auf den Zeitgeist der jeweils the-
matisierten Popmusikgenres vollziehen. Darüber hinaus handelt es sich bei der
Verknüpfung von Popmusik und Ballett im Wesentlichen um Ikonisierung. In
den Aufführungen stehen die Rockmusiker mit ihren Persönlichkeiten im Vordergrund. Im (Tanz-)Vollzug von deren tragischen Schicksalen und verflossenen
Leben erscheint auch der Rock und Pop insgesamt als historische Begebenheit –
und dabei als eine in der Retrospektive nicht wirklich positive oder erfolgreiche
Geschichte. Keine Wirkkraft entfaltet die Popmusik in den Balletten hinsichtlich
ihrer gesellschaftlichen und politischen Bedeutung. Diese Dimension bleibt weitgehend außen vor. Weder auf die historischen Jugend- und Protestbewegungen
noch auf deren späteren oder gegenwärtigen gesellschaftlichen Nachwirkungen
vollziehen sich in den Balletten Bezugnahmen. Die Ballettensembles tragen
keine politischen Embleme und gehen nicht „auf die Barrikaden". Sie werden
weder zu strömenden Massen noch vollziehen sich in ihrem Tanz Auseinandersetzungen mit Elterngeneration oder Establishment. Es erscheinen in den Aufführungen weder Elemente des historisch bewirkten noch des dem Rock und Pop
weiterhin inhärenten und anhaltend eingeforderten gesellschaftlichen Wandels.
Die Rock-Ballette „rocken" nicht, sondern bleiben unpolitisch. In dieser Hinsicht vollzieht sich in diesem kulturellen Feld keine Vervielfältigung der popmusikalischen Praxis.

Ob und inwiefern das Ballett im Zusammenkommen mit der Popmusik selbst
als Praxisform „gerockt" wird, kann und sollte auf Grundlage der Untersuchung
hier nicht beurteilt werden. Die Frage, inwieweit sich beim Zusammenkommen
der beiden Künste eine Popularisierung von Praxisformen der Hochkultur vollzieht, oder ob es sich eher um eine Hochkulturalisierung von Praxisformen des
Pops handelt, kann anhand einer Analyse von wenigen Fallbeispielen kaum ein-
geschätzt werden. Zu einer empirisch fundierteren Diskussion dieser Frage kann
das Ergebnis aber beitragen.

Literatur

Amort, Andrea, Hrsg. 2003. *Nurejew und Wien. Ein leidenschaftliches Verhältnis.* Wien: Christian Brandstätter.

Appen, Ralf v. 2003. The Rougher The Better – Eine Geschichte des „dreckigen Sounds", seiner ästhetischen Motive und sozialen Funktionen. In *Pop Sounds. Klangtexturen in der Pop- und Rockmusik. Basic – Stories – Tracks,* Hrsg. Thomas Phleps und Ralf v. Appen, 101–121. Bielefeld: transcript.

Bel, Jérôme. 2001. The show must go on. [Interview] https://www.youtube.com/watch?v=sSw5U46xiZs. Zugegriffen: 3. Aug. 2017.

Boldt, Esther. 2013. Tanz und Musik. Zeitgenössische Wechselbeziehungen. https://www.goethe.de/de/kul/tut/gen/tan/20363512.html. Zugegriffen: 23. Okt. 2016.

Boldt, Esther. 2015. Tanz und Musik. Ein interdisziplinäres Zeitalter. https://www.goethe.de/de/kul/tut/gen/tan/20488875.html. Zugegriffen: 23. Okt. 2016.

Brandstetter, Gabriele. 2010. Tanzen Zeigen. Lecture-Performance im Tanz seit den 1990er Jahren. In *Konzepte der Tanzkultur. Wissen und Wege der Tanzforschung,* Hrsg. Margrit Bischof und Claudia Rosiny, 45–61. Bielefeld: transcript.

Bräuninger, Renate. 2016. Balanchine, George (Georgi Melitonowitsch Balantschiwadze). In *Das große Tanz-Lexikon. Tanzkulturen – Epochen – Personen – Werke,* Hrsg. Annette Hartmann und Monika Woitas, 43–46. Laaber: Laaber.

Cross, Charles R. 2002. *Heavier than heaven: A biography of kurt cobain,* 2. Aufl. New York: Hyperion.

Draeger, Volkmar. 2014. Schwerin: Sergej Gordienko: HardBeat. *Tanz. Zeitschrift für Ballett, Tanz und Performance 6.*

Feusi, Alois. 2013. ,Romeo and Juliet' als Rockballett. Die Tragödie der Jugend aus der Sicht der Jugend. https://www.nzz.ch/zuerich/zuercher_kultur/die-tragoedie-der-jugend-aus-der-sicht-der-jugend-1.1815332. Zugegriffen: 18. Juli 2017.

Fischer, Eva-Elisabeth. 2008. Béjarts Welt. *Ballettanz, 1.*

Foellmer, Susanne. 2016. Produktionen: To a simple, rock 'n' roll … song. *Tanz. Zeitschrift für Ballett, Tanz und Performance 12.*

Hecken, Thomas. 2009. *Pop. Geschichte eines Konzepts 1955–2009.* Bielefeld: transcript.

Hecken, Thomas. 2012. Pop: Aktuelle Definitionen und Sprachgebrauch. http://www.pop-zeitschrift.de/2012/09/09/pop-aktuelle-definitionen-und-sprachgebrauchvon-thomas-hecken/. Zugegriffen: 15. Aug. 2017.

Hillebrandt, Frank. 2014. *Soziologische Praxistheorien. Eine Einführung.* Springer VS: Wiesbaden.

Hillebrandt, Frank. 2016. Die Soziologie der Praxis als post-strukturalistischer Materialismus. In *Praxistheorie. Ein soziologisches Forschungsprogramm,* Hrsg. Hilmar Schäfer, 71–93. Bielefeld: transcript.

Huschka, Sabine. 2012. *Moderner Tanz. Konzepte – Stile – Utopien.* 2. Aufl., Reinbek: Rowohlt.

Imbrasaite, Jurgita. 2016. Tanztheater. In *Das große Tanz-Lexikon. Tanzkulturen – Epochen – Personen – Werke,* Hrsg. Annette Hartmann und Monika Woitas, 623–626. Laaber: Laaber.

Jost, Christofer. 2012. *Musik, Medien und Verkörperung. Transdisziplinäre Analyse populärer Musik*. Baden-Baden: Nomos.

Kieser, Klaus, und Katja Schneider. 2015. *Reclams Ballettführer*, 16. Aufl. Stuttgart: Reclam.

Klein, Gabriele. 2010. Tanz als Aufführung des Sozialen. Zum Verhältnis von Gesellschaftsordnung und tänzerischer Praxis. In *Konzepte der Tanzkultur. Wissen und Wege der Tanzforschung*, Hrsg. Margrit Bischof und Claudia Rosiny, 125–144. Bielefeld: transcript.

Kolb, Alexandra. 2016. Ausdruckstanz. In *Das große Tanz-Lexikon. Tanzkulturen – Epochen – Personen – Werke*, Hrsg. Annette Hartmann und Monika Woitas, 33–36. Laaber: Laaber.

Müller, Hedwig, Ralf Stabel, und Patricia Stöckemann. 2003. *Krokodil im Schwanensee – Tanz in Deutschland seit 1945*. Anabas: Frankfurt a. M.

Noeth, Sandra. 2016. Zeitgenössischer Tanz/contemporary dance/Danse contemporaine. In *Das große Tanz-Lexikon. Tanzkulturen – Epochen – Personen – Werke*, Hrsg. Annette Hartmann und Monika Woitas, 689–692. Laaber: Laaber.

Petras, Ole. 2011. *Wie Popmusik bedeutet. Eine synchrone Beschreibung popmusikalischer Zeichenverwendung*. Bielefeld: transcript.

Rothkamm, Jörg. 2016. Ballettmusik. In *Das große Tanz-Lexikon. Tanzkulturen – Epochen – Personen – Werke*, Hrsg. Annette Hartmann und Monika Woitas, 66–70. Laaber: Laaber.

Siegmund, Gerald. 2008. Zur Theatralität des Tanzes. In *Tanzforschung & Tanzausbildung*, Hrsg. Claudia Fleischle-Braun und Ralf Stabel, 28–44. Berlin: Henschel.

Wagner, Sabine. 2011. Träumer. Rockpoet. Enfant terrible: Mario Schröder über sein Ballett "Jim Morrison". Ostthüringer Zeitung. http://www.otz.de/web/zgt/kultur/detail/-/specific/Traeumer-Rockpoet-Enfant-terrible-Mario-Schroeder-ueber-sein-Ballett-Jim-Mor-1028656740. Zugegriffen: 11. Juli 2018.

Wicke, Peter. 1992. Jazz, Rock und Popmusik. In *Volks- und Popularmusik in Europa*, Hrsg. Doris Stockmann, 445–477. Laaber: Laaber.

Woitas, Monika. 2016 Sinfonisches Ballett. In *Das große Tanz-Lexikon. Tanzkulturen – Epochen – Personen – Werke*, Hrsg. Annette Hartmann, 564–566. Laaber: Laaber.

Woitas, Monika. 2018. *Geschichte der Ballettmusik. Eine Einführung*. Laaber: Laaber.

Protest – Pop?

Eine praxissoziologische Verhältnisbestimmung am Beispiel der NDW in Hagen

Franka Schäfer

Inhaltsverzeichnis

F. Schäfer (✉)
Institut für Soziologie, FernUniversität in Hagen, Hagen, Deutschland
E-Mail: franka.schaefer@fernuni-hagen.de

© Springer Fachmedien Wiesbaden GmbH, ein Teil von Springer Nature 2019   173
A. Daniel und F. Hillebrandt (Hrsg.), *Die Praxis der Popmusik*,
https://doi.org/10.1007/978-3-658-22714-2_6

1   Zum Verhältnis von Populärkultur und Protest

Im Rahmen der Genese der Praxisformation des Rock und Pop zu Beginn der 1960er Jahre wird der musikalischen Praxis der Zeit immer auch ein protesthafter Charakter diagnostiziert (Vgl. Baacke 1998; Siegfried 2008; Daniel und Hillebrandt im selben Band). Aufgrund der allzu augenscheinlichen und im Angesicht von Jimi Hendrix oder Janis Joplin nur schwer zu leugnenden antiautoritären Note der Praktiken des Rock und Pop der Konstitutionsphase gilt Protest heute jedoch zumeist unhinterfragt als zentraler Bestandteil des Musikmachens. Vor allem, aber nicht nur, der jungen Generation wird schnell das Ziel der Abgrenzung von der Elterngeneration oder dem gleichaltrigen Establishment über Musikkonsum oder musikalische Selbstverwirklichung nachgesagt (Clarke und Honneth 1979; Hebdige 1979, 1983; Baacke 1998). Verknüpft wird dies sowohl in der Musikwissenschaft als auch in der Soziologie gerne und z. T. vorschnell mit den affizierenden Praxiselementen populärer Musik, die das Lebensgefühl und das damit verbundene Ziel der Auflehnung während des Musik-Erlebnisses spürbar werden lassen. Doch was genau das Affektive populärer Musik ist und inwieweit es überhaupt eine Rolle für den Anteil von Protestelementen popmusikalischer Praxis spielt, gerät dabei zu selten in den analytischen Fokus.

Zur Klärung dieser und anknüpfender Fragen wird im folgenden Beitrag ein Forschungsprogramm vorgestellt, das anhand einer der zahlreichen und immerwährenden Neuformierungen der Praxisformation des Rock und Pop (Daniel et al. 2015) am Beispiel der *Neuen Deutschen Welle* mit einer diskursanalytisch informierten Soziologie der Praxis bezüglich des Affekts ontologische Anleihen bei Massumi macht, dessen Affektbegriff jedoch in der Tradition von Grossberg 2010 und Clough empirisch wendet und ihn an einer Soziologie des popmusikalischen Protests ausprobiert. Dabei werden anhand erster Auswertungen empirischen Materials Fragen zum Verhältnis von neuer deutscher Popmusik der 1980er Jahre und den Anteilen antiautoritärem, emanzipativem oder ironischem Protest praxissoziologisch geklärt. Auf diese Weise lässt sich nicht nur die schwierige Nähe der soziologischen Auseinandersetzung mit Protest-Pop zur subjektzentrierten und erfahrungsorientierten Emotionssoziologie überwinden. Zudem können die Potenziale einer diskursorientierten Soziologie der Praxis deutlich gemacht werden, um über eine vergleichende Perspektive bezüglich der Genese der Rockformation in den 1960ern allgemeine Aussagen zum Verhältnis von Popmusik und Protest zu formulieren.

Dabei erscheint das Vorhaben einer Auseinandersetzung mit so etwas wie *Protestpop* im Allgemeinen und der *Neuen Deutschen Welle* im Speziellen doch einigermaßen waghalsig. Auch wenn Populärkultur aufgrund ihrer Omnipräsenz im wissenschaftlichen Diskurs momentan als *die* Arena für Kämpfe um „Affirmation, Subversion und Widerstand" gesehen und davon ausgegangen wird, dass

Kämpfe „(…) nicht allein ‚auf der Straße‘, in den Betrieben und Haushalten oder in den Arenen der institutionalisierten ‚Politik‘ stattfinden, sondern auch in der Produktion, Rezeption und Rezirkulation von Medien" (Villa et al. 2012, S. 12), fallen den Meisten beim Stichwort *Protestpop* doch erst einmal *Bob Dylan*, *Pussy Riot* oder *Rainhard Mey* statt das z. T. fahrstuhlmusikhafte Plätschern der Neuen Deutschen Welle ein.

Allgemein können Popsongs ohne Frage gesellschaftliche Konflikte vermitteln und über den Sound oder die musikalisch erzeugte Stimmung ungemütliche Herrschaftsverhältnisse in die Lebenswelt der Konsument_innen transportieren, agonale Interessen in verschiedene Kontexte einbetten oder gesellschaftspolitische Themen leiblich erfahrbar machen (Villa et al. 2012, S. 9). Dennoch klingt gerade die Frage nach dem Protestgehalt der NDW relativ verwegen.

Beim ersten Blick, den man auf das Verhältnis von Protest und Pop im Rahmen der NDW wirft, bestätigt sich die Grotesk: Besieht man sich die Vertreter_innen der weitestgehend unter den Sammelbegriff der Neuen Deutschen Welle subsumierbaren Musiker_innen der deutschen Jahres Single Charts von 1982[1] – das Jahr, in dem sich erstmals NDW-Bands in die vorderen Ränge mischten – rufen die Songs der *Spider Murphy Gang* (Platz 2), *Falco* (Platz 5), *Trio* (Platz 6) oder Joachim Witt (Platz 7), gefolgt von Markus (Platz 10) und *Hubert Kah* (Platz 12), *Grauzone* (Platz 16), *Spliff* (Platz 17) und *Extrabreit* (Platz 31) mit *Hurra Hurra die Schule brennt, Ideal* (Platz 64) oder *Nena* mit *Nur geträumt* (Platz 71) erst einmal keine allzu direkten Assoziationen zu politisch motiviertem Protest, Demonstrationen oder sozialen Bewegungen auf. In den ohrwurmhaften Refrains sucht man vorerst vergeblich nach politischen Motiven oder Statements, die eine sozialpolitische Bewegtheit der neuen Welle erkennen ließen. Die Ausnahme der Regel bildet im Fall der Neuen Deutschen Welle natürlich *Nenas* Welthit *99 Luftballons,* der seit 1983 als der Anti-Kriegs-Song mit Symbolcharakter gegen das Wettrüsten rauf und runter gespielt wird und oft im Alleingang für die politische Positionierung der NDW herhalten muss. Dabei bleibt dieser Song im öffentlichen Gedächtnis die Ausnahme einer Regel, die sich eher im Sinne von Markus an Gas geben und Spaß erleben orientierte als Petitionen schrieb und politisch Stellung bezog. Dass Populärkultur an sich bestehende Normen und Hierarchien bestätigt und eine Folie bildet, auf der man gemütlich im Strom mitschwimmen kann, ist in Bezug auf die Neue Deutsche Welle also erst einmal einleuchtender, als die Popmusik der Wellenreiter_innen mit Protest und Widerstand in Zusammenhang zu bringen (vgl. Maase 2010, S. 220).

---

[1]Giloth, Mathias, und Wolfgang Wanders. 2018: Offizielle deutsche Charts. https://www.offiziellecharts.de/charts/single-jahr/for-date-1982. Zugegriffen: 14. April 2018.

Riskiert man einen zweiten, soziologisch motivierten Blick insbesondere auf die Anfänge der NDW und nimmt weniger die Bestseller als die breite Masse der Musikerinnen und Musiker, wie sie unter anderem die bunte und eigenwillige Musikszene der Stadt Hagen zahlreich hervorbrachte, in den Fokus, kommt man bezüglich des vorschnellen Einordnens in die unpolitische Schublade produktiv ins Grübeln. Mit einer praxissoziologischen Analyseperspektive werden in empirischen Daten aus qualitativen Interviews mit Protagonist_innen der Szene Protestformen sichtbar, die, wenn auch nicht immer mit den Texten, so doch eng mit der Musik, dem Sound und der Performance – mit anderen Worten: der Musikpraxis – der damaligen Zeit verknüpft sind. Der aus heutiger Sicht oft als kommerziell verteufelte schrill-bunte und hedonistische Zug der NDW macht in der Gesamtschau des empirischen Materials insbesondere dann als Protest gegenüber dem Status quo der Musikbranche zum einen und der etablierten Lebensstile und Politikformen der Zeit zum anderen auf sich aufmerksam, wenn man die Wege der neben den Interviewdaten gesammelten Aktanten der Zeit genealogisch in beide Richtungen verfolgt.

Trotz dieser ersten empirischen Hinweise hadert die Soziologie immer noch damit, ob und wenn ja, wie popkulturelle Angebote „überhaupt einen Beitrag zur Infragestellung hegemonialer Deutungen liefern können" (Villa et al. 2012, S. 12), und scheut sich bei aller Liebe zur Popmusik, die Frage zuzulassen, wie und unter welchen Bedingungen Popmusik denn Irritation, Unbehagen oder Praktiken des Widerstands hervorbringen, gesellschaftliche Ordnungen infrage stellen oder gar verändern kann. Mit den im Folgenden versammelten Argumenten soll in Bezug auf die NDW zwar kein falscher Eindruck erweckt werden, denn mit Sicherheit war die NDW keine soziale Bewegung im Sinne Ruchts gängiger Definition: Kein „dauerhaft mobilisierte[s] Netzwerk[ ] nicht-staatlicher Gruppen, d[as] eine kollektive Identität und das Streben nach einem grundsätzlichen sozialen Wandel verbindet und [das] darüber hinaus [seine] Botschaft durch die Inszenierung von Protest öffentlich mach[t]" (Rucht 2005, S. 902). Die einzige Botschaft der Protagonist_innen der NDW – wenn man ihnen denn überhaupt eine zuschreiben will – war schließlich, dass die Zeit der großen Botschaften vorbei war.

Was die NDW unweigerlich ist: Sie ist Populärkultur. Und diese wird von Soziologien auf der Höhe der Zeit nicht mehr nur als sinnfreie Banalität, Opium fürs Volk, nicht als naive, reine Unterhaltungsmaschinerie jenseits von Sinn und Verstand belächelt (Villa et al. 2012, S. 7). Die Soziologie betont vielmehr ihre Mehrdeutigkeit und interessiert sich für Popkultur als Feld aktiver Auseinandersetzungen:

> Populärkultur eröffnet widersprüchliche Lesarten. Populärkultur ist damit ein dynamischer Ort, an dem gesellschaftliche und sozioökonomische Deutungen verhandelt werden (Villa et al. 2012, S. 7 f.).

Die Autorinnen des Sammelbandes *Banale Kämpfe? Perspektiven auf Populär-kultur und Geschlecht,* Paula-Irene Villa, Julia Jäckel, Zara S. Pfeiffer, Nadine Sanitter und Ralf Steckert gehen mithilfe poststrukturalistischer Konzepte von Hegemonie und Macht davon aus, dass populäre Kultur – also auch die NDW – polysem und deshalb vielseitig interpretierbar sei, Widersprüche berge und Irritationen hegemonialer Interpretationen bereit halte (Villa et al. 2012, S. 7 f.). Legt man nun die Maßstäbe einer praxistheoretischen Perspektive an die Popkultur der Neuen Deutschen Welle an, spielt eben nicht nur das *WAS* des Musikkonsums sondern z. B. auch das *WO,* der Raum, in dem Musik gemacht wird, ebenso wie das *WIE* – per Lautsprecher, Kopfhörer oder Megafon – und das *WER* eine wirkmächtige Rolle für den Protestcharakter musikalischer Praxis. Was für Popmusik im Allgemeinen gilt, ist deshalb auch für die NDW stimmig: Die Musik von *Extrabreit, Ideal* und *Nena* wird demnach genau dann politisch, wenn

> (…) sie sich – nach dem Gesetz, unter dem sie antritt! – in Zeiten sozialer Verunsicherung durch ästhetische Grenzüberschreitungen und fiktionale Normverletzungen über Ängste des Massenpublikums hinwegsetzt und seine Normalitätssehnsucht [bezüglich des WAS,WO,WIE und WER, A. d. V.] missachtet (Maase 2010, S. 55).

Popmusik ist also immer dann protesthaft, wenn sie bewusst und vorerst ohne große Rücksicht auf Verkaufszahlen etwas anders macht und dabei sich und die Konsumierenden aus ihrer Komfortzone holt.

Wie bekommt man nun dieses Andere protesthafter Popmusik theoretisch und methodisch zu fassen?

In Anlehnung und Erweiterung des zu Beginn dieses Bandes eröffneten Forschungsparadigmas der Soziologie der Praxis sei im Folgenden eine diskurstheoretisch erweiterte Praxissoziologie des Protests vorgestellt und am Beispiel der *Hagener Neuen Deutschen Welle* zur Anwendung gebracht.

2 Eine diskurstheoretisch erweiterte Praxissoziologie des ProtestPop

Um dem methodologischen Anspruch jeder Soziologie der Praxis, wie ihn Daniel und Hillebrandt im einleitenden Beitrag konsequent postulieren, gerecht zu werden und ein synthetisches Verhältnis von Theorie und Empirie ernst zu nehmen, greife ich im Folgenden das empirische Datum der Neuen Deutschen Welle in Hagen auf, um meine Ausführungen zu exemplifizieren.

Die anerkannte These, nach der Affektiertheit konstitutiv für Praxisformen des Protests an sich sei und sich ohne Affizierung kein Protest vollziehe (u. a. Dietz 2015), wird dabei zur Vergleichsfolie für Praktiken des popmusikalischen Protests. Die Praktiken des potenziellen ProtestPops, der sich in der enorm kurzen Phase von 1978 bis 1983 unter der Chiffre *Geschichte wird gemacht*[2] auch in Hagen vollzog, fasse ich im Sinne einer Soziologie der Praxis als ein für nachfolgende popmusikalische Proteste serielles Protestereignis mit Folgecharakter.

2.1 Komm nach Hagen, werde Popstar, mach Dein Glück (Extrabreit 1981)

Unter dem Motto „*Komm nach Hagen, werde Popstar, mach Dein Glück*"[3] kulminierten in den frühen 1980er Jahren popmusikalische Praxisformen des Protests in der Provinzstadt Hagen und integrierten scheinbar neben ironischen Elementen verstärkt Praktiken des Affiziert-Seins in eine performative Praxis der Unordnung oder auch *Outrageousness,* was man in Anlehnung an einen Songtitel der Hamburger Hip-Hop und Electropunkband *Deichkind* auch mit *Remmidemmi* bezeichnen kann[4]. Die u. a. von Hagen ausgehende Neue Deutsche Welle kann mit Blick auf die Gesamtformation des Rock und Pop als Ereignis in Serie dazu geführt haben, dass neue Formen der PopProtestpraxis angestoßen und insbesondere unbeteiligte und anders sozialisierte Körper in die Praxisform des Protests einbezogen wurden, was den kurzen aber enormen Erfolg dieser Musikrichtung zu erklären hilft. Vor allem Praxisformen, deren Vollzugsergebnis Affiziertheit sozialisierter Körper mit sich brachte, avancierten daraufhin zu Protestformen, die auf der Folie herkömmlicher Rock- und Popmusik transformiert und zum Nährboden für nachfolgende musikalische Proteste wurden. So können die Praxisformen der Neuen Deutschen Welle in der Folge im Sinne Foucaults als Ereignisse gefasst werden, die neben anderen zu Bruchpunkten zwischen zwei Beständigkeiten werden (Foucault 2003) und einen Ausgangspunkt für eine Genealogie der Gegenwart des ProtestPops bilden.

---

[2]Song: Ein Jahr (Es geht voran), Künstler: Fehlfarben, Album: Monarchie und Alltag, ersch. 1980, Label: Welt-Rekord.

[3]Song: *Komm nach Hagen,* Künstler: *Extrabreit,* Album: *Die Rückkehr der Fantastischen 5!* Format: Vinyl, ersch. 1982, Label: Metronome.

[4]Single Auskopplung *Remmidemmi (Yippie Yippie Yeah)* (2006) aus dem 3. Album *Aufstand im Schlaraffenland,* erschienen bei Island Records.

2.2 Genealogie gegenwärtiger Proteste oder herkömmliche Praxisforschung des Protests?

Warum jedoch der Aufwand einer Genealogie der Gegenwart des Protests anstelle einer herkömmlichen Praxisforschung des Protests? Zum einen, weil wir von Foucault wissen, dass Realitäten nur in ihrem Verschwinden zu beschreiben sind und wir aktuell weit genug davon entfernt sind, Protestformen der 1980er Jahre ins Auge zu fassen. Wie man ja bei allen Bestrebungen, Protestereignisse wie die Anti-Atomkraft-Bewegung am Laufen zu halten, bemerkt, verschwinden affektive Protestformen im digitalen Zeitalter zunehmend.[5] Zum Anderen ist methodologisch im Rahmen der Theorien der Praxis von Andreas Reckwitz aufgebracht und von Frank Hillebrandt und anderen zentral gestellt, dass Praktiken, die man untersucht, immer schon Folgepraktiken sind, weshalb eine Ethnografie, eine Live-Soziologie usw. eben immer nur Ausschnitte einer Praxisform bleiben (vgl. Reckwitz 2003; Hillebrandt 2016). Wenn wir aber nicht nur dichte Beschreibungen und Mikrosoziologie betreiben wollen, was für bestimmte Forschungsfelder legitim, für in der Vergangenheit liegende Ereignisse jedoch nicht möglich ist, müssen wir im Sinne Latours den Aktanten unbedingt in beide Richtungen folgen und analysieren, was denn zusammenkommen musste, damit sich vergangene und aktuelle Protestpraxis genau so vollzieht (Latour 2007), bevor wir uns daranmachen können, genauer hinzusehen, was das Affiziert-Sein in Praxisformen des Protests für eine Rolle spielt. Foucaults Begriff des Diskursereignisses gibt uns dabei die notwendige Orientierung, wo zu beginnen ist, wenn man genealogisch herausarbeitet, von wo aus Ereignisse in Serie gehen, weshalb ich an anderer Stelle verstärkt daran arbeite, die diskursorientierten und die am Praxisbegriff orientierten Theorierichtungen synergetisch miteinander ins Gespräch zu bringen (vgl. Schäfer 2018).

Aus den theoretischen Positionen der Diskurs- und der Praxistheorie heraus wird zwar anerkannt und festgestellt, dass die Trennung zwischen dem Diskurs und der Praxis nicht ganz aufrechtzuerhalten ist, aber bisher muss man sich noch für eine Diskurstheorie mit schwachem Praxisbegriff entscheiden, die den Akteur entweder nicht kennt oder einen sehr starken Begriff des Akteurs impliziert, oder

---

[5]Durch global orientierte verstärkte mediale Aufmerksamkeit scheint es zwar, als träte momentan eine Revitalisierung performativen Protests auf den Plan, trotz der von StaBu deklarierten „partizipatorischen Revolution" treten im Rahmen der sogenannten „unkonventionellen politischen Beteiligung" jedoch vor allem Unterschriftensammlungen und klassische Demonstrationen verstärkt auf (vgl. Statistisches Bundesamt 2016, S. 403).

man entscheidet sich im Nachgang Bourdieus für eine Praxistheorie, in der der
Diskurs aber immer an die Position des sprechenden Akteurs im sozialen Raum
an sich und im jeweiligen Feld gebunden, lediglich Repräsentation von außerdis-
kursiven Bedingungen bleibt. Der Tribut, der im Fall letzterer Position zu zollen
ist, ist ein bisher extrem schwaches Diskurskonzept, welches auch die gegenwärtig an Bedeutung zunehmenden neueren Theorien der Praxis nicht anders zu
fassen vermögen. Meine hier vertretene Position beinhaltet es deshalb, konsequent Akteure als Teil von Praktiken in Form von sozialisierten Körpern ebenso
wie Artefakte, zu denen dann auch Texte und sprachliches Material oder symbo-
lisches Zeichenmaterial zählen, als Elemente zu fassen, aus deren Formation sich
Praktiken ereignen, die sich zu Praxisformen verketten.

Was heißt es nun, sich auf dieser theoretischen Folie Affektiertheit und Praxisformen der Popmusik anzuschauen?

2.3 Die Neue Deutsche Welle in praxissoziologischem Gewand

Auf der ausgebreiteten theoretischen Folie versammeln wir nun ein Praxisereig-
nis, auf das wir Beispielhaft das Forschungsprogramm anwenden können: *Die
Neue Deutsche Welle.*

Zur Ausgangslage: Im Allgemeinen gilt die NDW als eine sehr heterogene,
kurzfristige und dabei enorm erfolgreiche musikalische Szene, deren Sound und
musikalisches Selbstverständnis deutlich variiert. Zeithistorisch ist durch das
Scheitern der Abrüstungspolitik zwischen Ost- und West, die atomare Bedrohung
Ende der 1970er Jahre im Umfeld der Generation der neuen Deutschen Wellen-
reiter_innen omnipräsent. Die sich verschlechternde wirtschaftliche Lage in
der BRD scheint bei den Protagonist_innen eine nachhaltige Skepsis gegenüber Politik jeglicher Couleur hervor und eine große Perspektivlosigkeit auf den
Plan zu rufen. Musikalisch wie emotional hat sich der Punk der späten 1970er
Jahre in die Ohren und habituellen Membranen der Jugendlichen und jungen
Erwachsenen eingeschrieben, sodass das Bewusstsein dafür, dass es zum Musikmachen nicht mehr braucht als ein Instrument, schnell inkorporiert war. Um der
Perspektivlosigkeit etwas entgegenzusetzen, wird es zur biografischen Option,
selbst Musik zu machen.

Erste Auswertungen empirischen Materials weisen darauf hin, dass dabei das
sozio-kulturell stimulierende Umfeld eine entscheidende Rolle spielte: Musikalische Vorbilder im engeren Verwandten- oder Bekanntenkreis oder eine räumliche

Nähe zu regionaler Infrastruktur mit Proberäumen und Auftrittsmöglichkeiten bilden neben anderen wichtige Voraussetzungen dafür, dass die habituelle Affinität für eigene Aktivitäten in der popmusikalischen Praxis der Zeit vorhanden waren. Dass sich neben Berlin, Hamburg und Düsseldorf viele der stilprägenden Bands der NDW Ende der 1970er Jahre in Hagen bilden, hängt mit Blick auf die physische Dimension der Praxis insbesondere mit der Kleinheit der Großstadt und deren Infrastruktur zusammen. Bereits Mitte der 1970er hatte sich eine populäre Musik-Szene in Hagen insbesondere nach dem Vorbild der Beat- und Rockmusik mit den dazugehörigen Veranstaltungsorten und -formaten etabliert. Mit dem *Musiker* und dem *Musikertreff* waren auf der medialen Ebene der Praxis regionale Zeitschriften, die sich der lokalen Musikszene widmeten und dennoch auch überregional Beachtung fanden, auf dem Markt.

Hinsichtlich der musikalischen Selbstverortung der NDW-Bands in Hagen sei auf die Verwurzelung im Punk und New Wave ebenso wie auf den Wunsch verwiesen, sich von der Hippie- und Bombast-Rock-Musik der 60er und 70er Jahre musikalisch wie inhaltlich und ästhetisch abzugrenzen.

Auf der physisch-materiellen Ebene der Dinge und Artefakte der Praxisformen der Neuen Deutschen Welle zeigt sich instrumentell eine große Experimentierfreudigkeit mit den elektronischen Möglichkeiten der Musikproduktion. Digitale Synthesizer wie der Korg MS 20 oder der Yamaha DX7 sind verhältnismäßig erschwinglich zu erwerben und lassen Bands mit neuen Möglichkeiten elektronischer Klangerzeugung experimentieren. Dies führt u. a. zu einer Erweiterung der klassischen Rockinstrumente und einem minimalistischeren Ensemble, da neben den bisherigen Instrumenten und der entsprechenden Verstärkungstechnik auch z. T. raumgreifende Synthesizer in den Bühnenaufbau integriert werden.

In der medialen Dimension trägt neben der LP und dem Radio das Fernsehen als zentrales und neues musikalisches Verbreitungsmedium zur enormen Verbreitung der NDW bei. Neben der Live-Performance der Songs wird in den 1980er Jahren der Videoclip zu einem immer beliebteren Medium der Bands, was einen weiteren ästhetischen Gestaltungsspielraum schafft. Auch durch diese zusätzlich visuelle Komponente wird die ästhetische Dimension immer wichtiger. Es ist nicht mehr das Outfit allein, worüber eine Band einen ganz bestimmten Style transportiert und sich von anderen Genres abgrenzt, auch die Ästhetik der Lichtshow, Bühnenelemente und gewinnen an Bedeutung. Die Ästhetik der 1980er Jahre zeichnet sich dabei durch Neonfarben, bunt gefärbte Outfits aus Leder, Turnschuhe, enge Röhren-Jeans und Plastik-Accessoires aus, die im Gegensatz zur Mode der Hippies einen urbanen Chic repräsentierten. Durch die zahllosen Jugendzeitschriften, die Anfang der 1980er Jahre zusätzlich zur bereits etablierten Bravo gegründet werden und die Entwicklungen der NDW diskursiv und narrativ begleiten, wurden erstmals deutsche Popstars zu zentralen Identifikationsfiguren für Jugendliche. Die bereits auf Hochtouren laufende Musikindustrie trägt mit der Radikalisierung des Merchandisings ihren Teil dazu bei.

Nach diesen ersten zaghaften praxissoziologischen Schlaglichtern auf die Dimensionen der Praxis der NDW im Allgemeinen drängt sich bei all dem immer noch massiv die Frage nach der Einordnung der NDW in *Protest* oder *Pop* auf, was im Folgenden anhand der Frage nach dem Stellenwert des Affektiven im Rahmen der spezifischen Vollzugspraxis der Neuen Deutschen Welle herausgearbeitet wird:

2.4   Als die Neue Deutsche Welle überschwappte – die Dimension des Affektiven im ProtestPop

Da war diese skurril aussehende Band mit ihrem geschminkten, diabolisch wirkenden Sänger, die dem Publikum in schneller Folge ihre Songs um die Ohren haute. Das ganze hatte etwas so Selbstverständliches und gleichzeitig so Unerhörtes, das man das Gefühl hatte, dass hier nun auch in Hagen eine neue Zeit begann... (Augenzeuge, Mönchengladbach, in Grosskurt 2017).

Beispiele für Affektivität innerhalb der musikalischen Performance der Neuen Deutschen Welle, wie das hier beschriebene Gefühl des im Anbeginn einer neuen Zeit seins, finden sich zahlreich im empirischen Material und ließen sich an dieser Stelle in langer Reihe aufzählen. Immer dann, wenn sich empirische Hinweise auf Phänomene häufen, sollte man jedoch stets innehalten und sich fragen, wofür die empirischen Daten denn Beispiele geben. Was genau macht Praktiken des affiziert Werdens bzw. affiziert Seins aus? Wonach muss und darf eine Soziologie der Praxis im Speziellen im Falle von Affektivität suchen und wonach aus methodologischen Gründen gerade nicht?

Ich habe hierfür zum einen bei Stäheli (2012) Orientierung gefunden, was alternative Formen der Analyse affizierender Protestformen jenseits von Ideen, Zielen und geteilten Werten angeht. Er geht erst einmal davon aus, dass das Affektive eine Art Unrast, eine ziellose Bewegung zwischen Körpern herzustellen vermag. Er konzentriert sich dabei auf die einfachste Form der Versammlung sozialisierter Körper, was, wenn man später die Dinge und Diskurse wieder in den Fokus setzt, völlig im Sinne einer Soziologie der Praxis des Protests sein kann. Zudem kommt Stäheli zu dem Schluss, dass Mediendiskurse als verbindendes Element eine zentrale Rolle spielen. Erst einmal diagnostiziert er aber Mobs, Flashmobs, Paniken und Aufläufen ein gemeinsames Moment der Unrast, was an das, was ich versuche mit Affekt zu fassen, ziemlich gut heranreicht. Diese *Unrast,* die auch in der Performance der NDW zum Tragen kommt, ist eben nicht ein unsichtbares magisches *Feeling,* sondern etwas, das etwas Neues in Bewegung setzt. In den Praxisformen der Popmusik der NDW suchen wir also, wenn wir ihren Protestcharakter betrachten wollen, nach etwas, das Neues generiert und zur Dynamik der Praxis beiträgt. Eine zufällige Versammlung sozialisierter Körper wird in dieser Denkweise genau dann zum Kollektiv, wenn sie dynamisch wird und etwas in Bewegung setzt. Somit qualifiziert Stäheli die Suchbewegungen der Versammelten zum konstitutiven gemeinsamen Nenner des Affizierenden.

Man muss bei aller Übereinstimmung natürlich davon absehen, dass Stäheli hier immer klar von *Handlungspotenzial* spricht, ohne dabei jedoch immerhin Bezüge auf eine Handlungsintention machen zu müssen. Seine Idee, Affiziertheit als eine Unruhe, die Körper in Bewegung setzt, zu fassen, ohne dass die Bewegung über ein Ziel verfügen muss, ist deshalb sehr brauchbar. Das Kollektiv entsteht durch die Bewegung der Körper. Die Rastlosigkeit überträgt sich auf die Körper der anderen. Durch die gemeinsame azentrische Bewegung von Körpern und Dingen in Assoziation zueinander wird der einzelne Körper oder das einzelne Ding zum Medium der Nachahmung von Bewegungsströmen und es entstehen Mediatisierungsprozesse. Kalkulation und Sinnverstehen werden durch die Mediatisierungsprozesse gestört und durch zirkuläre Reaktionen ersetzt. Genau hier liegt der nützliche Link zur Affekttheorie. Stäheli fügt der Denkweise der Chicago School dann ja auch eine zusätzliche Materialität hinzu, die es ermöglicht, Räume und Materialitäten als Infrastrukturen der Kollektive zu denken und geht wie auch Foucault und die Praxistheorien davon aus, dass sich die Praxis des Kollektiven ereignen muss. Von hier aus muss man weiter überlegen, wie man das Kollektive über das einzelne Ereignis hinausdenken kann, wobei wiederum Foucault und sein Konzept der Geschichte der Gegenwart helfen können. Im Rahmen einer Geschichte der Gegenwart des Protests werden die *musikalischen* Proteste der NDW zu präzedenzlosen Ereignissen mit Folgecharakter, die dafür sorgen, dass Ereignisse in Serie gehen. Das was Stäheli die Infrastrukturen des Kollektiven nennt, derer es bedarf, damit sich Kollektive ereignen, denn sie tun dies nicht spontan, sind in meiner Anlage die Dimensionen der Praxis, die zusammenkommen müssen. Im Gegensatz zu Stähelis Ansatz interessiert mich aus methodologischen Gründen der Praxistheorie weniger das *Wir* der gemeinsamen Erfahrung, sondern das *Was* dessen, was sich da versammelt und vollzieht.[6]

---

[6]Man darf nicht den Fehler begehen, das ganze funktionalistisch zu denken. Auch bei Stäheli werden Infrastrukturen des Kollektiven nicht vom menschlichen Akteur willentlich hergestellt und können zwar oft genau das hervorbringen, was Körper affiziert, wie z. B. im Fußballstadion. Zum Teil ereignen sich aber auch komplett andere Praktiken, die in der Verkettung zu neuen und völlig anderen Praxisformen führen.

Gegen die subjektbezogenen, funktionalistischen oder emotionssoziologischen Fallstricke muss man sich deshalb mit ontologischen Überlegungen zum Affektbegriff Klarheit über die Intentionalität verschaffen: Bei Massumi (2010) kann man sich vergewissern, dass Affekt keine Emotion ist und nichts Gefühltes, sondern Affekt die Fähigkeit von sozialisierten Körpern ist, von anderen Dimensionen der Praxis affiziert zu werden und diese zu affizieren. Affekt ist damit eine körperliche Erwiderung auf etwas, und zwar eine autonome Erwiderung. Er ist ein neutrales Potenzial, das sich aus einem Überschuss der bewussten Stadien der Wahrnehmung, physisch – wie Massumi sagt *visceral* – generiert. Deshalb ist Affekt bei Massumi aber gerade nicht vorsozial, sondern „open-endedly-social" (Massumi 2002 z. n. Clough 2010, S. 209). Das physische Körpergedächtnis ist immer schon sozial wegen der Inkorporierung des Sozialen. Das Affektiert-Sein entsteht eben noch *visceral* aber eben innerhalb dieses mit Sozialem behafteten Körpers. Deshalb ist es jenseits sichtbarer Veränderungen der Körperoberfläche oder Körperbewegungen auch erst einmal für die praxistheoretische Erforschung kein Datum. Was Massumi ebenfalls zeigt ist, dass nicht nur sozialisierte Körper gegenseitig Affekte generieren, sondern auch andere Materialität affektiv ist. Denn auch diese ist mitteilsam, selbstorganisierend und stiftet in Relation zu anderen Dimensionen der Praxis autonome Entgegnung der Körper.

Affektivität ist praxistheoretisch gewendet also nicht weniger aber auch nicht mehr als eine Bewegung physischer Zustände zwischen Körpern; ein Affekt die Fähigkeit von Körpern aller Art affiziert zu werden und zu affizieren; und hierbei sind in Relation zueinanderstehende Körper und Dinge, Diskurse und Zeitlichkeit in Räumen notwendig.

Mit diesem im Folgenden in Anwendung gebrachten Forschungsdesign muss man mit dem zentral gestellten Subjekt nicht auch den Affekt als solchen über Bord werfen, sondern – und hier gehe ich mit Patricia T. Clough (2010) überein – den *affektive-turn* so vollziehen, dass er auf die Diskontinuität des Subjekts verweist und Körperlichkeit und Materialität im Allgemeinen als konstituierende Momente von Sozialität denkt (Clough 2010, S. 206). Nicht ohne Grund verweist Clough passend auf das Autoren-Duo Deleuze und Guattari, die Affekt als „pre-individual bodily forces augmenting or diminishing a bodys capacity to act" (Deleuze und Guattari 1993, z. n. Clough 2010, S. 207) fassen und sich wohlweislich kritisch mit den Technologien auseinandersetzen, die es ermöglichen, den nicht wahrnehmbaren Dynamismus des Affekts zu fassen und zu manipulieren, wie Clough deutlich herausstellt.

Sind innerhalb der Praxis des Pop Praktiken, die affizieren, eher solche Praktiken, die sich zu Praxisformen verketten und sich als Praxisformationen über einen längeren Zeitraum ständig neu formieren? Diese Frage lässt sich nur mit einem empirischen Begriff von Affiziertheit klären, wie das z. B. auch Grossberg in Bezug auf *Passion, Emotion and Affect for Politics* vorgemacht hat, um darüber, inwieweit Körper in Praxis involviert sind, Hinweise auf das Maß an Affiziertheit zu sammeln, das Vollzugspotenzial freisetzt. Und nur diese Involviertheit von Körpern ist erst mal ein praxissoziologisches Datum für Affekte.

So wird im Folgenden am Beispiel der NDW Affiziertheit als Praxisvollzug erfasst, der in seiner Ereignishaftigkeit als historisch kontingente Intensitätszone (Deleuze und Guattari 1993) mit Transformationspotenzial gefasst wird.

Nach dieser theoretisch begrifflichen Definitionsarbeit kann man sich nun im Zuge der Analyse ansehen, was denn im Ereignis der NDW zusammenkommt, dass sich Körper affizieren und affiziert sind. Erste Ergebnisse weisen darauf hin, dass Affektivität immer dann entsteht, wenn einzelne Elemente einer Praxisform erstens übertrieben werden, wie z. B. die physische Dimension mit der Überbetonung der Körperlichkeit. Affektivität entsteht zweitens, wenn einzelne Dimensionen der Praxis in ihrer Bedeutung vertauscht werden, also die Relationen sich verschieben und statt einem sozialisierten menschlichen Körper z. B. ein anderer organischer Körper die gleiche Position in der Praxiskette einnimmt, was daraufhin ein affizierendes *Remmidemmi* hervorruft. Drittens entsteht Affektivität im Rahmen der Proteste, wenn gegensätzliche Artefakte mit abweichendem symbolischem Gehalt in Praktiken enthalten sind und den praktischen Sinn bzw. die Logik der Praxis transformieren.

2.5   Protestpop aus WehrDichHausen

Werfen wir nun auf dieser theoretischen Folie einen systematischeren Blick auf die Hagener Musikszene der späten 70er Jahre: Die Hagener Kulturszene war quasi in mehreren Umbrüchen begriffen. Die letzten engagierten Reste der politisch aktiven Hippies diskutierten sich in organisierten Gruppen die Köpfe über Theorien und Manifeste der Revolution heiß, während die neue Generation mit ungewöhnlichem Selbstbewusstsein dazu stand, sich gar nicht so sehr für Politik zu interessieren. Während man in den K-Gruppen noch den Kampf mit der dichotomen Konstruktion einer Massenmusik nach dem Vorbild der Arbeitermusik oder der Peking-Oper und der individualistisch bürgerlichen Musikkultur ausfocht, machten die Hagener Vorreiter_innen der NDW genau diese Dichotomie und Diskrepanz zu Beginn der 1980er Jahre zum Fokus ihrer protestierenden Übertreibungen und Possen. Der etwas steilen These von der NDW als ProtestPop, wonach gerade der schrille und bunt-hedonistische Zug der Welle als Kern des

Protests gegenüber dem Status quo der Musikbranche, aber auch der etablierten
Lebensstile und Politikformen der Zeit gelesen wird, gehe ich im Folgenden an
Hand dreier Thesen auf den Grund:

1. Die performative Praxis der Affizierung, die sich mit der NDW vollzieht, ist
   Protest.
2. Die Texte und der Sound der Musik sind politisch.
3. Das DIY der NDW ist politischer Protest.

zu 1) Ohne Affizierung – kein Protest
Politische Aufreger lieferten die gesellschaftlichen Verhältnisse zuhauf: Atomare
Aufrüstung und Atomkraft, Nazis und Rechtsextremismus, Friedensbewegung
oder Gleichstellung der Geschlechter ließen auch die Jugendlichen in den
Hagener Proberäumen nicht unbewegt und flossen in den praktizierten Sound
ein. Die politische Szene in Hagen war extrem heterogen und beherbergte von
Bagwhan-Anhänger_innen, Pazifist_innen, Spontis bis K-Gruppen alles, was
die politische Szene der Zeit zu bieten hatte. Die wie Pilze aus dem Boden
schießenden Bands brachten durch das Musikmachen und das rege Bäumchen-
Wechsel-Dich der Musiker_innen unterschiedlichster Couleur heterogene Praxis-
dimensionen hervor, in denen Politaktivist_innen und unpolitische Jugend
aufeinandertrafen und sich gegenseitig zu kreativem Austausch anregten. Auch
hierdurch wurde die Musik, die bis dato eher hedonistisch daherkam, politisch
eingefärbt, ohne dass davon abgerückt werden musste, ganz unverfroren und
direkt den Lebensalltag der Hagener Tristesse zu thematisieren. Charakteristisch hierfür kann beispielsweise Kai Havaiis Mitgliedschaft in einer Gruppe
internationaler Marxist_innen und seine produktive Mitbewohnerschaft u. a. mit
dem Sozialwesen-Studenten Jörg A. Hoppe in der B56, einer der Wohngemein-
schaften, die vielen Protagonist_innen der NDW ein Zuhause sowie Sessions,
Partys und Diskussionsrunden einen Ort gab, herangezogen werden (Havaii
2017). Die Ende der 70er bereits verpönte Organisation in politischen Gruppen
der Hippieszene wurde von der Nachfolgegeneration abgelehnt und man kon-
zentrierte sich unter Einbezug des musikalischen Potenzials verstärkt auf Spon-
ti-Aktionen, die der antiautoritären Attitüde politisch angefixter Musiker_innen
viel eher entgegen kam. Genau diese unorthodoxe Vermischung der politischen
Szenen im Hagener Mikrokosmos machte Wehringhausen zum beliebten Ziel für
Abschlusskundgebungen von Demos aller politischen Lager. Hier konnte auf die
Solidarität und Mobilisation einer Menge Leute gezählt werden, die auf dem Weg
in den wörtlich gemeinten Feier-Abend in den zahlreichen Lokalen im Vorfeld
für ein wenig Aufruhr und *Remmidemmi* auf dem Wilhelmsplatz zu haben waren.

Die regionalen Hits der frühen NDW probierten sich in dieser politisch aufgeladenen Gemengelage aus und lieferten den WehrDichHausener Soundtrack für
die den klassisch linken Protesten entgegengesetzten Formen überdreht ironischer
wie zynischer Protestformen. Diese stets mit spaßig schrillen Übertreibungen
gespickte Eigendynamik des Aufruhrs wird nun im soziologischen Sinne interessant und als performative Praxis der Affizierung zur eigenständigen Protestform.
Die u. a. von Extrabreit und Co. aufgeführte Populärkultur hatte immer auch eine
affektive Dimension: Sie ging unter die Haut, erzeugte innere Konflikte, Wut
oder Freude, ließ gruseln oder weinen. Dabei kam es gar nicht darauf an, dass
oft durchaus gezielt und in kommerzieller Absicht Gegenerfahrungen zu den
rationalisierten Routinen des Alltags hergestellt wurden – Gegenerfahrungen, die
nicht selten eigensinnig, kreativ und überraschend waren, und die sich den vor-
formatierten Optionen der Produktionsseite entzogen.

Mit Aktionen im Umfeld von Konzerten, Demos oder Sponti-Performances
wurden durchaus beide Seiten der Medaille bedient: Reproduktion bestehender
gesellschaftlicher Verhältnisse ebenso wie deren Kritik und Lächerlichmachung.
Populärkultur kann die „versteinerten Verhältnisse zum Tanzen bringen" (Marx 1976
[1844], S. 381) – muss es aber nicht. Sie eröffnet aber grundsätzlich einen Raum der
Möglichkeiten für Überschreitungen, Übertreibungen und Spitzfindigkeiten, die den
gesellschaftlichen Alltag aufs Korn nehmen, an den Nerven der Zuschauer_innen
sägen und gerade dadurch gesellschaftliche Machtverhältnisse als grundsätzlich
‚veränderbar' entwerfen. Dies ist manchmal nur als minimale Verschiebung erkennbar, als eine Irritation des Blicks. Und genau darin können gesellschaftliche Normen
und Werte infrage gestellt werden (Villa et al. 2012, S. 12 f.).

Das alles passiert durch Affektivität, durch Praxisformen, die mitreißen, in
die Ereignisse hineinsaugen und ein körperliches Behagen ganz egal ob Un- oder
Wohlbehagen erzeugen. Affektivität ist wie im Vorangegangenen beschrieben
praxistheoretisch gewendet nicht weniger aber auch nicht mehr als eine
Bewegung physischer Zustände zwischen Körpern, ein Affekt die Fähigkeit von
Körpern aller Art affiziert zu werden und zu affizieren.

Aus der allgemeinen Frustration der jungen Hagener, die in dem technischen Fortschritt und dem weltfernen Hippieoptimismus keinen Sinn mehr
erkennen konnten, entstand deshalb eine an Affektivität orientierte Musik, die mit
abgehackten sloganartigen Texten und monotonen Rhythmen gegen das gängige
Verständnis von Normalität und Ästhetik verstieß. Ein explizit deutschsprachiger
Musikstil, der auch lokale Themen und Probleme aufnahm. Affektivität entstand
dabei immer dann, wenn einzelne Elemente einer Praxisform erstens übertrieben
wurden, wie z. B. die physische Dimension mit der Überbetonung der Körperlichkeit, die man bei *DAF,* aber auch bei den Auftritten von *Extrabreit* beobachten

kann. Affektivität entsteht zweitens, wenn einzelne Dimensionen der Praxis in ihrer Bedeutung vertauscht werden, sich also die Relationen verschieben und statt einem sozialisierten menschlichen Körper z. B. ein anderer organischer Körper die gleiche Position in der Praxiskette einnimmt. Exemplarisch hierfür stehen z. B. die Performances der Hagener Wolfgang Luthe oder *Cäpt'n Horn*. Letzterer nimmt die Rolle eines räumlich displatzierten sozialisierten Körpers innerhalb einer Performance des im Folgenden beschriebenen *Remmidemmis* ein, als sich Anfang der 1980er Jahre eine extrabreite Begebenheit ereignete, die affizierende Praktiken vor Augen führt: Den Kontext zur Situation liefert eine Hausbesetzung in der Bismarckstraße in Hagen und ein Benefiz-Konzert von *Extrabreit* in der Sumpfblüte, dessen Erlös an die Hausbesetzer_innen übergeben wurde.

> Auf dem Dachfirst des einzigen, jemals in Hagen besetzten Hauses, fünf Stockwerke hoch,»Haus der Elche«genannt, balancierte, in jeder Hand eine Flasche Söhnlein Brillant haltend, dabei aus vollem Halse, „Wir lassen uns das Singen nicht verbieten" singend, Gerhard Sperling, alias Cäpt'n Horn, für immer in die Unsterblichkeit. Begleitet wurde er dabei von Feuerwehr und Polizei und dem Beifall der Gäste der »Sumpfblüte«, deren Galäume sich auf der anderen Straßenseite befanden (Kleinkrieg 2006, S. 59).

Drittens entsteht Affektivität im Rahmen der musikalischen Performance, wenn gegensätzliche Artefakte mit abweichendem symbolischen Gehalt in bereits routinisierte Abläufe integriert werden.

Bei vielen ähnlichen Hagener Aktionen der Neuen Deutschen Wellenreiter_innen waren stets die Straße als Theater, der öffentliche Raum als Kulisse und Unbeteiligte als Statist_innen integriert. Dieser Einbezug unbeteiligter Körper und Dinge macht deutlich, dass hier eine Affizierung stattfand, die Habitusübergreifende Wirksamkeit entfaltete. Die Performances der NDW-Bands auf den regionalen Bühnen waren zudem ironisch-humoristische Praktiken, die Aufmerksamkeit erzielten, die mediale Berichterstattung schon im Vorfeld auf das Ereignis des Konzerts, der Release-Party oder des Festivals lenkten und neben den eingefleischten Fans eben auch reine Schaulustige anzogen. Es liegt also die Vermutung nahe, dass neben Praktiken der Ironie und des Humors, neben dem aktiven Einbezug der Medien, drittens nicht mehr Konfrontation, sondern Erwiderung und Affizierung der Otto-Normal-Verbraucher_in zum Bestandteil der Protestform wurden.

zu 2) Die Musik ist politisch
Um das ganze ins Verhältnis zu setzen: Besieht man sich politische Aspekte von Popmusik unter allen top ten Hits der deutschen und amerikanischen Charts

zwischen 1960 und 2009, wie das Franke und Schiltz 2013 in einer quantitativen Studie getan haben, befinden sich 44 Titel mit politischen Inhalten in den sieben Kategorien: 1) Krieg und Frieden 2) Politische Konflikte 3) Umweltzerstörung, technischer Fortschritt und Wirtschaftswachstum 4) Solidarität mit Armen 5) Antirassismus 6) Politisches Hexenspiel 7) Diffuser Zusammenhalt, Freiheit und Liebe. Dass die Zeit, in der die NDW heran rollte, im Vergleich zu den 90er Jahren eine durch den Nachkriegspatriotismus sehr politisch aufgeladene war, zeigen die Ergebnisse der Studie von Franke und Schiltz und weisen *Nenas 99 Luftballons* (1983) neben *Nicoles Ein bisschen Frieden* (1981), Lindenbergs *Sonderzug nach Pankow* (1983) und *Geier Sturzflugs Bruttosozialprodukt* (1983) als symbolisch für politisch angehauchte Popmusik aus. Die NDW war deshalb jenseits eines politischen Engagements politisch. Gemeinsam mit Frank Apunkt Schneider kann man davon ausgehen, dass alle bunten Vögel der Neuen Deutschen Welle in der Anfangszeit vom Damoklesschwert der nuklearen Totalvernichtung geeint wurden. In den unterschiedlicher nicht sein könnenden Texten von *DAF* und *Markus* schwingt ein drohendes Ende der Fahnenstange mit, an dem die Menschheit mal lustig, mal düster, mal minimalistisch, mal ironisch baumelt. Das Reale am möglichen Ende wird zum Textmaterial und durchzieht von *Nena* bis *Extrabreit* die neuen deutschen Songzeilen. Und das erstmals ohne eine politische oder utopische Alternative zu präsentieren. Im Angesicht von Pershings und atomarem Wettrüsten bilden die NDWler_innen eine alternativlose und deshalb skurrile Opposition. Sie zelebrieren die erlebten Spannungen in schrill-bunter Komik. Mit dem Ende der Welt vor Augen bleibt weder Zeit für Selbstfindungstrips noch Zukunftsplanung, weshalb möglichst in der nicht absehbaren verbleibenden Zeit ohne Rücksicht auf Angstgebahren, politische Korrektheit oder Etikette das Maximale performt wird.

Mit der doppelten Konventionsbrechung von Sprache und Sound begannen im benachbarten Düsseldorf Bands wie *Der Plan* oder *DeutschAmerikanisch-Freundschaft,* die vor allem mit neuen elektronischen Instrumenten experimentierten und einen Stil aus minimalistisch wiederholendem elektronischem Sound, körperbetonter DIY-Mode und Anleihen aus Avantgarde-Kunst performten. Der neue Sound ist hedonistisch, unmittelbar körperlich und schraubt nicht grundsätzlich an der Stellschraube des Verhältnisses von Popmusik und Protest, dafür aber durchaus graduell. Durch die Wiederentdeckung des Körpererlebens im Maschinenhaften bei *Trio* oder bei *Der Plan* werden in Songs wie *Gummitwist* Computerisierung und Rüstungsspirale als zu paranoid thematisiert kritisiert und dies mit Gummitwist und Hedonismus durchkreuzt. Hiermit wird gleichzeitig die viel thematisierte Angst, die von Politik und Medien im Rüstungswettlauf in der Bevölkerung erzeugt und instrumentalisiert wird, konterkariert.

Die Tatsache der deutschen Texte ist für die damaligen Umstände im Angesicht der einzigen deutschsprachigen Musik – dem Schlager – ebenso politisch. Sowohl der Text als auch die Phonetik wurden von NDWler_innen grundlegend anders gesetzt und umgangssprachlich, ironisch, direkt und repetitiv gestaltet (vgl. Hornberger 2014). In den über banal daherkommenden Geschichten aus dem urbanen Umfeld der Protagonist_innen – von *Extrabreit* liebevoll als *Hörfilme* bezeichnet – berichtenden Texten, brach man mit authentischen Erzählungen Tabus und provozierte die entweder sehr heile Welt des Schlagers wie die sehr ernste Welt der politischen Liedermacherszene mit humorvollen Spiegeln, die der direkten Nachbarschaft vorgehalten wurden. Auch auf der rein musikalischen Ebene wurde eine neue Politik verfolgt und konventionelle Songschemata aus Strophe/Refrain/Strophe/Refrain mit minimalistischen Vereinfachungen und Wiederholungen geschasst. Charakteristisch verkörpert diesen neuen Stil der Reduktion und Wiederholung *Fehlfarbens* Song *Ein Jahr (Es geht voran),* den die Musikwissenschaftlerin Barbara Hornberger exemplarisch analysiert hat (Hornberger 2014). Als sehr konsequente Vertreter dieses „Weg-vom-Song"-Genres zählt Hornberger natürlich *DAF*, die im Kontext der NDW-Bewegung als mit die Radikalsten und Provokantesten gelten. *DAF* griffen wie keine anderen tabuisierte Themen der Gegenwartsgesellschaft der frühen 80er Jahre auf und texteten zu Nationalsozialismus, Gewalt oder Sexualität und gingen für damalige Verhältnisse in den körperzentrierten Konzertperformances enorm offen mit Homosexualität auf den vermufften Mainstream der gutbürgerlichen Popper los.

Bravo, Popcorn & Co. trugen durch ihre „sensationalistisch und freakshowistisch motivierten Medientradition" schnell jedoch zur Vereinheitlichung des Nebeneinanders von Sell-Out vs. Underground bei (Schneider 2008), und die Differenzierbarkeit der NDW in ProtestPop und Pop-Pop verwischte. Selbst in der späten Phase wird jedoch das Protestpotenzial der NDW erneut aktualisiert und *Schlager als Waffe* zum Protest eingesetzt, als das Schlagerhafte aus dem Harmlosen unbemerkt ins Provokante gekippt wurde. Als vom Bildungsbürgertum verachtetes, scheinbar ‚sinnentleertes' Genre besaß die Vereinnahmung des Schlagers noch kulturpolitisches Spreng-Potenzial. Schlagermutationen waren subversiv. Die Verlogenheit des schönen Scheins des Schlagers, über die alle kulturbedeutenden Lager die Nasen rümpften, und seine Einordnung als unangreifbarer aber ebenso entleerter *Reflex des Kulturbetriebs*, wurde von den letzten NDW Pirat_innen geentert und die selbstvergewissernde Abgrenzung gnadenlos provokativ in Auflösung gesetzt (vgl. Schneider 2008). Dieses Neuland ließ als etwas Dazwischen in der Beengtheit des vorangeschrittenen Kommerz wieder Platz für alles Mögliche (Schneider 2008).

zu 3) „Do it yourself" ist politisch

In Anlehnung an die Auseinandersetzung Anna Daniels mit dem Phänomen kann man als dritten Punkt die aus dem Punk herkommende DIY-Kultur „als eine alternative Form der Kulturproduktion" begreifen (Daniel 2018, S. 226). Gerade in den zur Anwendung kommenden Praxisformen und Techniken des Selbermachens und somit in der Aufhebung klassischer Produktions- und Rezeptionsverhältnisse liegt das durchaus widerspenstige bzw. subversive Potenzial der NDW (vgl. ebd.). Dieses Potenzial kulminierte mit versprengten Elementen aus Punk und New Wave in einer von Frank Apunkt Schneider als *popinterne Jugendrevolte* bezeichneten neuen Deutschen Welle. Im Gegensatz zum heutigen Status von Jugendlichkeit – als dem nachzujagenden und ewig zu erhaltenden heiligen Gral des gesamten Lebens – galt Jugend im gesellschaftlichen Klima der späten 70er Jahre als etwas zielstrebig zu Überwindendes, als kurze Phase des Übergangs in das richtige Leben. Gerade diese Einschätzung forderte Punk mit Verantwortungsverweigerung und Verballhornungen von Praktiken des ‚Erwachsenseins' heraus.

Vor dieser energetischen Kulisse avancierten z. B. die zahlreich vorhandenen Tresen in der Kleinstadt Hagen zu regelrechten DIY-Börsen: Wer kennt wen, der einen Verstärker repariert, welche_r Sänger oder Sängerin ist gerade auf der Suche nach einer Band, wo kriege ich ein Schlagzeug her, wer kann am Sound basteln, wer hat einen improvisierten Tourbus? Die Kneipen boten neben Schulaulas, dem Wilhelmsplatz bei Straßenfesten oder Kirchen und Gemeindezentren oft Auftrittsmöglichkeiten, hatten darüber hinaus aber schnell auch eine politische Funktion. Der Folk-Club in Hagen veranstaltete z. B. im ‚Fäßchen' ab Mitte der 70er Jahre regelmäßig Auftritte mit Folkmusiker_innen. Auch der später u. a. bei *Extrabreit* singende Horst-Werner Wiegand trat hier als Liedermacher im klassischen Sinne auf. Genutzt wurden solche Gelegenheiten auch als DIY-Informationsportale. In besagtem ‚Fäßchen' wurde Selbstgedrucktes und einschlägig politisch-emanzipatorische Flugblätter, Literatur und Zeitungen auf einem umfunktionierten Billard-Büchertisch bereitgehalten und wanderten häufig mit den illustren Gästen durch die Kneipenszene bis zu ‚Rainer' oder später in die ‚Sumpfblüte', wo sich die politische mit der künstlerisch-musikalischen Szene vermischte. Zum etablierten Szeneblatt entwickelte sich schnell das in 2000er Auflage in Eigenproduktion vertriebene Hagener Volksblatt. Dessen Layout wurde wie die Inhalte im variierenden Kollektiv der Kneipe entworfen und in den einschlägigen WG's mit Letraset, Rapidograph und Fixogum zusammengeklebt. Initiativen wie die politischer Informationsbereitstellung entwickelten sich schnell zu Hagener Institutionen und materialisierten sich im Falle des

Billard-Büchertischs zum ältesten ortsansässigen politischen Buchladen auf der Langen Straße in Wehringhausen.

Hagener Jugendliche hatten das Glück, dass zudem ‚Grobschnitt' Mitte der 1970er Jahre die Möglichkeit, mit selbstgebautem Instrumentarium und viel musikalischem Können eine über die Grenzen der Hagener Provinz hinaus erfolgreiche Musikkarriere zu starten, vor Augen geführt hatte. Die gleichzeitig einfallende neue Unverfrorenheit des New Wave und Punk emanzipierte Jugendliche in den späten 70ern dann ebenso erfolgreich von der Voraussetzung, für eine Karriere musikalisches Genie besitzen zu müssen. So bastelten sich die Hagener_innen eine beeindruckende DIY-Infrastruktur um die lokale Musikszene. Die freigewordenen Viel-Zimmer-Wohnungen der Unternehmerinnen und Industriellen sowie der enorme Leerstand an Industriebrachen bot viel Raum für Kreativität. Die Studierenden des Fachbereichs Sozialwesen der PH, die damals noch in Hagen angesiedelt war, hoben nach der Fachbereichszeitung ‚Spiegelchen' mit dem ‚Hagener Volksblatt' für politisch Aktive ein eigenes Medium aus der Taufe, um sich Gehör in Eigenregie zu verschaffen. Plattenvertrieb und Bandmanagement, Konzertbooking und Musikverlage, Fanzines und Musikzeitschriften wie der ‚Musiker' oder ‚Musikertreff' folgten und machten die Verbreitung der Neuen Deutschen Musik ohne Knebelverträge und kostenintensives Anbiedern bei etablierten und an herkömmlicher Popmusik orientierten Firmen möglich. Mit der ‚Rockranch' und dem ‚Woodhousestudio' entstehen zusätzlich Tonstudios, mit ‚JaMusic', ‚Tonträger 58' und ‚Jalousie' erste kleine Plattenlabel. Die Musikzeitschriften ‚Musiker' und ‚Musikertreff' werden zu zentralen Medien und Barometer der lokalen Musikszene. Schauplatz und Bühne dieser DIY-Kultur bleibt ein Stadtteil, in dem sich eine energetische Masse junger Leute, alternativer Gemeinschaften und Musiker_innen, Journalist_innen, Grafiker_innen, Sozialpädagogikstudent_innen, Künstler_innnen und Spontis, Punks, Öko's und Hippies ‚bei Rainer', im ‚Fäßchen' am Wilhelmsplatz oder in der ‚Sumpfblüte' trafen. In Hagen Wehringhausen findet die praktische Aneignung des urbanen Raumes statt, wobei sich das Lebensgefühl des Selbermachens auch auf diskursiver Ebene in der liebevollen Betitelung des Stadtteils als ‚WehrDichHausen' widerspiegelt. Exemplarisch seien hier für die DIY-Kultur abschließend die Aktivitäten in den beiden *Extrabreit*-Büros schlaglichtartig beleuchtet:

Damit sich der extrabreite Sound auch außerhalb Hagens in den Rest der Republik ausbreiten konnte, kamen wiederum neuartige Formationen aus den verschiedenen Ebenen der Praxis genau hier zusammen. Um den großspurigen, ironischen PopPunk publik zu machen, spielte der Raum hinter der Sumpfblüte am Wilhelmsplatz, wo spezifisch sozialisierte Körper, Artefakte und politisch mediale Diskurse zusammenkamen und sich in JAH's (Jörg A. Hoppe) Reggae-Büro materialisierten, eine besondere Rolle. Hier befand sich ab dem Sommer 1981 für ein Jahr das so genannte erste *Extrabreit*-Büro. Dort wurde ebenso exzessiv gelebt wie gearbeitet und geschäftliche Angelegenheiten wie Booking, Tourplanung und Netzwerkbildung vorangetrieben. Vor allem ein frühes Corporate Design, welches auch das ästhetische Outfit nicht ausließ, brach mit herkömmlichen Konventionen und nutze Popartstile und Comicelemente aus der Feder von Kay Schlasse und Jörg A. Hoppe.

Das Reggae-Büro wurde zur systematischen Schaltzentrale. 1982 zog der bunte Trupp mitsamt dem Equipment in weniger subtropische Gefilde in den früheren Sitz der Firma Hahn in das neue Extrabreit-Büro in der Augustastraße.

Das kreative Potenzial aller Büroarbeiter_innen wie das Zeichentalent Schlasses alias ‚Kai Havaii' oder die redaktionellen Kompetenzen und Kontakte zur Presse von Jörg A. Hoppe, die Frisierkünste von Christa Dürholt alias ‚Mausi' oder die gemeinsamen Designentwürfe für Bühnenoutfits wurde von hier aus strategisch eingesetzt, um nicht nur dazu aufzurufen, nach Hagen zu kommen und Popstar zu werden, sondern den Hagener Sound auch über die regionalen Gefilde hinaus bekannt zu machen. Nicht nur für das eigene Label Tonträger 58 sowie Management und Musikverlage, auch für einzelne Events wurde die DIY-Maschinerie in Gang gesetzt. Im Vorfeld von Konzerten wurden individuelle Plakate, Flyer und Buttons gestaltet und gedruckt, Aufkleber mit provokanten Aufrufen wie „Extrabreit in die 80er", oder Warnhinweisen für Eltern und Ordnungshüter_innen verbreitet. Die Gerüchteküche macht daraufhin Konzerte zu Happenings und die dargebotene Musik selbst wird stilistisch zu einer exzessiven Performance, die nicht nur das Publikum affiziert.

3   Protestpop Neue Deutsche Welle? Ein Resümee

Somit bestätigen die Ereignisse in Hagen die drei eingangs formulierten Thesen vom politisch protesthaften Potenzial der NDW und dem Stellenwert des Affektiven für die Verkettung von Einzelpraktiken zu Protestereignissen mit Folgecharakter. Gleichzeitig konnten die dichten Beschreibungen der protesthaften Affizierung mithilfe des entwickelten theoretischen Forschungsrahmens einer diskurstheoretisch erweiterten Praxissoziologie des Protests konstruktiv aufgezeigt und erste empirische Ergebnisse bezüglich des ProtestPops der Neuen Deutschen Welle präsentiert werden. Die hieran anschließende nächste Herausforderung für die Forschungen zum Verhältnis von Protest und Pop wird sein, die Triade zu vervollständigen und das Duett zu einem gesellschaftsanalytischen Trio zu transformieren. Die sehr viel schwieriger zu beantwortende Frage ist nämlich die nach einer möglichen gesellschaftlichen Auswirkung von ProtestPop. Was machte die Neue Deutsche Welle nicht nur mit den Protagonist_innen, sondern eventuell auch mit der Gesellschaft – im Mikrokosmos Hagens und darüber hinaus? Wie – und kann man überhaupt – analytisch sauber die Probe aufs Exempel statuieren und bezüglich der Wirkungen von ProtestPop auf sozialen Wandel oder den Einfluss auf den Lebensalltag der Konsumierenden der neuen deutschen Populärkultur schließen?

Bisher schließt man entweder meist wenig wirklichkeitsnah von der Botschaft der Songtexte auf einen möglichen Niederschlag im Bewusstsein der Fans oder führt erfahrungsbasierte Interviews und setzt diese ins Verhältnis zu sozialpolitischen Transformationsprozessen der Zeit.

Die Konsequenz des im vorausgegangenen skizzierten Forschungsprogramms ist bezüglich einer potenziellen Wirkmächtigkeit von Ereignissen des Protest-Pops, den Folgecharakter und die hierdurch in Serie gesetzten Ereignisse in den Forschungsfokus zu rücken. So geht die praxissoziologische Perspektive quasi *von hinten durch die kalte Küche* und analysiert die Folgepraktiken der Ereignisse in möglichst vielen und heterogenen empirischen Daten wie Bildern, Artefakten und deren Orten und Zeiten, Urteilen über Weisen des praktischen Umgangs mit dieser spezifischen Form der Populärkultur, Diskursen, die den Pop legitimieren oder diskreditieren, in Folgepraktiken des Publizierens z. B. in Fanzines oder der Tagespresse, dokumentarischen oder fiktionalen Filmen, in organisationalen Praktiken der Fanorganisationen bis hin zu Selbstrepräsentationen in Foren, Blogs oder Kampagnen (vgl. Schäfer und Daniel 2015; Maase 2010, S. 17).

Literatur

Baacke, Dieter. 1998. *Jugend und Jugendkulturen. Darstellung und Deutung.* Weinheim: Juventa.

Clarke, John, und Axel Honneth, Hrsg. 1979. *Jugendkultur als Widerstand: Milieus, Rituale, Provokationen.* Frankfurt a. M.: Syndikat.

Clough, Patricia T. 2010. The affective turn. Political economy, biomedia, and bodies. In *The affect theory reader*, Hrsg. Melissa Gregg und Gregory J. Seigworth, 206–225. Durham: Duke University Press.

Daniel, Anna, Frank Hillebrandt, und Franka Schäfer. 2015. Forever Young? Die besondere Dynamik der Praxisformation des Rock und Pop. In *Routinen der Krise – Krise der Routinen. Verhandlungen des 37. Kongresses der Deutschen Gesellschaft für Soziologie in Trier 2014*, Hrsg. Stephan Lessenich. o.O.

Daniel, Anna. 2018. Die Do-It-Yourself-Kultur im Punk – Subkultur, Counterculture oder alternative Ökonomie? In *Kultur – Interdisziplinäre Zugänge*, Hrsg. Hubertus Busche, Thomas Heinze, Frank Hillebrandt, und Franka Schäfer, 203–228. Wiesbaden: Springer VS.

Deleuze, Gilles, und Felix Guattari. 1993. *Tausend Plateaus. Kapitalismus und Schizophrenie.* Berlin: Merve.

Dietz, Hella. 2015. *Polnischer Protest. Zur pragmatistischen Fundierung von Theorien sozialen Wandels.* Frankfurt a. M.: Campus.

Flür, Wolfgang. 2004. *Ich war ein Roboter.* Köln: VGS Verlag.

Franke, Ulrich, und Kaspar Schiltz. 2013. "They Don't Really Care About Us!" On political worldviews in popular music. *International Studies Perspectives* 14 (1): 39–55.

Foucault, Michel. 2003. Die Bühne der Philosophie. In *Dits et Ecrits, Bd. 3,* Hrsg. Daniel Defert und François Ewald. Frankfurt a. M.: Suhrkamp.

Groos, Ulrike. 2002. *Zurück zum Beton.* Düsseldorf: König Verlag.

Grossberg, Lawrence. 2010. Affect's future: Rediscovering the virutal in the actual. In *The affect theory reader,* Hrsg. Melissa Gregg und Gregory J. Seigworth, 309–338. Berlin: Merve.

Grosskurt, Kurt. Die Exrabreit-Story. Teil 04. http://www.die-breiten.de/story/teil04.html. Zugegriffen: 18. Dez. 2017.

Havaii, Kai. 2017. *„Hart wie Marmelade – Erinnerungen eines Wahnsinnigen".* Essen: Klartext.

Hebdige, Dick. 1979. *Subculture. The meaning of style.* London: Routledge.

Hebdige, Dick. 1983. Subculture. Die Bedeutung von Stil. In *Schocker. Stile und Moden der Subkultur,* Hrsg. Dieter Dietriechsen, Dick Hebdige, und Olaph-Danke Marx, 22. Reinbek: Rowohlt. (Deutsche Übersetzung).

Hillebrandt, Frank. 2016. Die Soziologie der Praxis als poststrukturalistischer Materialismus. In *Praxistheorie. Ein Forschungsprogramm,* Hrsg. Hilmar Schäfer, 71–94. Bielefeld: Transcript.

Hornberger, Barbara. 2014. Geschichte wird gemacht. Eine kulturpoetische Untersuchung von ‚Ein Jahr (Es geht voran)'. In *Geschichte wird gemacht. Zur Historiographie populärer Musik,* Hrsg. Dietrich Helms und Thomas Phleps, 77–99. Bielefeld: Transcript.

Kleinkrieg, Stefan. 2006. Kleinkrieg.com – Betrachtungen eines Mittleren Charakters. http://www.kleinkrieg.com/blog/?page_id=59. Zugegriffen: 5. Juni 2018.

Latour, Bruno, und Gustav Roßler. 2007. *Eine neue Soziologie für eine neue Gesellschaft. Einführung in die Akteur-Netzwerk-Theorie,* 1. Aufl. Frankfurt a. M.: Suhrkamp.

Maase, Kaspar. 2010. *Was macht Populärkultur politisch?.* Wiesbaden: Springer VS.

Massumi, Brian. 2010. *Ontomacht. Kunst Affekt und das Ereignis des Politischen.* Berlin: Merve.

Marx, Karl. 1976 [1844]. Zur Kritik der Hegelschen Rechtsphilosophie. Einleitung. In *Karl Marx/Friedrich Engels – Werke,* 378–391. Berlin: Dietz.

Reckwitz, Andreas. 2003. Grundelemente einer Theorie sozialer Praktiken: Eine sozialtheoretische Perspektive. *Zeitschrift für Soziologie* 32 (4): 282–301.

Rucht, Dieter. 2005. Soziale Bewegungen. In *Lexikon der Politikwissenschaft,* 3. aktualisierte und erweiterte Aufl., Hrsg. Dieter Nohlen und Rainer-Olaf Schultze, 902–905. München: C.H. Beck.

Schäfer, Franka. 2018. Protestkultur im Diskursgewimmel – eine diskurstheoretische Erweiterung praxissoziologischer Protestkulturforschung. In *Kultur – Interdisziplinäre Zugänge,* Hrsg. Hubertus Busche, Thomas Heinze, Frank Hillebrandt, und Franka Schäfer, 127–151. Wiesbaden: Springer VS.

Schäfer, Franka, und Anna Daniel. 2015. Zur Notwendigkeit einer praxissoziologischen Methodendiskussion. In *Methoden einer Soziologie der Praxis,* Hrsg. Franka Schäfer, Anna Daniel, und Frank Hillebrandt, 37–58. Bielefeld: transcript.

Schneider, Frank A. 2008. *Als die Welt noch unterging: von Punk zu NDW*. Mainz: Ventil.
Siegfried, Detlef. 2008. *Sound der Revolte. Studien zur Kulturrevolution um 1968*. Weinheim: Juventa.
Stäheli, Urs. 2012. Infrastrukturen des Sozialen. Alte Medien – neue Kollektive? *Zeitschrift für Medien und Kulturforschung* 2:99–116.
Statistisches Bundesamt, Hrsg. 2016. Datenreport 2016: Sozialbericht für Deutschland, Kapitel 13: Demokratie und politische Partizipation. https://www.destatis.de/DE/Publikationen/Datenreport/Downloads/Datenreport2016Kap13.pdf?__blob=publicationFile. Zugegriffen: 5. Jan. 2017.
Villa, Paula-Irene et al. 2012. Banale Kämpfe? In Perspektiven auf Populärkultur und Geschlecht. Eine Einleitung. *Banale Kämpfe? Perspektiven auf Populärkultur und Geschlecht*, Hrsg. Paula-Irene Villa, Ralf Steckert, Nadine Sanitter, Zara S. Pfeiffer, und Julia Jäckel, 7–22. Wiesbaden: Springer VS.

Mapping the Welle

Potentiale von Musikanalyse als Artefaktanalyse im Rahmen praxeologischer Studien zu populärer Musik am Beispiel von Extrabreit

Peter Klose

> *musik beschreiben ist immer beschissen.*
> (Peter Hein, zit. nach Ott und Skai 1983, S. 173)

Inhaltsverzeichnis

In praxeologischen Studien zu Musik als sozialem Phänomen kommt einer Analyse der Klänge selbst der Status einer Artefaktanalyse zu. Praktiken sind stets Assoziationen von Menschen und Artefakten (Hillebrandt 2014, S. 86 f.); Artefakte sind dabei als Träger verdinglichten Sinns zu verstehen (ebd., S. 88). Dies gilt also im Kontext von Musik für Klänge, wobei praxeologisch gesehen Schall

P. Klose (✉)
Mallinckrodt-Gymnasium Dortmund, Dortmund, Deutschland
E-Mail: peter.klose@tu-dortmund.de

© Springer Fachmedien Wiesbaden GmbH, ein Teil von Springer Nature 2019   197
A. Daniel und F. Hillebrandt (Hrsg.), *Die Praxis der Popmusik*,
https://doi.org/10.1007/978-3-658-22714-2_7

(schwingende Luft), Partituren und technische Schallaufzeichnungen im gleichen Sinne als Artefakte fungieren.

In diesem Artikel soll erörtert werden, welchen Beitrag die Analyse von Musik[1] zu praxeologischen Studien leisten kann, und wie Werkzeuge aus dem methodischen Instrumentarium der Musikwissenschaft dazu sinnvoll eingesetzt werden können. Am Beispiel der Hagener Band *Extrabreit* soll der hier vorgeschlagene Ansatz dann erprobt und illustriert werden. Gerade die Uneinigkeit, die diskursiv bezüglich der stilistischen Einordnung und Bewertung dieser Band herrscht, erweist sich dabei als aufschlussreich hinsichtlich der Rolle der Klänge im Rahmen der Praxisformation der populären Musik.

Im Folgenden soll zuerst skizziert werden, wie sich eine praxeologische Perspektive in bestehende Zugänge zu populärer Musik einordnet. Dies führt zur Landkarte als Darstellung von Relationalität im popkulturellen Feld – und zwar sowohl im konkret geografischen Sinne wie auch als Metapher für diskursive und andere Positionierungen. Auch die Musik als Artefakt muss dann einer solchen relationalen Verortung unterzogen werden – spezifische Fragen der Musikanalyse in einem solchen Kontext werden anschließend diskutiert.

Nachdem die sogenannte Neue Deutsche Welle im Feld deutscher und internationaler Musik verortet wird, wird auf dieser Grundlage dann kurz der Diskurs um die stilistische Einordnung von *Extrabreit* dargestellt. An einer Korpusanalyse des ersten Albums der Band wird dann genauer untersucht, welche Bezugspunkte die Musik als Artefakt diesen diskursiven Einordnungen bietet. Gleichzeitig soll die Analyse als Baustein einer sukzessiv zu ergänzenden Kartografie der Sounds rund um die NDW dienen.

1 Praxeologie als theoretischer Zugriff auf populäre Musik

Eine wichtige Vorreiterrolle in der wissenschaftlichen Beschäftigung mit Phänomenen populärer Musik kommt der Soziologie und den Cultural Studies in Großbritannien der 60er und 70er Jahre zu (vgl. Shuker 2016, S. 196 ff.). Aus deren kulturtheoretischer Perspektive stellen die eigentlichen Klänge einen Text dar, der der auf Grundlage eines Zeichensystems Träger von Bedeutungen ist. Der

---

[1]Hier und im Folgenden im engeren Sinn bezogen auf Klänger, nicht im weiteren Sinn auf die soziale Praxis Musik.

Prozess der Bedeutungszuweisung wird dabei aber entscheidend von den Konsumenten der Musik mitbestimmt – anders, als es in der Kritik der Kulturindustrie durch die Frankfurter Schule erscheint (vgl. Frith 1981, S. 66, 69). Ein zentrales Konzept dabei ist die Homologie, die zwischen Lebensbedingungen, Praktiken und Werteinstellungen der Hörer*innen und der Struktur der Musik besteht (vgl. Hebdige 1979; Willis 1981; vgl. als Vorläufer auch Lomax 1959). Diese Sichtweise impliziert zwei Sphären, die zwar aufeinander bezogen, aber unabhängig voneinander existieren: Die Musik wird professionell und in industriellem Maßstab produziert, sodass die Hörer*innen zwar in einem gewissen Rahmen frei sind im Umgang mit dem, was ihnen als fertiges Produkt geliefert wird, aber keinen Einfluss darauf ausüben können (vgl. Klein und Friedrich 2003, S. 87).

Insofern steht dieser Zugriff auf populäre Musik einer musikwissenschaftlich orientierten Tradition von Analyse nicht im Weg, die von den Kontexten abstrahiert und Bedeutungen von Klängen auf Grundlage ihres Potenzials für intertextuelle Bezüge herausarbeitet (vgl. etwa die Netzmetaphorik nach Stan Hawkins bei Wicke 2003; auch: Moore 2001; Papenburg 2015). Die unsichere Ontologie von (Pop-)Musik zwischen deskriptiver bzw. präskriptiver Notation, der technischen Aufzeichnung und dem subjektiv Wahrgenommenen führt dabei zu einer Relativierung der Frage nach dem Wesen der Musik, des Werkes oder des Songs in poststrukturalistischer Tradition: Der Song ist eben das, was eine Hörer*in aufgrund ihrer individuellen Hörerfahrung und Lesart darin sieht (vgl. ebd.).

Angesichts dieser zwei zwar nicht unvereinbaren, aber eben auch nicht zwangsläufig aufeinander bezogenen Analysetraditionen von funktionaler Einbindung in gesellschaftliche Kontexte einerseits vs. poststrukturalistisch informierter Textbezogenheit andererseits ist zu fragen: Was kann eine praxeologische Perspektive zur Beschäftigung gerade mit den konkreten Klängen im Kontext populärer Musik beitragen? Genauer: Was unterscheidet eine musikalische Analyse als Artefaktanalyse im praxistheoretischen Sinn von den hergebrachten Ansätzen?

Praxistheoretisch ist die Musik als nichtmenschlicher Aktant Teil der Praxisformation des Pop und Rock (vgl. Hillebrandt 2014, S. 81). Man möchte auch hier wieder nach dem Wesen von Musik fragen: Die Musik? Was ist das? Das Problem der Ontologie von Musik wird auch durch die praxeologische Perspektive zwar nicht gelöst, verliert aber den Rang einer zuvorderst zu klärenden Frage für musikbezogene Forschung (was in diesem Fall heißt: Forschung an und zu musikbezogenen sozialen Praktiken). Eine Partitur, eine CD und die mithilfe dieser Artefakte durch einen Interpreten oder ein Abspielgerät hervorgebrachten Klänge sind gleichermaßen in die jeweiligen Praktiken involviert. Sie sind nicht miteinander zu verwechseln; ihre Beiträge zur Praxis unterscheiden sich. Ihre

Rollen sind aber nicht prinzipiell andere, und ihre jeweilige Materialität wird nicht infrage gestellt.

Die Dezentralisierung des Individuums in der Praxistheorie bringt aber mit sich, dass der Prozess von Bedeutungszuweisung als Hervorbringung von Sinn neu gedacht werden muss (vgl. Hillebrandt 2014, S. 87 f.). Das betrifft z. B. stilistische Einordnungen von Pop- und Rockmusik. Barbara Hornberger schreibt in Bezug auf die kulturgeschichtliche Perspektive auf die Neue Deutsche Welle:

> …sowohl im kulturellen wie auch im ökonomischen Alltag sind funktionierende Stilbegriffe für Popmusik an der Tagesordnung. Plattenfirmen, Vertriebe und Einzelhandel arbeiten damit, anders wäre das immens große Angebot an Tonträgern gar nicht zu differenzieren. Die Rezipienten wiederum gehen ebenfalls mit diesen Begriffen um, zum einen, um die von ihnen bevorzugten Bands in den Regalen der Händler überhaupt finden zu können, zum anderen aber auch, weil die Präferenz eines bestimmten popmusikalischen Stils wie etwa Hip-Hop oder Punk ein Teil der Selbstdefinition ist – vor allem, aber nicht nur bei Heranwachsenden […] Im täglichen Umgang mit Musik werden solche Stilbegriffe also angewendet, sie werden nur nicht erklärt (Hornberger 2011, S. 43).

Was sie beschreibt, deutet auf das Wesen von Stilbegriffen als geteiltem Wissen hin, das in täglich vollzogenen Praktiken des Verkaufens, Kaufens, Hörens und Sprechens hergestellt und aufrechterhalten wird (vgl. dazu Reckwitz 2003, S. 292). Das bedeutet, dass eine stilistische Zuordnung nicht zwangsläufig auf eine explizite bzw. explizierbare Leistung eines Individuums reduzierbar ist. Dass z. B. *Extrabreit* zur NDW zu zählen ist, ist also durch das Ineinandergreifen verschiedener Praktiken, die sich gegenseitig stützen, bedingt: vom Veröffentlichen von Stücken der Band auf entsprechenden Compilations, der Kategorisierung im Plattenladen oder auf der Streaming-Plattform im Internet bis hin zur Erwartung der Hörer*innen, *Extrabreit* zu hören, wenn sie auf NDW-Partys gehen. Die NDW-Zugehörigkeit von *Extrabreit* ist aber nicht ausschließlich auf die Differenzierung bestimmter struktureller Eigenschaften der Musik zurückzuführen, die dann zum Schluss des Individuums führen, dass es sich um NDW handelt. Das hieße, „Klassifizierungsprinzipien an[zuwenden], die selber präkonstruiert sind" (Bourdieu 2015, S. 60). Stattdessen sind die Teilphänomene der Popkultur mit Pierre Bourdieu als Felder aufzufassen:

> Popkulturelle Felder lassen sich entsprechend beschreiben als unsichtbare Netze, welche die einzelnen Akteure, die in diese Felder involviert sind, verbinden, insofern sie die Spielregeln kennen und beherrschen. Und das heißt nach Bourdieu: insofern sie diese nicht nur instrumentell einsetzen können, sondern verleiblicht

haben, deshalb als gegeben akzeptieren und über den praktischen Sinn als habituel-
les Wissen abrufen (Klein und Friedrich 2003, S. 191).

Gerade die Selbstverständlichkeit, mit der *Extrabreit* als NDW-Band gehört wird,
deutet also auf die performative Etablierung dieser Regel hin – dabei aber keinesfalls auf ihre Unveränderbarkeit oder Alternativlosigkeit (vgl. Klein und Friedrich
2003, S. 190). Das Zustandekommen dieser Regel ist weder durch Intertextuali-
tät allein, noch durch Rekonstruktion von Funktionen, die die Musik für Produzent*innen oder Hörer*innen erfüllt, erklärbar (vgl. Bourdieu 2015, S. 59, 61).
Stattdessen muss die Relationalität aller Akteure im Feld in Betracht gezogen
werden:

> ...die Positionen, die diese beziehen (und die feldspezifisch, das heißt beispiels-
> weise stilistisch, oder nicht feldspezifisch, das heißt politisch, ethisch usw. sein kön-
> nen), sind abhängig von der Position, die sie in der Struktur eines Felds einnehmen,
> das heißt in der Distribution des spezifischen symbolischen Kapitals in seiner insti-
> tutionalisierten oder nicht-institutionalisierten Form (feldinterne Anerkennung oder
> externe Berühmtheit); und diese Position bewirkt, vermittelt über die für ihren Habi-
> tus konstitutiven (und in Bezug auf die Position relativ autonomen) Dispositionen,
> eine Neigung, die Struktur dieser Distribution zu erhalten oder eben zu verändern,
> also die geltenden Spielregeln beizubehalten oder zu untergraben (Bourdieu 2015,
> S. 65).

Was Bourdieu in Bezug auf das literarische Feld (und damit auf die Seite der Produktion gemünzt) beschreibt, gilt entsprechend auch für die Seite der Hörer*innen
von Popmusik. Der Diskurs um Punk, New Wave und NDW in Deutschland um
1980 ist – wie noch genauer zu zeigen ist – ein geradezu typisches Beispiel für
den von Bourdieu genannten Kampf um „feldinterne Anerkennung oder externe
Berühmtheit". Dazu muss aber das Feld der Neuen Deutschen Welle zuerst
genauer spezifiziert werden.

1.1 Kartografie popkultureller Felder als Metapher und Methode

> Fast zwangsläufig führten das kreative Experimentieren und die wachsende
> Popularität des Punk weg vom Drei-Akkorde-Minimalismus und mündete [sic] in
> der Neuen Deutschen Welle (Farin 2006, S. 117).

Der von Klaus Farin (beinahe) konstatierten Zwangsläufigkeit einer stilistischen
Entwicklung hin zur NDW soll hier die Bestandsaufnahme einer historischen

Situation entgegengestellt werden, die als prinzipiell kontingent anzusehen ist, aber im Zusammenspiel verschiedener Faktoren einen bestimmten weiteren Verlauf genommen hat, ohne davon eindeutig determiniert gewesen zu sein. Dazu ist es aus praxeologischer Perspektive sinnvoll, die Rahmenbedingungen der NDW nicht als ein einheitliches Feld, sondern als eine Schichtung mehrerer Ebenen zu betrachten, die zwar prinzipiell unabhängig sind, sich aber in Intensitätszonen berühren und beeinflussen.

Das in Soziologie und Cultural Studies grundlegende Konzept von Subkulturen begreift diese Teilkulturen einer übergreifenden Kultur als insbesondere durch geteilte Lebensbedingungen und geteilte kulturelle Symbolsysteme geprägt (Shuker 2016, S. 199; vgl. auch Willis 1981, S. 20 f.). Hornberger unterscheidet Subkulturen, die auf dem persönlichen Kontakt einer Gruppe von Menschen zu gemeinsamen Zeiten an gemeinsamen Orten basieren, von massenmedial vermittelten Jugendkulturen, für die diese Einheit von Zeit und Raum nicht mehr gelten muss und die sich allein um kulturelle Symbole und Zeichensysteme herum bilden (Hornberger 2011, S. 34 ff.). Dieses Verständnis von Subkulturen (oder bei Shuker: Szenen, vgl. Shuker 2016, S. 201 f.) lässt sich mit der Materialität und Ereignishaftigkeit von Praktiken (vgl. Hillebrandt 2014, S. 58 f.) vereinen. Gleichzeitig erscheinen aber praxistheoretisch gesehen auch die Wege medialer Vermittlung als vielfältig materiell gebunden, sodass sich der implizierte prinzipielle Unterschied zwischen Sub- und Jugendkulturen letztlich nur als ein gradueller Unterschied in der Reichweite in Zeit und Raum darstellt. Nicht erst durch das Internet, sondern schon durch die Distribution von Schallplatten werden also „virtuelle Szenen" (Shuker 2016, S. 206) geschaffen, deren Strukturen und Auswirkungen in praktischer Hinsicht letztlich genauso real sind wie die Begegnung zweier Menschen etwa in einer Szenekneipe. Da die medial hergestellte räumliche und zeitliche Struktur sich aber von derjenigen des persönlichen Kontakts unterscheiden kann, sind beide prinzipiell als Ebenen zu verstehen, die unabhängig voneinander funktionieren.

In der Frühphase der Neuen Deutschen Welle, d. h. vor ihrem Durchbruch im Mainstream-Pop-Markt (zu datieren etwa 1982, vgl. Kunsthalle Düsseldorf 2002, S. 189; Schneider 2007, S. 197) gibt es mindestens drei solcher Ebenen: 1) die Ebene lokaler Szenen, 2) die Ebene der Rezeption globaler Punk- und New-Wave-Bands sowie 3) die Ebene des Diskurses, wie er in Fanzines und professionellen Publikationen geführt wird.

Düsseldorf (mit Wuppertal), Hamburg, Hannover und Berlin sind die bedeutsamsten Hochburgen der frühen Phase der NDW (vgl. Schneider 2007, S. 70 ff.). Die dort existierenden Szenen sind praxeologisch als Arrangements von Menschen und Artefakten (vgl. Schatzki 2002, S. 20) zu verstehen.

Als Kristallisationspunkte sind dabei zuerst Treffpunkte und Spielorte wie der Ratinger Hof in Düsseldorf, die Markthalle oder das Krawall 2000 in Hamburg sowie das SO 36 in Berlin zu nennen (vgl. Hilsberg 1979a, b). Eine weitere wichtige Rolle spielen allerdings auch Plattenläden: der Zensor in Berlin, Rock ON in Düsseldorf, Rip Off in Hamburg (vgl. Hilsberg 1979c, Schneider 2007, S. 123 ff.). Daran angeschlossen entwickelt sich ein Netz von Labels (Rondo, No Fun, Ata Tak, Zick Zack und weitere, vgl. Schneider 2007, S. 120 ff. sowie Walter 2002). Neben der Niederschwelligkeit der Produktionsbedingungen für die frühen Bands aus deutschem Punk, New Wave und NDW ist bemerkenswert, dass die Praktiken des Rezipierens, Aufnehmens, Verkaufens und Veröffentlichens von Platten in den genannten Szenen schon durch die partielle Personalunion der Akteure (vgl. Schneider 2007, S. 120 ff.) eng miteinander verwoben sind.

Auch in Hagen entwickelt sich um 1980 eine entsprechende popmusikalische Infrastruktur. Dazu gehören Spielorte wie der Rockpalast in Hagen-Hohenlimburg, das Haus Waldfrieden und das Madison (Scharf 1999, S. 138 f.), die Musikzeitschrift Musikertreff (ebd., S. 140) und ein Plattenladen, der Punk und New Wave vorrätig hat (Havaii 2007, S. 63). Ein Neue-Welle-Konzert, bei dem die Hannoveraner Band *Hans-A-Plast* als Hauptact vorgesehen ist, belegt auch die überregionalen persönlichen Kontakte zu anderen Akteuren (Havaii 2007, S. 78 ff.; Scharf 1999, S. 138; Skai 2009, S. 115 f.).

Die Landkarte der verschiedenen Zentren der neuen Musik und das Netzwerk der Beteiligten sind eine wichtige materielle Grundlage für die parallele Entwicklung mehrerer lokaler Szenen und der dementsprechenden Vielfalt an Musik (vgl. Schneider 2007, S. 70 ff.; Hornberger 2011, S. 146 f.). Die Bedeutung von Plattenläden in den einzelnen Zentren verweist aber auch auf den Charakter der NDW als erste glokale Popkultur auf deutschem Boden in dem Sinne, wie Klein und Friedrich es definieren (vgl. auch Stäheli 2004):

> Die Kultur des Lokalen ist demnach abhängig vom Globalen, wie umgekehrt lokale Kulturpraxis einen Einfluss darauf hat, wie sich kulturelle Globalisierung inhaltlich gestaltet. Aus der Perspektive der ‚Glokalisierungsthese' sind lokale Orte zwar Bestandteile der globalen Logik der Warenproduktion, die lokale Praxis geht aber nicht vollständig in der Logik der Ware auf (Klein und Friedrich 2003, S. 89).

Die Distribution gerade auch von Importplatten (vgl. Hilsberg 1979c; Haring 1984, S. 148) sorgt dafür, dass aktuelle globale Entwicklungen (d. h., vor allem britischer und US-amerikanischer Herkunft) trotz der generellen Zersplitterung in den einzelnen Szenen rund um die besonders aktiven Plattenläden als prinzipiell präsent angesehen werden müssen. Die Musik, die lokal entsteht, ist also in einen globalen Kontext einzuordnen.[2] Dieses Phänomen ist im Feld der Musik allerdings nicht neu, sondern tritt mit dem Medium Notendruck auch schon in früheren Jahrhunderten auf. Als Beispiel kann Joseph Haydn dienen, der schon während seiner Zeit als Kapellmeister auf Schloss Esterhazy vermittels handschriftlich kopierten und gedruckten Notenmaterials in Wien, Paris und London bekannt und erfolgreich ist (vgl. Irmen 2007, S. 200 sowie Larsen und Feder 1994, S. 50 f., 53). Die stilistische Vielfalt, mit der sich die NDW trotz Schwerpunktbildungen darstellt (Hornberger 2011, S. 146), ist also immer auch Ausdruck der prinzipiellen Möglichkeit, sich von britischen oder US-amerikanischen Vorbildern inspirieren zu lassen. Der Versuch einer Erklärung musikspezifischer Eigenheiten allein aus den deutschen Bands heraus (vgl. das Eingangszitat von Klaus Farin) verzerrt Zusammenhänge möglicherweise zugunsten einer innerdeutschen stilistischen Konsistenz.

Die Präsenz der internationalen Entwicklungen von Punk und New Wave in den deutschen Szenen ist auf der dritten Ebene dokumentiert: Auch und gerade in Fanzines lässt sich die Orientierung an Londoner und New Yorker Vorbildern nachweisen (vgl. Ott und Skai 1983). Die Ebene des Diskurses führt ebenfalls über die Grenzen der geografisch zu verortenden Szenen hinaus. Während einzelne Akteure der lokalen Szene (wie Alfred Hilsberg) als Bindeglieder der Ebenen fungieren, erweitert sich der Kreis der Diskursteilnehmer etwa um die Mainstream-Presse (vgl. Schneider 2007, S. 111 ff., 203 ff.). Zu nennen sind in diesem Zusammenhang auch Veröffentlichungen wie *Punk Rock* von Rolf Lindner (1978, 2. Aufl. 1980), *Der große Schwindel??? Punk – New Wave – Neue Welle* von Jürgen Stark und Michael Kurzawa (1981), *Neue deutsche Welle: Kunst oder Mode?* von Mathias Döpfner und Thomas Garms (1984) und *Rock aus Deutschland West* von Hermann Haring (1984). Die Bezeichnung Neue Deutsche Welle, die auf Alfred Hilsberg (Hilsberg 1979a) und Jürgen Kramer (Schurian 2016, S. 129) zurückgeführt wird, ist von Anfang an ein diskursives Konstrukt, um das gestritten wird und das auf diese Weise auf die Ebene der Szenen und der Musik zurückwirkt, aber einer eigenen Logik gehorcht. Der verschriftlichte

---

[2]Die Musik der *Ramones* erweist sich in Europa als sehr einflussreich (s. u.), obwohl die Band in den USA nicht auf Anhieb großen kommerziellen Erfolg hat (Covach und Flory 2012, S. 393). Der spezialisierte Schallplattenhandel kann also eine Kuratorenrolle übernehmen, die dazu führt, dass auf der Ebene medialer Distribution sehr effizient die Verbreitung und wirkmächtige Präsenz einer Band über große räumliche Entfernung hinweg gesichert ist, auch wenn der subkulturelle Kreis, der durch direkte Interaktion gebildet wird, sehr klein ist und vergleichsweise wenig Resonanz findet.

Diskurs überschreitet nicht nur räumliche, sondern auch zeitliche Distanzen auf eine eigene Weise, sodass auch wesentlich später erschienene Publikationen wie Jürgen Teipels *Verschwende Deine Jugend* (2001) mit seiner vorsichtigen Vermeidung des Begriffs NDW zugunsten der popkulturell positiv konnotierten Begriffe Punk und New Wave Teil dieser Ebene sind. Auch wissenschaftliche Beschäftigung mit den Phänomenen der NDW, soweit sie mit den ihr eigenen Mitteln Kategorisierungen vornimmt (vgl. Hornbergers Grenzziehung zwischen Punk und NDW, Hornberger 2011, S. 135 ff.), ist somit letztlich als Teil der Diskursebene zu begreifen.

Auf allen drei Ebenen sind die Positionen der verschiedenen Elemente nur relational, also im Verhältnis zueinander zu fassen. Um eine Kartografie (vgl. Jackson 1992; Roberts 2015; Cohen 2015; auch: Kirschner 1998) handelt es sich zwar nur im Fall der lokalen Szenen im wahrsten Sinn des Wortes. Für eine praxeologische Verwendung des Konzepts ist aber wichtig, dass auch bei den eher metaphorischen Karten des Diskurses sowie der deutschlandweit und global zirkulierenden Musik die Rolle der materiellen Träger von Sinn nicht negiert wird.

1.2   Musikanalyse als Artefaktanalyse

Musikanalyse als Artefaktanalyse im Rahmen einer praxeologischen Perspektive spürt den Potenzialen der Musik als nichtmenschlicher Aktant innerhalb musikbezogener Praktiken nach. Diese Musik liegt im Fall von Popmusik in der Regel als Schallaufnahme vor. Das Individuum als Rezipient wird dabei insofern dezentralisiert, dass nicht vorrangig der Prozess der Bedeutungszuweisung durch eine konkrete oder hypothetische Hörer*in leitend für die Analyse ist, geschweige denn die Intentionen der Urheber*innen. Praktiken, die sich auf Klänge beziehen und um Klänge herum herausbilden, basieren auf dem geteilten Wissen eines praktischen Sinns; eine gelingende Partizipation setzt also weder die Fähigkeit zur Wahrnehmung aller oder eines Mindestmaßes oder bestimmter struktureller Elemente einer Musik durch die Hörer*innen voraus. Der Rezeptionsprozess ist stattdessen Bestandteil des Vollzugs der jeweiligen Praxis, die so performativ hergestellt bzw. aufrechterhalten wird.

Hier liegt der Unterschied zu hergebrachten Ansätzen der Musikanalyse: Ein bedeutungsorientierter Ansatz erfordert eine Konstruktionsleistung der Hörer*innen, die aufgrund ihrer individuellen Wahrnehmung die Musik als Gegenstand überhaupt erst hervorbringen. Eine intersubjektive Einigung über etwa die stilistische Einordnung einer Band wäre nach diesem Verständnis dann entweder über ein zumindest partiell geteiltes Konstrukt und damit über einen kleinsten gemeinsamen Nenner hinsichtlich wahrgenommener struktureller Eigenschaften der Klänge möglich. Das hieße aber, die Hörer*innen erkennen z. B. NDW doch aufgrund bestimmter Gitarrensounds oder Schlagzeuggrooves – eine im Kern wieder essenzialistische Definition des Stils, die der Auffassung von Musik als individuellem Konstrukt widerspricht.

Ein ähnliches logisches Problem ergibt sich bei Ansätzen, die vom Rezeptionsprozess oder der integrierten Wahrnehmung auf mehreren Ebenen ausgehen (vgl. Pfleiderer 2008, S. 156 bzw. Jost 2017, S. 202): intersubjektive Einigung setzt auch hier zumindest partiell gleiche Hörweisen voraus.

Wenn aber eine solche Einigung bezüglich des Stils einer Musik aufgrund anderer, z. B. diskursiver Praktiken gelingt, dann ist sie von den möglicherweise völlig verschiedenen Wahrnehmungskonstrukten unabhängig. Eine Stärke einer praxeologischen Perspektive auf soziale Aspekte von Musikrezeption liegt darin, die Möglichkeit performativ hergestellter Übereinkunft in Praktiken auch dann noch offen zu halten, wenn die beteiligten Hörer*innen sich möglicherweise in ihren Wahrnehmungsweisen fundamental unterscheiden. Die Dichotomie von differenziert hörenden Expert*innen und defizitär hörenden Laien rückt damit für die Betrachtung der Praktiken in den Hintergrund. Zwei Menschen, die sich als Abonnenten regelmäßig im sinfonischen Konzert treffen, können sich über die Werthaftigkeit der Musik durch ihre geteilte Praxis des Konzertbesuchs einig sein, auch wenn die in ihrem jeweiligen Wahrnehmungsprozess konstruierte Beethoven-Sinfonie sich diametral unterscheidet. Eingehende Untersuchungen individueller Hörprozesse werden dadurch nicht überflüssig, sind aber für Belange von Musik als sozialer Praxis sekundär; Musik als soziale Praxis ist etwas anderes als die Summe oder die Schnittmenge aller individuellen Wahrnehmungsleistungen.

Paradoxerweise eröffnet das wieder den Raum für eine Analyse der Klänge als Artefakte, die auch hergebrachte Mittel musikwissenschaftlicher Analyse nutzt – selbst solche, die in der Popmusikwissenschaft mitunter unter Formalismus-Verdacht stehen (vgl. Papenburg 2015, S. 101 f.). Da nicht primär von Bedeutung ist, welche strukturellen Eigenschaften genau für Hörer*innen relevant sind, bleibt eine möglichst genaue Analyse der Struktur sinnvoll.

Für die praxeologische Perspektive ist es außerdem nötig, die Analyse der Musik zuerst von diskursiven Praktiken, in denen Bedeutung hergestellt und verhandelt wird, zu trennen. Klänge werden stattdessen in Relation zueinander kartografiert. Das sollte allerdings nicht dazu führen, dass Entwicklungen in der Musik als Eigendynamik des musikalischen Materials angesehen werden – Einflüsse bestimmter Songs wirken sich immer nur vermittelt über einzelne Musiker*innen aus (vgl. dazu Bourdieu 2015, S. 74). Dafür bedarf es also immer der Rückbindung an andere Praktiken der Formation.

Eine Musikanalyse im Rahmen praxeologischer Untersuchungen kann daher weder stilistische Einordnungen dingfest machen (auch das hieße, diskursiv präkonstruierte Klassifizierungsprinzipien anzuwenden, vgl. Bourdieu 2015, S. 60) noch stilistische Entwicklungen schlüssig, geschweige denn letztgültig begründen. Ganz im Gegenteil wird stattdessen die Kontingenz hervorgehoben, mit der die Musik im Zusammenspiel von Praktiken wirksam wird. A posteriori lässt sich die Eingebundenheit in die ereignishaften Vollzüge der Praktiken durch das Zusammenfügen mit Analysen etwa der diskursiven Ebene zwar dokumentieren. Aber dass sich die Dinge so und nicht anders entwickeln würden, war und ist nie vorauszusehen. Auch David Brackett (2016) zeigt in seiner Studie über Genres in der populären Musik des 20. Jahrhundert auf, wie stark die Herausbildung von Stilen und Stilbezeichnungen von Praktiken etwa der Vermarktung oder der Berichterstattung bestimmt werden und wie kontingent andererseits solche Einordnungen erscheinen, wenn man sie essenzialistisch auf die Struktureigenschaften der Klänge zurückzuführen versucht.

Methodisch erfordert eine so verstandene praxeologisch orientierte Musikanalyse eine Abkehr vom Einzelbeispiel. Individueller Ausdruckswille kann nur aus diskursiven Äußerungen rekonstruiert werden und mit den Klängen nur da stichhaltig in Verbindung gebracht werden, wo sich die Stellungnahmen direkt auf sie beziehen. Da stattdessen die Relationen der Klänge untereinander entscheidend für ihre praktische Wirksamkeit sind, sind Korpusanalysen, die Gemeinsamkeiten und Unterschiede einer größeren Zahl von Songs, Alben oder Bands (als mögliche die Analyse leitende Sinneinheiten) herausarbeiten, eine sinnvolle Herangehensweise. Das widerspricht nicht der Tatsache, dass manchmal einzelne Songs eine nachhaltige Wirkung im Rahmen einer Praxisformation entwickeln. Dies ist aber dann an zeitlich-räumlich konkretisierbaren und/oder diskursiven Ereignissen der anderen Ebenen festzumachen.[3]

---

[3]Damit unterscheidet sich die Vorgehensweise von einer integrierten Form der Analyse, wie sie Christofer Jost (2017) oder Ole Petras (2011) vorschlagen. Dort wird davon ausgegangen, dass sich eine Bedeutung als Lesart aus dem Zusammenspiel mehrerer bedeutungstragender Elemente um die Klänge herum als Gesamtergebnis rekonstruieren lässt. Im hier dargestellten Verständnis ist es weniger das Zusammenspiel verschiedener Ebenen in Bezug auf den einen Song. Stattdessen beeinflussen die Relationen zwischen den Klängen verschiedener Songs Lesart und Bedeutung. Andere Aspekte wie die visuelle Gestaltung von Videos oder die diskursive Inszenierung von Stars entfalten ihrerseits ihre Wirkung durch Positionierung auf der jeweiligen Ebene (d. h. der „Video"-Ebene und der „Starsystem"-Ebene). Ein einzelner Song stellt dann eine Intensitätszone dar, innerhalb derer diese verschiedenen Ebenen miteinander verbunden werden. Methodisch heißt das: bei einer integrierten Analyse muss die Frage: „Welche Relation hat das Musikvideo zu anderen Videos?" Vorrang gegenüber der Frage nach der Beziehung zwischen dem Video und dem Song haben.

1.3   Eine Kartografie deutscher und internationaler Musik um 1980

Auf der Website www.music-map.de kann man für eine beliebige Band eine schematische Darstellung erzeugen lassen, die auf der Grundlage von Präferenzen von Hörer*innen erstellt wird. Abb. 1 zeigt das zum Stichwort *Extrabreit* gelieferte Bild.

Geht man davon aus, dass der der Darstellung zugrunde liegende Algorithmus zuverlässig eine valide Darstellung der statistisch ausgewerteten Präferenzen von Hörer*innen liefert, so bietet sich ein uneinheitliches Bild älterer und neuerer Musik verschiedener Richtungen und Bekanntheit. Die aufgeführten Bands sind sich in Bezug auf die Klänge aber nur bedingt ähnlich. Auf Grundlage von diskursivem Hintergrundwissen lässt sich allerdings erkennen, dass Protagonisten der frühen NDW – unter vielen anderen Namen – auftauchen: mit *DAF, Fehlfarben, Nena, Der Plan* sowie *Nina Hagen* und *Spliff* sind Musiker*innen aus dem engeren Kontext vertreten. Wie aber kommen Ausreißer wie *Hank Williams* oder *Tanita Tikaram* zustande?

Eine Kartografie der Sounds von Punk, New Wave und NDW muss einem anderen Prinzip folgen. Einen in seinem Umfangreichtum nach wie vor unübertroffenen Überblick über die deutsche Musik der späten 70er und frühen 80er Jahre liefert Frank Apunkt Schneider (2007, S. 239–381). Zu vielen Bands formuliert Schneider auch kurze Charakterisierungen, die aber zum einen teils wertende Anteile haben, zum anderen schon allein aufgrund ihrer Kürze die jeweilige Musik nur sehr unvollständig spiegeln.

Hornberger definiert zu Anfang ihrer Studie die NDW (in Abgrenzung zu Punk) provisorisch als „einen Musikstil […], der sich durch die synthetischen Sounds der damaligen Synthesizer, eine Ska-orientierte Rhythmik, eine dilettantische Attitüde vor allem im Gesang, sowie deutschsprachige Texte mit Ironie und Witz sowie einer positiven Grundtendenz auszeichnet" (Hornberger 2011, S. 42). Für ihre Einsortierung der Bands im Umfeld der NDW in imaginäre Regale eines Plattenladens benutzt Hornberger die Bezeichnungen „punk/indie", „German rock" (darunter auch *Extrabreit*) „pop" sowie „avant-garde" und „schlager" (Hornberger 2017, S. 195). Als avantgardistische Bands nennt sie in dieser Gruppierung *Einstürzende Neubauten, Trio, Palais Schaumburg, DAF* und *Malaria!* (Hornberger 2017, S. 195), was in Bezug auf die von den Klängen abstrahierten ästhetischen Prinzipien der Bands in vielfacher Hinsicht zutrifft. *Trio* und *DAF* etwa verbindet ein konsequenter Minimalismus; das Ausloten von Grenzbereichen des damals musikalisch Üblichen verbindet beide Bands im Sinne einer

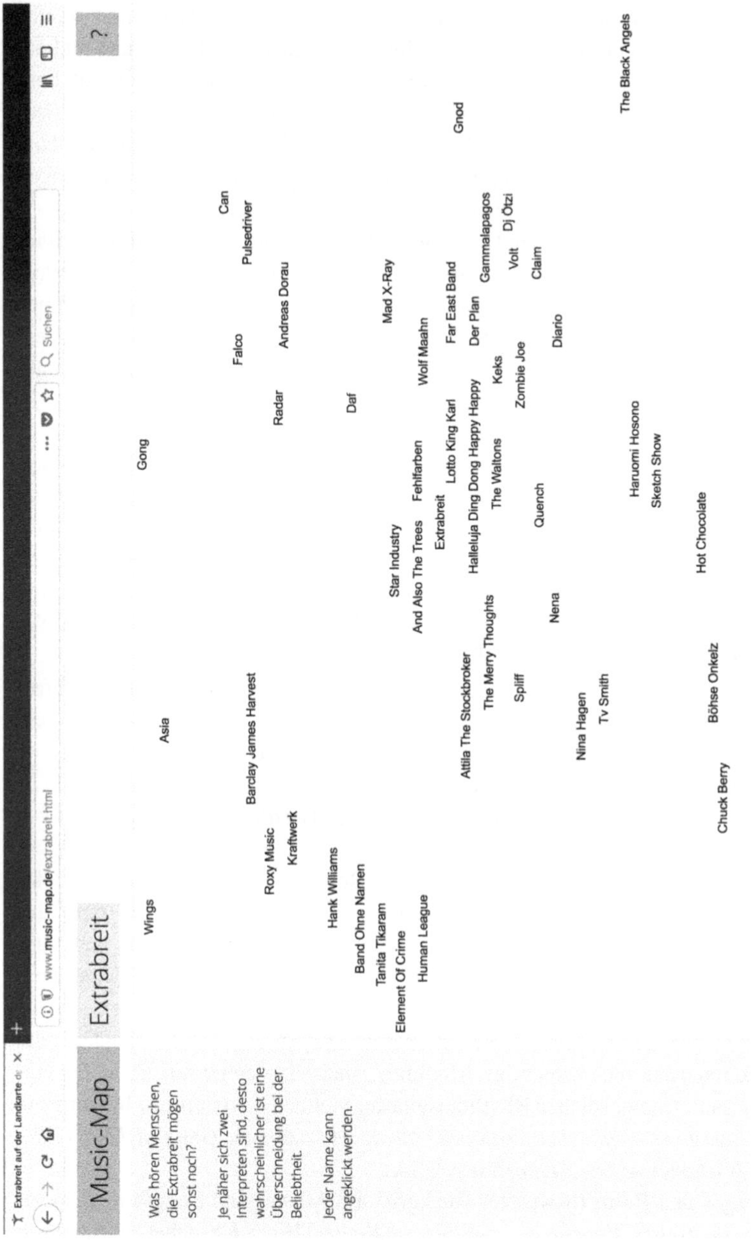

Abb. 1 Music-Map zum Stichwort *Extrabreit*. (Gibney 2018)

Avantgarde dann in gewisser Weise mit den *Einstürzenden Neubauten* – auch wenn hier schon der deutliche Unterschied zwischen den lauten und unkonventionell erzeugten Lärmklängen dieser Band und den immer noch auf konventionellen Musikinstrumenten bzw. Synthesizern beruhenden Sounds von *DAF* und *Trio* hervortritt. Eine ästhetisch (und damit letztlich diskursiv) begründbare Nähe von Bands zueinander impliziert also nicht zwangsläufig Gemeinsamkeit von musikalischen Mitteln, verstanden als materielle Sounds.

Im Folgenden soll ausgehend von Hornbergers Einordnung als Arbeitsgrundlage eine (immer noch vorläufige) Sortierung der Klänge von Bands im Kontext der NDW sowie im internationalen Punk- und New Wave-Kontext vorgenommen werden. Dabei sei noch einmal betont, dass hier nicht Stilbegriffe zugrunde gelegt werden, weil diese stets auf einem Ineinandergreifen von Praktiken, darunter auch ästhetische und damit wertende diskursive, beinhalten.

1. Punk (Reduktion auf eine Besetzung aus ein bis zwei Gitarren, Bass, Schlagzeug und Gesang; vorwiegend höhere Tempi, tendenziell kürzere Songs): *Hans-a-Plast, Male, Mittagspause, Abwärts, ZK* (vgl. Hornberger 2017, S. 195), *Salinos, Charlies Girls, S.Y.P.H.* sowie auch die *Vorläufer Big Balls & The Great White Idiot* und *Straßenjungs;* im internationalen Kontext sind maßgebliche Bands *The Ramones* (USA), *The New York Dolls* (USA), *The Sex Pistols* (GB) und *The Clash* (GB)
2. Experimentelle Avantgarde (weitgehend nicht an hergebrachte tonale und formale Strukturen gebunden, wenn auch oft trotzdem rhythmusbasiert; nicht zwangsläufig mit konventionellen Instrumenten arbeitend, ggf. theatralische Performance-Elemente nutzend): *Einstürzende Neubauten, Die Tödliche Doris, Minus Delta T,* international: *Throbbing Gristle* (GB), *Teenage Jesus & The Jerks* (USA)
3. Minimalistische Avantgarde (reduzierte Besetzung unter Einbezug elektronischer Klangerzeuger, oft Reduktion auf einfache Diatonik, repetitive Patterns als Grundlage; auch textlich reduziert, oft unter Benutzung von Nonsens-Texten): *Der Plan, DAF, Trio, Malaria!, Rheingold, Palais Schaumburg,* international: *Devo*
4. Groove-orientierte Musik (unter Rückgriff auf Stile wie Ska, Reggae oder Funk intensive mehrschichtige Rhythmik, meist basierend auf Bass, Schlagzeug und clean gespielter Rhythmusgitarre, vielfach erweitert um Instrumente wie Saxofon): *Fehlfarben, Zatopek, Ideal,* international: *Gang of Four* (GB), *James Chance & The Contortions* (USA).
5. Schlager und Retro (bewusster Rückgriff auf Muster und Songformen spezifisch deutscher Popmusik, auch in textlicher Hinsicht; dabei musikalisch

reduziert auf einfache Diatonik, textlich ggf. naiv): *Mythen in Tüten, Andreas Dorau*

6. ...

Die Punkte sollen andeuten, dass die Kategorisierung offen für Erweiterungen ist. Eine musikanalytisch fundierte Kartografie der Sounds von Punk, New Wave und NDW bleibt ein Desiderat. Im hier gegebenen Rahmen können dazu nur Ansätze geleistet werden; letztlich erfordert eine fundierte stilkritische Betrachtung eine sukzessive und induktive Vorgehensweise, die nach und nach neu analysierte Korpora in den Kontext bereits erfolgter Analysen einordnet. Die Korpusanalyse des ersten *Extrabreit*-Albums in diesem Artikel versteht sich als Baustein dazu. So soll nach der Analyse diskutiert werden, inwieweit das erste Album von *Extrabreit* in die oben skizzierten Kategorien einzuordnen ist oder ob (ggf. in Rückgriff auf die diskursiven Einordnungen der Band) eine weitere Kategorie geschaffen werden muss.

Dass eine musikalische Verortung vor dem Hintergrund der international kursierenden Musik erfolgen muss, geht sowohl aus zeitgenössischen wie auch aus retrospektiven Äußerungen hervor. Kai Havaii (2007) nennt *Frank Zappa, David Bowie, Patti Smith, Udo Lindenberg, Keith Jarrett* und *Miles Davis* als Beschallung der Kommune B56 (Havaii 2007, S. 44), und *The Sex Pistols, The Ramones, The Dead Kennedys, The Clash, Vibrators, Joy Division, The Cure, Devo* und *The B52s* als Playlist der Punk- und New Wave-Einflüsse (ebd, S. 59, 60). Jürgen Teipels Interviewpartner sind sich bezüglich der zentralen Rolle der *Ramones* einig (Teipel 2001, S. 13, 19, 24, 27, 29). Internationalität gilt nicht nur im Hinblick auf die durch Schallplatten vermittelte Musik, sondern auch auf die Rezeption von Musikjournalismus (Trini Trimpop bezeugt die Verfügbarkeit von Melody Maker und New Musical Express im Sauerland der ausgehenden 1970er Jahre, Teipel 2001, S. 19) sowie persönliche Aufenthalte in London bzw. New York (vgl. Teipel 2001, S. 28, 32 sowie Ott und Skai 1983, S. 43 ff., 151 ff.).

2   *Extrabreit* zwischen Punk, Deutschrock und NDW

Der Selbstverständlichkeit, mit der *Extrabreit* auf Neue-Deutsche-Welle-Compilations vertreten ist und in Überblicksdarstellungen zur Popgeschichte unter diesem Stichwort genannt wird (vgl. z. B. Rumpf 2005, S. 203; Büsser 2013, S. 129; Gebhardt und Stark 2010, S. 273; Kemper 2002, S. 215; Wagner 1999, S. 150 f.; Schneider 2007, S. 172 f., sowie Graf 2003, S. 78 ff.), steht eine bemerkenswerte Vieldeutigkeit bzgl. der stilistischen Einordnung und Bewertung

der Band gegenüber. Dies gilt für die genannten Rückblicke auf die NDW, aber
auch schon für zeitnahe Auseinandersetzungen mit dem Phänomen (vgl. Hilsberg
1980; Stark und Kurzawa 1981, S. 146; Döpfner und Garms 1984, S. 204; Haring
1984, S. 164, 170; vgl. auch Rückblicke von Zeitzeugen wie Skai 2009, S. 130
sowie Teipel 2001, S. 289).

Die Band ist daher ein gutes Beispiel, um dem Zusammenspiel von Praktiken auf der geografischen, diskursiven und musikalischen Ebene im Rahmen der
NDW nachzugehen. Die ersten beiden Aspekte können im Rahmen dieses Artikels nur skizziert werden; der Schwerpunkt soll auf einer musikalischen Analyse
und Einordnung des ersten Albums auf der musikalischen Landkarte um 1980
liegen.

Dabei sei noch einmal betont, dass es gerade nicht darum geht, musikwissenschaftlich ex cathedra die eine oder andere stilistische Einordnung zu bestätigen
bzw. zu verwerfen. Gerade die Kontingenz in Einordnung und Bewertung dieses
Grenzfalls führt aber zu einem genaueren Blick auf die Prozesse und Praktiken
rund um das Phänomen NDW.

2.1   *Extrabreit* im Diskurs

> Merkwürdig auch die Hagener Szene: von Extrabreit bis Rosa Hagen Band
> behaupten die Leute aus der Ramblers-Heimat, wirklich alle ganz toll zu sein.
> SOUNDS wird dem mal auf den Grund gehen. (Hilsberg 1980).

Bei dieser Ankündigung und einer Erwähnung des Hagen-Samplers (Hilsberg
1981) bleibt es im Rahmen der Kolumne „Neuestes Deutschland". Da also
Extrabreit „in den kargen Schreibstuben der intellektuellen Punk-Mullahs"
(Havaii 2007, S. 142) nicht zum Thema gemacht wird, findet die diskursive Auseinandersetzung und Einordnung an anderen Stellen statt.

Exemplarisch sollen hier jeweils einige Zitate gegenübergestellt werden. Etwa
zeitgleich kommen Mathias Döpfner und Thomas Garms einerseits und Hermann
Haring andererseits zu ähnlichen Einordnungen, aber sich widersprechenden
Bewertungen:

> Extrabreit – von Puristen geschmäht... und von Kritikern ... gerne in die Pfanne
> gehauen – ist eine Formation, die ähnlich wie»UKW«um ihren Publikums-
> erfolg beneidet wurde, obgleich sie musikalisch wie textlich durchaus quali-
> tätsvoll arbeitet. Wohl nicht umwälzend innovativ hat das Quintett eingängige
> Popsongs produziert, ohne verbrämten Punk-Ideologien zu huldigen. Stattdessen
> wird der überkommene Rock'n'Roll-Begriff neu definiert, ohne daß [!] ihm sein

gefühlsmäßiger Charakter verlorengeht. So kann»Extrabreit«eingängig-schlager-
hafte Trivialität und atmosphärischen Sarkasmus trefflich gegenüberstellen –
tanzbare Musik machen und trotzdem glaubhafte Gesellschaftskritik vermitteln
(Döpfner und Garms 1984, S. 204).

Haring, der ausführliche Kapitel dem „street punk", dem „art punk" und der
„Avantgarde" widmet (Haring 1984, S. 150 ff.), konstatiert dagegen:

> Anders als in Hamburg oder Düsseldorf führte die experimentelle Welle in Berlin
> niemanden aus dem Underground-Ghetto hinaus. Hits wurden '80/'81 an der Peri-
> pherie von Punk und New Wave entwickelt: in der Hit-»Fabrik«um Spliff und
> ihren Manager Jim Rakete und von Ideal. Ähnlich war die Entwicklung auch im
> Ruhrgebiet, wo sich die Bands wie die Vorgruppe aus Herne für den Fortschritt
> abstrampelten, den Reibach jedoch der neue Schlager aus Hagen (Extrabreit)
> machte (Haring 1984, S. 164).

In der Rückschau von ehemaligen Akteuren der Szene offenbart sich ebenfalls
eine unterschiedliche Sicht auf die Band. Hagar, Sängerin der *Marinas:*

> Das hat mich richtig gewurmt, dass alte eklige Deutschrocker wie Extrabreit mit
> ihren provinziellen Rockattitüden und zu engen gestreiften Hosen plötzlich als neue
> deutsche Musik verkauft wurden (Teipel 2001, S. 326 f.).

Hollow Skai, Betreiber des Labels No Fun und gleichzeitig Chronist der frühen
1980er Jahre, schreibt dagegen über *Extrabreit:*

> Dabei waren Extrabreit nie bloße Abziehbilder, sondern grelle Comic-Helden in den
> Kostümen ihrer Wahl. [...] Während die NDW zum Casio-Kindergarten verkam und
> sich die Musiker nicht nur musikalisch im Strampelhöschen oder Nachthemd prä-
> sentierten, rochen Extrabreit immer mehr nach Schweiß und Leder, ohne in stumpfe
> Hardrock-Seligkeit zu verfallen (Skai 2009, S. 130).

Winfried Longerich (1989) bezeichnet *Extrabreit* in seiner musikwissenschaftlichen Studie zur NDW als zuvor „erfolglose Deutschrock-Combo", die „ausschließlich als »Trittbrettfahrer« der neuen Bewegung zu werten" sei und
„lediglich stromlinienförmigen Hardrock mit deutschen Texten" spiele (Longerich
1989, S. 110 f).

In Überblickswerken zur Popmusikgeschichte schließlich werden *Extrabreit*
wahlweise als „die meist etwas poppigeren Ableger der rauen Welle wie Trio,
Ideal, Extrabreit" (Gebhardt und Stark 2010, S. 273), als „Pennäler-Rock'n'Roll
im leichten Punkschritt, mehr nicht" (Rumpf 2005, S. 205) oder als Band, deren

Nummern „auf ihre Art die neue Frechheit des Punk übernommen hatten" (Büsser 2002, S. 56), charakterisiert. Peter Scharf bezeichnet das erste Album als „Ansammlung punkrockiger und entwaffnend simpel gestrickter Hits" (Scharf 1999, S. 137). Tim Renner schreibt, „Deutschrocker wie Extrabreit wurden in Streifenhosen gesteckt und als Punk verkauft" (Renner 2004, S. 44).

Insgesamt decken die Einordnungen also das ganze Spektrum von Deutschrock, Rock 'n' Roll über Punk und Pop bis hin zu Schlager ab. Wenn auch die jeweils zugrunde liegenden Kriterien der Bezeichnung und Bewertung aus den Texten allein nicht zu rekonstruieren sind, scheint dennoch durch, dass zusätzlich zur Musik, mitunter vielleicht auch stattdessen der kommerzielle Erfolg der Band, die Bandbiografie (entweder als erfolglose oder als bereits etablierte Rocker – was so nur begrenzt stichhaltig ist, vgl. Havaii 2007, S. 65 ff. sowie Schlasse 2018) sowie die visuelle Inszenierung die Einschätzungen bestimmt.

Im praxeologischen Sinn kann den Äußerungen im Rahmen dieser diskursiven Praxis um Musik kein mehr oder minder großer Grad an Validität zugeordnet werden. Die Musik ist mit ihrer relationalen Positionierung im Feld aber direkter oder indirekter Bezugspunkt. Es bleibt für ihre Rolle als nichtmenschlichem Aktanten innerhalb der Praxis die Frage zu klären, welche materiellen Voraussetzungen und Anknüpfungspunkte die Klänge bieten, sodass – anders als bei anderen Bands – die Kontingenz offensichtlich so groß ist und zu solcherart unterschiedlichen Ergebnissen führt. Dabei ist zu beachten, dass es eben nicht einen Weg gibt, *Extrabreit* zu hören, sondern verschiedene Hörer im Rückgriff auf das Potenzial, das die Klänge bieten, an verschiedenen Aspekten anknüpfen. Eine musikalische Analyse kann dem Potenzial nachgehen, aber nicht die Hörweisen an sich rekonstruieren.

2.2 Analysen: *Ihre größten Erfolge* im Kontext zeitgleicher Veröffentlichungen

Ihre größten Erfolge, das erste Album von *Extrabreit*, erscheint 1980 auf dem Label Reflektor der Metronome Musik GmbH. Mit ca. 35 min ist es relativ kurz, enthält aber 13 Stücke. Nur zwei davon (*110* und *Wir könnten so heiß sein)* sind fast fünf Minuten lang; sechs Stücke sind zwischen zwei und drei Minuten lang; fünf weitere kürzer als zwei Minuten. Die Reihenfolge auf der LP weicht von der auf spotify.com abrufbaren Songreihenfolge vermutlich aufgrund der gleichmäßigen Verteilung der Stücke auf zwei Plattenseiten ab.

Auffällig sind die Tempi der Songs: Der Median liegt bei 182 bpm. Acht Songs haben ein Tempo über 170 bpm, davon liegen sogar drei über 200 bpm.

Alptraumstadt, Flieger, grüß mir die Sonne, Es tickt und *110* haben ein Tempo um 120 bpm herum; nur die Lou-Reed-Cover-Version *Wir könnten so heiß sein* fällt mit 68 bpm deutlich heraus. Tab. 1 zeigt die Längen und Tempi im Überblick.

Die meisten Nummern hatten ein atemberaubendes Tempo. »Bus Baby« und »Punk City« zum Beispiel, beides vielstrophige Werke, fanden wir nur dann gelungen, wenn es uns gelang, sie in weniger als einer Minute zu spielen. Die schnellen Gitarrenrhythmen, die Stefan kreierte, waren die Ursubstanz. Trotzdem bezeichneten wir uns selbst nicht als Punkband, obwohl es Extrabreit ohne die Punk-Explosion weder musikalisch noch von der Bandphilosophie her überhaupt gegeben hätte. Aber irgendwie schien der Begriff zu englisch und auch zu eng, »Punk« schien nur eine ganz streng definierte Art von Rockmusik zu meinen. Wir griffen auch gern mal auf »klassische« Rock-Elemente zurück, was uns von den Hütern der reinen Lehre dann auch noch sehr übelgenommen werden sollte (Havaii 2007, S. 76).

Bus Baby, Annemarie und *Hart wie Marmelade* sowie *Sturzflug* (Havaii 2007, S. 76, 85, 91) zählen nach Havaii auch zu den ältesten Stücken im Repertoire – auf dem zweiten Album *Welch ein Land! – Was für Männer:* setzt sich der Trend zur Kürze nicht fort.

Tab. 1 Tempi und Länge der Stücke auf *Ihre größten Erfolge*

Titel	Länge (min:sek)	Tempo (BPM ca.)	Titel	Länge (min:sek)	Tempo (BPM ca.)
Hurra, Hurra, die Schule brennt	02:35	194	**Lottokönig**	01:56	197 bzw. 97
Extrabreit	01:46	182	**Flieger, grüß mir die Sonne**	02:53	132
Sturzflug	02:39	228	**Es tickt**	02:51	124
Annemarie	01:44	213	**110**	04:59	114
Bus Baby	01:21	218	**Wir könnten so heiß sein**	04:39	68
Ich will hier raus	01:57	171			
Alptraumstadt	02:42	122			
Hart wie Marmelade	03:01	188			

Die lakonische Kürze findet sich auch bei den *Ramones,* die auf ihrer ersten LP im Mittel mit 2:05 min pro Stück auskommen.[4] Auch die formale Anlage der Stücke weist die Verwandtschaft zu den US-amerikanischen Punk-Vorreitern auf. Sieben Songs sind Reihungsformen, die auf der Wiederholung eines einzelnen Formteils (Verse[5]) basieren; einige dieser Songs besitzen eigenständige instrumentale Abschnitte, die teils auf dem Verse beruhen, teils ein eigenes Harmonieschema haben; vgl. Tab. 2[6].

Der Song *110* ist ein Sonderfall, weil er auf zwei Riffs[7] basiert, die alternierend eingesetzt werden: das erste Riff begleitet den Gesang (Verse), das zweite Riff bildet jeweils ein instrumentales Intermezzo zwischen den Wiederholungen des Verse.

Lottokönig, Hart wie Marmelade, Es tickt und *Sturzflug* besitzen jeweils einen Verse und einen sich textlich wie musikalisch wiederholenden Chorus. Nur der Song *Lottokönig* entspricht mit seiner Bridge dem hergebrachten dreiteiligen Formmodell. *Sturzflug* hat lediglich einen eigenständigen Gitarrensoloteil.

Die Cover-Version *Flieger, grüß mir die Sonne,* ein Song von Allan Gray (Musik) und Walter Reisch (Text) für einen Film mit Hans Albers, ist ebenfalls ein Sonderfall. Es handelt sich um eine Verse-Chorus-Form nach dem Muster der Tin Pan Alley (vgl. Wicke et al. 2007, S. 676 f.). Nach einem 9-taktigen rezitativischen Verse folgt ein 9-taktiger Chorus, der mit der titelgebenden Hookline „Flieger, grüß mir die Sonne" beginnt. Extrabreit spielen Verse und Chorus zweimal in dieser Reihenfolge, woraufhin sie nach einem 8-taktigen Solo den Chorus fünfmal bis zum Fade-Out wiederholen – auf 8 Takte begradigt und im Chor

---

[4]Auf *Never Mind the Bollocks* von den *Sex Pistols* dagegen sind zahlreiche Stücke über 3 min lang; das arithmetische Mittel beträgt hier 3:11, was sich auch in den komplexeren Formen der Songs widerspiegelt. *Anarchy in the UK* z. B. enthält einen separaten Gitarrensoloteil – es wird also nicht einfach über einen der vorherigen Teile soliert.

[5]Terminologisch folgt der vorliegende Artikel dem Vorschlag Ulrich Kaisers (2011): die englischen Begriffe Verse, Chorus und Bridge stehen für die musikalischen Abschnitte des etablierten dreiteiligen Formmodells; die Begriffe Refrain und Strophe (die im vorliegenden Text nicht verwendet werden) bezeichnen dagegen Abschnitte des Textes (vgl. Kaiser 2011, S. 55). Wiederkehrende Melodiephrasen mit gleichem Text wie „Hurra, hurra, die Schule brennt" werden hier als Hookline bezeichnet.

[6]In der Tabelle sind der Übersichtlichkeit halber Details zu Intro bzw. Outro der Songs ausgespart.

[7]Ein Riff ist ein sich wiederholendes melodisch-harmonisches Motiv; es ist in der Regel nicht länger als zweitaktig und kann Begleitfunktion haben, aber auch instrumental als Hook fungieren; vgl. Wicke et al. 2007, S. 601, 326.

Tab. 2 Übersicht über die Form der Stücke mit einfacher Reihungsform

Hurra, hurra, die Schule brennt	zweiteiliger Verse aus 16+4 Takten; die letzten 4 Takte enthalten die Hookline „Das ist neu, das ist geil: hurra, hurra die Schule brennt"; Instrumentalteil und Gitarrensolo über die Harmonien des Verse
Extrabreit	einteiliger Verse aus 8 Takten; Reihungsform mit instrumentalen Intermezzi über das Harmoniemodell des Verse
Annemarie	einteiliger Verse aus 12 Takten mit eigenständigem Gitarrensoloteil
Bus Baby	einteiliger Verse aus 16 Takten, teils instrumental gespielt
Ich will hier raus	einteiliger Verse aus 10 Takten; eigenständiger Gitarrensoloteil
Alptraumstadt	einteiliger Verse aus 9 Takten; Gitarrensolo über Harmonien des Verse
Wir könnten so heiß sein	10-taktiger Verse, der bis auf zwei Takte auf einem 2-taktigen Vamp mit den Stufen I und IV basiert; instrumentale Abschnitte nutzen dasselbe Vamp

gesungen. Diese Praxis entspricht dem üblichen Umgang mit dieser aus dem Musical stammenden Form (vgl. Wicke et al. 2007, S. 676 f.).

Die Form der Stücke wird – mit Ausnahme von *110* – durch die den Formteilen zugrunde gelegten Harmonien strukturiert[8]. Dabei gibt es zwei Typen: ein Teil der Songs basiert auf Loops (*Extrabreit, Sturzflug, Ich will hier raus, Lottokönig*), weitere haben ein kadenzierendes Harmonieschema (*Annemarie, Alptraumstadt, Flieger, grüß mir die Sonne, Wir könnten so heiß sein*). Ein Loop ist eine auf Wiederholung angelegte, meist zwei- bis viertaktige Folge von Akkorden, die nicht zwangsläufig funktionsharmonisch angelegt sein muss (vgl. auch Appen und Frei-Hauenschild 2012). Als kadenzierendes Schema wird hier ein längerer (meist 8-, 12- oder 16-taktiger) Ablauf verstanden, bei dem Akkorde auf funktionsharmonischer Grundlage eine strukturierende Funktion erfüllen. Der Akkord auf der V. Stufe spielt dabei als Dominante eine zentrale Rolle. Dagegen gibt es keine regelmäßigen Muster bzw. Symmetrien.

---

[8]Das ist nur scheinbar selbstverständlich: Ralf von Appen und Markus Frei-Hauenschild haben auf der Jahrestagung der GfPM 2017 in einem Vortrag demonstriert, wie bei aktuellen Popsongs unter dem Einfluss von EDM die Songs von der Rhythmik, den Sounds oder der Melodik (durch gezielten Einsatz von Hooklines) gegliedert werden, während harmonisch durchgehend dasselbe meist 4-taktige Loop zugrundeliegt (vgl. auch Seabrook 2016).

Sturzflug basiert auf einem Loop aus den Stufen VI – bVII – IV – I; dieses Loop liegt sowohl Verse als auch Chorus zugrunde. *Hurra, hurra die Schule brennt* ist eine Mischform: Ein 4-taktiges Loop aus I – VIm – IV – V wiederholt sich zweimal; daran schließt sich die Hookline „Das ist neu, das ist geil…" an, die auf der V. Stufe endet und damit die Form des Verse offen beendet; die dominantische Wirkung zwingt zur Wiederaufnahme des Loops mit der I. Stufe. (Deswegen hat der Song auch ein *tag ending*, d. h. einen zusätzlich angehängten Takt, der zur I. Stufe als Schlussakkord zurückführt.) Die Dramaturgie der Formteile in den Cover-Versionen *Flieger, grüß mir die Sonne* und *Wir könnten so heiß sein* wird durch kadenzierende Harmoniefolgen erzeugt. *Annemarie* hat ein zwölftaktiges Harmonieschema mit Ähnlichkeiten zum Blues: Im dritten bzw. siebten Takt erfolgt jeweils ein Wechsel auf die vierte Stufe. Zusammen mit den abschließenden, auf der V. Stufe endenden vier Takten ergibt sich so eine aab-Struktur. Auch die Begleitfigur der Gitarre mit einer Wechselnote zwischen Quint- und Sextton der jeweiligen Akkorde erinnert an Blues. *Alptraumstadt* ist ähnlich angelegt: Die ersten vier Takte bestehen aus einer Kadenz I – IV – V mit Rock'n'Roll-artiger Begleitfigur. Die abschließende Harmoniefolge endet auf der VI. Stufe in Dur – im funktionalen Kontext der Gesamtharmonien eine unerwartete, öffnende Wendung.

Einen Mischtypus stellt dagegen *Bus Baby* dar: Das Harmonieschema aus drei Wiederholungen einer I – IV – V-Kadenz mit abschließender plagaler Schlusswendung entspricht dem Harmonieschema von *Blitzkrieg Bop* von den *Ramones*. Nach dem ersten Durchgang wird durch die Basslinie allerdings die I. Stufe zur Dominante umgedeutet, und das Harmonieschema moduliert von C-Dur nach F-Dur. Nach Abschluss des 16-taktigen Verse beginnt der nächste Verse ohne explizite Rückmodulation wieder in C-Dur.

Hart wie Marmelade kombiniert ein viertaktiges Loop im Verse mit einer 8-taktigen Kadenz im Chorus; die II. Stufe in Dur im zweiten Takt des Chorus kann als Doppeldominante mit verzögerter Auflösung gesehen werden: I – II – IV – V.

Lediglich der Song *110* gehorcht aufgrund seiner Riff-Struktur einer anderen Logik. Den Spannungsaufbau im 16-taktigen Verse und damit den dramaturgischen Abschluss des Teils erzeugen Gitarre und Synthesizer mit einer gemeinsamen zweistimmigen Melodie (Abb. 2).

Man kann also zusammenfassend zur Form festhalten: Während verschiedene Möglichkeiten der harmonischen Ausgestaltung vielfältig kombiniert werden, bleibt in der Regel die strukturbildende Vorrangrolle der Harmonik erhalten. Die formale Anlage der meisten Stücke ist ähnlich schlicht wie bei den Ramo-

Abb. 2 *Extrabreit, 110,* Überleitung zum instrumentalen Intermezzo in den letzten acht Takten des Verse, Synthesizer und Gitarre (Transkription: PK)

nes, erweist sich aber bei genauem Hinsehen als vielfältig und nicht schematisch. Die zwei Cover-Versionen des Albums stellen mit *Flieger, grüß mir die Sonne* einerseits den Bezug zur deutschen populären Musik dar, was Hornberger auch als Stilmittel am Beispiel späterer NDW-Acts nennt (vgl. Hornberger 2011, S. 251 ff.). Mit der ins Deutsche frei übertragenen Cover-Version von *Walk on the Wild Side* stellen *Extrabreit* eine Verbindung zu Lou Reed und damit indirekt zu den US-amerikanischen Punk-Vorläufern *Velvet Underground* her (vgl. Covach und Flory 2012, S. 390 f.).

Um die Musik von *Extrabreit* zu kontextualisieren, wird im Folgenden beispielhaft die Band *Fehlfarben* herangezogen. Der Vergleich bietet sich an, weil die Rahmenbedingungen durch die Veröffentlichung einer Platte auf dem Major-Label EMI im Jahr 1980 durchaus ähnlich sind. Gleichwohl ist die Wahrnehmung von *Fehlfarben* im zeitgenössischen Diskurs (vgl. Bruckmeier 1981, S. 13 f.; Haring 1984, S. 158 f. sowie Hornberger 2011, S. 238) sowie in der Retrospektive (vgl. die zentrale Rolle der Band und ihrer Mitglieder bei Teipel 2001) anders: Die Band gilt als ernstzunehmende, kreative Kraft in der noch nicht dem Schlager anheimgefallenen frühen NDW.

Im Unterschied zu den meisten Songs auf *Ihre größten Erfolge* weist z. B. der Song *Grauschleier* von *Fehlfarben* (Abb. 3) ein anderes Strukturierungsprinzip auf: Den Instrumenten sind keine festen Rollen bzgl. Harmonik und Rhythmik zugeteilt; stattdessen ergibt sich aus dem Ineinandergreifen horizontal, melodisch konzipierter Einzelstimmen von Gesang, Gitarre und Bass die Struktur des Verse. Auch die Harmonik ist der Logik der linearen melodischen Entwicklung untergeordnet; funktionsharmonisch dagegen lassen sich die Akkorde g-Moll, A-Dur

Abb. 3 *Fehlfarben, Grauschleier,* Verse T. 1–8 (Transkription: PK)

(mit kleiner Septime), F-Dur und G-Dur nicht schlüssig deuten. Während der Basslinie in der Popmusik als Bindeglied zwischen Schlagzeug und Gesang sonst häufig ein rhythmisch gleichbleibendes Modell zugrunde liegt, das dann den harmonischen Wechseln angepasst wird, sind es bei *Grauschleier* drei verschiedene, jeweils zweitaktige rhythmische Muster, die aneinandergereiht werden. Ebenso die Gitarre: Während sie in den ersten zwei Takten noch einen Komplementärrhythmus zum Bass spielt, tritt sie in T. 4 des Notenbeispiels melodisch mit einer kurzen Wendung in den Vordergrund, um in T. 5 rhythmisch unisono mit dem Bass die Akzente des Gesangs mit zu vollziehen.

Diese nicht konventionellen Schemata der Rockmusik gehorchende Struktur bei *Fehlfarben* bietet sich an, verschieden gehört zu werden: Man kann sie als Ausweis der Abkehr von überkommenen Rockklischees verstehen oder als Folge eines der Punk-Ästhetik entsprechenden kreativen Dilettantismus – aber genauso gut als Ausdruck eines prätentiösen Kunstwollens. Mit musikwissenschaftlicher

Analyse lässt sich weder die Absicht bei der Produktion noch eine wahrschein-
liche Lesart im Rahmen der Rezeption belegen. Die strukturellen Unterschiede in
der Musik von *Extrabreit* und *Fehlfarben* sind aber die Grundlage der relationalen
Positionierungen der beiden Bands im Feld und bieten die Anknüpfungspunkte
für diskursive Einordnungen und Bewertungen, die nicht unabhängig voneinander
gedacht werden können (vgl. Rumpf 2008).

Beispielhaft für die Instrumentation bei *Extrabreit* soll noch abschließend die
Rolle der Gitarre genauer beleuchtet werden, weil sich hier noch einige „klassi-
sche Rockelemente" (Havaii 2007, S. 76) finden, die schon im zeitgenössischen
Diskurs um Rolle und Bewertung der Band potenziell relevant sind.

Das Klangbild der zwei E-Gitarren bei *Extrabreit* entspricht fast durch-
weg dem Distortion- (d. h. verzerrten) Sound, wie er etwa mit dem Effektpedal
BOSS DS-1 produziert werden kann. Das resultierende Klangbild ist durch die
Verzerrung komprimiert und dadurch in der Obertonstruktur und Ein- und Aus-
schwingverhalten gleichmäßiger als eine weniger verzerrt bis unverzerrt (*clean*)
gespielte E-Gitarre (vgl. Herbst 2017), wie sie z. B. bei *Fehlfarben* vorwiegend
zum Einsatz kommt. Dieser Sound verzerrter E-Gitarren trägt einerseits entscheidend zur Wahrnehmung des Gesamtklangs von Extrabreit auf dem Album
als glatter, näher an der Klangästhetik aufwendigerer Popproduktionen bei, und
ist andererseits das Bindeglied zum Rock und Hard Rock der 70er Jahre, der als
Stadionrock aufgrund seiner Zurschaustellung von Virtuosität im Punk-Diskurs
verschrien ist. Besonders das Stück *Extrabreit* steht der Klangästhetik des Rock
durch die schnell und abgedämpft gespielten Power-Chords aus Grundton und
Quinte nahe. E-Gitarrensounds sind in der Rockmusik in diesem Sinn als wichtige Bedeutungsträger anzusehen.

Die Besetzung mit zwei Gitarren ermöglicht prinzipiell die Aufteilung in
eine Rhythmus- und eine Lead- oder Solo-Gitarre und gehört in den gitarren-
orientierten Rock-Stilen seit den späten 60er Jahren zum Standard. *Extrabreit*
machen davon auf verschiedene Weise Gebrauch. Man kann prinzipiell zwei
Typen von Solospiel auf *Ihre größten Erfolge* unterscheiden: zum einen der Einsatz der Gitarre als Melodieinstrument im Rahmen des Arrangements, gekennzeichnet durch wiederkehrende Motivik, eine klare Rhythmik etwa auf Viertel-,
Achtel- und Sechzehntelnotenbasis und eindeutige Tonhöhen, d. h. weniger Verwendung der gitarrentypischen Technik des Saitenziehens oder *bendings,* das
stufenlose Glissandi und Tonhöhen außerhalb der diatonischen Tonleiter wie *blue
notes* ermöglicht. Typisches Beispiel ist die wiederkehrende Melodie in *Hurra,
hurra die Schule brennt* (Abb. 4).

Ähnlich konstruierte Soloparts der Gitarren finden sich bei *Alptraumstadt* und
Flieger, grüß mir die Sonne; sie seien hier als Melodiesolos bezeichnet.

Abb. 4 *Extrabreit, Hurra, hurra, die Schule brennt,* wiederkehrende Hookline der Gitarre
(Transkription: PK)

Zum anderen gibt es Solos, die – auch wenn sie möglicherweise nicht
improvisiert sind – den Gestus von Spontaneität transportieren und eher der
Ästhetik eines Bluesrock- oder Hard Rock-Solos entsprechen. Dazu tragen insbesondere *bendings* und *blue notes* bei; Motivik und Form des Solos gehorchen
dann in der Regel nicht einem einfach erkennbaren Muster. Die Rhythmik ist
komplexer. Diese Solos seien hier als Rocksolos bezeichnet, und sie finden sich
bei *Extrabreit, Ich will hier raus, Lottokönig* und *Es tickt.* In *Sturzflug* wird ein
arrangiertes Melodiesolo mit einem Rocksolo kombiniert. In *110* besteht der
Solopart aus *unisono-bendings*[9]. Dadurch wird zwar ein typischer Rock-Sound
evoziert; die gleichmäßige Rhythmik und Struktur der gespielten Töne lassen das
Solo aber als Teil des Arrangements erkennen.

Bus Baby und *Hart wie Marmelade* besitzen gar keinen Gitarrensolopart im
genannten Sinn, aber Gitarrenmelodien in Intro bzw. Outro.

Das Rocksolo bei *Annemarie* wird mit einer Slide-Gitarre gespielt. Dieser
Sound wird primär mit Blues assoziiert[10] und gehört zu einer größeren Zahl von
Elementen auf *Ihre größten Erfolge,* die auf diesen Musikstil oder den Rock 'n'
Roll als Ableger von Rhythm 'n' Blues verweisen. Auf die Ähnlichkeiten zwi-
schen dem zwölftaktigen Blues-Schema und dem Verse von *Annemarie* wurde
schon hingewiesen.

Alptraumstadt wird (wie auch *Flieger, grüß mir die Sonne* und *Es tickt)* mit
einem deutlich akzentuierten Shuffle-Rhythmus gespielt; im Überleitungstakt zur
Wiederholung des Verse werden im Schlagzeug und in der Gitarre jeweils Triolen
gespielt – ein typisches Blues-Klischee. Als Begleitung findet sich in den ersten

---

[9]Dazu wird mit Hilfe des Saitenziehens mit der linken Hand der gleiche Ton auf zwei
benachbarten Saiten erzeugt; der Effekt ist ein deutlich hörbarer Verzerrungsanteil in der
Klangfarbe des Tons besonders im Einschwingvorgang, während die Frequenz beider Saiten noch nicht ganz übereinstimmt.

[10]Eine ähnliche, aber von reinerer Intonation geprägte Spielweise existiert im Country,
allerdings meist auf einer sogenannten Pedal Steel Guitar gespielt.

vier Takten des Verse die typische Blues-Figur mit Wechsel zwischen Quintton und Sextton des zugrunde liegenden Akkordes (Abb. 5).

Damit gewinnt das Stück eine große Nähe zu Rockmusik in der Tradition des Blues(rock). Das täuscht allerdings darüber hinwegt, dass die zweiteilig angelegte Struktur des Verse trotz der funktional konventionelleren Akkorde Ähnlichkeiten mit der eben beschriebenen, melodisch-horizontalen Anlage der Strophe von *Grauschleier* hat.

Die große Sexte und die kleine Septime über dem Akkordgrundton sind wichtige Marker für eine an den Blues angelegte Tonalität, wie sie für den Rock 'n' Roll der 50er Jahre typisch ist. Bei *Sheena is a Punk Rocker* von den *Ramones* z. B. wird die Rock 'n' Roll-Anleihe durch den entsprechenden Einstieg des Gesangs mit den Tönen g, a und b über den Akkord C-Dur direkt explizit (Abb. 6).

Extrabreit stellen im Stück *110*, das auf zwei Gitarrenriffs aufgebaut ist, durch das zweite, instrumental gespielte Riff eine Nähe zum Blues durch eine blue note-artige Intonation der Terz zum Grundton e her (Abb. 7).

In *Bus Baby*, dem Stück auf Grundlage eines modulierenden *Blitzkrieg Bop*-Harmonieschemas, spielt eine Gitarre typische Rock 'n' Roll-Begleitfiguren (Abb. 8):

Abb. 5 *Extrabreit, Alptraumstadt,* Gitarrenbegleitung (Transkription: PK)

Abb. 6 *The Ramones, Sheena is a Punk Rocker,* Anfang Verse (Transkription: PK)

* Töne mit *bending* um ca. 1/4-Ton gezogen; *blue note*

Abb. 7 *Extrabreit, 110,* instrumentales Intermezzo, Gitarre (Transkription: PK)

Abb. 8 *Extrabreit, Bus Baby,* Begleitpattern Gitarre (Transkription: PK)

Ähnliche Figuren finden sich auch in *Lottokönig* und im schneller werdenden Outro von *Junge, wir könnten so heiß sein. Extrabreit* schließt mit einem klischeehaften Blues-Ending im halben Tempo.

Der Einsatz der E-Gitarren und die Benutzung typischerweise mit Blues und Rock 'n' Roll assoziierten Rhythmen stellt also die Verbindung zum hergebrachten Rock im Sinne der von Kai Havaii angeführten „klassischen Rockelemente" (Havaii 2007, S. 76) her, auch wenn die Gestaltungselemente jeweils nur in einzelnen Songs des Albums vorkommen. Damit stellen Extrabreit sich – den *Ramones* nicht unähnlich – in eine Rock 'n' Roll-Tradition.

3   Fazit

Während die formale Anlage sowie der durch Tempi und Gitarrensounds implizierte Grundgestus der Stücke auf *Ihre größten Erfolge* auf den ersten Blick recht einheitlich wirken, offenbart die genauere Analyse einen großen Variantenreichtum im Detail. Viele Gestaltungselemente greifen dabei auf Konventionen älterer Rock- und Popmusik zurück – ein Beleg für das schon zitierte Traditionsbewusstsein der Band. Besonders die Rolle der Gitarre ist hier zu nennen. Die Stücke unterscheiden sich aber untereinander stark; es gibt keine zwei Songs, die weitgehend dem gleichen Muster gehorchen.

Viele Elemente rücken die Musik in die Nähe der *Ramones.* Mit der Cover-Version *Junge, wir könnten so heiß sein* wird ebenfalls eher ein Bezug zur US-amerikanischen Proto-Punk-Szene als zum Ende der 1970er Jahre aktuellen britischen Punk hergestellt. Auch in Bezug auf die Texte, die hier nicht tiefer gehend betrachtet werden, ist die Bandbreite groß. Insgesamt könnte für *Extrabreit* als Vertreter deutscher Popmusik in der Punk-Tradition gelten, was der New Musical Express den *Ramones* bescheinigt: eine „cartoon vision of rock and roll" bzw. „pocket punks, a perfect razor-edged bubblegum band" zu sein (zit. nach Doggett 2015, S. 487). Dieser affirmative Gestus von Popmusik als Teenager-Musik, die keinen Wertanspruch erhebt, sondern mit ihrer vermeintlichen Wertlosigkeit kokettiert, ist Teil des Punk (vgl. Osgerby 1999; Hornberger 2011, S. 226), findet aber im deutschen Diskurs in Bezug auf *Extrabreit* wenig Widerhall. Stattdessen scheinen die „klassischen Rockelemente" (Havaii 2007, S. 76) die Wahrnehmung stärker zu bestimmen. Sie werden aber nicht als Marker von Authentizität im Sinne einer „relationship to an earlier, »purer« moment in a mythic history oft he music" (Auslander 2008, S. 83) gesehen.[11] Stattdessen kann daran der Vorwurf festgemacht werden, *Extrabreit* habe den Bruch mit vermeintlich überkommen Rock-Traditionen, den die NDW für sich in Anspruch nimmt, nicht mitvollzogen. Der Variationsreichtum auf *Ihre größten Erfolge* ermöglicht so viele Lesarten und bildet auf der Seite der Musik als Artefakt die Grundlage für die kontingente Einordnung der Band bis heute. Die Musik lässt sich nicht klar in die oben skizzierten Kategorien einordnen, was sich auf der diskursiven Ebene in der dokumentierten Vieldeutigkeit spiegelt.

Die hier vorgenommene Analyse entspricht in vielen Aspekten hergebrachten Methoden aus der Musikwissenschaft. Abschließend sollen noch einmal zwei Aspekte hervorgehoben werden, die spezifisch für eine praxeologische Perspektive sind, und kurz erörtert werden, inwieweit die Musikwissenschaft als Disziplin davon profitieren kann:

Erstens: Dort, wo Klänge Teil einer sozialen Praxis sind, die kollektiv und performativ hergestellt und aufrechterhalten wird, rücken individuelle Intentionen in den Hintergrund. In Bezug auf die Musik betrifft das etwa Ausdrucksabsichten aufseiten der Urheber*innen wie auch Bedeutungszuweisungen aufseiten der Hörer*innen. Bei den Analysen stand also weder die Frage im Vordergrund, ob die festgestellten Struktureigenschaften so beabsichtigt waren, noch, ob Hörer*innen die vom Analysierenden festgestellten Aspekte tatsächlich wahrnehmen und ihnen Bedeutung zuweisen. Das bedeutet zweitens auch die Abkehr von der Idee eines geschlossenen Werks (in der Popmusik z. B. in Form eines Songs). Die Eingrenzung des Analyseobjekts erfolgt stattdessen aufgrund materiell-ereignishaft zu konkretisierender Kriterien. Im vorliegenden Fall verknüpft die Veröffentlichung der 13 Songs zusammen auf einem Tonträger die Stücke zu einem geeigneten Analysekorpus, der dann etwa aufgrund zeitlicher Koinzidenz zu anderen Songs in Verbindung gesetzt werden kann. Prinzipiell sind Aussagen zur Musik dabei stets nur relational möglich.

Musikwissenschaftliche Analysen sind ein wichtiger Baustein für schlüssige Narrative in der Musikgeschichtsschreibung. Eine praxeologische Perspektive, die die Klänge als Artefakte zunächst von ihrer praktischen und diskursiven Einbettung löst, betont Kontingenz, statt dass sie musikgeschichtliche Ereignisse

---

[11]Vgl. zu Rückgriffen auf Rock'n'Roll im Punk auch Jones 1978, S. 16.

kausal erklärt. Damit wird Musikgeschichte darstellbar als Verflechtung der Praktiken zahlreicher Akteure, im Rahmen derer die Klänge als Verdinglichung eines von vielen Menschen geteilten praktischen Sinns fungieren. So lassen sich Entwicklungen in der Musik dokumentieren, ohne sie magisch auf eine Eigendynamik des musikalischen Materials zurückzuführen. Die Rolle individueller künstlerischer Genies wird relativiert, und die zwingende Logik eines musikgeschichtlichen Narrativs wird durch eine Beschreibung der Ereignisse ersetzt, die auch die Kontingenz der historischen Entwicklung offenlegt.

Literatur

Appen, Ralf von, und Markus Frei-Hauenschild. 2012. AABA, Refrain, Chorus, Bridge, Pre-Chorus: Songformen und ihre historische Entwicklung. In *Black Box Pop.: Analysen populärer Musik*, Hrsg. Dietrich Helms und Thomas Phleps, 57–124. Bielefeld: transcript.

Auslander, Philip. 2008. *Liveness. Performance in a mediatized culture*, 2. Aufl. London: Routledge.

Bourdieu, Pierre. 2015. *Praktische Vernunft. Zur Theorie des Handelns*, 9. Aufl. Frankfurt a. M.: Suhrkamp.

Brackett, David. 2016. *Categorizing sound. Genre and twentieth-century popular music.* Oakland: University of California Press.

Bruckmaier, Karl. 1981. Auf dem Index. Eine sehr persönliche New-Wave-Diskographie. In *Rock Session 5. Magazin der populären Musik*, Hrsg. Walter Hartmann, Klaus Humann und Carl-Ludwig Reichert, 13–16. Reinbek: Rowohlt.

Büsser, Martin. 2002. *Popmusik*, 2. Aufl. Hamburg: Europäische Verlagsanstalt.

Büsser, Martin. 2013. *On the Wild Side. Die wahre Geschichte der Popmusik.* Mainz: Ventil.

Cohen, Sara. 2015. Urban Musicscapes: Mapping Music-making in Liverpool. In *Mapping cultures. Place, practice, performance*, Hrsg. Les Roberts, 123–143. Basingstoke: Palgrave Macmillan.

Covach, John, und Andrew Flory. 2012. *What's that sound? An introduction to rock and its history*, 3. Aufl. New York: Norton.

Doggett, Peter. 2015. *Electric Shock. From the Gramophone to the iPhone – 125 Years of Pop Music.* London: Vintage.

Döpfner, Mathias, Thomas Garms, und Wolfgang Laade. 1984. *Neue deutsche Welle: Kunst oder Mode? Eine sachliche Polemik für und wider die neudeutsche Popmusik.* Frankfurt a. M.: Ullstein.

Düsseldorf, Kunsthalle, Hrsg. 2002. *Zurück zum Beton: Die Anfänge von Punk und New Wave in Deutschland 1977-'82. Kunsthalle Düsseldorf, 7. Juli – 15. Sept. 2002.* Köln: König.

Farin, Klaus. 2006. *Jugendkulturen in Deutschland: 1950–1989.* Bonn: Bundeszentrale für Politische Bildung.

Frith, Simon. 1981. *Jugendkultur und Rockmusik. Soziologie der englischen Musikszene.* Reinbek: Rowohlt.

Gebhardt, Gerd, und Jürgen Stark. 2010. *Wem gehört die Popgeschichte?*. Berlin: Bosworth.

Gibney, Marek. 2018. Music-Map. Die Landkarte der Musik. http://www.music-map.de/extrabreit.html. Zugegriffen: 09. Mai 2018.

Graf, Christian. 2003. *Das NDW-Lexikon: Die Neue Deutsche Welle – Bands und Solisten von A bis Z*. Berlin: Schwarzkopf & Schwarzkopf.

Haring, Hermann. 1984. *Rock in Deutschland West. Von den Rattles bis Nena. Zwei Jahrzehnte Heimatklang*. Reinbek: Rowohlt.

Havaii, Kai. 2007. *Hart wie Marmelade: Ein Rock'n'Roll-Roman aus der Provinz*. Berlin: Kiepenheuer.

Hebdige, Dick. 1979. *Subculture: The meaning of style*. London: Methuen.

Herbst, Jan-Peter. 2017. Akkordstrukturen im verzerrten Rockgitarrenriff. Eine experimentelle Studie physikalischer und psychoakustischer Faktoren. *Samples* 15.

Hillebrandt, Frank. 2014. *Soziologische Praxistheorien: Eine Einführung*. Wiesbaden: Springer VS.

Hilsberg, Alfred. 1979a. Dicke Titten und Avantgarde. Aus grauer Städte Mauern (Teil 2). *Sounds* 14 (11): 22–27.

Hilsberg, Alfred. 1979b. Macher? Macht? Moneten? Aus grauer Städte Mauern (Teil 3). *Sounds* 14 (12): 44–48.

Hilsberg, Alfred. 1979c. Neue Deutsche Welle. Aus grauer Städte Mauern. *Sounds* 14 (10): 20–25.

Hilsberg, Alfred. 1980. Neuestes Deutschland. http://sounds-archiv.at/styled-180/styled-20/styled-167/. Zugegriffen: 09. Mai 2018.

Hilsberg, Alfred. 1981. Neuestes Deutschland. http://sounds-archiv.at/styled-180/styled-23/styled-179. Zugegriffen: 09. Mai 2018.

Hornberger, Barbara. 2011. *Geschichte wird gemacht: Die Neue Deutsche Welle. Eine Epoche deutscher Popmusik*. Würzburg: Königshausen & Neumann.

Hornberger, Barbara. 2017. 'NDW'/New German wave: From punk to mainstream. In *Perspectives on German popular music*, Hrsg. Michael Ahlers und Christoph Jacke, 195–200. London: Routledge.

Irmen, Hans-Josef. 2007. *Joseph Haydn*. Böhlau: Leben und Werk. Köln/Weimar/Wien.

Jackson, Peter. 1992. *Maps of meaning. An introduction to cultural geography*. London: Routledge.

Jones, Allan. 1978. Punk – die verratene Revolution. In *Rock Session 2. Magazin der populären Musik*, Hrsg. Jörg Gülden und Klaus Humann, 5–24. Reinbek: Rowohlt.

Jost, Christofer. 2017. Integrated music media analysis: An application to Trio. In *Perspectives on German popular music*, Hrsg. Michael Ahlers und Christoph Jacke, 201–207. London: Routledge.

Kaiser, Ulrich. 2011. Babylonian confusion. Zur Terminologie der Formanalyse von Pop- und Rockmusik. *Zeitschrift der Gesellschaft für Musiktheorie* 8 (1): 43–75.

Kemper, Peter. 2002. Gib Gas, ich will Spaß - Die Neue Deutsche Welle. In *"Alles so schön bunt hier": Die Geschichte der Popkultur von den Fünfzigern bis heute*, Hrsg. Peter Kemper, Thomas Langhoff, und Ulrich Sonnenschein, 214–224. Leipzig: Reclam.

Kirschner, Tony. 1998. Studying Rock. Towards a materialist ethnography. In *Mapping the beat. Popular music and contemporary theory*, Hrsg. Thomas Swiss, John Sloop und Andrew Herman, 247–268. Malden, Oxford: Blackwell.

Klein, Gabriele, und Malte Friedrich. 2003. *Is this real? Die Kultur des HipHop.* Suhrkamp: Frankfurt a. M.

Larsen, Jens Peter, und Georg Feder. 1994. *Haydn.* Stuttgart: Metzler.

Lindner, Rolf, Hrsg. 1978. *Punk Rock.* Frankfurt: Verlag Freie Gesellschaft.

Lomax, Alan. 1959. Folk Song Style. *American Anthropologist* 61 (6): 927–954.

Longerich, Winfried. 1989. *„Da Da Da".* *Zur Standortbestimmung der Neuen Deutschen Welle.* Paffenweiler: Centaurus.

Moore, Allan F. 2001. *Rock. The primary text. Developing a musicology of rock.* Aldershot: Ashgate.

Osgerby, Bill. 1999. ‚Chewing out a rhythm on my bubble-gum': The teenage aesthetic and genealogies of American punk. In *Punk rock: so what? The cultural legacy of punk,* Hrsg. Roger Sabin, 154–169. London: Routledge.

Ott, Paul, und Hollow Skai, Hrsg. 1983. *Wir waren Helden für einen Tag: Aus deutschsprachigen Punk-Fanzines. 1977–1981.* Reinbek: Rowohlt.

Papenburg, Jens Gerrit. 2015. Stop/Start Making Sense. Ein Ausblick auf Musikanalyse in Popular Music Studies und technischer Medienwissenschaft. In *Sound Studies. Traditionen – Methoden – Desiderate,* Hrsg. Holger Schulze, 91–108. Bielefeld: transcript.

Petras, Ole. 2011. *Wie Popmusik bedeutet: Eine synchrone Beschreibung popmusikalischer Zeichenverwendung.* Bielefeld: transcript.

Pfleiderer, Martin. 2008. Musikanalyse in der Popmusikforschung. Ziele, Ansätze, Methoden. In *PopMusicology. Perspektiven einer Popmusikwissenschaft,* Hrsg. Christian Bielefeldt, Udo Dahmen und Rolf Grossmann, 153–171. Bielefeld: transcript.

Reckwitz, Andreas. 2003. Grundelemente einer Theorie sozialer Praktiken. *Eine sozialtheoretische Perspektive. Zeitschrift für Soziologie* 32 (4): 282–301.

Renner, Tim. 2004. *Kinder, der Tod ist gar nicht so schlimm! Über die Zukunft der Musik- und Medienindustrie.* Frankfurt: Campus.

Roberts, Les. 2015. Mapping Cultures: A Spatial Anthropology. In *Mapping Cultures. Place, Practice, Performance,* Hrsg. Les Roberts, 1–25. Basingstoke: Palgrave Macmillan.

Rumpf, Wolfgang. 2005. *Rockgeschichte.* Münster: Lit.

Rumpf, Wolfgang. 2008. Lob der Dilettanten. Kanonisierungen des Punk in der Zeitschrift Sounds 1977/1978. In *No Time for Losers. Charts, Listen und andere Kanonisierungen in der populären Musik,* Hrsg. Dietrich Helms und Thomas Phleps, 113–125. Bielefeld: transcript.

Scharf, Peter. 1999. Lauter Lolli Laumann Lutscher…: Nena, Extrabreit und die Hagener Musik während der Neuen Deutschen Welle 1979-1983. In *"Tief im Westen…": Rock und Pop in NRW,* Hrsg. Christine Flender, Ansgar Jerrentrup, und Uwe Husslein, 132–145. Köln: Emons.

Schatzki, Theodore R. 2002. *The Site of the Social. A Philosophical Account of the Constitution of Social Life and Change.* University Park: Pennsylvania State University Press.

Schlasse, Kai. 2018. Extrabreit - 40 verdammte Jahre! http://www.die-breiten.de/band-biografie.php. Zugegriffen: 09. Mai 2018.

Schneider, Frank Apunkt. 2007. *Als die Welt noch unterging: Von Punk zu NDW.* Mainz: Ventil.

Schurian, Christoph. 2016. Die Wüste lebt. Ruhr-Pop als Erfolgsrezept. In *Rock und Pop im Pott,* Hrsg. Heinrich Theodor Grütter, 126–139. Essen: Klartext.

Seabrook, John. 2016. *The Song Machine. How to Make a Hit*. London: Vintage.
Shuker, Roy. 2016. *Understanding Popular Music Culture*, 5. Aufl. London: Routledge.
Skai, Hollow. 2009. *Alles nur geträumt: Fluch und Segen der Neuen Deutschen Welle*. Innsbruck: Hannibal.
Stäheli, Urs. 2004. Subversive Praktiken? Cultural Studies und die "Macht" der Globalisierung. In *Doing Culture. Neue Positionen zum Verhältnis von Kultur und sozialer Praxis*, Hrsg. Karl H. Hörning und Julia Reuter, 154–166. Bielefeld: transcript.
Stark, Jürgen, und Michael Kurzawa. 1981. *Der große Schwindel??? Punk - New Wave - Neue Welle*. Frankfurt a. M.: Verlag Freie Gesellschaft.
Teipel, Jürgen. 2001. *Verschwende Deine Jugend: Ein Doku-Roman über den deutschen Punk und New Wave*. Frankfurt a. M.: Suhrkamp.
Wagner, Peter, und Stefan Kloos, Hrsg. 1999. *Pop 2000: 50 Jahre Popmusik und Jugendkultur in Deutschland*. Hamburg: Ideal.
Walter, Klaus. 2002. Die Gunst der Stunde Null. Independent, Avantgarde und kleine Labels. In *"Alles so schön bunt hier": Die Geschichte der Popkultur von den Fünfzigern bis heute*, Hrsg. Peter Kemper, Thomas Langhoff und Ulrich Sonnenschein, 248–260. Leipzig: Reclam.
Wicke, Peter. 2003. Popmusik in der Analyse. http://www2.hu-berlin.de/fpm/textpool/texte/wicke_popmusik-in-der-analyse.htm. Zugegriffen: 10. Mai 2018.
Wicke, Peter, Kai-Erik Ziegenrücker, und Wieland Ziegenrücker. 2007. *Handbuch der populären Musik: Geschichte - Stile - Praxis - Industrie*. Mainz: Schott.
Willis, Paul. 1981. *"Profane Culture": Rocker, Hippies: Subversive Stile der Jugendkultur*. Syndikat: Frankfurt a. M.

Diskographie

Extrabreit, 1980. *Ihre größten Erfolge*. LP, Reflektor 0060.348.
Fehlfarben. 1980. "Grauschleier". Auf *Monarchie und Alltag*. CD, EMI 7243 5 29973 2 9.
Ramones. 2001. „Sheena is a Punk Rocker". Auf *Anthology*. CD, Warner Bros. 8122-73538-2.

Abbildungen und Tabellen

Abbildung 1: Music-Map zum Stichwort *Extrabreit* (Gibney 2018)
Abbildung 2: *Extrabreit, 110*, Überleitung zum instrumentalen Intermezzo in den letzten acht Takten des Verse, Synthesizer und Gitarre (Transkription: PK)
Abbildung 3: *Fehlfarben, Grauschleier*, Verse T. 1-8 (Transkription: PK)
Abbildung 4: *Extrabreit, Hurra, hurra, die Schule brennt*, wiederkehrende Hookline der Gitarre (Transkription: PK)

230

P. Klose

Den Unterschied machen

Frauen in den Westberliner Musikkulturen der späten 1970er und frühen 1980er Jahre

Anna Daniel

Inhaltsverzeichnis

Ende der 1970er und Anfang der 1980er Jahre lässt sich in den Musikkulturen weltweit und auch in Deutschland eine neue Sichtbarkeit von Frauen konstatieren: In Deutschland bzw. der BRD sind neben *Nina Hagen,* die 1976 in die BRD übersiedelte, die Musikerinnen von *Hans-A-Plast* oder *Abwärts* zu nennen. All-Girl-Bands wie *Mania D.* und *Malaria!* entstehen, und die *Humpe*-Schwestern *Inga* und *Annette* gründen erst die *Neonbabies* und *Annette* wenig später *Ideal.* Auch *Nena* begann in dieser Zeit mit dem Musikmachen – erst als Sängerin bei den *Stripes,* seit 1982 dann mit der nach ihr benannten Band. Trotz der großen

A. Daniel (✉)
Institut für Soziologie, FernUniversität in Hagen, Hagen, Deutschland
E-Mail: anna.daniel@fernuni-hagen.de

© Springer Fachmedien Wiesbaden GmbH, ein Teil von Springer Nature 2019   231
A. Daniel und F. Hillebrandt (Hrsg.), *Die Praxis der Popmusik,*
https://doi.org/10.1007/978-3-658-22714-2_8

Heterogenität dieser Musikerinnen lässt sich feststellen, dass die meisten dieser Frauen das bis dato gängige Frauenbild in der Popmusik in verschiedener Hinsicht infrage stellen.

Dieser Wandel wird insbesondere dem Aufkommen und der Verbreitung des Punks zugeschrieben (vgl. Büsser 2000; Hilsberg 1979b, S. 26; Hilsberg 1979c; Schneider 2008). Allerdings ist in der Popmusikgeschichte bzw. der wissenschaftlichen Diskussion über die neue Sichtbarkeit von Frauen in der Popmusik umstritten, ob es Ende der 1970er und Anfang der 1980er Jahre zu einem tatsächlichen Anstieg des Frauenanteils in der Popmusik kam oder in erster Linie das veränderte Auftreten von Frauen neue Aufmerksamkeit evozierte. Dass ,Frauen in der Rockmusik' in den 1980ern zu einem beliebten Sujet des Musikjournalismus werden, hat etwa Gillian Gaar in ihrem Buch *She is a Rebel – The History of Women in Rock & Roll* (1992) kritisch herausgearbeitet (vgl. auch Schaunberger 2013, S. 154).

Kategorisierungen wie Frauenmusik oder Frauen in der Rockmusik stießen allerdings bei den Musikerinnen nicht unbedingt auf Gegenliebe, wie etwa an den britischen Bands wie *The Slits* oder *Siouxsie and the Banshees* ersichtlich wird. Die Musikerinnen haben sich vehement gegen solche Klassifizierungen gewehrt und hielten auch die stärkere Präsenz von Frauen in der Rockmusik für eine Erfindung der Presse (vgl. Women in Rock, 0:05:00, 0:18:50). Auch *Gudrun Gut,* als Mitglied bei *Mania D.* und *Malaria!* eine wichtige Protagonistin der Berliner Szene, bemängelt in einem SOUNDS-Interview, „immer nur als Frau angesprochen zu werden – ich bin ein Mensch" (zit. nach Hilsberg 1979b, S. 27). An anderer Stelle sprechen *Gudrun Gut* und ihre Bandkolleginnen aber gerade dem Frausein eine entscheidende Rolle in Hinblick auf ihre Musik, aber auch für die Art des Umgangs miteinander und das Auftreten zu. Das Ansinnen dieses Artikels ist es deshalb nicht, die Geschichte der Frauen in der Rockmusik einfach fortzuschreiben oder kritisch zu überprüfen, inwiefern es tatsächlich zu einem Anstieg der Frauen in der Popmusik kam. Interessanter ist vielmehr, wie ,das Frausein' in Hinblick auf das Musikmachen von den Musikerinnen selbst, aber auch von anderen Protagonist_innen der Szene zum Thema gemacht wird. Inwiefern und in welcher Hinsicht spielt das Frausein bzw. ,doing gender' eine Rolle in den Musikszenen? Welche Differenzen werden hierbei in den sprachlichen Praktiken erzeugt? Welche Praktiken und Verhaltensweisen werden mit spezifischen Geschlechterrollen in Zusammenhang gebracht, und was hat dies für Auswirkungen? Welche Unterschiede werden gegenüber Männern hervorgehoben, und inwiefern wird das Frausein affektiv besetzt, bzw. inwiefern grenzt man sich hierbei auch von einem bestimmten Frauenbild oder anderen Frauen und Zusammenhängen ab?

Mittels eines solchen – an die Arbeiten von Stefan Hirschauer und anderen zum Themenkomplex *Doing Differences* angelehnten – Ansatzes lässt sich eine verallgemeinernde kategorisierende Betrachtungsweise umgehen, da zum einen analysiert wird, welche kulturellen Differenzproduktionen u. a. seitens der Musikerinnen vorgenommen werden, andererseits aber auch die Vielschichtigkeit, Hybridität und Dynamik der Differenzproduktionen berücksichtigt wird (vgl. Hirschauer 2017; vgl. auch West und Zimmermann 1987). Auch wenn die Humandifferenzierung an den menschlichen Körpern ansetzt, dehnt sie sich auf weitere Dimensionen der Praxis – wie etwa Kleidungsstücke, Accessoires, Affekte, Tätigkeiten, Namen etc. – aus, so eine wichtige These Hirschauers (vgl. Hirschauer 2017, S. 35 f.). Den Fokus auf den praktischen Vollzug der Differenzproduktionen zu legen, verdeutlicht nicht nur den sozialen Konstruktionscharakter von Unterschieden. Es lässt sich darüber auch Aufschluss über die gesellschaftlichen Festschreibungen und Machtverhältnisse gewinnen, die sich in die Differenzproduktionen eingeschrieben haben und sich häufig durch eine große Beharrlichkeit auszeichnen.[1]

Interessiert man sich für die praktische Erzeugung von Weiblichkeit in der Popmusik, scheint es besonders interessant, sich eine Phase der Auflockerung bestimmter Stereotype und geschlechtlichen Hierarchien – wie es die Phase Ende der 1970er, Anfang der 1980er Jahre zu sein scheint – genauer anzusehen. Nicht nur die Prozesse des Ausprobierens und Aushandelns sind hier von besonderer Bedeutung, auch die alten und neuen Machtgefüge zwischen den Geschlechtern treten in dieser Phase in besonderer Deutlichkeit zutage. Um ein möglichst dichtes Bild davon zu zeichnen, wie ‚Frausein‘ praktisch erzeugt wird und welche Unterschiede sich dabei als konstitutiv erweisen, werde ich mich zudem ganz konkret auf die Musikkulturen in Westberlin konzentrieren. Der Frauenanteil war in Westberlin im Vergleich zu anderen deutschen Städten zum einen besonders hoch. Mit den *Ätztussis, Mania D.* und *Malaria!* sind dort diverse All-female-Bands vertreten. Mit *Nina Hagen, Inga* und *Annette Humpe* sind aber auch noch weitere Musikerinnen aktiv, die das herkömmliche Frauenbild in der Popmusik mal mehr, mal weniger deutlich infrage stellen. Zum anderen ist aber auch die gute Materiallage ausschlaggebend für die Fokussierung auf die Westberliner Szene: Die recht große Menge an Bild- und Tonmaterial sowie Interviews und Zeitungsartikel ermöglichten es auch, in der Retrospektion einiges über die in dieser Szene erzeugten Differenzen in Erfahrung zu bringen. Mittels

---

[1]Obgleich in diesem Artikel die Konstruktionen von Weiblichkeit bzw. das doing gender in den Fokus gerückt wird, sind die Kategorien der Humandifferenzierung natürlich äußerst vielfältig und evozieren gerade auch in ihrer Kombination und Überlagerung Formen von sozialer Ungleichheit (vgl. auch Reitsamer und Weinzierl 2006, S. 7 f.; vgl. auch Reitsamer und Liebsch 2015).

des von Hirschauer entwickelten Ansatzes, Praktiken der Humandifferenzierung in den Blick zu nehmen, wird es möglich, die in dieser Szene erfolgte praktische Erzeugung von Unterschieden auf systematische Weise zu analysieren, wobei Selbstzuschreibungen und Fremdzuschreibungen, wenn auch in unterschiedlicher Gewichtung, gleichermaßen Berücksichtigung finden. Da hierbei die Frage im Fokus steht, inwiefern ‚das Frausein' bzw. das doing gender von Protagonistinnen, Journalist_innen und Szene zum Thema gemacht wird, wird – anders als in anderen praxistheoretischen Ansätzen – insbesondere sprachlichen Praktiken bzw. den sich in diesen offenbarenden Differenzproduktionen ein exponierter Stellenwert zugesprochen. Anhand dieser wird analysiert, welche Praktiken, Eigenschaften, Dinge und Artefakte etc. hierbei eine besondere Rolle spielen und welche Faktoren darüber hinaus von Relevanz sind.

Nach einer kurzen Einführung in die Westberliner Musikszene dieser Zeit, werde ich mich zunächst mit den Selbstzuschreibungen und -verortungen der Protagonistinnen befassen. In einem weiteren Schritt wende ich mich den Fremdzuschreibungen zu und analysiere, inwiefern das Frausein bspw. seitens des Musikjournalismus und der Westberliner Szene zum Thema gemacht wurde, um abschließend die Ergebnisse meiner Analyse in einem Fazit zusammenzufassen.

1   Musik in der Mauerstadt

Dass in Westberlin Ende der 1970er musikalisch einiges los war, ist unter Musikliebhabern bekannt. Die besondere Atmosphäre der Mauerstadt zog bekannte Größen des Musikbetriebs wie etwa *David Bowie, Iggy Pop* und *Nick Cave* an. Die Mauer, die Westberlin von Ostberlin trennte, und die Tatsache, dass die Stadt nur über einen Korridor durch die DDR zu erreichen war, war nicht nur Symbol eines geteilten Landes. Neben den Kriegsschäden und der Baufälligkeit vieler Häuser prägte natürlich auch die Mauer das Stadtbild Berlins. *Inga Humpe* spricht beispielsweise von einer Art Depression, die über der geteilten Stadt lag (vgl. Humpe in *Lost in Time and Space,* 0:15:30 ff.). Die Mauer wurde von *Annette Humpe* aber auch als eine Art Schutz empfunden: „Es gab für mich zwei Welten. Westdeutschland war für mich Spießergebrösel. Und Berlin war schön eingekesselt. Das war ein guter Schutz gegen die blöden Westdeutschen. Ich habe mich da total wohl gefühlt. Ich fand die Mauer so was von klasse. Auf der ganzen Welt gab es nicht so eine Situation" (zit. nach Teipel 2012, S. 140). Aufgrund der günstigen Mieten war Berlin ein Anziehungspunkt für viele junge Menschen, die wenig Geld hatten oder dem Dienst bei der Bundeswehr entgehen wollten.

Punk fiel deshalb auch in Westberlin relativ schnell auf fruchtbaren Boden.[2] Mit *PVC* gründete sich bereits 1977 die erste deutsche Punkband in Berlin. Aber auch Bands wie *Din A Testbild,* die Frauen-Anarcho-Punkband *Ätztussis* sowie die *Neonbabies* kamen in den darauffolgenden Jahren zusammen. Das Praxisprinzip des ‚einfach Machens' spiegelte sich schon bald nicht nur in einem teilweise äußerst experimentellen und den Professionalitätsanspruch unterlaufenden Zugang zu Musik wider, auch im Umgang mit Auftritten wird der Unterschied zur Vorgänger-Generation deutlich, wie *Beate Bartel* anhand einer Begegnung mit anderen Bands im Proberaum-Kontext schildert: „Da war so eine Nachbarband. Die haben immer Witze gemacht: ‚Na, ihr klingt ja scheiße!' Und dann packen wir schon nach einer Woche unsere Sachen. Fragten die: ‚Was macht ihr denn? Aufgeben?' ‚Wir fahren nach Wuppertal zum Auftritt.' ‚Was? Wir proben hier schon zehn Jahre und hatten noch keinen Auftritt' (Bartel zit. nach Teipel 2012, S. 244). Obgleich die Unterschiede in dieser Anekdote sicher etwas überspitzt wiedergegeben werden, zeigt sich bei den neu entstehenden Bands doch eine Herangehensweise, die nicht mehr auf Perfektionismus setzt, sondern in welcher dem praktischen Tun selbst ein zentraler Stellenwert eingeräumt wird.

Die Szene war jedoch längst nicht so homogen und vernetzt wie das in der Retrospektion gerne dargestellt wird. Auch wenn es Orte wie etwa das *SO 36* gab, die szeneübergreifend genutzt wurden, bildeten sich häufig eher innerhalb der einzelnen Stadtteile personelle und infrastrukturelle Zusammenschlüsse mit Szenecharakter: Während in Kreuzberg in unmittelbarer Nähe zur Mauer die ‚klassischen' Punks anzutreffen waren, formierten sich rund um verschiedene Treffpunkte im Stadtteil Schöneberg mit *Mania D., Malaria!, Einstürzende Neubauten, die tödliche Doris* etc. Bands, die klangästhetisch schon bald neue Wege gingen (vgl. auch Butzmann in Sahler 2011a, S. 18). Diese, gemeinhin unter dem Label *Geniale Dilletanten* zusammengefasste Szene zeichnete sich u. a. durch eine ungewöhnlich fluide Bandstruktur aus, da die Angehörigen dieser Szene sich

---

[2]Neben dem *Style*, welcher hauptsächlich von jungen Menschen aufgegriffen wurde und sich nicht nur in einem Wandel der Kleidung und des Hair-Stylings niederschlug, sondern sich zusätzlich im Auftreten und Lebensgefühl widerspiegelte, nahm Punk auch Einfluss auf die subkulturelle Raumgestaltung: „Durch den Energieschub von Punk bin ich [...] besser mit dieser Stadt zurechtgekommen. Das war die Zeit, wo wir alle unsere Fußböden weiß gestrichen haben. Wo schrille Farben wie Pink und Leuchtgrün aufkamen. Neonfarben. Auf einmal kam Farbe ins Spiel. Für mich waren die Hippies nicht farbig. Alles andere als das" (Bartel zit. nach Teipel 2012, S. 53).

meist in unterschiedlichen Bandprojekten miteinander vernetzten, aber häufig auch bald wieder neue Wege gingen.[3]

In den unterschiedlichen Szenen waren jedoch Frauen gleichermaßen präsent. Gerade in der jungen Generation war das Verhältnis zwischen Männern und Frauen in der Alltagspraxis durchaus locker und respektvoll. Im Vergleich zur Elterngeneration wird hinsichtlich des Verhältnisses zwischen den Geschlechtern seitens der Protagonistinnen ein Wandel konstatiert. So stellt etwa *Gudrun Gut* im Interview mit Alfred Hilsberg, SOUNDS-Journalist und Betreiber des Zickzack-Labels in Hamburg, fest: „Die Jungs, die heute 19, 20 sind, die haben die Chauvi-Erziehung gar nicht mitbekommen. Die haben was Weibliches und was Männliches" (zit. nach Hilsberg 1979b, S. 27). Die konstatierte Annäherung der Geschlechter bzw. die Aufbrechung gängiger Männer- und Frauenbilder soll jedoch nicht über die nach wie vor bestehenden Ungleichheiten und die Tatsache hinwegtäuschen, dass sich Frauen in dieser Zeit vielfach erst ein eigenes Selbstverständnis schaffen und ihren Raum erobern mussten. Um jedoch nicht den Eindruck zu erzeugen, dass hierfür in erster Linie ein *doing gender* von Bedeutung war, werde ich zunächst auf die durch die Frauen gemachten Unterschiede und Aussagen in Bezug auf das Musikmachen als solches eingehen.

2   Den Unterschied machen – weibliche Selbstkonstruktionen in den Westberliner Musikkulturen

Die Differenzproduktionen, die seitens der Musikerinnen in Westberlin vollzogen werden, sind äußerst vielfältig und divers. Wenn ich zunächst auf die Differenzproduktionen in Bezug auf die Musik und das Musikmachen eingehe und mich

---

[3]Insbesondere dieser Musikszene, die wesentlich für den Sound der Westberliner Musikkultur dieser Zeit steht, wurde in den letzten Jahren in verschiedener Weise ein Denkmal gesetzt: Mit vielen original Bild- und Tonaufnahmen versucht der 2015 erstmals auf der Berlinale gezeigte Film *B-Movie, Lust und Sound in West-Berlin,* die damalige Zeit einzufangen. Wolfgang Müller, als Musiker bei *Die tödliche Doris* ein unmittelbarer Protagonist der Szene, hat 2013 auf knapp 600 Seiten seine Erinnerungen und Gedanken zur *Subkultur Westberlin 1979–1989* zusammengetragen. Dass dieses Buch nach seiner Veröffentlichung innerhalb kürzester Zeit vergriffen war und heute bereits in der 4. Auflage erscheint, ist ebenso ein Zeugnis der sehr lebendigen Erinnerungskultur wie der große Erfolg der Ausstellung *Geniale Dilletanten – Subkulturen der 1980er Jahre in Deutschland,* die mit dem Goethe-Institut in den letzten Jahren auf Welttournee war (vgl. Emmerling et al. 2015).

im Weiteren den Differenzproduktionen zu Männern und anschließend zu anderen Frauen zuwende, soll dies nicht über die Tatsache hinwegtäuschen, dass darüber hinaus noch viele weitere Differenzproduktionen eine Rolle gespielt haben und es zudem vielfach zu Überlagerungen verschiedener Differenzproduktionen gekommen ist.

2.1 „Es ging darum, die Regeln der Musik zu brechen"

Punk spielte für die Protagonistinnen der Berliner Szene in verschiedener Hinsicht eine wichtige Rolle. Dass Punk musikalisch für die ein oder andere beispielsweise ein Erweckungserlebnis war, macht insbesondere die Erzählung von *Inga Humpe* deutlich:

> Die musikalische Sache war eigentlich gar nicht geplant gewesen. Ich habe 1977 erst mal eine Aufnahmeprüfung für Bühnenbild an der Kunsthochschule gemacht – und nicht bestanden. Darauf bin ich für drei Monate nach Amerika gefahren. Und da habe ich Punk kennengelernt. Meine erste Punkband habe ich in San Francisco gesehen. Nuclear Valdez: Ich fand das so genial: Das waren fünf Typen, die hießen alle John. ‚This is my brother John!' schrie der eine. Und ein anderer schrie: ‚I am John!' ‚I am John!' und einfach nur brüllend laut. Die standen da, mit kreischenden Gitarren, und brülltenvor Wut irgendwas raus. Danach war mein Leben einfach anders. Ich habe versucht alles zu ändern. Das war so klar (I. Humpe zit. nach Teipel 2012, S. 82).

Punk war für *Inga Humpe* eine Möglichkeit, sich von der vielfach als repressiv empfundenen Gesellschaft abzugrenzen. Der Umgang mit Gleichgesinnten verhalf ihr – wie die Erzählung verdeutlicht – zu einem neuen Selbstverständnis, welches erstmals nicht mehr der im Elternhaus geprägten Identität entsprach (vgl. Teipel 2012, S. 84).[4] Für ihre Schwester *Annette,* die u. a. durch ihr begonnenes Musikstudium bereits einen professionellen Zugang zu Musik verfolgte, war

---

[4]Mit *Blixa Bargeld* und *Jäki Eldorado* malte *Humpe* sich aus, wie ihre gemeinsame Punkband auszusehen hatte. *Bargeld* erinnert sich: „Die hat zwar keinen einzigen Ton Musik fabriziert. Aber sie existierte als Band in unseren Köpfen. Da kam gar nichts zustande. Das war eine rein stilistische Haltung. Ein psychologischer Befreiungsschlag" (zit. nach Teipel 2012, S. 84). Auch wenn sich diese ersten Schritte als reines Gedankenspiel vollzogen, zeitigten sie doch Wirkung: Die Auseinandersetzung mit Punk bot ein neues, die gesellschaftlichen Normen herausforderndes Identifikationspotenzial, welches sich – wie im Folgenden noch deutlich wird – in verschiedener Hinsicht in der Alltagspraxis manifestiert.

Punk eher in musikalischer Hinsicht eine Offenbarung. Sie war seinerzeit Key-
boarderin in einer Transvestitenband, die in erster Linie Disco spielte, und
berichtet über ihre Begegnung mit Punk folgendes:

> Als ich dann Punk kennen lernte, sah ich von meinem hohen Ross aus, dass Leute,
> die sich eine kaputte Gitarre gekauft hatten und zwei Akkorde gelernt hatten und die
> auch noch schlecht spielten, damit ja viel mehr ausdrücken können. Ich war total
> platt: ‚Man muss gar nicht Musik studieren, um was Tolles zu machen.' Da ging mir
> so ein Licht auf. Dass das Geniale im Einfachen liegt (A. Humpe zit. nach Teipel
> 2012, S. 142).

Auch die anderen Protagonistinnen der Berliner Szene haben die neuen Möglichkeitsspielräume, die die Bewegung rund um Punk bot, nachhaltig beeinflusst.

Die Musik selbst verlor etwa für *Gudrun Gut* jedoch nach anfänglicher
Begeisterung recht bald ihren Reiz: „Am Anfang von Punk hatte ich noch
gedacht: ‚Ja! So ist es richtig! So muss es sein!' Aber bald war mir das alles
supersuspekt. Als ich angefangen habe, Bass zu spielen, merkte ich, dass Punk
das Gleiche ist wie Rock – nur schneller gespielt" (Gut zit. nach Teipel 2012,
S. 145). Zwar ist anzunehmen, dass auch *Gut* durch Punk dazu gebracht wurde,
selbst Musik zu machen: Ihre erste Band *DIN A 4* wurde gegründet, ohne dass
eine der Mitwirkenden ein Instrument spielen konnte. Doch hinsichtlich der
musikalischen Ausrichtung grenzte sich *DIN A 4* bereits vom herkömmlichen
Punk ab: „Wir wollen deutsche Texte machen, und wir wollen auch nicht wie
PVC den Leuten ins Gesicht schreien: ‚Hebt eure Ärsche hoch!' Wenn es auf der
Bühne klappt, geht das auch bei den Leuten los!" (zit. nach Hilsberg 1978, S. 23).
Der klassische Punkrock mit politischer Mission, für den in Berlin insbesondere
PVC standen, war den Damen von *DIN A 4* offenbar zu wenig subtil. Obwohl
die Band als reine Frauenband reichlich Auftrittsangebote hatte, kam es jedoch
zu keinem Auftritt der *DIN A 4*-Urbesetzung, sondern einige der Bandmitglieder
taten sich wenig später unter dem Namen *DIN A Testbild* mit der Band *Testbild*
zusammen. Allerdings entspricht die neue Band auch schon bald nicht mehr
Gudrun Guts Vorstellung, wie sie in der Retrospektion festhält:

> Das mit Din-A-Testbild war mir aber bald zu hippiemäßig. Die haben immer rie-
> sige Sessions gemacht, wo improvisiert wurde. Das sollte superfuturistisch und ganz
> modern sein, aber das Moderne sollte aus der Improvisation geschöpft werden –
> Nur: Ich fand das zum Anhören nicht gut. Ich fand es immer besser, die Sachen
> zuerst zu überlegen und dann zu machen (Gut zit. nach Teipel 2012, S. 145).

Mit der Klassifizierung ‚zu hippiemäßig' tritt hier eine weitere Differenz-
linie deutlich zutage, die in der jungen Generation nicht nur in Bezug auf das
Musikmachen, sondern auch hinsichtlich des Aussehens und Auftretens von
zentraler Bedeutung ist, wie wir später noch sehen werden. Auch *Beate Bartel*
berichtet, sie habe angefangen selber Musik zu machen, weil ihr die Musik der
Elterngeneration – personifiziert in *Joan Baez* – nicht gefallen habe (vgl. Teipel
2012, S. 23 f.). Obgleich *DIN A Testbild* bereits den Anspruch hatte, ‚super-
futuristisch und ganz modern' zu sein, spiegelte sich das im Klang laut *Gut*
noch nicht wider. Die Anfrage von *Beate Bartel* bei *Mania D.* mitzumachen,
kam ihr deswegen offenbar ganz gelegen. Eine erste Idee, welche musikalische
Richtung die All-Woman-Band[5] einschlagen wird, findet sich in *Gudrun Guts*
Alfred Hilsberg gegenüber gemachter Aussage wieder: „Was wir machen, muß
klar und deutlich werden, nun kenn ich die anderen erst seit einer Woche. Das
hat sich so spontan ergeben. Für unsere Richtung gibt es keinen Namen. Es wird
nichts sein, was von voriger Woche ist. Wir werden in dem, was passiert, drin
sein" (Gut zit. nach Hilsberg 1979a, S. 21). Obgleich die Band sich erst sehr
kurz kannte, schien festzustehen, dass die Musik, die den Frauen vorschwebte,
einerseits einer klaren Linie folgen, authentisch und gegenwärtig sein sollte, sie
sich aber andererseits musikalisch nicht an irgendeinem Referenzrahmen orientieren wollten. Ganz praktisch spiegelte sich dieses Ansinnen dann darin wider,
dass sich *Gut, Bartel, Köster* und Co. auf eine Vorgehensweise einigten, die mit
jeglichem Professionalitätsanspruch und dem Rückgriff auf musikalische Fertigkeiten brach, wie *Bettina Köster* berichtet:

> Was ein bisschen komisch war: Wir hatten uns ja entschlossen, so als Stilmittel,
> genau die Instrumente zu spielen, auf denen wir noch nie Unterricht hatten. Eigent-
> lich ist das ja hirnrissig. Denn es war für uns immer das Schwierigste, das Musika-
> lische einigermaßen hinzukriegen. […] Wobei das Tolle daran war, dass wir neue
> Sachen entdecken konnten. Das waren dann nicht mal die drei oder vier Punkak-
> korde. Wir hatten gar keine Akkorde, hähä (Köster zit. nach Teipel 2012, S. 243).[6]

---

[5]Die ursprüngliche Formation bestand neben *Gut, Köster* und *Bartel* aus *Eva-Maria
Gößling* und *Karin Luner,* schrumpfte aber nach ca. einem halben Jahr auf die drei erst-
genannten zusammen.

[6]*Köster* berichtet, dass sich insbesondere *Gudrun Gut* für diese Idee stark machte, und
bringt dies mit dem Umstand zusammen, dass *Gut* die einzige war, die nie ein Instrument
gelernt hatte. Mögliche bandinterne Differenzlinien, die auf Können oder Nichtkönnen
fußen, wurden durch diese Vorgehensweise ausgehebelt.

Diese, von Köster selbst als ‚eigentlich ja hirnrissig' bezeichnete Vorgehensweise, quasi bei null anzufangen und alle vorher erlernten Fertigkeiten ungenutzt zu lassen, ermöglichte es aber ihres Erachtens gerade, „neue Sachen zu entdecken" und einen ganz eigenen Sound zu kreieren. Wie man sich ein solches Vorgehen in der Praxis vorzustellen hat, darüber gibt eine Aussage von *Gudrun Gut* im Essayfilm *B-Movie, Lust und Sound in Westberlin 1979–1989* Aufschluss: „Wir haben angefangen und haben halt nur losgepowert und total dilettantisch nur Krach gemacht, das haben wir aufgenommen auf Kassette und uns das immer wieder angehört und daraus versuchen wa, haben wir jetzt versucht, so nen speziellen Sound zu entwickeln" (vgl. B-Movie, 0:36:00 ff.). Durch die Verknüpfung der Praktiken des „einfach Lospowerns" mit der Praxis des Aufnehmens und immer wieder Anhörens konnten Akkorde, Rhythmen und Melodien verstetigt werden, wodurch ein eigener Sound entstand. Neben recht schlichten, aber meist sehr rhythmischen und atmosphärischen Arrangements und den an den New Jazz erinnernden Saxofonsound war *Bettina Kösters* tiefe Stimme, die trotz des Stakkato-Gesangs bisweilen an die Chansons der 1920er Jahre erinnert, sicher eines der markanten musikalischen Merkmale (vgl. Mania D. 1980). Dabei war den Frauen von *Mania D.* zudem wichtig, sich in keinen musikalischen Referenzrahmen einordnen zu lassen:

Wir sind z. B. keine neue Welle und wir sind keine Punkrock-Gruppe und wir sind auch, was sind wir noch nicht? Also wir möchten uns selber nicht in irgendeine Schublade stecken, wir machen die Musik, die wir gut finden und obwohl Joy Division jetzt in sind spielen wir trotzdem nicht wie Joy Division (vgl. B-Movie, 0:26:32 ff.).

Aktuelle popmusikalische Bezüge wie ‚neue Welle' oder Punk und Postpunk werden von *Gut* ebenso verneint wie das Nachrennen aktueller Moden. Gefragt nach den musikalischen Einflüssen und Bezügen, antworten die Frauen, dass die Musik in erster Linie „aus uns selber kommt" (vgl. B-Movie, 0:26:32 ff.). Dieser, unter Musiker_innen im Allgemeinen häufig vorgenommene Rekurs auf das Authentische, die Abgrenzung von allem bereits Dagewesenen und die Skepsis gegenüber Kategorisierungen und Labelungen bricht sich auch unter den Musikerinnen von *Mania D.* Bahn. Eine solche Abgrenzung noch radikalisierend, stellt *Köster* sogar jeglichen musikalischen Referenzrahmen infrage:

Es ging darum, die Regeln der Musik zu brechen. Gudrun hat immer von der ‚Musik des Presslufthammers' gesprochen. Die Geräusche, die in der Stadt um die herum sind, werden zur Musik. Es ging uns eben auch darum, den eigenen Schmerz zu erkunden. Beate ist nicht umsonst auf den Namen Mania D. gekommen (Köster zit. nach Teipel 2012, S. 286 f.).

Anstatt vorgegebenen klangästhetischen Regeln zu folgen, nehmen die Frauen für sich in Anspruch, sich soundästhetisch einerseits sowohl an den Geräuschen des urbanen Raumes zu orientieren. Andererseits war aber auch die Auseinandersetzung mit der eigenen Gefühlslandschaft von großer Bedeutung, wobei insbesondere Gefühle wie Schmerz, Aggression und Einsamkeit im Vordergrund standen (vgl. Köster zit. nach Teipel 2012, S. 287). Dass der Rekurs auf die eigenen Emotionen von den Protagonistinnen selbst als etwas Weibliches gefasst wird, darauf wird im nächsten Kapitel näher eingegangen.

2.2 „Die Jungs haben ihre Verstärker immer unglaublich laut aufgedreht"

Aufgewachsen in den 1960er Jahren, haben viele der Protagonistinnen der Westberliner Musiklandschaft noch eine mehr oder weniger klassische Erziehung als Mädchen genossen.[7]

Beate Bartel, die bereits in ihrer Jugend den Traum Tontechnikerin zu werden hegte, konnte sich gegen die familialen und gesellschaftlichen Widerstände, die es gegenüber Frauen in Technikberufen seinerzeit gab, allerdings durchsetzen und eine entsprechende Ausbildung absolvieren. Dennoch musste sie feststellen, dass die gesellschaftliche Anerkennung von Frauen in diesem Beruf auch mit einer Ausbildung Mitte der 1970er Jahre noch nicht gegeben war. Sie berichtet: „Und 1975, als ich nach Berlin zurückkam, dachte ich: ‚So, jetzt müssen die mich aber ernst nehmen.' Aber Jungs waren halt immer noch Jungs. Und Mädchen waren immer noch Mädchen" (zit. nach Teipel 2012, S. 24). Auch wenn *Bartel* die Unterschiede, die im Musikbetrieb zwischen Jungs und Mädchen in dieser Zeit vorherrschten, nicht weiter benennt, Frauen schienen in dieser Zeit noch einen sehr prekären Status im Bereich der Tontechnik zu haben.

Dass Punk Ende der 1970er Jahre zu einer Auflockerung des Geschlechterverhältnisses beigetragen hat, wird u. a. durch *Inga Humpe* bestätigt, die sich an die Bands ihrer Schwester *Annette* vor der Gründung der *Neonbabies* erinnert: „Das waren so Mucker, mit denen meine Schwester vorher arbeitete. Und ihr Status in den Bands war oft eine Mischung aus Darling und doofe Diva. Vor Punk waren ja die Musiker äußerst dünkelhaft und superfrauenfeindlich" (zit. nach Teipel 2012, S. 143). Im Bandgefüge wurde Frauen laut *Humpe* vor dem Aufkommen

---

[7]Beispielsweise war es vielen Mädchen noch nicht erlaubt, Hosen zu tragen (vgl. Bartel in Teipel 2012, S. 23).

des Punk noch ein marginaler Status zugewiesen, da ihrer kategorialen Zugehörigkeit als Frau häufig eine größere Bedeutung eingeräumt wurde als den musikalischen Fertigkeiten. Allerdings wäre es verkürzt, anzunehmen, geschlechtliche Differenzproduktionen würden nun in Gänze verschwinden. Ganz im Gegenteil, in der Westberliner Szene zeigt sich sehr deutlich, welchen Stellenwert Differenzmarkierung zwischen Männern und Frauen für das Selbstverständnis der Frauen in Bezug auf das Musikmachen einnehmen: *Gudrun Gut* spricht in Hinblick auf das Musikmachen von deutlichen Unterschieden zwischen Männern und Frauen: „Dass da ein Unterschied ist, das habe ich schon bei Testbild gemerkt. Wenn die Coca Cola, unsere Drummerin, nicht da war, war es ganz komisch. Die Männer ham dann ihre Sache gemacht, und ich hatte überhaupt keine Motivation mehr" (zit. nach Hilsberg 1979b, S. 27). Obgleich die Rollenbilder sich durchaus gewandelt hatten, wie *Gudrun Gut* selbst feststellt (vgl. Hilsberg 1979b, S. 27), zeigen sich in der Praxis noch deutliche Unterschiede, die zudem auch die Beharrlichkeit geschlechtlich konnotierter Hierarchien verdeutlichen: Sobald die andere Frau nicht anwesend ist, fühlt sich *Gut* unwohl, da das sonstige Gleichgewicht aus den Fugen geraten zu sein scheint, wie ihre Aussage, „die Männer ham dann ihre Sachen gemacht", vermuten lässt. Dass den Männern hierbei eindeutig die aktive Rolle zugewiesen wird, während sie sich selbst in der passiven Rolle („ich hatte überhaupt keine Motivation mehr") wiederfindet, verdeutlicht die in dieser Situation zutage tretenden Unterschiede im Verhalten, die als ein Zeugnis nach wie vor bestehender gesellschaftlicher Hierarchien gelesen werden kann, die hier wirksam werden. Dieses diffuse Gefühl des Unwohlseins führt allerdings bei *Gut* nicht unmittelbar zu dem Gedanken, nur noch mit Frauen Musik machen zu wollen.

Die Entstehung von *Mania D.*, der ersten All-Female-Band von *Gut, Bartel* und *Köster*, ist eher Ergebnis einer praktischen Aneinanderreihung verschiedener Ereignisse: *Beate Bartel* hat zunächst spaßeshalber und ohne große Ambitionen mit ihrer Nachbarin zu Hause Musik gemacht, wobei sie sich bereits *Mania D.* nannten. Im *SO 36* fragte sie dann eines Tages *Gudrun Gut,* die ihr aufgrund ihres gelben Overalls positiv aufgefallen war, ob sie nicht bei *Mania D.* mitmachen wolle. *Gut* brachte dann wiederum *Bettina Köster* zur ersten Bandprobe mit, mit der sie zu dieser Zeit bereits den Laden *Eisengrau*[8] betrieb (vgl. Teipel 2012, S. 242).

---

[8]Der Laden, in welchem *Gut* und *Köster* selbst gemachte avantgardistische Klamotten verkauften und im Hinterzimmer Super 8-Filme zeigten, wurde in der Szene zu einem wichtigen Treffpunkt und diente *Mania D.* auch zwischenzeitlich als Proberaum (vgl. Müller 2013, S. 280).

Mania D. ist also offensichtlich nicht das Produkt einer bewusst getroffenen Entscheidung, eine All-Female-Band zu gründen. Auf die Frage in einem 1980 geführten Interview mit der *SPEX*, ob sie mit Anspruch eine Frauenband seien, antwortet *Gut* mit einem „Nöö" (SPEX 1980, S. 16). Gleichwohl wurde die Formierung in einer All-Woman-Band sowohl auf zwischenmenschlicher Ebene als auch auf musikalischer Ebene als sehr gewinnbringend erachtet, wie die Protagonistinnen damals in diversen Interviews (vgl. Köster in SPEX 1980, S. 16; Hilsberg 1979b) und auch in der durch Teipel angestoßenen Retrospektion feststellen. *Bettina Köster* etwa konstatiert:

> Ich fand es viel einfacher, nur mit Frauen zu spielen. Als ich noch bei Din-A Testbild war, haben die Jungs ihre Verstärker immer unheimlich laut gedreht. Ich konnte mich selber gar nicht mehr hören. Das hat keinen Spaß gemacht. Bei Mania D. haben wir aufeinander gehört. Es war weicher, angenehmer. Und es war auf einmal möglich eine Frauenband zu machen. Aber es war nur möglich, weil wir es einfach gemacht haben (zit. nach Teipel 2012, S. 242).

Auch sie stellt Unterschiede hinsichtlich der Art und Weise Musik zu machen zwischen Männern und Frauen fest: Die durch die Männer forcierte Lautstärke wird mit einer gewissen Ignoranz und Rücksichtslosigkeit verknüpft. Obgleich ein solches Verhalten dem gängigen Bild des Rockmusikers entspricht, kann *Köster* ihm nichts abgewinnen, ganz im Gegenteil. Für sie ist es wichtiger, aufeinander zu hören, und das war in der Zusammenarbeit mit Frauen ihrem Erachten nach wesentlich besser möglich. Die Zusammenarbeit nur mit Frauen wird auch durch den Ausspruch „Es war weicher, angenehmer" zusätzlich positiv von *Köster* aufgeladen, wobei nicht ganz klar ist, ob sich die Aussage auf das Miteinander, den Sound oder beides gleichermaßen bezieht.[9] Auch *Gudrun Gut*

---

[9]Gleichzeitig nimmt sie eine zeithistorische bzw. gesellschaftliche Kontextualisierung vor, indem sie konstatiert, dass es „auf einmal möglich [war] eine Frauenband zu machen". Sie betrachtet es offenbar als ein Novum, sich in Frauenbands zu formieren. Sie schiebt jedoch hinterher, dass es nur möglich wurde, indem sie „es einfach gemacht [haben]". Dieses ‚einfach gemacht haben' lässt sich meines Erachtens sowohl zeitdiagnostisch deuten, da das einfach Machen ein wichtiges Praxisprinzip der damaligen Zeit zu sein scheint. Andererseits verweist der Ausspruch auf die praktische Dimension des Tuns, dem weniger ein rationaler Entscheidungsprozess vorausgegangen ist, sondern dem Machen selbst der zentrale Stellenwert eingeräumt wird. Während den Frauen im Zusammenspiel mit Männern auch durch Köster eher ein passiver Part zugesprochen wird, betont sie mit dieser Aussage, dass die Frauen hier aktiv tätig wurden.

betont, dass es angesichts des nach wie vor männlich dominierten Musikbetriebs eine wichtige Erfahrung war, sich mit anderen Frauen zusammenzutun:

> In manchen Umgebungen fühlt man sich als Frau nicht so wohl. Und dieses Business war überhaupt nicht weiblich. Es war ausgesprochen männlich. Auch dieses Gockelgehabe. Das hat nichts mit weiblichem Selbstverständnis zu tun. Deswegen war es wichtig, sich zu Frauenbands zu verbünden. Da konntest du ganz locker ausprobieren, ohne dass es diesen Geschlechterkampf gab. Eine Frau bringt einen anderen Aspekt in die Musik rein. Wenn eine Frau da ist, dann ist die Band anders. Das gibt einen anderen Sound (zit. nach Teipel 2012, S. 243).

Gut spricht hier in einer allgemeineren Weise von den Unterschieden des doing genders – zwischen männlichem und weiblichem sich Verhalten bzw. Selbstverständnis –, in welchem zudem auch die gesellschaftlichen Hierarchien zwischen den Geschlechtern zutage treten, denn sie konstatiert, dass das ganze Musikbusiness sehr männlich geprägt war. Dass sich die praktische Zusammenarbeit von Frauen nicht nur positiv auf das Bandgefüge, sondern auch auf den Sound auswirken, davon ist *Gudrun Gut* überzeugt.

Beate Bartel macht zudem auch hinsichtlich des praktischen Umgangs bzw. Spielens eines Instruments Unterschiede zwischen Männern und Frauen aus:

> Ich habe damals Bass gespielt. Und ich habe den Bass geliebt. Aber mein Ziel war nicht, die schnellste Bassistin der Welt zu werden und 100 Techniken auf einmal spielen zu können. Das machen Jungs so gerne. Es ging mir nur darum, den richtigen Ton zur richtigen Zeit zu spielen. Der Bass ist ein Gebrauchsgegenstand wie jeder andere auch (Bartel zit. nach Teipel 2012, S. 242 f.).

Neben der Schnelligkeit schreibt sie den Männern eine Fokussierung auf die technische Versiertheit zu, während sie für sich selbst in Anspruch nimmt, „den richtigen Ton zur richtigen Zeit" spielen zu wollen.

Die spezifische Vorgehensweise bei *Mania D.*, dass jede ein Instrument spielte, mit dem sie noch nicht vertraut war, ging mit einer anderen Arbeitsweise einher: Diese fußte zum einen natürlich stark auf Improvisationen, da das handwerkliche Rüstzeug fehlte, und baute zum anderen – wie die Frauen selbst erzählen – eher auf Gefühlen auf, wobei das gemeinschaftliche Aufeinanderhören eine sehr große Rolle spielte (vgl. Interview Mania D. 1980, 0:02:52 ff.). Diese Arbeitsweise wird von den Protagonistinnen selbst geschlechtlich konnotiert: „Wir haben mit Mania D. auch anders gearbeitet als Männerbands. Es war nicht so, dass wir gesagt haben: ‚Jetzt kommt dieser Akkord und dann jener.' Sondern:

‚Jetzt haben wir dieses Gefühl und dann soll noch jenes Gefühl dazukommen'" (Köster zit. nach Teipel 2012, S. 284). Auch *Gudrun Gut* stellt fest: „Wir haben uns immer gefragt. ‚Was ist uns wirklich wichtig?' Und das waren eben die ganz großen Gefühle: Liebe, Schmerz, Trennung. Aber Weiblichkeit bedeutete für uns nicht: kuschelkuschel!" (zit. nach Teipel 2012, S. 284 f.).

Die emotionale Ebene nimmt für die praktische Erzeugung der Arrangements eine wichtige Bedeutung ein, wobei Gut sich von gängigen Klischees deutlich abgrenzen möchte.

In Auseinandersetzung mit dem Musikmachen findet wie gesehen auf ganz unterschiedlichen Ebenen eine Auseinandersetzung mit dem eigenen Frau-sein statt, wobei seitens der Protagonistinnen selbst Unterschiede sowohl in den Sprechakten als auch hinsichtlich des praktischen Tuns konstatiert und erzeugt werden. Die Zusammenarbeit mit Männern wird jedoch trotz dieser Differenz-markierungen und der positiven Besetzung der Zusammenarbeit mit Frauen nicht kategorisch ausgeschlossen, wie die Anfänge der *Einstürzenden Neubauten* zei-gen: Neben *Blixa Bargeld* und *Andrew Unruh* waren in der ersten Konstellation auch *Gudrun Gut* und *Beate Bartel* dabei. Allerdings offenbaren sich auch hier wieder Unterschiede, die die Frauen zum baldigen Ausstieg aus der Band bewegen, wie *Gudrun Gut* berichtet:

> [I]n den Anfängen der Neubauten wurde vor allem ausprobiert. Das war noch sehr spielerisch. Und das fand ich gut. Aber als wir dann im Studio waren und eine Sin-gle aufnehmen wollten, haben wir uns gestritten. Das, was Blixa wollte, war nicht das, was ich wollte. Und nachdem wir ja auch noch Mania D. hatten, war es klar, dass das eher sein Projekt ist. [...] Nur bei Mania D. waren wir alle gleichberechtigt. Da machten wir alle, was wir wollten. Und bei Blixa sollte ich auf einmal machen, was er will. [...] ich habe zu ihm gesagt: ‚Nee, mach du mal alleine.' Ich wollte einfach nicht Angestellte sein. Dafür war ich zu wild, haha (zit. nach Teipel 2012, S. 284).

Ihre positive Erfahrung bei *Mania D.* hat sicher dazu beigetragen, dass sich die Frauen weniger von den Männern gefallen ließen. Interessant an dieser Erzählung ist aber auch, dass die Differenzen nicht mehr in allgemeiner Weise geschlecht-lich begründet werden, sondern hier eine personalisierte Betrachtungsweise stattfindet. Durch die freundschaftliche Verbindung zu *Blixa Bargeld* und die Tat-sache, dass *Gut* selbst noch *Mania D.* hatte, gesteht sie *Blixa* zu, dass das eher sein Projekt war: „Es war klar, dass er gerade einen Weg sucht" (Gut zit. nach Teipel 2012). Obgleich ihr die autoritäre Arbeitsweise nicht entspricht, zieht sie sich deshalb ohne große Gegenwehr aus dem Bandgeschehen heraus.[10] Hinsichtlich der klang- und soundästhetischen Entwicklung der *Einstürzenden Neubauten* ist sich *Gut* jedoch sicher, dass diese mit weiterhin zwei Frauen in der Band anders verlaufen wäre: „Dann hätte sich das mit dem Stahl sicher nicht durchgesetzt. Ich hätte es unpassend gefunden, wenn da einer neben mir rumschwitzt. Das hatte nichts Weibliches. Das war eher ein Jungsding" (Gut zit. nach Teipel 2012, S. 333). So wie sie den Frauen zuspricht, einen weiblichen Sound zu kreieren, gibt es ihres Erachtens einen eher männlichen Sound. Auch die Bühnenperformance von den *Neubauten* habe späterhin etwas sehr Männliches gehabt, wie *Gut* konstatiert:

> Die Gefährlichkeit eines offenen Feuers auf der Bühne – das war natürlich sehr interessant. Bei Mania D. spielten wir ja auch mit Gefährlichkeit. Aber bei uns ging es mehr um die Kippe des Lebens. Während Neubauten auf der Bühne wirklich lebensgefährlich waren. Und eben sehr männlich. Als ich mir das angesehen habe, konnte ich mir überhaupt nicht mehr vorstellen da mitzumachen (Teipel 2012, S. 333 f.).

Es ist nicht das Gefährliche an sich, das sie mit Männlichkeit verbindet, denn auch bei *Mania D.* wurde mit Gefährlichkeit experimentiert. Allerdings assoziiert *Gut* insbesondere die Dinge und Artefakte, die bei den *Neubauten* auf der Bühne zum Einsatz kamen, aber auch das Spiel mit der tatsächlichen Lebensgefahr mit Männlichkeit.

Es ist anzunehmen, dass in All-Female-Bands die Auseinandersetzung nicht nur mit der eigenen kategorialen Zugehörigkeit als Frau, sondern auch mit den Unterschieden im doing gender noch verstärkt wurden. Allerdings setzten sich auch die Frauen, die nicht in Frauenbands spielten, durchaus mit dem Frausein auseinander. *Inga Humpe* bringt diese Auseinandersetzung ebenfalls mit der damaligen Zeit zusammen:

---

[10]*Beate Bartel* machte eine ähnliche Erfahrung: „Ich hatte immer einen Höllenspaß mit Andrew. Wir waren immer so: ‚Wir machen sowieso, was wir wollen.' Aber meine Lust hat schlagartig aufgehört, als Andrew und ich mal tauschen wollten. Ich wollte auch mal Schlagzeug spielen. Und er wollte auch mal an den Bass. Aber Blixa schrie: ‚Nein! Geh wieder zurück, das geht nicht.' Und das war es dann letztendlich. Ich wollte mir von ihm keine Vorschriften machen lassen. Da war Sense. Mich hat ein despotischer Bandleader einfach nicht interessiert" (zit. nach Teipel 2012, S. 284). Auch *Bartel* konnotiert diese Episode nicht geschlechtlich, was u.a. auch dadurch begründet ist, dass Andrew und Blixa hier sehr unterschiedliche Verhaltensweisen an den Tag legen.

Also an das stärkste Gefühl, was ich mich wirklich erinnern kann, in dieser Zeit war: Gegenhalten, Wut, sich nichts gefallen lassen. Das war eine ganz grobe Form auch von Feminismus. Und mit allen Mitteln auch, ich fand uns extrem unfreundlich, so im Nachhinein und es ging eben nicht anders (zit. nach Berlin – Lost in Time and Space, 0:17:30 ff.).

Hatte man sich hinsichtlich des Verhaltens in der Jugend noch viel bei Jungs abgeguckt, setzt sich auch *Humpe* eher kritisch mit den Konstruktionen von Männlichkeit auseinander, wie die *Neonbabies*-Interpretation des *Ted-Herolds*-Songs *Ich bin ein Mann* verdeutlicht, bei welchem *Inga Humpe* das hier besungene Männerbild mit eindeutigen Gesten, Posen und Gesichtsausdrücken persifliert (siehe Video Neonbabies). Für die Konstruktion des eigenen Selbstverständnisses waren jedoch nicht nur die Differenzproduktionen zu Männern bzw. männlichem Verhalten etc. ausschlaggebend. Von nicht minder großer Bedeutung sind auch die Abgrenzungen gegenüber anderen Frauen bzw. weiblich konnotiertem Verhalten. Gerade hinsichtlich des Aussehens und Auftretens, aber auch in Hinblick auf das musikalische Schaffen und die Verortung in einer Szene boten sich zwischen den Frauen noch deutlich mehr Reibungsflächen, wie wir im Weiteren sehen werden.

2.3   „Wir Supergirls fallen nicht auf Mode rein"

Die Konstruktion eines Selbstverständnisses als Frau fand häufig in Auseinandersetzung mit gängigen Frauenbildern statt, wobei man mal mehr, mal weniger offensiv versuchte, mit diesen Bildern zu brechen. *Inga Humpe* berichtet etwa von einer Modenschau der Berliner Designerin Claudia Scoda, bei der auch die Band *Vibrators* spielte:

Das war ein richtiger Glamourabend. Und ich fand das [„die superwavigen Strickpullis", die Scoda herstellte Anm. d. Verf.] zwar klasse, aber damals durfte man ja niemanden gut finden. Das war auch so: ‚Wir Supergirls fallen nicht auf Mode rein'. Alles was eine Handtasche hatte, war für mich total unter aller Sau. Und deswegen lief ich mit Plastiktüten herum (Humpe zit. nach Teipel 2012, S. 82).

Das Interesse für Mode wird von *Humpe* einem Frauenbild zugesprochen, von dem es sich abzugrenzen gilt. Obgleich *Humpe* durchaus Gefallen an dem Abend und der präsentierten Mode gefunden hat, durfte sie sich als ‚Supergirl' nicht die Blöße geben, dies auch öffentlich kundzutun. Auch durch die Weigerung, eine Handtasche zu tragen, ein in erster Linie weiblich konnotiertes Accessoire, wollte sie sich bewusst vom herkömmlichen Frauenbild abgrenzen. In Fragen des Aussehens und Auftretens – denen in Musikkulturen ebenfalls ein wichtiger Stellenwert beigemessen wird – spielen die gesellschaftlich vorherrschenden Frauenbilder für die Differenzproduktionen eine wichtige Rolle. Bei der Suche nach einem neuen Selbstverständnis als Frau erweist sich die Differenzmarkierung jedoch nicht nur gegenüber den herkömmlichen Frauenbildern, sondern auch zu neuen Bewegungen als zentral, wie *Inga Humpe* reflektiert:

> Ich musste mir mein Frauenbild erst selbst erschaffen. Das ging alles sehr über den Kopf. Eine schöne Frau – das war alles Kosmetik. Das stand nicht für Emanzipation. Nicht für: ‚Ich kann‘s alleine.' Ich habe mich eher zwischen den Extrem-Punk-Mädels gesehen, die mit blutigen Tampons am Ohr durch Straßen gingen – wofür ich ein bisschen zu ängstlich war –. Und den so genannten It Girls. Das war eine englische Bewegung, die Ende der 60er Jahre losging und dann im Punk verebbte. Da ging es auch eher um geistige Stärke. Nicht um die Unterstreichung geschlechtsspezifischer Merkmale. Ich wollte mich unbedingt absetzen und schwierig sein. Nicht schön sein, sondern provozierend (zit. nach Teipel 2012, S. 82).

Die Auseinandersetzung mit dem Selbstverständnis als Frau war laut *Humpes* Erzählung eine aktive Konstruktionsleitung, die zunächst insbesondere auf kognitiver Ebene stattfand. Schönheit stand für sie für ein wenig emanzipatives Frauenbild, sondern wird in allgemeiner Weise als Kosmetik abgetan. Die Hervorhebung geschlechtsspezifischer Merkmale lehnt sie ab und setzt auf eine Form der ‚geistigen Stärke‘, die sich nicht in Schönheit, sondern in Provokation zeigt. Sie orientiert sich dabei an verschiedenen Vorbildern, nimmt aber wiederum Abgrenzungen vor, um sich selbst dazwischen zu positionieren. In ihrem Aussehen schlägt sich ein solches Selbstverständnis folgendermaßen nieder: Neben ihren kurzen Haaren im Wuschellook, dunklem Lippenstift und stark geschminkter Augenpartie präsentiert sie sich etwa auf dem Plattencover der ersten LP der *Neonbabies* in schwarzem Beinkleid und weißem Männerhemd mit Hosenträgern und Fliege – also nicht in typisch weiblicher Kleidung. Während die männlichen Bandmitglieder für solche Anlässe auch mal ein freundliches Gesicht aufsetzen, ist *Humpes* Gesichtsausdruck gerade auf den ersten Platten meist ernst bis traurig oder trotzig (vgl. Neonbabies 1981).

Auch bei den Musikerinnen von *Mania D.* bzw. *Malaria!* überwiegen Kurzhaar-Frisuren und eher ausgefallene und teilweise sehr provokative Outfits. Wie *Bettina Köster* erinnert, entsprachen sie damit nicht dem gängigen Frauenbild in der Popmusik, mit dem sich Geld verdienen ließe: „Um mit Mania D. erfolgreich zu sein, wäre es sicher gut gewesen, wenn wir niedlicher gewesen wären. Nicht ganz so spröde. Aber uns ging es ja nicht um schöne, erfolgreiche Musik" (zit. nach Teipel 2012, S. 286). In Kleiderwahl und Auftreten spiegelt sich eine Differenzproduktion wider, die mit dem gängigen, kommerziell verwertbaren Frauenbild bricht. Die Outfits sind bei *Mania D.* aber durchaus mit Liebe zum Detail ausgewählt und wurden in großen Teilen von den Frauen selbst angefertigt. Im Gegensatz zu *Humpes* generellem Misstrauen gegenüber Mode zeigt sich bei den Frauen von *Mania D.* durchaus ein gewisses Faible für Modefragen, wobei dieses sehr avantgardistisch ausbuchstabiert wurde. In ihrem Laden *Eisengrau* beispielsweise verkaufen *Gudrun Gut* und *Bettina Köster* Strumpfhosen für Männer oder konstruktivistisch anmutende Strickpullis bzw. solchen in schrillen, nicht zusammenpassenden Farben mit Fransen und großen Löchern, die *Gut* selbst "als Antimode-Mode" bezeichnet (zitiert nach Teipel 2012, S. 190). Aber auch das Bühnen-Outfit wurde von den Frauen von *Mania D.* und *Malaria!* als Ausdrucksmittel intensiv genutzt.

Die Kleiderwahl wurde dabei auch zum Mittel für eine weitere Differenzproduktion: Denn, wie *Gudrun Gut* berichtet, ging es bei der Wahl des Outfits ebenfalls um eine Abgrenzung gegenüber der Vorgänger-Generation: „In diesem hippieverseuchten Berlin musste man natürlich für Struktur sorgen. Und deswegen wurde heftigst mit militärischen Symbolen geflirtet. Wir wollten *straight* sein" (zit. nach Teipel 2012, S. 293). Bereits bei *Mania D.* überwog beim Outfit eher ein dunkles Farbspektrum, und das Spiel mit militärischen Symbolen wurde auch bei *Mania D.* bereits als bewusste Provokation eingesetzt.[11] Obwohl hierbei sicherlich Rekurs auf eine entsprechende durch den Punk zum Einsatz gebrachte Symbolik genommen wurde, war die Provokation jedoch weniger plakativ.

Barbara Hornberger sieht in dem Trend der Kurzhaarfrisuren und den kantigen und klaren Linien in der Mode, die sich beispielsweise auch im Tragen von Uniformen widerspiegelt und sich teilweise betont maskulin gibt, einen Gegentrend zum femininen Auftreten in den 1970er Jahren, in denen lange Haare, weite Klei-

---

[11]*Malaria!* radikalisierte das Kleidungskonzept dann noch weiter und eckte damit mitunter ziemlich an, wie *Bettina Köster* sich erinnert: „Wir wollen bewusst an diese Zeit anbinden, bevor die ganze deutsche Kultur von den Nazis kaputtgemacht wurde. Wir haben uns bewusst diese 20er-Jahre-Ästhetik zusammengesucht. Und besonders im Studio 54 haben wir deswegen auch Ärger gekriegt. Da war gerade Jom Kippur. Wir hatten gar keine Ahnung, was das war, und kamen in unserem normalen Outfit: schwarze Reitstiefel, schwarze Reithosen, schwarze Hemden und, als Gruß an den Sozialismus, rote Nelken im Hemd. Das war ein wenig zu subtil" (zit. nach Teipel 2012, S. 336). Die Provokation war – wenn auch nicht unbedingt in diesem expliziten Fall – durchaus gewollt.

der und Schmuck auch bei Männern sehr angesagt waren (vgl. Hornberger 2011, S. 246).[12]

Nicht nur gegenüber der Ästhetik der Hippies wollte man sich mit den entsprechenden Outfits absetzen, der Rückgriff auf militärische Symbolik war darüber hinaus auch ein Mittel, sich von anderen Frauen bzw. frauenbewegten Zusammenhängen abzugrenzen. Denn dass die Band lediglich aufgrund ihres Status als Frauenband und nicht aufgrund ihrer Musik für bestimmte Auftritte angefragt wurde, missfiel den Frauen von *Mania D.* sehr (vgl. Teipel 2012, S. 293). Das Frauenfestival im *Metropol* war so ein Ereignis. Um zu zeigen, dass sie sich nicht auf das verbindende Element des Frauseins reduzieren lassen wollten, war die Provokation durch das Outfit bei diesem Auftritt durchaus gewollt, wie *Beate Bartel* erzählt:

> Dieses Lesbenfestival war nicht mein Wunsch. Und ich hatte dann auch ein spezielles Outfit. Ich hatte die Haare ziemlich kurz geschoren. Und ich trug ein schwarzes Militärhemd, einen grauen, engen Rock und hochhackige Schuhe. Die ganze Band hatte so ein militärisch wirkendes Outfit. Damit hatten die Probleme (zit. nach Teipel 2012, S. 293; vgl. Women in Rock, 0:27:25).

Gerade in frauenbewegten Zusammenhängen schien die All-Female-Band mit ihrem Auftreten ein Statement setzen zu wollen, um zu signalisieren, dass sie sich von solchen Bewegungen nicht vereinnahmen lassen.[13] Auch wenn sie sich mit ihrem Frausein durchaus intensiv auseinandersetzen, grenzen sich die Frauen von *Mania D.* von solchen Kontexten dezidiert ab. Die gemischten und teilweise sehr heftigen Reaktionen, die diese Auftritte und die Musik bei dem Frauenpublikum hervorriefen, sind für *Beate Bartel* ein Anzeichen, dass Frauen der Musik von

---

[12]Und auch *Moritz R* von *Der Plan* beschreibt dies als einen allgemeinen Trend: „In den späten siebziger Jahren wurde die Kurzhaarfrisur zu einem wichtigen Signal, das den Generationswechsel von den Hippies zum Punk markierte" (Moritz R® 1993, S. 11). Allerdings treten Männer in dieser Zeit auch immer häufiger geschminkt auf. In diesem Sinne kann auch von einer Zunahme eines androgynen Erscheinungsbildes gesprochen werden (vgl. Hornberger 2011, S. 246).

[13]Dass ein solch provokatives Auftreten massive Wirkung zeitigte, wurde von den Musikerinnen dabei mit Genugtuung zur Kenntnis genommen (vgl. Women in Rock, 0:27:25 ff.), wie an dieser Aussage von *Bettina Köster* deutlich wird: „Die eine Hälfte der Zuschauerinnen fand das superklasse. Die andere Hälfte fand das ätzend. Die rief: ‚Nazihuren!' und dann gingen sie zum Mischpult: ‚Mach das aus, diese Scheiße.' Dann kamen andere: ‚Mach das wieder lauter!' Dann haben die sich gegenseitig beschimpft und Bier ins Gesicht geschüttet! Und wir waren der Anstoß dazu, hähä. So was hatten die noch nicht gesehen. Irgendwann haben sich alle geprügelt. Sogar auf der Bühne waren zwei Mädels,

Mania D. nicht unbedingt offener gegenüber gestanden haben (vgl. Women in Rock, 0:28:11 ff.).

Allerdings bieten sich auch die All-Female-Bands gegenseitig eine besondere Reibungsfläche, wie sich etwa an der Begegnung mit der Berliner Punkband *Ätztussis* beim ‚Geräusche für die 80er-Festival‘ in der Hamburger Markthalle zeigt. Hier spielten *Gut* und *Köster* mit ihrer Bandformation *Liebesgier*, welche sie gemeinsam mit *Frieder Butzmann* und zwei weiteren Mitstreiterinnen zwischenzeitlich auf die Beine gestellt hatten. Müller berichtet über diesen Vorfall: „Der Auftritt von Liebesgier endet mit einer Schlägerei. Eine Maskierte, die zu ‚Ich bin ein Bonbon‘ auf der Bühne tanzt, wird von Mitgliedern der Kreuzberger Punkband *Ätztussis* heftig in den Arm gebissen“ (vgl. Müller 2013, S. 156). Allerdings blieb es nicht nur bei diesem Biss, wie *Eva Gössling*, die bei diesem Song ganz in Rosa gekleidet war und einen Motorradhelm umgekehrt auf dem Kopf trug, mit einem Loch für das Gesicht, berichtet, wurde sie von den Frauen der *Ätztussis* auch „in den Schritt“ getreten und anderweitig angegriffen (vgl. Müller 2013, S. 156). Bereits Diedrichsen kommt in seinem Bericht über das Festival in SOUNDS zu dem Schluss, dass man es sich zu einfach mache, wenn man für solcherlei Vorfälle „Avantgarde und Punk, Kunstschule und Straße“ simplifizierend gegenüberstellt. Er spricht vielmehr von „komplizierten Fraktionsbildungen“, „lokalen Auseinandersetzungen“ und „Kollegenneid“ (Diedrichsen 1980, S. 22). Und gerade für Frauen schienen andere Frauenbands aus dem räumlichen Nahbereich in besonderer Weise als Reibungsfläche zu fungieren, wobei die wahrgenommenen Differenzen auch handfest zum Ausdruck gebracht wurden. Generell spielte jedoch die Abgrenzung von anderen Frauenbands für *Mania D.* bzw. *Malaria!* eine große Rolle, wie etwa an dieser Aussage von *Gut* deutlich wird:

> Wir mochten auch die meisten New Wave Frauenbands nicht. Etwa Liliput aus der Schweiz. Die fand ich immer viel zu nett. Bei denen ging das ganz und gar über den Kopf. Das hatte, bis hin zu diesem federnden Schlagzeugsound, so eine Leichtigkeit, die direkt ins Gehirn ging. Bei Mania D. ging das über den Körper – und den

---

die sich nur noch anschrien. Und ich bin dazwischen: ‚Habt ihr jetzt genug gestritten?‘ Und die eine: ‚Noch nicht!‘ Und haut mir mit der flachen Hand aufs Ohr. Und sagt: ‚Jetzt aber!‘ Das habe ich noch gehört. Danach habe ich gemerkt, dass mein Trommelfell geplatzt war“ (zit. nach Teipel 2012, S. 293 f.; vgl. Women in Rock, 0:27:49 ff.).

Unterleib. Wir waren eine Bauchgruppe. Wir haben immer darauf bestanden, dass wir viele Bässe haben. Und wir waren richtig laut (zit. nach Teipel 2012, S. 284 f.).

Mania D. wollte keine Musik machen, die nett und eingängig ist, sondern – wie oben bereits angesprochen – es ging ihnen vielmehr darum, einen eigenen Sound zu kreieren, in welchem sich der eigene Schmerz und die eigenen Emotionen widerspiegeln. Als selbsterklärte ‚Bauchgruppe' war die Basslastigkeit Ausdruck des körperlich affiziert Seins, wobei sich dieses Affiziertsein auch auf die Zuhörer_innen körperlich auswirken sollte. Die damit einhergehende Abneigung gegenüber allem Fröhlichen und die zentrale Bedeutung, die Berlin dabei zukommt, macht die Aussage von *Köster* deutlich:

> Wir haben uns nicht umsonst die hässlichste, kaputteste und härteste Stadt Deutschlands ausgesucht. Bei uns haben sich die emotionalen Krüppel getroffen. Aber wir wollten davon auch weg. Das war wie in diesem typischen Bild: Hinterhofkinder, die an die Sonne wollen. Und schließlich diese Liebe zu Berlin – das war aus purer Notwendigkeit. Sonst wären wir durchgedreht. Es war ein konstruktiver Weg, die eigenen Aggressionen und Einsamkeit rauszukriegen. Und deswegen auch Gudruns extreme Abneigung gegen Leute, die etwas Fröhliches gemacht haben. So wie Inga (zit. nach Teipel 2012, S. 286 f.).

Und auch andere Musikerinnen mit der gleichen Szeneanbindung boten den Frauen eine willkommene Reibungsfläche, wie insbesondere an der Beziehung zwischen den Frauen von *Mania D.* bzw. *Malaria!* und den *Humpe*-Schwestern deutlich wird. *Inga Humpe* erinnert sich daran wie folgt:

> Vor allem zwischen uns und Mania D. war das nackte Konkurrenz. Die ganze Berliner Szene war ja von Beginn an vorsichtig miteinander umgegangen. Aber seit sich die ersten Gruppen gebildet hatten, war man äußerst unfreundlich zueinander. Man redete nicht miteinander. Abgrenzung war das Wichtigste. Bloß nicht so weich und vertrauensvoll. Bloß nicht zu freundlich. Bloß nicht so Friede, Freude, Eierkuchen wie die Hippies. Wir hatten oft gemeinsame Auftritte. Da begrüßte man sich gar nicht richtig. Es ging immer um die Frage: Wer grüßt wen zuerst? Andererseits fand ich, dass gerade diese Kälte in der Musik und auch im gegenseitigen Sozialverhalten den wahren Verhältnissen entsprach. Und letztlich war das auch ein Freiraum (zit. nach Teipel 2012, S. 285).

Die Konkurrenz war durch die gemeinsame Szeneanbindung zwischen diesen Frauen besonders groß. Neben der Feststellung von *Inga Humpe,* dass das kalte Sozialverhalten auch die gesellschaftliche Realität der Zeit widerspiegelte, offenbaren sich zwischen den *Mania D.*-Frauen und den Humpe-Schwestern noch weitere – in den Musikkulturen dieser Tage insgesamt präsente – Konfliktlinien, die hier auf persönlicher Ebene ausgefochten werden. Die Konfliktlinien zwischen der Kreation eines eigenen authentischen Sounds versus Mainstream-Pop, Undergroundstatus versus kommerziellem Erfolg wurden dabei ebenso ins Feld geführt (und häufig auch unterwandert) wie die Unterscheidung zwischen der Huldigung eines musikalischen Experten- oder Laientums. Noch in der durch Teipel angeregten Retrospektion kommen die in diesem Kontext vorgenommenen Differenzproduktionen offen zur Sprache, wie etwa diese Aussage von *Gudrun Gut* verdeutlicht: „Für meine Begriffe wusste Inga nicht, was sie will, und war angepasst und langweilig. Neonbabies war eben einfach eine Popgruppe. Die sich verkaufte – und das auch wollte. Und wir nicht. Wir wollten unabhängig sein. Wir wollten diese große neue Indiebewegung weiter nach vorne bringen – deren Teil wir ja waren. Und Inga nicht" (Gut zit. nach Teipel 2012, S. 335). Pop wird von *Gut* mit Kommerzialität gleichgesetzt, während sie für *Mania D.* bzw. *Malaria!* in Anspruch nimmt, Teil der ‚Indiebewegung' zu sein, die mit dem herkömmlichen Musikbetrieb nichts zu tun haben möchte, sondern eher auf Authentizität setzt. Gleichwohl wurde es von den Frauen durchaus mit Freude zur Kenntnis genommen, dass etwa die erste *Malaria!*-Single ‚Single of the Week' im *New Musical Express* war (vgl. Köster zit. Teipel 2012, S. 336). Eine solche Form der Popularität schien durchaus willkommen zu sein. Von *Annette Humpe* werden die zwischen den Frauen von *Mania D.* bzw. *Malaria!* und den *Humpe*-Schwestern entstehenden Konflikte aber auch in anderer Weise gedeutet, wie die folgende Aussage zeigt:

> Bettina und Gudrun fanden Neonbabies einfach kommerziell. Und natürlich war das verletzend, wenn man über drei Ecken wieder gehört hat wie blöd wir sind. Erst recht nachher mit Ideal. Nur erstens war ich zum Beispiel Bettina und Gudrun gegenüber genauso abfällig, wie die abfällig zu mir gewesen sind. Und: Das hat man sich ja nicht ins Gesicht gesagt. Ich dachte immer: ‚Was soll ich auch mit denen reden? Die haben ja nicht die leiseste Ahnung von Musik. Die sind doch froh, wenn sie mal einen Ton treffen.' Das war für mich alles pille-palle (zit. nach Teipel 2012, S. 286).

Für *Annette Humpe* sind das musikalische Können und die professionelle Herangehensweise die Kriterien, welche ihr Selbstverständnis in entscheidender Weise zu prägen scheinen und die sie auch als Mittel zur Abgrenzung heranzieht.[14]

---

[14]Dies zeigt sich ebenso in ihrer Aussage, dass sie immer schon den Anspruch hatte, ihre Musik auch auf herkömmlichen Wegen zu vermarkten, und sie es als peinlich empfand, die in Eigenregie entstandene erste Platte der *Neonbabies* selber in den Plattenläden zu verteilen (vgl. Teipel 2012, S. 196).

Den Frauen von *Mania D.* sprach sie jegliches musikalische Verständnis ab, wodurch sie sich als Gesprächspartnerinnen disqualifizierten. Gerade an dieser Konfliktlinie zeigt sich, dass es nicht nur um die Differenzlinien Kommerz-Pop vs. Independent ging, sondern sich quer dazu auch die Differenzproduktion zwischen professionalem Anspruch ans Musikmachen und einer experimentellen Herangehensweise manifestierte. Dass aber auch die Frauen von *Mania D.* bzw. *Malaria!* durchaus den Traum hatten, von ihrer Musik leben zu können, wird in einem Interview mit der SPEX deutlich: Gefragt nach der weiteren Entwicklung von *Mania D.*, ob sie fürchten, sich zu sehr anpassen zu müssen, sollte demnächst eine große Plattenfirma bei ihnen anklopfen, sagt *Bettina Köster*: „Die Kohle will ich gerne haben und mal unter optimalen Bedingungen arbeiten, in einem guten Studio…..aber vor allen Dingen will ich das durchziehen, was ich will. Ich habe schon die Hoffnung, dass wir mal was verdienen werden" (zit. nach SPEX 1980, S. 16). Der Traum, von der eigenen Musik leben zu können, ist also auch bei Bands, die sich in der Indie-Szene verorten, durchaus präsent, auch wenn sie es als zentral erachten, ‚ihr eigenes Ding' machen zu können. Die vorgenommenen Differenzproduktionen sind auf den zweiten Blick also häufig gar nicht mehr so eindeutig, wie sie zunächst erscheinen. Dass die Vorstellung über die Verortung im Musikbetrieb auch bandintern unterschiedlich ausfallen konnte, zeigt *Beate Bartels* Erzählung über das Ende von *Mania D.*:

> Ich habe bei Mania D. ja die ganzen Verhandlungen gemacht. Gudrun und Bettina waren erst 20. Ich war schon 24, das war irrsinnig alt. Und da gab es einen Vorfall, der die Krönung von vielerlei Geschichten war. Human League wollten uns für ihre Tour buchen. Und Hilsberg hat einfach gesagt: ‚Die können nicht.' Und hat eine Zickzack-Band geschickt. Irgendwann riefen Human League bei uns an: ‚Warum kommt ihr denn nicht?' Letztlich konnten wir nur noch den Gig in Hamburg machen. Da brüllten die Leute ‚Ausziehen! Ausziehen!' Weil auf der Bühne Mädchen waren. Ich war stinksauer. Und als ich das Geld holen wollte, sagt Hilsberg: ‚Aber Gudrun und Bettina haben versprochen, ihr spielt hier auch umsonst!' Die hatten unbedingt auftreten wollen und lieb Kind gemacht. Weil sie Angst hatten. Weil wir eben doch Mädchen waren (zit. n. Teipel 2012, S. 334).

Während *Gut* und *Köster* eher die Beziehung zwischen *Beate Bartel* und *Chrislo Haas* und dessen Trennung von *DAF* mit dem Ende von *Mania D.* in Verbindung bringen, verweist *Bartel* auf die unterschiedlichen Vorstellungen hinsichtlich der Vergütung von Auftritten und stellt dies auch mit ihrem Status als Frauenband und der Altersdifferenz in Zusammenhang. Ein weiteres Beispiel, dass die Konfrontationskurse und Konfliktlinien auch unterlaufen wurden, ist *Inga Humpes* offene Bewunderung für *Malaria!*. Zwar war auch für sie das Konkurrenzverhältnis äußert präsent, weswegen sie beispielsweise ‚außer sich' war, als *Malaria!* relativ bald im *Studio 54* in New York auftrat (vgl. Teipel 2012, S. 335). Sie scheute aber auch nicht davor zurück, ihre Bewunderung für *Malaria!* in Anwesenheit der Bandmitglieder kundzutun (vgl. Teipel 2012, S. 335). Dass die Frauen von *Malaria!* so tough und cool und in gewisser Weise auch beängstigend auftraten und ähnlich wie *Einstürzende Neubauten* einen neuen Sound kreierten, korrespondierte *Humpes* Erzählung nach mit der großen Wut, die sie in sich spürte, welche sie aber mit ihrer eigenen Band nicht zum Ausdruck bringen konnte, da sie im Bandgefüge offenbar die einzige war, die so empfand (vgl. Teipel 2012, S. 287).[15]

Allerdings war die von *Humpe* bewunderte coole Attitüde nicht nur ein bewusst eingesetztes Stilmittel der Frauen von *Malaria!*, vielmehr war es gerade als Frau in dieser Zeit auch notwendig, sich eine gewisse Coolness anzueignen, wie etwa *Bettina Köster* berichtet: „Wir [haben] schnell gelernt, unglaublich tough zu sein. Damit uns niemand was tut, haha. Nicht nur, um überhaupt unsere Gage zu kriegen. Sondern schon allein, weil die Tourneen so hart waren" (zit. nach Teipel 2012, S. 336). Wie *Köster* erzählt, kam es dabei schon mal vor, dass man in der einen Nacht zu fünft auf dem blanken Küchenboden übernachtete und am nächsten Tag in Kellerabstellräumen einquartiert wurde, in denen alles verschimmelt war und „matschiges, grünes Wasser die Wände runterlief" (zit. nach Teipel 2012, S. 336). Unter solchen Bedingungen war es pure Notwendigkeit, sich ein ‚dickes Fell' zuzulegen. *Gudrun Gut* geht sogar noch einen Schritt weiter und betont, dass das Tourleben ‚nicht der weiblichen Natur entspricht': „Allein die Fahrten waren anstrengend. Jeden Tag unterwegs: Unglaublich anstrengend!

---

[15]In musikalischer Hinsicht schien Humpe andere Vorstellung als ihre Bandmitglieder zu haben (vgl. Teipel 2012, S. 335). Ähnliches berichtet auch *Nina Hagen* über Ihre *Nina Hagen Band* (vgl. Hagen zit. nach Teipel 2012, S. 168 f.). Während sich beide Frauen in Hinblick auf die neuen experimentellen Formen des Musikmachens sehr offen zeigten, waren die männlichen Bandmitglieder eher an den traditionellen Formen der Rock- und Popmusik interessiert.

Kein Wunder, dass Frauen in der Popmusik keine größere Rolle spielen. Dieses Rock 'n' Roll-Leben entspricht überhaupt nicht der weiblichen Natur" (zit. nach Teipel 2012, S. 336). Das ständige Unterwegssein wird also von *Gut* u. a. in allgemeiner Weise als Begründung herangezogen, weswegen so wenige Frauen in der Musikbranche zu finden sind. Allerdings bleibt an dieser Stelle unklar, inwiefern dieses ihrer Meinung nach der weiblichen Natur widerspricht. *Gut* und *Köster* war es mit *Malaria!* trotz dieser Strapazen ein großes Anliegen, viel live zu spielen, da sie aus *Mania D.*-Zeiten in dieser Hinsicht einiges nachholen wollten.

Wie aufgezeigt, sind die Unterschiede, die durch die Protagonistinnen gegenüber Männern, aber auch Frauen gemacht werden, sehr vielgestaltig, komplex und äußerst fluide. Im Weiteren werde ich meinen Blick auf die Fremdbeschreibungen lenken, um zu eruieren, ob und inwiefern das Frausein durch Musikjournalisten, andere Szenemitglieder etc. zum Thema gemacht wurde.

3 „Die modernste Frau auf diesem Planeten"

Wie eingangs bereits erwähnt, werden Frauen in der Popmusik Ende der 1970er bzw. Anfang der 1980er Jahre zu einem vielbeachteten Thema des Musikjournalismus. Nicht nur Alfred Hilsberg fühlt sich in einem seiner wegweisenden, die neue Musik in Deutschland besprechenden Artikel *Aus grauen Städten Mauern* bemüßigt, den Frauen bzw. *Girls, Girls, Girls* einen eigenen Abschnitt zu widmen (vgl. Hilsberg 1979b, S. 26 f.). Die neue Rolle der Frauen in der Popmusik wird zum Gegenstand ganzer Artikel gemacht. So heißt es etwa im Intro eines SOUNDS-Artikels von Jill Vaudevill aus dem Jahr 1980:

> Was alles „neu" an der jetzigen Musik ist, weiß so genau niemand zu sagen, sicher ist jedoch, daß die Frauen eine neue Rolle in der neuen Musik haben: sie stehen nicht mehr im Schatten von phallokratischen Gitarrentätschlern und machistischen Mikroständer-Stieren, auch haben sie ihr Image als Arsch- und Titten-Lockvögel gründlichst abgelegt (Vaudevill 1980, S. 7).

Vaudevill nimmt in ihrem Artikel insbesondere die Szene in Hannover in den Blick, in welcher sich in dieser Zeit Bands wie *Hans-A-Plast, Unterrock* oder *TBC* mit ausschließlicher oder starker weiblicher Beteiligung formieren. Sie geht dabei aber von einem übergreifenden Trend in der Popmusik aus und sieht ähnlich wie Hilsberg insbesondere das Aufkommen von Punk als Triebfeder dieser Entwicklung, da dieser insbesondere jungen Frauen neue

Möglichkeitsspielräume eröffnet habe. Im Zuge dessen komme es nicht nur zu einer gesteigerten Beteiligung und Präsenz von Frauen in der Popmusik, sondern auch zu einem Bruch mit althergebrachten Rollenbildern und zu einer Diffusion der Geschlechtergrenzen, wie Vaudevill konstatiert:

> Was im Geräusch der Kommentare vieler männlicher Kritikerkollegen untergeht, wenn sie die Gruppen be-sprechen und be-schreiben, ist die Verwischung der Geschlechtsgrenzen. Nirgendwo finde ich so viel unspezifische Erotik wie bei den Punk und New-Wave-Frauen. Die alten sexy-girl-Kamellen hauen nicht mehr hin. Und ebensowenig handelt es sich um saubere Mädels ohne Unterleib. Da setzt das Nachdenken ein, und da kommt das Fazit: hier passiert etwas, das uns alle weiterbringt - das Zerbröseln der Rollen. Und eben weil sie nicht als „Nur-Frauen" mißverstanden werden können, steigen so viele Frauen in diese Musik ein. Und weil diese Musik Fantasie und Gefühle mehr gebrauchen kann als Phallokraten-Perfektion, steigen so viele Frauen ein. Das greift alles ganz befriedigend ineinander (vgl. Vaudevill 1980, S. 9).

Vaudevill stellt das Aufbrechen und Verschwimmen der Rollenbilder und Geschlechtergrenzen in einen direkten Zusammenhang mit dem konstatierten Anstieg der Frauen in der Popmusik. Da Frauen nun nicht mehr Gefahr laufen, auf ihr Frausein reduziert zu werden, werde es überhaupt erst attraktiv, als Frau Musik zu machen.[16]

Durch das gesteigerte Interesse an den Frauen in der Popmusik müssen die Frauen in den Interviews mit den einschlägigen Musikmagazinen zum Frausein in der Musikbranche Rede und Antwort stehen, und das Frausein wird teilweise dadurch überhaupt erst zum Thema gemacht. Von den Westberliner Musikerinnen werden in dieser Hinsicht hauptsächlich die Frauen der All-Female-Bands *Mania D.* und *Malaria!* in die Pflicht genommen (vgl. inHülsen 1982, S. 18; SPEX 1980, S. 15 f.; SPEX 1981).

Neben den Interviews und Artikeln in SOUNDS bzw. Musikexpress und SPEX sind in Bezug auf die Protagonistinnen der Westberliner Szene jedoch auch die Zuschreibungen und Statements der männlichen Szenemitglieder sehr aufschlussreich: In Bezug auf *Mania D.* hebt etwa *Blixa Bargeld* hervor, dass ihn insbesondere zweierlei beeindruckt habe: „Nicht nur, dass sie härter als andere Frauenbands waren. Sie waren auch die einzigen Frauen, die sich jeglichem

---

[16]Allerdings führt sie die althergebrachten Unterschiede im doing gender gleich wieder ins Feld wenn sie schreibt, „weil diese Musik Fantasie und Gefühle mehr gebrauchen kann als Phallokraten-Perfektion".

Frauenbandklischee entzogen haben" (vgl. Teipel 2012, S. 285). Ein deutlicher Unterschied zu anderen Frauenbands wird *Mania D.* seitens der anderen Szenemitglieder also nicht nur in Bezug auf den Sound, sondern auch hinsichtlich des Aussehens und Auftretens zugesprochen.

Dass sich die Frauen von *Mania D.* in ihrem Auftreten deutlich von anderen Frauen unterscheiden, hebt auch *Moritz R.* von *Der Plan* hervor. Allerdings schien ihn dies auch in gewisser Weise zu überfordern, wie das folgende Zitat veranschaulicht: „Wir haben *Mania D.* mal auf einem Festival in Berlin gesehen. Und wir standen so da: ‚Das soll also der neue Typ Frau sein?' Ich hätte mir gar nicht vorstellen können, mich solchen Frauen zu nähern. Nur so von deren knallharter Attitüde her" (zit. nach Teipel 2012, S. 334). Die ‚knallharte' Attitüde scheint bei einigen männlichen Zeitgenossen auch ein Gefühl der Unnahbarkeit hervorzurufen. Für andere repräsentieren die Frauen von *Mania D.* nicht nur einen neuen Typus Frau, sondern verkörpern gleichsam ein neues Zeitalter. Insbesondere *Gudrun Gut* wird von verschiedenen männlichen Szenemitgliedern ein herausragender Stellenwert zugesprochen, wobei ihr Frausein mal mehr, mal weniger zum Thema gemacht wird. So erinnert sich beispielsweise *Frieder Butzmann,* mit dem *Gut* später in der Bandformation *Liebesgier* spielte:

> Über den Zensor habe ich auch Gudrun Gut und Mark Eins kennen gelernt. Als wir die das erste Mal besucht haben: Das war beeindruckend. Die waren ganz weiß gekleidet und hatten ganz helle, wasserstoffsuperoxydgebleichte Haare. Die kamen mir vor wie von einer anderen Welt. Das strahlte einen neuen, ganz anderen Lebensstil aus. Auch von ihrer Distanz her. Ich hielt Gudrun Gut damals echt für die modernste Frau auf diesem Planeten. Und ich habe später erfahren, dass Blixa Bargeld das auch so sah. Bei Gudrun war das schon nicht mehr punkig. Das war was anderes. Sie sah ja leicht japanisch aus. Die kam mir so international vor. Transeuropäisch (zit. nach Teipel 2012, S. 144).

Gudrun Gut stand nicht nur für einen neuen Trend und Lebensstil, sondern wurde – offenbar auch von weiteren Szenemitgliedern – als „die modernste Frau auf diesem Planeten" erachtet. Ihr Frausein wird in diesem Statement also in besonderer Weise hervorgehoben. Gerade dass sie eine Frau war, schien ihr eine gewisse Strahlkraft als Galionsfigur für eine neue Zeit zu verleihen. Dass sie zudem etwas Transeuropäisches bzw. Internationales verkörperte, schien diesen Eindruck noch zu verstärken. Auch *Beate Bartel* und *Bettina Köster* erzählen, dass ihnen *Gut* bereits aufgrund ihres Auftretens und ihrer eigenwilligen Kleidungswahl positiv aufgefallen war, bevor sie sie dann kennengelernt haben (vgl. Teipel 2012, S. 189 f.).

Neben ihrem Aussehen wird sie aber insbesondere in ihrer Eigenschaft als Macherin positiv hervorgehoben. So schreibt etwa *Wolfgang Müller*, Mitglied der Band *Die tödliche Doris,* in seiner Retrospektion der Berliner Subkultur: „Wohl keine Person aus dem Kreis der Genialen Dilletanten hat mehr Bands gegründet und Projekte initiiert als Gudrun Gut. [...] Sie gründet 1977 mit Mark Eins die Elektronikband DIN A Testbild, mit Beate Bartel und Bettina Köster 1979 die Band Mania D, die kurzlebige vierköpfige Band Liebesgier sowie Matador, eines ihrer Lieblingsprojekte mit Manon Duursam und Beate Bartel" (Müller 2013, S. 442). Nicht zu vergessen *Malaria!* und *Einstürzende Neubauten.*[17] Im Vordergrund steht dabei nicht ihr Frausein, sondern *Guts* praktische Tätigkeit, Projekte und Bands in Gang zu bringen und am Laufen zu halten, mit *Frieder Butzmann* und anderen das Fanzine *T4* herauszugeben (vgl. Butzmann in Sahler 2011a, S. 18), Auftrittsmöglichkeiten zu organisieren (vgl. Women in Rock, 0:27:06) etc. In Bezug auf das Praxisprinzip des ‚einfach Machens' wird aber auch *Inga Humpe* und ihrer Schwester ein bedeutender Stellenwert zugesprochen. Mit den *Neonbabies* hatten sie als eine der ersten Bands eigenständig eine Platte aufgenommen und sie selbst in den Plattenläden verteilt. *Zensor,* der Betreiber des gleichnamigen Plattenladens, der die Westberliner-Szene mit den neuesten Platten aus Deutschland und Übersee versorgte, erinnert sich an dieses Ereignis wie folgt:

Das war klasse, als Inga und ihre Schwester kamen. Die Single war ja nur schwarz, aus Pappe und zusammengeheftet. Aber es war der beste deutsche Popsong aller Zeiten. Ich fand das auch so mutig. Man macht das – macht ein kopiertes Cover drauf – und sorgt selber dafür, dass die Welt davon erfährt. Ich empfand das immer wie Briefeschreiben. Sehr persönlich. Es waren ja meistens Dinge, die keine Chance hatten, mehr als 500 Stück zu verkaufen (zit. nach Teipel 2012, S. 196).

Auch in diesem Fall ist aber weniger ihr Frausein, sondern vielmehr das praktische Tun des eigenständigen Aufnehmens einer Platte, die Anfertigung des Covers und der Plattenhülle sowie der Vertrieb der Platte entscheidend. Zwar wird *Inga* und insbesondere *Annette Humpe* mit ihrer Band *Ideal* die Zugehörigkeit zur Independent-Szene durch den ‚Überwechsel zur Industrie' auch seitens anderer Berliner Bands sehr bald abgesprochen. Zweifelsohne haben die

---

[17]In ähnlicher Weise konstatiert *Blixa Bargeld:* „Von außen wirkte es vielleicht auch so, als würde in Berlin unheimlich viel passieren. In Wirklichkeit waren es nur zwei Dutzend Leute – in wechselnden Konstellationen. Gudrun ist da eine entscheidende Figur. Wenn ihre Bandkolleginnen auch nur für zwei Wochen in Urlaub fuhren, hat sie die Zeit genutzt, um noch eine Band zu gründen" (zit. nach Teipel 2012, S. 282).

Humpe-Schwestern die deutsche Musiklandschaft u. a. in ihren Funktionen als Produzentin von Musik *(Annette)* oder als Mitglied der Band *2Raumwohnung (Inga)* der vergangenen vier Jahrzehnte vielgestaltig und nachhaltig geprägt, was heute auch durch die damaligen Zeitgenossen gewürdigt wird (vgl. Formicolas zit. nach Sahler 2011b, S. 51).

4   Fazit

Wie deutlich geworden sein sollte, spielt die kategoriale Zugehörigkeit als Frau und das doing gender in der Westberliner Szene in sehr vielfältiger Weise eine Rolle, wobei die Modi und Grade der Zugehörigkeit je nach Situation und Bezugnahme erheblich variieren. Der Stellenwert, den die Protagonistinnen den Differenzproduktionen gegenüber den Männern im Musikbetrieb einräumen, ist als ein Hinweis auf die nach wie vor bestehende Ungleichheit in diesem gesellschaftlichen Feld und der sozialen Organisationsform der Musikszene zu verstehen. Dass die Männer in einer allgemeinen Weise zudem vielfach als laut, egozentrisch und dominant wahrgenommen werden, verdeutlicht, dass sich im Musikbetrieb – trotz der ebenfalls konstatierten gesellschaftlich aufbrechenden Rollenmuster – ein spezifisches Bild von Männlichkeit finden lässt, welches mit einem tendenziell egomanen Habitus eines Rockmusikers assoziiert wird. Solcherlei Differenzproduktionen dienten u. a. gerade den sich in Frauenbands formierenden Musikerinnen dazu, ihr Frausein affektiv zu besetzen, wobei hierbei insbesondere auf eine gemeinschaftliche Arbeitsweise, aber auch auf die Bedeutung emotionaler Komponenten bei den Praktiken des Musikmachens verwiesen wurde. Interessanterweise korrespondiert diese affektive Besetzung des Frauseins mit einem Trend zu einem eher maskulin konnotierten Erscheinungsbild – kurze Haare, Männerklamotten und Uniformen, eckige Formen – und einem toughen Auftreten. Dieser Trend lässt sich jedoch bei Frauen und Männern gleichermaßen feststellen und hängt mit der sich in dieser Weise praktisch materialisierenden Differenzproduktion gegenüber dem Auftreten und Erscheinungsbild der Generation der Hippies zusammen, welches durch die langen Haare und wallende Kleidung eher feminin konnotiert war. In Bezug auf das spezifische Erscheinungsbild der Frauen von *Mania D.* etc. spielt jedoch auch die Abgrenzung von einem mit den Adjektiven lieb, nett, fröhlich, brav und hübsch assoziierten Frauenbild eine wichtige Rolle.

Für die Selbstverortung bzw. die Vergewisserung über die relationale Zugehörigkeit zu einer bestimmten Szene ist in den Selbstbeschreibungen der Frauen zudem die Differenzproduktion zu anderen Frauen aus dem räumlichen

Nahbereich von Bedeutung, wie an der Auseinandersetzung zwischen den Musikerinnen von *Mania D.* und den *Humpe*-Schwestern veranschaulicht wurde. Dass die hier vorgenommenen Differenzproduktionen etwa zwischen kommerziell verwertbarer Popmusik und experimentellem Dilettantismus oder Indieszene und auf Popularität ausgerichtetem Popbetrieb gar nicht so eindeutig sind, wie dies in den Differenzproduktionen zunächst suggeriert wird, ist nach Auswertung des Materials offensichtlich.

Neben der affektiven Besetzung des Frauseins spielt offenbar auch die Mitgliedschaft in einer bestimmten Szene eine bedeutsame Rolle für das Selbstverständnis vieler der in diesem Artikel im Fokus stehenden Musikerinnen. Für die Mitgliedschaft und das Standing in einer Szene scheint gerade das praktische Engagement innerhalb der Szene von entscheidender Bedeutung zu sein, wie sich anhand der Aussagen der anderen Mitglieder der Westberliner Musikszene veranschaulichen lässt. Allerdings schwanken auch hier die Grade der Intensität: Das praktische Eingebundensein und Engagement in relevanten Praxisformen und Netzwerken einer Szene gibt dabei nicht nur Aufschluss über die Identifikation mit einer Szene, sondern entscheidet auch über die Anerkennung durch die anderen Szenemitglieder und somit die soziale bzw. symbolische Positionierung in ihr, wie sich am Beispiel der Bedeutung von *Gudrun Gut* seitens der anderen Szenemitglieder zeigen ließ (vgl. auch Calmbach 2007, S. 234).

In diesem Sinne lässt sich nicht nur hinsichtlich des doing genders davon sprechen, dass Unterschiede gemacht, also praktisch erzeugt werden. Wie gezeigt wurde, macht auch die vielfältige praktische Beteiligung und Eingebundenheit der Frauen in der Szene einen Unterschied und hat die Musikkulturen dieser Zeit maßgeblich beeinflusst.

Literatur

Büsser, Martin. 2000. *If the kids are united: Von Punk zu Hardcore und zurück*. Mainz: Ventil.
Calmbach, Marc. 2007. *More than music. Einblicke in die Jugendkultur Hardcore*. Bielefeld: transcript.
Diedrichsen, Diedrich. 1980. Geräusche für die 80er. *SOUNDS* 2: 4.
Emmerling, Leonhard, Mathilde Weh, und Goethe-Institut e. V. 2015. *Geniale Dilletanten – Subkultur der 1980er Jahre in Deutschland*. Ostfildern: Hatje Cantz.
Gaar, Gillian. 1992. *She is a Rebel – The history of women in rock & roll*. Seattle: Seal Press.
Hilsberg, Alfred. 1978. Krautpunk. Rodenkirchen is burning. *SOUNDS* 3: 20–24.
Hilsberg, A.1979a. Neue deutsche Welle. Aus grauer Städte Mauern. *SOUNDS* 10: 20–25.

Hilsberg, Alfred. 1979b. Neue deutsche Welle (Teil 2). Aus grauer Städte Mauern – Dicke Titten und Avantgarde. *SOUNDS* 11: 22–27.

Hilsberg, Alfred. 1979c. Macher, Macht Moneten. Aus grauer Städte Mauern (Teil 3). *SOUNDS* 12: 44–48.

Hirschauer, Stefan. 2017. *Un/doing differences. Die Praktiken der Humandifferenzierung.* Weilerswist: Velbrück Wissenschaft.

Hornberger, Barbara. 2011. Geschichte wird gemacht. Eine Epoche deutscher Popmusik. Würzburg: Königshausen & Neumann.

inHülsen, Harald. 1982. Malaria. *Musik Express* 11: 18.

Müller, Wolfgang. 2013. *Subkultur Westberlin 1979–1989.* Hamburg: Philo Fine Arts.

R®, Moritz. 1993. *Der Plan. Glanz und Elend der Neuen Deutschen Welle: Die Geschichte einer deutschen Musikgruppe.* Kassel: Schmitz.

Reitsamer, Rosa, und Karin Liebsch. 2015. *Musik. Gender. Differenz. Intersektionale Perspektiven auf musikkulturelle Felder und Aktivitäten.* Westfälisches Dampfboot: Münster.

Reitsamer, Rosa, und Rupert Weinzierl. 2006. *Female consequences.* Wien: Novographic.

Sahler, Günter. 2011a. *Blecheimer und Luftpumpe.* Edition Blechluft 1. Lindlar: Günter Sahler.

Sahler, Günter. 2011b. *Neue deutsche Erinnerungswelle.* Edition Blechluft 2. Lindlar: Günter Sahler.

Schaunberger, Sarah. 2013. "She Plays Guitar like a Man" – Kanonisierung, Macht und Gender in der Geschichte der E-Gitarre. In *ShePOP – Frauen. Macht. Musik!*, Hrsg. rock 'n' popmuseum, Thomas Mania, Sonja Eismann, Christoph Jacke, Monika Bloss und Susanne Binas-Preisendörfer. Münster: Telos.

Schneider, Frank Apunkt. 2008. *Als die Welt noch unterging. Von Punk zu NDW.* Ventil: Mainz.

SPEX. 1980. Mania D. *SPEX* 3:15–16.

SPEX. 1981. Malaria – BerlinExotischMädchen. *SPEX* 12:14.

Teipel, Jürgen. 2012. *Verschwende Deine Jugend. Ein Doku-Roman über den deutschen Punk und New Wave*, Erweiterte Aufl. Berlin: Suhrkamp.

Vaudevill, Jill. 1980. Frauen machen Musik. Zwei und zwei sind nicht mehr vier – alle Mauern stürzen ein. *SOUNDS* 5: 7–11.

West, Candance, und Don H. Zimmermann. 1987. Doing gender. *Gender & Society* 1 (2): 125–151.

Dokumentationen

Berlin Lost in Time and Space – Der Sound der geteilten Stadt. Deutschland 2009. Regie: Oliver Schwabe. *Fernsehfilm* NDR Fernsehen [Ausgestrahlt am 19.12.2009 um 23.15h auf Phönix. https://www.youtube.com/watch?v=JQilETwgLSE. Zugegriffen: 7. Juni 2018.

B-Movie, Lust und Sound in West-Berlin 1979–1989. Deutschland 2015. Regie: Jörg Hoppe, Klaus Maeck und Heiko Lange. *DVD/Blu-ray* DEF Media.

Mania D. Interview. Deutschland 1980. Regie: o. A. https://www.youtube.com/watch?v=dOR-meNLU_Mk. Zugegriffen: 7. Juni 2018.

Neonbabies „Ich bin ein Mann" 2. SFB Rocknacht. Waldbühne '82. Westdeutschland 1982,
    Regie: Sender Freies Berlin. https://www.youtube.com/watch?v=5YhBV4p396Q.
    Zugegriffen: 7. Juni 2018.
Women in Rock. West Deutschland 1980. Regie: Wolfgang Büld. Stein Film.

Filme

Mania D. 1980. *Live In Düsseldorf & SO*. Cass, Album, C50. Eisengrau.
Neonbabies. 1981. *Neonbabies*. View: LP.

Musik, Wirtschaft – Verwirtschaftlichung

Über ein Spannungsverhältnis im Spiegel von Kapitalismus und Markt am Beispiel der Neuen Deutschen Welle

Jasper Böing

Inhaltsverzeichnis

1   Einleitung

Das Verhältnis von Popmusik und Wirtschaft wird oftmals, was im Übrigen keineswegs als selbstverständlich genommen werden sollte, als konfliktär adressiert. Dies gilt gerade auch für die aus dem Punk erwachsende Neue Deutsche Welle (NDW). Die im Milieu der US Country-Musikszene angesiedelte TV-Serie *Nashville* beispielsweise thematisiert immer wieder diesen Zusammenhang, wenn die Protagonisten eigene Labels gründen, um sich selbst zu verwirklichen und treu zu bleiben oder sich in anderer Form im Spannungsfeld von wirtschaftlichen,

J. Böing (✉)
Institut für Soziologie, FernUniversität in Hagen, Hagen, Deutschland

© Springer Fachmedien Wiesbaden GmbH, ein Teil von Springer Nature 2019
A. Daniel und F. Hillebrandt (Hrsg.), *Die Praxis der Popmusik*,
https://doi.org/10.1007/978-3-658-22714-2_9

265

persönlichen und musikalischen bzw. ästhetischen Herausforderungen bewegen und sich zwischen diesen entscheiden müssen. Aber nicht nur im popkulturellen, sondern ebenso im wissenschaftlichen Diskurs wird diese Thematik, vor allem auch infolge der kritischen Arbeiten von Horkheimer und Adorno zur Kultur-industrie, in der benannten, nämlich konfliktär konnotierten Art und Weise immer wieder aufgegriffen und zugleich als gegeben gesetzt.

Im Rahmen der folgenden Ausführungen wird der Zusammenhang von Pop-musik und Wirtschaft, verstanden als Verwirtschaftlichung oder Ökonomisierung, am Beispiel der NDW diskutiert. Den folgenden Überlegungen liegen dabei drei Vorannahmen zugrunde, eine soziologisch-paradigmatische und zwei inhaltliche, zum einen den Zusammenhang von Musik und Wirtschaft generell betreffend und zum zweiten eine sich auf den Forschungsstand zum hier im Fokus stehenden Verhältnis und dessen begrifflich-theoretischer Konzeption beziehende:

▶   *Soziologisch-paradigmatisch dient die Praxistheorie als Orientierungs-rahmen und Beurteilungskriterium.*

Popmusik und Wirtschaft werden als zwei unterschiedliche Teile des sozialen Ganzen betrachtet, was offensichtlich bereits voraussetzt, dass sich das Soziale in mehr oder weniger deutlich voneinander unterscheidbare Teile gliedern lässt. Diese Unterteilung sowie die Möglichkeit dieses Unterscheidens ist zunächst noch weitgehend von der paradigmatischen Perspektive unabhängig; abhängig jedoch von der zugrunde gelegten paradigmatischen Perspektive wird diese Unterscheidung dann anhand der jeweiligen Zentralkategorien in Form und Inhalt vollzogen (z. B. Kommunikationen, Erwartungen, Intentionen, Motive, Logiken und Praktiken). Das Folgende ist diesbezüglich praxissoziologisch orientiert, d. h. dass die beiden infrage stehenden Bereiche als über Praktiken bestimmte Felder (vgl. Bourdieu und Wacquant 1996, S. 127), Intensitätszonen oder Praxis-formationen (vgl. Hillebrandt 2014, S. 102 ff.) betrachtet werden und beispiels-weise nicht als Subsysteme oder Handlungsfelder. Dies ist offensichtlich ein sehr abgeschwächter praxissoziologischer Zugang, jedoch ist diese Formulierung als Orientierung – und eben nicht im Sinne einer konsequenten Fixierung – bewusst gewählt und nicht als Aufweichung der grundsätzlichen praxissoziologischen Position zu verstehen. Stattdessen begründet sich diese Perspektive durch die hohen Anforderungen, die eine streng praxissoziologische Vorgehensweise an die empirische Arbeit stellt. Im Idealfall ist es hierbei nämlich unbedingt erforder-lich, intensiv und multiperspektivisch empirisch zu forschen und eine ebenso intensive Verzahnung von empirischer und theoretischer Arbeit zu betreiben. Es wird aber davon ausgegangen, dass eine praxissoziologische Orientierung für die Untersuchung soziologischer Fragestellungen auch dann fruchtbar gemacht

werden kann, wenn ein ebensolcher Aufwand nicht betrieben wird, indem nämlich die angesprochene praxissoziologische Orientierung insofern genutzt wird,
als dass das praktische Erleben der in die jeweilige soziale Praxis Involvierten
als heuristischer Orientierungspunkt fungiert: Insbesondere im Unterschied zu
sonst üblichen Fixierungen auf Strukturen, Kommunikationen und Motive erhält
dann dasjenige als Analysefixpunkt und Beurteilungskriterium den Vorrang, was
tatsächlich – d. h.: praktisch – vollzogen und erlebt wird bzw. was sich auf das
möglichst unmittelbare praktische Tun bezieht. Dies bedeutet zugleich, dass
andere, eher klassische Elemente des Sozialen, wie die angesprochenen Motive
und Strukturen, nicht aus der Betrachtung ausgeschlossen werden, dass diese also
beachtet, gleichwohl aber nicht ins Zentrum gerückt werden (vgl. Schatzki 2015).

▶ *Inhaltlich wird das Verhältnis von Popmusik und Wirtschaft als spannungs-
reich verstanden.*

Popmusik und Wirtschaft stehen dann und dort, wenn und wo sie aufeinander
treffen, oftmals in einem Spannungsverhältnis. Ein raum-zeitliches und soziales
Miteinander beider Teile führt oftmals zu einem Gegeneinander, zu Ablehnung
verschiedenen Ausmaßes bis hin zu Konflikt. Hiermit ist dann derjenige soziale
Prozess angesprochen, der sich mit dem Begriff der Verwirtschaftlichung adressieren lässt, denn es wird davon ausgegangen, dass das Wirtschaftliche in das
Musikalische übergreift und nicht andersherum. Dies schließt nicht aus, dass
Musikalisches in Nicht-Musikalisches, z. B. in Wirtschaftliches hinein wirken
kann, jedoch ist diese entgegengesetzte Wirkungsrichtung hier nicht Gegenstand
der Betrachtung.

▶ *Weiter ist inhaltlich eine begriffliche Differenzierung von Verwirtschaftli-
chungsprozessen in diesem Zusammenhang erkenntniserweiternd.*

Dass wirtschaftliche Aspekte in fast allen Teilen des Sozialen von Bedeutung
sind, ist weitgehend unstrittig. Dies gilt auch und sogar ganz besonders für den
Bereich der Popmusik, da dieser speziellen Form von Musik nicht nur nominell
die Popularität, d. h. eine sozial möglichst weite Verbreitung inhärent ist und
diese sich durch Vermarktung erreichen lässt. Jedoch kann es sinnvoll sein, hierbei eine differenzierende Sichtweise anzulegen, denn erstens sind verschiedene
Intensitätsgrade und zweitens verschiedene Qualitäten oder Momente von Verwirtschaftlichung zu unterscheiden. Es wird in theoretisch-begrifflicher Hinsicht
davon ausgegangen, dass die – oftmals als problematisch identifizierte – Relation
von Popmusik und Wirtschaft begrifflich bisher insofern nicht befriedigend

bearbeitet wurde, als eine ebensolche Differenzierung mutmaßlich zu einem präziseren Verständnis führt. Es wird insbesondere davon ausgegangen, dass die Qualifikation von Verwirtschaftlichung als problematisch davon abhängt, welche Momente der Verwirtschaftlichung im problematischen Sinne praktisch wirksam werden.

Eine solche Differenzierung verschiedener Momente von Verwirtschaftlichung führt insbesondere auf die Unterscheidung von Kommerzialisierung und Kommodifizierung, und genau dieser Unterscheidung wird in anderem Zusammenhang von Michael Burawoy fundamentale Bedeutung beigemessen, wenn er in gegenwartsdiagnostischer Perspektive immer wieder darauf hinweist, dass Kommodifizierung (im Anschluss an Karl Polanyi, vgl. Polanyi 2015 [1944]) das übergreifend zentrale Erlebnis (das „Schlüsselerlebnis") der Menschen in der Gegenwart sei und entgegen der Marx'schen Diagnose explizit nicht die dem modernen Kapitalismus inhärente Ausbeutung, die sich allenfalls besser zur Analyse eigne und eben weniger dazu, die tatsächliche Praxis zu erfassen (Burawoy 2015, S. 137). Hiermit ist in praxissoziologischer Perspektive also der Unterschied von tatsächlicher praktischer Relevanz und deren im wissenschaftlichen Diskurs attestierten Komplement angesprochen. Da es sich bei Burawoys Diagnose aber nicht um einen mehr oder weniger (ab-)gesicherten Schluss handelt, sondern um eine Behauptung, ist, was dieser letztlich nicht unternimmt, zu prüfen, welcher Verwirtschaftlichungs-Teilprozess praktisch tatsächlich wirksam ist, welcher dagegen (oder eher) wissenschaftlich-diskursiv und in welchem Verhältnis beide zueinander stehen. Aus diesem Rekurs auf die Hypothese des Primates der Kommodifizierung ergibt sich die Konzentration auf die verschiedenen Momente der Verwirtschaftlichung. Demgegenüber wird oftmals davon ausgegangen, dass die Berücksichtigung verschiedener Intensitätsgrade von Ökonomisierung – gerade auch im Hinblick auf möglicherweise problematische Konsequenzen – von entscheidender Bedeutung ist, dass also die Frage, ob und inwiefern Ökonomisierungen problematische bzw. in der sozialen Praxis als problematisch identifizierte Konsequenzen zeitigt, von der Intensität der Ökonomisierung abhängt (vgl. Schimank und Volkmann 2017 sowie Jessop 2012).

Auf diesen Vorannahmen aufbauend ergibt sich konkret die im Folgenden anzugehende Fragestellung: *Was wird im Berührungsbereich von Musik und Wirtschaft als problematisch identifiziert, welches Verwirtschaftlichungsmoment (Kommodifizierung oder Kommerzialisierung) korrespondiert hiermit und inwiefern ist die Ökonomisierungs-Intensität für diese Problematik von Bedeutung?* Diskutiert wird diese Fragestellung am Beispiel eines raum-zeitlich spezifischen Ausschnittes der Popmusik, der Neuen Deutschen Welle. Grundlage dessen sind die fachwissenschaftlichen Veröffentlichungen über die Neue Deutsche Welle von

Winfried Longerich (1989) und Barbara Hornberger (2011). In diesen finden sich vor allem die Interpretationen und Feststellungen, die von wissenschaftlicher Seite getroffen werden, aber auch – wenn vielleicht auch eher punktuell – Positionen, die von Involvierten selbst eingenommen werden, sodass sich zumindest Hinweise auf die praktischen und nicht nur die wissenschaftlich-diskursiven Relevanzen herausarbeiten lassen.

Der Beitrag gliedert sich wie folgt: Zunächst werden die Begriffe von Popmusik und NDW sowie von Kommerzialisierung und Kommodifizierung als Subprozesse des übergeordneten Verwirtschaftlichungsprozesses definiert und diskutiert (Abschn. 2), um ein Raster zu konstruieren, das dann auf den wissenschaftlichen Diskurs zur Thematik sowie auf die hierin enthaltenen Verweise auf die tatsächliche Praxis der Partizipierenden angewandt wird (Abschn. 3). Abschließend werden die Ergebnisse der Überlegungen zusammengefasst (Abschn. 4).

2   Begriffe: Popmusik, Kommerzialisierung und Kommodifizierung

Popmusik und Wirtschaft entlang verschiedener Momente von Verwirtschaftlichung miteinander in Beziehung zu setzen, setzt voraus, die Begriffe von Popmusik, Verwirtschaftlichung, Kommerzialisierung und Kommodifizierung näher zu bestimmen und zu diskutieren.

Vorausgesetzt wird hinsichtlich der Unterscheidung von Popmusik und Wirtschaft zunächst einmal, wie einleitend bereits benannt wurde, dass sich das soziale Ganze, unabhängig davon, wie man dies soziologisch-paradigmatisch bestimmt, in verschiedene Teile gliedern lässt. Praxissoziologisch sind das jeweils spezifische Felder oder Intensitätszonen, in denen bestimmte Praktiken, d. h. bestimmte menschlich-körperliche Artikulationen, vergleichsweise häufiger und wahrscheinlicher sind. Popmusik, als ein Teilbereich dieses sozialen Ganzen, bestimmt sich dadurch, dass dort eine sich von anderen unterscheidende Art von Musik praktiziert, also produziert, verbreitet und rezipiert wird. Sie ist folglich selbst ein Teil des übergeordneten Praxisfeldes der Musik. Definitorisch zeichnet sich Popmusik durch die im Einleitungskapitel zu diesem Band benannten Merkmale aus: durch die gegenüber dem Textuellen verstärkte Orientierung an der Rythmik und dem Sound (den musikalisch und instrumentell hervorgebrachten Geräuschen), die hiermit einhergehende stärkere Körper-Affizierung, die musikalisch-stilistisch und sozio-strukturell vergleichsweise große Offenheit und Integrativität, die elektronische (Re-)Produktion und die massenmediale

Verbreitung, die Existenz von Fankulturen sowie die inhärente ständige Neu-
formation der musikalischen Praktiken (vgl. Daniel und Hillebrandt in diesem
Band).

Die Neue Deutsche Welle ist hieran anschließend ein raum-zeitlich und inhalt-
lich spezifischer Ausschnitt aus der Gesamtheit der Popmusik. Die raum-zeitliche
Dimension ist für die vorliegenden Zwecke hinreichend bestimmt, wenn man, in
Übereinstimmung mit den vorliegenden Forschungen, davon ausgeht, dass die
NDW Ende der 1970er Jahre bis Mitte der 1980er in Deutschland und Österreich
aufkam und – gemessen an deren Popularität – wieder aus der ersten Reihe der
Popmusik in ebendiesem räumlichen Bereich verschwand. Die inhaltliche Spezi-
fikation entlang der Dimensionen von Popmusik ist für sich genommen bzw. in
anderen Diskussionszusammenhängen sicherlich wichtig, für die vorliegenden
Zwecke aber nicht direkt von Belang. Von weitergehendem Interesse ist hier
also beispielsweise nicht unbedingt, inwiefern die NDW eine spezifische Fankultur hatte oder in welcher spezifischen Weise sich die NDW in der klanglichen
Dimension musikwissenschaftlich auszeichnet. Lediglich einige allgemeinere
Überlegungen sind zu nennen, die vielleicht die NDW gegenüber anderen popmusikalischen Genres, Stilrichtungen oder Epochen nicht im Sinne eines Allein-
stellungsmerkmales ausmachen, die aber eben auch die NDW – gerade in deren
Frühphase und vielleicht auch in intensiverer Ausprägung – kennzeichnen. Insofern ist im Zusammenhang mit der hier angestellten Relationsbestimmung von
Popmusik und Wirtschaft bemerkenswert, dass oftmals und offensiver als in anderen Stilrichtungen bzw. musikalischen Epochen eine Frontstellung von Musik,
musikalischer Ästhetik und personeller Authentizität der Musizierenden auf der
einen Seite und der Ausrichtung der Musikproduktion[1] am kommerziellen Erfolg
auf der anderen Seite konstatiert wird (vgl. Hornberger 2011 und Longerich
1989). Diese extremere Ausprägung der Frontstellung gegen das Wirtschaftliche
mag in den kulturell-musikalischen Wurzeln der NDW als aus der Punkbewegung
hervorgehend begründet liegen, da ebendort die Opposition gegenüber allem
Wirtschaftlichen, Marktlichen und Kapitalistischen identitätsstiftend gewirkt hat.
Die NDW bzw. viele Vertreter der NDW haben diese relativ extreme Opposition
übernommen. Zudem wird gerade auch in Bezug auf die NDW und insbesondere
deren Niedergang der Verwirtschaftlichung entscheidende, nämlich zerstörerische

---

[1]Produktion ist hierbei im weiteren Sinne zu verstehen, also nicht auf das beschränkt, was
im musikalischen Umfeld die Produktion von Musikstücken mittels Aufnahmetechnik
bezeichnet, sondern auf den gesamten Komplex von Praktiken bezogen, der die Schaffung
und Verbreitung von Musik betrifft.

(also: problematische) Wirkung zugeschrieben (vgl. z. B. Wicke et al. 2007, S. 485 f.), wodurch sich im Übrigen die Relevanz von und das Interesse an einer weitergehenden Auseinandersetzung zusätzlich begründet.

Um die weitere Argumentation nicht zu überfrachten, wird auf eine ausführlicher kontextualisierte Diskussion zugrunde liegender wirtschaftssoziologischer Begrifflichkeiten verzichtet. Das heißt, dass nicht jeder im Folgenden gebrauchte Begriff mit größtmöglicher Präzision hergeleitet, sondern dass auf diese nur dann verwiesen wird, wenn dies für den Gang und das Verständnis der Argumentation notwendig ist. Dies betrifft unter anderem und insbesondere den wirtschaftssoziologisch zentralen Begriff des Wirtschaftlichen bzw. der Wirtschaft selbst[2]. Stattdessen werden ausgewählte und nachgeordnete Teilprozesse des übergeordneten Prozesses der Verwirtschaftlichung besprochen. Dieser Prozess der Verwirtschaftlichung ist in sich vielschichtig und kann beispielsweise aufgegliedert werden in die Teilprozesse von Vermarktlichung, Kommodifizierung, Kommerzialisierung, Verwettbewerblichung, Monetarisierung, Finanzialisierung, Privatisierung, Neoliberalisierung, Quantifizierung und Bepreisung. Alternative Formulierungen und Schwerpunktsetzungen sind ebenso möglich, jedoch gehören die Begriffe von Kommodifizierung und Kommerzialisierung oder die hiermit bezeichneten Prozesse sicherlich immer zum Repertoire. Auch vorliegend sind ebendiese Begriffe sowie die Prozesse, die sie bezeichnen, von explizitem Interesse und werden deswegen folgend bestimmt.

Kommodifizierung bezeichnet für sich genommen zunächst einmal nur denjenigen sozialen Prozess, im Rahmen dessen Güter, die nicht Ware sind, zur Ware gemacht werden. Waren selbst sind knappe Güter, die auf Märkten getauscht werden, während Güter alle Dinge der physischen Umwelt[3] sind, die der menschlichen Bedürfnisbefriedigung dienen.

Wenn also Waren definitorisch auf Märkten getauscht werden, dann ist es zudem offenbar erforderlich, auch die Begriffe von Markt und Vermarktlichung etwas näher zu bestimmen. Märkte sind soziologisch zunächst einmal nicht oder

---

[2]Was Wirtschaft soziologisch ist oder sein soll, das ist sicherlich im höchsten Maße perspektiven-, d. h. theorien- und paradigmenabhängig. Vgl. einführend Maurer und Mikl-Horke (2015, S. 11 ff.), bzgl. soziologisch-klassischer Konzepte Beckert (1997, S. 103 ff.) und zu einem Überblick über Konzepte der New Economic Sociology Sparsam (2015).

[3]Das schließt z. B. Dienstleistungen mit ein, da es sich auch hierbei um physische Akte menschlicher Körper handelt. Insbesondere ist mit der Bezeichnung „Dinge der physischen Umwelt" nicht nur dasjenige gemeint, was für gewöhnlich unter dem Begriff der Materialität firmiert, insofern dieser unbedingt an die haptische Wahrnehmung gebunden wird.

zumindest mehr als fiktive Orte des Zusammentreffens von Angebot und Nachfrage, an denen sich Preise bilden, wie dies in den Wirtschaftswissenschaften
festgelegt und vorausgesetzt wird (vgl. z. B. Homburg 2017, S. 2). Vielmehr
können Märkte soziologisch beispielsweise als Netzwerke (vgl. White 1981),
als Strukturen (vgl. Aspers und Beckert 2017 sowie Aspers 2015) oder, und dieses Verständnis liegt dem Vorliegenden zugrunde, als tatsächlich praktizierte
Modi der Verteilung von Waren gefasst werden. Sie sind, wie dies grundlegend
bereits von Max Weber festgelegt wurde (vgl. Weber 1972 [1922], S. 31 ff.),
dadurch bestimmt, dass mindestens zwei Parteien – Geber und Nehmer – unter
Konkurrenzbedingungen Waren gegeneinander austauschen. Wenngleich dabei
der Tausch keineswegs so trivial oder selbstverständlich ist, wie dies auf den ersten Blick scheinen mag, sondern Tausch vielmehr ein sehr basaler Modus des
Sozialen überhaupt ist (vgl. Hillebrandt 2009), so kann pragmatisch zumindest
davon ausgegangen werden, dass Tausch zumindest impliziert, dass jede Partei
gibt und nimmt und demnach jede Partei zugleich Geber und Nehmer ist. Konkurrenz bedeutet, dass mindestens eine der Tauschparteien doppelt besetzt sein
muss. Vermarktlichung ist hieran anschließend der Prozess, im Rahmen dessen
nicht-marktlich organisierte Ausschnitte des sozialen Ganzen den Prinzipien des
Marktes gemäß umgestaltet werden.

Hieraus ergeben sich bereits einige für das Folgende relevante Aspekte.
Zunächst ist die sicherlich zentrale, hierbei implizite Rekonstruktion der Teilnehmenden als MarktteilnehmerInnen hervorzuheben. Denn hiermit geht in
gewissem Maße eine De-Personalisierung einher: jeder Marktteilnehmer tritt
explizit nicht als Person, sondern – in den Worten Max Webers – als „Tausch-
reflektant" (Weber 1972 [1922]) in Interaktion, dessen Qualitäten und Wertigkeit
also in erster Linie oder sogar ausschließlich an dessen markttauschrelevantem
Potenzial festgemacht werden, oder festgemacht werden sollten und eben nicht
an Kategorien wie Geschlecht, Religion, Aussehen, Alter, persönlicher Bekannt-
schaft, milieuspezifischen Verhaltensweisen oder Sympathie. Weiter ist das
Moment der Verwettbewerblichung zentral, denn diese bedeutet letztlich, dass,
wenn Soziales in Marktlich-Soziales transformiert wird, aus einem (möglicherweise) kooperativen Miteinander ein (sicherlich) antagonistisches Miteinander
oder ein Gegeneinander wird. Zuletzt ist Kommodifizierung ein wesentlicher
Bestandteil von Vermarktlichung, wobei festzuhalten ist, dass, wenn Güter zu
Waren werden, dies eine weitgehende Reduktion des jeweiligen Gutes auf dessen
Tauschbarkeitspotenzial bedeutet, was, komplementär zur De-Personalisierung
der am Markttausch Beteiligten, eine De-Individualisierung des Tauschgegen-
standes impliziert.

Im Unterschied zum Markt, der eine Distributionsform im Rahmen des Wirtschaftlichen ist, ist Kommerzialisierung ein Verwirtschaftlichungs- bzw. Ökonomisierungsprozess, der sich auf die als Kapitalismus zu bezeichnende Art des wirtschaftlichen Gesamtzusammenhanges bezieht. Kapitalismus bezeichnet diejenige Ordnungsform des Wirtschaftlichen, die gegenwärtig herrschend und die insbesondere – und betreffend die herrschenden Besitzverhältnisse – als weitgehend legitim gelten kann. Kapitalismus ist konkret und minimal-definitorisch (vgl. Boltanski und Chiapello 2013 [1999], S. 39 ff.) diejenige Wirtschaftsform, die dadurch bestimmt ist, dass der Besitz relevanter wirtschaftlicher Güter und Möglichkeiten der wirtschaftlichen (Re-)Produktion privat ist, dass eine Machtungleichheit besteht zwischen wenigen Besitzenden und vielen, die im Wesentlichen nur ihre Arbeitskraft besitzen – die sie im Rahmen von Lohnarbeitsverhältnissen anbieten (müssen) – und dass insbesondere die Besitzenden mehr oder weniger intensiv versuchen, ihre erwirtschafteten Erträge zirkulativ zu maximieren. Im Unterschied zum Markt ist dem Kapitalismus – in dieser Lesart – also das für die Soziologie wichtige Moment der sozialen Ungleichheit im Kontext des Wirtschaftlichen[4] inhärent. Die die kapitalistische Art und Weise von Verwirtschaftlichung betreffenden Prozesse sind diejenigen von Kapitalisierung durch Kommerzialisierung und Privatisierung. Der Begriff der Kapitalisierung ist kaum gebräuchlich[5] und meint inhaltlich die Rekonstruktion bestehender, nicht-kapitalistisch-wirtschaftlicher sozialer Zusammenhänge als Konstellationen von machtungleichen Besitzenden und Nicht-Besitzenden bzw. Lohnarbeitern sowie die – der Intensität nach: unterschiedlich stark ausgeprägte – Umgestaltung dieser sozialen Zusammenhänge in Richtung des Prinzips der Gewinnmaximierung. Privatisierung ist ein Teil von Kommerzialisierung, und zwar offensichtlich derjenige, der die Umwandlung nicht-privater Güter zu Gütern in Privatbesitz bezeichnet (vgl. z. B. Engartner in Butterwegge 2017). Das oben angesprochene Moment der sozialen Hierarchisierung entlang der Unterscheidung von Besitzenden (die die privatisierten Güter besitzen) und nicht-besitzenden Lohnarbeitern fällt unter diesen Begriff der Privatisierung, weil

---

[4]Mit Kapitalismus wird oftmals und im Gegensatz zum Kommunismus oder Sozialismus zugleich auch eine bzw. die gegenwärtige Gesellschaftsform bezeichnet, was aber an diesem Punkt der Diskussion weder gemeint noch von Belang ist.

[5]Eine Ausnahme bildet diesbezüglich Yasemin Niephaus, die explizit den Begriff der Kapitalisierung einführt, um das Ausgreifen kapitalistischen Wirtschaftens im Unterschied zum Wirtschaften im Allgemeinen anzuzeigen (vgl. Niephaus 2018, S. 52).

ebendieser Privatisierungsprozess das infrage stehende Ungleichheitsverhältnis
überhaupt erst generiert. Komplementär hierzu meint der ebenso sehr populäre
Begriff der Kommerzialisierung schließlich die Ausrichtung des praktischen Tuns
am Prinzip der Gewinnmaximierung. D. h. dass dann von Kommerzialisierung
die Rede sein soll, wenn der jeweils beobachtete Verwirtschaftlichungszusam-
menhang (auch) an der Frage der Gewinnmaximierung aufgezogen wird, wobei
auch diese nach Intensität zu staffeln ist mit dem Intensitätsextrem der alleini-
gen Ausrichtung am Ziel der Gewinnmaximierung, auch auf Kosten der Nega-
tion oder Ausschaltung anderer Orientierungen oder Logiken, beispielsweise der
jeweils vor der Kommerzialisierung verfolgten. Kommerzialisierung setzt in diesem Sinne, das kann an dieser Stelle hinzugefügt werden, um den Zusammenhang von Kommerzialisierung und Kommodifizierung näher zu bestimmen,
Kommodifizierung zwingend voraus, da es ja Waren erst geben muss, bevor man
Waren gegen Geld tauschen kann.

Zusätzlich ist darauf hinzuweisen, dass die Grenzen von Kapitalismus und
Geldwirtschaft – insbesondere auch in praktischer Hinsicht – fließend sind, was
nicht zuletzt auch abzulesen ist an der engen Verbindung dieser beiden Elemente des Wirtschaftlichen, wie sie bereits von Karl Marx ausgearbeitet wurde
(vgl. Marx 2016 [1890], S. 74–138). Führt man sich die Gewinnmaximierung
als wesentliches Element des Kapitalismus vor Augen, dann wird diese enge
Verzahnung offensichtlich, denn das Medium bzw. die Form dieses Gewin-
nes ist – nicht nur der intuitiven Vorstellung nach – (zumeist) Geld. Geld ist für
sich genommen zunächst nur ein Medium, das den Austausch verschiedener
Güter erleichtert, obwohl diese formale Verkürzung empirisch und in Hinblick
auf die soziale Bedeutung von Geld deutlich ausgeweitet werden kann[6]. Geld
ist eine symbolische quantitative Form, in die alle Waren, potenziell aber auch
jedes Gut oder Elemente des sozialen Ganzen, zum Zweck der zahlenmäßigen
Vergleichbarkeit und der Erleichterung des Tausches eingegliedert werden können, indem alle potenziell verschiedenen Qualitäten in eine gemeinsame Zahlenmenge abgebildet – und im Extremfall: auf diese reduziert – werden. Der mit
der Geldform einhergehende Prozess ist derjenige der Monetarisierung. Dieser
ist wiederum eigentlich eine Spezifikation der Quantifizierung. Diese meint den
Prozess, im Rahmen dessen ein Element des sozialen Ganzen durch eine Zahl
(im Sinne einer Anzahl) repräsentiert und im Extremfall in seiner Handhabung

---

[6]Vgl. zu einem interdisziplinären Überblick Peters (2017), zu einer Unterscheidung empirisch verschiedener Gelder Zelizer (1994) und klassisch Simmel (2009 [1907]).

auf diese Quantität reduziert wird.[7] Sie impliziert die – und gegebenenfalls: dient dem Zweck der – Stiftung von Äquivalenz von zuvor Unterschiedlichem mittels Zuordnung einer Zahl innerhalb ein und derselben Zahlenmenge. Daraus folgt unter anderem, dass der Unterschied von Kommerzialisierung und Kommodifizierung bzw. Vermarktlichung zugleich auch die – nicht immer vollzogene und auch nicht immer für sinnvoll erachtete – Unterscheidung bezeichnet zwischen der grundsätzlichen Wirtschaftsordnung des Kapitalismus einerseits und dem Modus der Verteilung von Gütern innerhalb dieser Ordnung durch das Prinzip des marktlichen Tausches andererseits (vgl. zu dieser Unterscheidung Boltanski und Chiapello 2013 [1999], S. 40).

3 Das Problematische an der Verwirtschaftlichung der NDW

Auf Grundlage der obigen Begriffsexplikationen und -diskussion kann nun untersucht werden, ob und inwiefern Kommodifizierung oder Kommerzialisierung als praktisch bzw. wissenschaftlich-diskursiv wirksam im Hinblick auf Spannungen im Bereich des Zusammentreffens von Wirtschaft und Popmusik identifiziert werden. Grundlage dessen sind die beiden Veröffentlichungen zur NDW, die soziologisch-wissenschaftlichen Standards genügen, von Winfried Longerich (1989) und Barbara Hornberger (2011).

Longerich setzt sich in seiner Studie über die NDW immer wieder mit der Thematik der Verwirtschaftlichung der NDW auseinander und kommt dabei hinsichtlich der Bedeutung dieses Prozesses zu einem recht harten Urteil. Ausgehend von einer – mal mehr, mal weniger impliziten – Festlegung eines fundamentalen Gegensatzes von (Pop-) Musik als Kunstform und Subkultur einerseits und Wirtschaft – im Sinne eines kapitalistischen Wirtschaftens – andererseits kommt er zu dem Schluss, dass nicht nur Musik und Wirtschaft sich fundamental entgegenstehen, sondern dass darüber hinaus der Niedergang der NDW ursächlich auf die

---

[7]Diese Sichtweise geht sowohl in der Art der Begriffsbestimmung als auch in ihrem Detaillierungsgrad nicht konform mit den Begriffsbildungen in philosophischen Auseinandersetzungen (vgl. z. B. Böhme 1976, der das, was hier als Quantifizierung bezeichnet wird, als Metrisierung definiert und den Begriff der Quantifizierung sowie den der Messung anders bestimmt). Sie wird dennoch gewählt, weil der Kontext hier ein soziologischer ist und kein philosophischer. In diesem Kontext ist der Begriff der Quantifizierung so wie hier vorgeschlagen unmittelbar anschlussfähig.

kapitalistisch-wirtschaftlichen Einflussnahmen zurückzuführen sei. So seien die
subkulturellen Grundimpulse der NDW „durch [!] das Eingreifen der Plattenindustrie vehement unterbrochen" worden (Longerich 1989, S. 65), durch die
Medien – verstanden als ein Teil eines kultur-industriellen Gesamtapparates – sei
der NDW „als ursprünglich subkulturelle Erscheinung der achtziger Jahre Ecken
und Kanten abgeschliffen [worden], bis sie schließlich zu einem reinen Mode-
stil verkommen war" (Longerich 1989, S. 65), denn den Verantwortlichen der
Plattenindustrie sei es „in erster Linie nicht um die Musik selbst [gegangen] […],
sondern die Zweckerfüllung der ‚Ware' Musik […], denn nicht selten wurden
Musik, Text und Covergestaltung zugleich zensiert und auf ein Massenpublikum
zugeschnitten" (Longerich 1989, S. 68).

Über diese als ursächlich angenommene Verquickung von kapitalistischer
Wirtschaft, repräsentiert durch die Plattenindustrie und -labels sowie die „kommerziellen Medien" (Longerich 1989, S. 77), die für sich genommen sicherlich
gleichermaßen bemerkenswert wie zu hinterfragen ist, ist in Longerichs Ausführungen eine deutliche begriffliche Fokussierung auf den Terminus des Kommerziellen festzustellen. Zwar werden auch marktliche Begrifflichkeiten im
Kontext der relevanten Argumentationen verwandt, jedoch liegt das Hauptgewicht
auf Begriffen des Kapitalistischen und hierbei insbesondere des Kommerziellen.
Eine Zählung aller Wörter in den Texten von Longerich und Hornberger, die die
Begriffe in der ersten Spalte enthalten, ergibt das folgende Bild:

Begriff	Häufigkeit (Longerich): absolut (%)	Häufigkeit (Hornberger): absolut (%)
kommerz	77 (53,8)	76 (46,0)
kapital	11 (7,7)	20 (12,1)
markt	45 (31,5)	55 (33,3)
ware	10 (7,0)	14 (8,5)

Summe Kapitalismus (Longerich): $(77+11)/143 = 61{,}5\ \%$.
Summe Markt (Longerich): $(45+10)/143 = 38{,}5\ \%$.
Summe Kapitalismus (Hornberger): $(76+20)/165 = 58{,}2\ \%$.
Summe Markt (Hornberger): $(55+14)/165 = 41{,}8\ \%$.

Von weitergehendem Interesse ist nun im Hinblick auf die hier zugrunde
liegende Fragestellung natürlich, wie genau die solchermaßen als problematisch, weil zerstörerisch wirkenden Einflussnahmen des Wirtschaftlichen in
das Musikalische qualifiziert werden. Insbesondere ist von Interesse, was an
der Kommerzialisierung als problematisch identifiziert wird, warum (kapita-
listisch-)wirtschaftliche Einflussnahmen abgelehnt werden – und dies letztlich

auch unabhängig davon, ob jeweils antizipierte Folgewirkungen tatsächlich eintreten oder eingetreten sind. Auch in dieser, auf den Zusammenhang von Musikschaffenden und Wirtschaft und nicht auf den Zusammenhang von NDW und Wirtschaft bezogenen Hinsicht ist ein deutlicher Fokus auszumachen:

- Die Musikschaffenden wollten „den etablierten Plattenfirmen" *nicht „hörig sein"* müssen (Longerich 1989, S. 66).
- Die Musikschaffenden wurden durch die eigenen Produzenten der Plattenfirmen *daran gehindert, ihre „kreative Entfaltung"* auszuleben (Longerich 1989, S. 66).
- Das Verhältnis zwischen Plattenfirmen und Musikschaffenden ist *„ungleich", ein „einseitiges Abhängigkeitsverhältnis"* (Longerich 1989, S. 67).
- Die Musikschaffenden *„verschwinden unter Sachen, die nicht [ihre eigenen] sind"* (Longerich 1989, S. 103).
- Die Musikschaffenden werden *„von den Lebensbedingungen ihrer Zuhörer"* entfernt (Longerich 1989, S. 182).
- „Der *Mut zum Experiment, zu neuen Klangabenteuern, zum Phantasieren und zum Ausspinnen"* kann verloren gehen (Longerich 1989, S. 184).
- Die Musikschaffenden drohen, *„sich selbst dabei aufzugeben"* (Longerich 1989, S. 185).
- *Ein Verlust der „anfängliche[n] Spielfreude"* wird antizipiert (Longerich 1989, S. 194).
- Es *„verkümmert"* die *„Identität des einzelnen Musikers"* (Longerich 1989, S. 235 f.).

Bei den hier aufgeführten Aussagen handelt es sich um eine Auswahl, in der nur diejenigen Aussagen enthalten sind, die sich auf die an der Praxis selbst direkt Beteiligten beziehen (und eben nicht auf den Praxiszusammenhang der NDW oder der (Pop-)Musik insgesamt). Versucht man dann diese verschiedenen Aussagen auf einen gemeinsamen Nenner zu bringen, dann lässt sich dies am besten mit dem Begriff der Unabhängigkeit der Musikschaffung und der Musikschaffenden selbst von allem Externen, insbesondere von kapitalistisch-ökonomischen Logiken erreichen. Insofern ist auch der immer wieder gebrauchte und zentral gesetzte Begriff der unabhängigen Plattenproduktion (sowohl in der Praxis als auch im soziologisch-wissenschaftlichen Diskurs) sehr zutreffend. Es wird zwar eine Vielzahl von Begriffen zur Beschreibung und Erklärung des problematischen Verhältnisses von Wirtschaft und NDW in Anschlag gebracht, die die gezogenen Grenzen von Kapitalismus und Markt im Übrigen weitgehend unberücksichtigt lassen. Jedoch fällt auf, dass, wenn der Zusammenhang von NDW und Wirtschaft als problematisch adressiert wird – was immer der Fall ist –, die Ursache dieser Problematik in der (Un-)Abhängigkeit der Musikschaffenden gesehen wird. Dieser Befund betrifft insbesondere die hier interessierenden, in den wissenschaftlichen Veröffentlichungen zitierten Aussagen der Partizipierenden. Während auch unter Berücksichtigung der Unterscheidung von wissenschaftlich-diskursiver und praktischer Positionierung kein Unterschied zwischen Kapitalismus und Markt gemacht wird, wird die durch die Verwirtschaftlichung bewirkte Abhängigkeit als zentral-problematisch hervorgehoben. Offenbar liegt diese Problematik einer kapitalistischen Verwirtschaftlichung dann in der persönlichen und der musikalisch-ästhetischen Selbstbestimmtheit der Praktiken und Ausdrucksgehalte, was auch deutlich wird, wenn man die Befunde Hornbergers hinzufügt, die zwar weitgehend mit den Ausführungen Longerichs übereinstimmen, die dortigen Argumente jedoch gerade in personenbezogener Weise fortführen. Dort ist dann nicht nur die Rede von der (künstlerisch-musikalischen) Unabhängigkeit, die die Musikschaffenden erreichen und sichern wollten, indem sie sich den Wirtschaftsbetrieben verweigerten, sondern darüber hinaus von „Freiheit" (Hornberger 2011, S. 322), „Selbstbestimmung" (Hornberger 2011, S. 322), Eigenständigkeit und Selbstbestimmtheit (Hornberger 2011, S. 331), „kulturelle[r] Enteignung" (Hornberger 2011, S. 335), „Deutungshoheit über die eigene Kultur" (Hornberger 2011, S. 355), „Erhalt der künstlerischen Selbstständigkeit" (Hornberger 2011, S. 335) und Fremdbestimmtheit (Hornberger 2011, S. 356). Zwar wird die Reduktion der Musik auf deren Warenqualitäten beklagt, jedoch nicht – wie dies im Falle von Kommodifizierung zu verstehen wäre – um ihrer selbst Willen, sondern immer in Bezug auf die de-personalisierenden Effekte für die an der Praxis Partizipierenden. Und diese De-Personalisierung ist eigentlich auch nicht ein Effekt von Kommodifizierung, sondern von Vermarktlichung. Andererseits betrifft die als herausragend problematisch identifizierte Gewinnmaximierung unmittelbar den Kern dessen, was als Kommerzialisierung zu verstehen ist. Und auch viele weitere der in Anschlag gebrachten Begrifflichkeiten scheinen direkte kritische Bezüge zum Kapitalistischen und weniger zum Marktlichen herzustellen (z. B.: Entfremdung, Enteignung und Abhängigkeit).

Diese als zentral identifizierte Problematik des Verlustes der Unabhängigkeit und der persönlichen sowie musikalischen Selbstbestimmung, der empfundenen Fremdbestimmung der einzelnen Partizipierenden lässt sich schließlich folgendermaßen in die Unterscheidung von Kapitalismus und Markt einordnen, wobei grundsätzlich zwei Lesarten denkbar sind. Zum einen (nämlich: marktlich) lässt sich diese Abhängigkeit im Hinblick auf die Vermarktlichung als problematische De-Personalisierung der Musikschaffenden rekonstruieren und insofern an das Marktliche anschließen. Problematisch ist dies dann insofern, als dass die Musikschaffenden als individuelle Personen mittels ihrer Musik in Wort und Klang Botschaften transportieren (möchten), die aber gegebenenfalls im Sinne einer Durchsetzung der hieraus entstehenden musikalischen Produkte weniger konkurrenzfähig auf dem Markt erscheinen und deswegen im Hinblick auf eine bessere Absetzbarkeit modifiziert (d. h. geglättet) werden oder werden sollten. Zum anderen (nämlich kapitalistisch) liegt aber der Schluss nahe und durchaus auch näher, diese Abhängigkeit und deren Ablehnung durch die Partizipierenden im Sinne einer Ausbeutung und vor allem einer Entfremdung der Produzenten vom eigenen Produkt zu rekonstruieren. Zudem kommt dem zentralen Element der Begründung sozialer Ungleichheit, das zentral ist für das kapitalistische Wirtschaften, offensichtlich Bedeutung zu, da die ungleichen Bedingungen zwischen Plattenkonzernen (als Kapitalisten) und Musikschaffenden (als Lohnarbeiter) im Falle der Schließung eines Plattenvertrages als wesentlich problematisch benannt werden.

Möglich sind letztlich beide Lesarten. Auffällig ist jedoch darüber hinaus, dass sich die Ablehnung alles Wirtschaftlichen, ob des Marktlichen oder des Kapitalistischen, nicht nur entlang der hier vorgeschlagenen qualitativen Trennung von Markt und Kapitalismus verständlich machen lässt, sondern gerade auch über die Berücksichtigung verschiedener Intensitätsgrade von Verwirtschaftlichung. Problematisch erscheint die Verwirtschaftlichung nämlich vor allem immer dann, wenn das Ansehen der Person – d. h. die Intentionen der Musikschaffenden bzw. deren textliche und klanglichen Komplemente – der marktlichen Konkurrenzfähigkeit *unter*geordnet wird und wenn das Streben nach höchstmöglichem Profit entweder als übergeordnetes Ziel fungiert oder wenn diese Maximierung gar auf Kosten einer Nichtbeachtung – in diesem Fall – persönlicher, ästhetischer und musikalischer Ansprüche durchgesetzt wird: Die

> Gründung unabhängiger Labels [ist] als direkte Antwort auf die von der Plattenindustrie ausgeübten Zwänge zu verstehen, da *die Dominanz des Profitmotivs* über die neue deutsche Musikbewegung nur durch Gründung unabhängiger Firmen ohne kapitalistische Produktionsweise zu verhindern war (Longerich 1989, S. 68 f.; Hervorh. nicht im Original).

Auch einer der Beteiligten (von der Gruppe *Hans-A-Plast)* selbst sieht in der Über- und Unterordnung den entscheidend problematischen Aspekt: „Sich auf die [die Plattenkonzerne] einzulassen, bedeutet immer größer, immer mehr, und wir verschwinden hinter Sachen, die nicht mehr unsere sind." (Longerich 1989, S. 103). Problematisch ist demnach nicht das Profitmotiv selbst, sondern dessen Dominanz. Ob dieser Diagnose faktisch zuzustimmen ist, ist dabei nicht unbedingt von Belang – denkbar sind ja auch andere Formen des Umgangs mit dieser Problematik. Jedoch ist zu konstatieren, dass die Partizipierenden selbst offenbar genau die Haltung eingenommen haben und mit entsprechenden Praktiken flankierten, die Longerich dort benennt. Schimank und Volkmann (2017) konstatieren in diesem Sinne sieben verschiedene Stufen von Ökonomisierung, die sich methodisch entlang einer ordinalen Skala von eins bis sieben und inhaltlich über die Benennung verschiedener Stufen der Berücksichtigung von (finanziellen) Kosten, Verlusten und Gewinnen erstreckt (Schimank und Volkmann 2017, S. 35). Problematisch dürften Ökonomisierungsprozesse vor allem immer dann sein, wenn die siebte und letzte Stufe der „Maximierung finanzieller Gewinne" als gegeben angenommen wird. Hierbei handelt es sich letztlich um nichts anderes als die zum Teil als ausschlaggebend problematisch benannte Dominanz der Pofitmaximierung (vgl. Longerich 1989, S. 66).

4   Schluss

Ausgangspunkt der Überlegungen waren zum einen die Frage, ob und inwiefern sich die als problematisch identifizierten Effekte von Verwirtschaftlichung mittels einer begrifflichen Differenzierung von Markt und Kapitalismus besser verstehen und erklären lassen, sowie zum anderen die Hypothese, dass – mit Burawoy – in diesem Zusammenhang Kommodifizierung der in der Praxis als wirksam empfundene Prozess ist und gerade nicht die Erfahrungen von Entfremdung und Ausbeutung, die ein Kernelement der klassischen Kapitalismusdiagnose von Karl Marx darstellen. Hierbei ist festzustellen, dass sowohl im soziologisch-wissenschaftlichen Diskurs als auch in der Praxis selbst am ehesten Bezüge zu Wirkungsweisen und Kernbestandteilen des Kapitalismus hergestellt werden, und zwar sowohl inhaltlich als auch begrifflich, d. h. sowohl praktisch als auch diskursiv. Insofern spricht das Vorliegende eher gegen die von Burawoy aufgestellte These des Primates der Kommodifizierung. Fraglich ist hieran anschließend allerdings die häufige Nutzung marktlicher Termini, denn, wenn die Problematik von Verwirtschaftlichung in den dem Kapitalismus zuzuordnenden Effekten liegen, dann ist eine gleichzeitige Bezugnahme auf den Markt – als dann gleichfalls problematisch wirkend – nicht notwendig.

Zudem wird aus dem vorhergehenden deutlich, dass in Fragen der Analyse von Verwirtschaftlichungs- oder Ökonomisierungsprozessen zwei Dimensionen gleichermaßen zu berücksichtigen sind, d. h. dass sowohl verschiedene Qualitäten als auch verschiedene Intensitätsgrade von Verwirtschaftlichung in Betracht gezogen werden sollten, um ein möglichst umfassendes und tiefergehendes Bild zeichnen und damit mehr Erklärungskraft erlangen zu können. Nicht nur ist deutlich geworden, dass Kommerzialisierung bzw. Kapitalisierung als im Wesentlichen problematisch identifiziert werden, sondern dass zudem Prozesse der Verwirtschaftlichung insbesondere dann als abzulehnen eingestuft werden, wenn kapitalistische oder wirtschaftliche Ansprüche entweder den anderen, zuvor wirksamen Ansprüchen übergeordnet werden oder sogar – im Extremfall – absolut gesetzt werden; dies gegebenenfalls auch so weit, dass nicht-wirtschaftliche bzw. nicht-kapitalistische, z. B. musikalisch-ästhetische oder sonstige Logiken vollständig ausgeschaltet werden.

Im Weiteren wird es unbedingt notwendig sein, anhand empirischen Materials zielgerichtet zu prüfen, ob und inwiefern die Fokussierung auf das Kapitalistische als im Wesentlichen problematisch in der Praxis der NDW sich weiter erhärten und im Detail weiter ausbuchstabieren lässt. Dies sollte auch unter Rekurs auf die Vermutung erfolgen, dass ebendiese Fokussierung in ihrer begrifflichen Ausgestaltung auf die Popularität der Marx'schen Kapitalismuskritik zurückzuführen sein könnte, deren Begrifflichkeiten, theoretischen Zusammenhänge und Schlussfolgerungen tief in den nicht-wissenschaftlichen Diskurs eingedrungen sind.

Literatur

Aspers, Patrik. 2015. *Märkte*. Wiesbaden: Springer VS.

Aspers, Patrik, und Jens Beckert. 2017. Märkte. In *Handbuch der Wirtschaftssoziologie*, Hrsg. Andrea Maurer, 215–240. Wiesbaden: Springer VS.

Beckert, Jens. 1997. *Grenzen des Marktes. Die sozialen Grundlagen wirtschaftlicher Effizienz*. Campus: Frankfurt.

Böhme, Gernot. 1976. Quantifizierung – Metrisierung. Versuch einer Unterscheidung erkenntnistheoretischer und wissenschaftstheoretischer Momente im Prozeß der Bildung von quantitativen Begriffen. In *Die Quantifizierung der Natur. Klassische Texte der Messtheorie von 1696 bis 1999*, Hrsg. Oliver Schlaudt, 253–268. Paderborn: mentis.

Boltanski, Luc, und Eve Chiapello. 2013. *Der neue Geist des Kapitalismus*. Konstanz: UVK. (Erstveröffentlichung 1999).

Bourdieu, Pierre, und Loic Wacquant. 1996. *Reflexive Anthropologie*. Frankfurt a. M.: Suhrkamp.

Burawoy, Michael. 2015. *Public Sociology. Öffentliche Soziologie gegen Marktfundamentalismus und globale Ungleichheit. Herausgegeben von Brigitte Aulenbacher und Klaus Dörre mit einem Nachwort von Hans-Jürgen Urban*. Weinheim: Beltz Juventa.

Engartner, Tim. 2017. Privatisierung und Liberalisierung – Strategien zur Selbstentmachtung des öffentlichen Sektors. In *Kritik des Neoliberalismus*. 3., aktualisierte Aufl., 79–122. Wiesbaden: Springer VS.

Hillebrandt, Frank. 2009. *Praktiken des Tauschens. Zur Soziologie symbolischer Formen der Reziprozität*. Wiesbaden: Springer VS.

Hillebrandt, Frank. 2014. *Soziologische Praxistheorien. Eine Einführung*. Wiesbaden: Springer VS.

Homburg, Christian. 2017. *Marketingmanagement. Strategie – Instrumente – Umsetzung - Unternehmensführung*. 6., überarbeitete und erweiterte Aufl. Wiesbaden: Springer Gabler.

Hornberger, Barbara. 2011. *Geschichte wird gemacht. Die Neue Deutsche Welle. Eine Epoche deutscher Popmusik*. Würzburg: Königshausen & Neumann.

Jessop, Bob. 2012. Understanding the „Economization" of Social Formations. In *The Marketization of Society: Economizing the Non-Economic*, Hrsg. Uwe Schimank und Ute Volkmann, [Welfare Societies Conference Paper], 5–36. Bremen: Forschungsverbund „Welfare Societies".

Longerich, Winfried. 1989. *„Da Da Da." Zur Standortbestimmung der Neuen Deutschen Welle*. Pfaffenweiler: Centaurus.

Marx, Karl. 2016. *Das Kapital Bd. 1. Der Produktionsprozess des Kapitals*. Hamburg: Nikol (Erstveröffentlichung 1890).

Maurer, Andrea, und Gertraude Mikl-Horke. 2015. *Wirtschaftssoziologie*. Baden-Baden: Nomos.

Niephaus, Yasemin. 2018. *Ökonomisierung. Diagnose und Analyse auf der Grundlage feldtheoretischer Überlegungen*. Wiesbaden: Springer VS.

Peters, Susanne, Hrsg. 2017. *Geld. Interdisziplinäre Sichtweisen*. Wiesbaden: Springer VS.

Polanyi, Karl. 2015. *The Great Transformation. Politische und ökonomische Ursprünge von Gesellschaften und Wirtschaftssystemen*, 12. Aufl. Berlin: Suhrkamp (Erstveröffentlichung 1994).

Schatzki, Theodore. 2015. Spaces of Practice and of Large Social Phenomena. Revue indisciplinaire de sciences sociales. https://www.espacestemps.net/articles/spaces-of-practices-and-of-large-social-phenomena/. Zugegriffen: 03. Juli. 2018.

Schimank, Uwe, und Ute Volkmann. 2012. Hrsg. *The Marketization of Society: Economizing the Non-Economic*. [Welfare Societies Conference Paper] Bremen: Forschungsverbund „Welfare Societies". http://pubman.mpdl.mpg.de/pubman/item/escidoc:1567285/component/escidoc:1567283/mpifg_cp12_105.pdf. Zugegriffen: 03. Juli. 2018.

Schimank, Uwe, und Ute Volkmann. 2017. *Das Regime der Konkurrenz: Gesellschaftliche Ökonomisierungsdynamiken heute*. Weinheim: Beltz Juventa.

Simmel, Georg. 2009. *Philosophie des Geldes*. Köln: Anaconda. (Erstveröffentlichung 1907).

Sparsam, Jan. 2015. *Wirtschaft in der New Economic Sociology. Eine Systematisierung und Kritik*. Wiesbaden: Springer VS.

Weber, Max. 1972 [1922]. *Wirtschaft und Gesellschaft. Grundriß der verstehenden Soziologie*. 5. Aufl, revidiert von Johannes Winkelmann, Studienausgabe. Tübingen: Mohr.

White, Harrison C. 1981. Where do markets come from? *The American Journal of Sociology* 87 (3): 517–547.

Wicke, Peter, Wieland Ziegenrücker, und Kai-Erik Ziegenrücker. 2007. *Handbuch der populären Musik. Geschichte, Stile, Praxis, Industrie*. Erweiterte Neuausgabe. Mainz: Schott Music.

Zelizer, Viviana A. 1994. *The social meaning of money. Pin money, paychecks, poor relief, and other currencies*. Princeton: Princeton University Press.

.